中国典型山区国土空间功能优化与调控

邓 伟 彭 立 赵宇鸾 刘斌涛 著

科学出版社

北 京

内 容 简 介

中国是一个山地国家，山地具有极其重要的地理意义和资源、环境与生态价值。山区国土空间是自然和人文高度耦合的敏感和脆弱区域，其保护和发展的博弈始终存在。本书是国家重点基础研究发展计划（973 计划）项目"典型山地水土要素时空耦合特征、效应及其调控"课题 6"山区国土空间功能优化与调控对策"研究成果的系统总结，研究工作涉及太行山区、横断山区和黔桂喀斯特山区，重点研究了典型山区水土要素耦合关系与特征、国土空间功能类型与承载力、国土空间功能优化等。主要内容包括：中国山区国土空间特征，山区国土空间功能研究理论体系，国际山区研究计划、空间发展与政策，典型山区国土空间功能类型划分及其评价，基于水土耦合的典型山区国土空间承载力，典型山区水土资源利用冲突分析，典型山区国土空间功能优化的实证，山区国土空间功能重构与治理等。

本书可供山地地理学、区域地理学、山地环境学、山区国土资源开发与管理和生态保护、山区村镇发展规划、山区可持续发展研究领域的科研与教学人员、政府管理部门人员阅读和参考。

审图号：GS（2022）2558 号

图书在版编目（CIP）数据

中国典型山区国土空间功能优化与调控 / 邓伟等著. —北京：科学出版社，2022.4

ISBN 978-7-03-069764-6

Ⅰ. ①中… Ⅱ. ①邓… Ⅲ. ①国土规划－研究－中国 Ⅳ. ①F129.9

中国版本图书馆 CIP 数据核字（2021）第 192043 号

责任编辑：张 展 朱小刚 / 责任校对：樊雅琼
责任印制：罗 科 / 封面设计：陈 敬

科学出版社出版

北京东黄城根北街 16 号
邮政编码：100717
http://www.sciencep.com

四川煤田地质制图印刷厂印刷

科学出版社发行 各地新华书店经销

*

2022 年 4 月第 一 版 开本：787×1092 1/16
2022 年 4 月第一次印刷 印张：23 1/2
字数：550 000

定价：298.00 元

（如有印装质量问题，我社负责调换）

序 一

  中国是一个多山的国家。纵横分布的山地既造就了丰富多彩的地理环境，也增加了国土开发与管理的难度。20 世纪 70 年代，国际组织就高度关注山区发展问题，部署了一系列有关山地研究与观测的计划。2003 年联合国粮食及农业组织（FAO）还确定了每年 12 月 11 日为国际山区日，旨在认识山地的重要性，促进山区的可持续发展。

  由于气候变化和人类活动的影响，山地的生态环境问题日益受到重视。中国政府高度关注山地生态保护和山区的发展，通过国家主体功能区划，确立了山地生态主导功能，强调山地生态安全屏障作用。在脱贫方面，政府也高度重视山区的生态补偿和环境移民。为此，国家制定了多项相应的研究计划，2014 年国家重点基础研究发展计划（973 计划）项目"典型山地水土要素时空耦合特征、效应及其调控"即为其中之一。该项目的"山区国土空间功能优化与调控对策"课题从理论上阐释了山地空间功能特征与水土要素耦合的关系，分析了山区水土资源利用的矛盾，并基于山区水土资源动态承载力评价，给出了典型山区和县域尺度的国土空间功能优化的方案，为山区的可持续发展提供了科技支撑。

  该项研究拓宽了山地研究的范畴，学术上有所创新。在该书即将出版之际，我欣然为之作序。希望研究者继续面向国家战略需求，聚焦新的科学问题，将山地研究推向新的高度，为山地生态保护和山区高质量发展提供更多的科学依据和指导。

中国科学院院士、中国地理学会荣誉会士
中国科学院地理科学与资源研究所研究员
国家重点基础研究发展计划咨询专家
2021 年 1 月 22 日于北京

序　二

　　水土资源是经济社会可持续发展的基础保障，而中国水土资源问题的复杂性要归因于广泛分布的山地。山地的资源环境问题很复杂，其科学研究具有很多挑战，特别是变化环境下，水土要素的时空耦合关系变得很不确定。中国山地的存在，导致陆地水文循环和水资源系统的变化过程十分复杂，无论是理论还是方法都需要不断地创新和深化认知。

　　山区水土要素时空耦合特征、变化规律直接关系自然生态系统生产力和农业生产力，山区水资源的利用既要考虑山区发展的需要，又要考虑平原地区发展的用水保障问题，呈现出特有的人-水-地关系，地域性非常明显。所以，基于水土要素耦合的水土资源承载力动态研究是山区国土空间开发格局优化的基本依据。在国家重点基础研究发展计划（973 计划）项目的支持下，研究者比较系统地研究了三大典型山区的水土要素时空耦合特征和变化趋势及效应，阐释了水土要素耦合的驱动因子，定量揭示了海拔、坡度和气候因素对水土要素时空耦合的综合作用机理。

　　水是生态的命脉，也是经济社会发展的基础资源。山区的水与生态演变和社会发展密切相关，既有内部性，又有外部关联性，整体上需要统筹与协调，这样才能有效地支撑和促进流域的可持续发展。气候变化使水资源问题更加凸显，水土要素的时空耦合性及其效应不可忽视，只有通过深刻的认知和对其变化规律的把握，才能更好地优化山区国土空间功能。

　　即将付梓的著作展示了研究者正努力朝着这个方向前行，所取得的一系列成果和重要进展不仅具有明显的创新性，还为后续深入研究奠定了必要的基础。鉴于我国山区地域跨度大，空间差异显著，不同的山区、不同的气候带，导致水文水循环的空间差异极大。在山水林田湖草自然生命共同体中科学把好水的脉络，是优化山区国土空间开发格局的关键。以水定产，以水定城，以水统揽流域开发格局，是至关重要的水科学研究的逻辑遵循。

　　生态文明主导下的国土空间高质量发展，水的匹配性是关键因素之一。因此，研究水土要素时空耦合是一个随着时代的发展而不断赋予新意的命题，要精准解析我国山区新发展面临的水土资源新问题和差异性，探究破解问题的方法和路径，提出可行的解决方案，这也是时代赋予水土资源科学研究的艰巨任务。我由衷地希望该著述的出版能够带动这方面的进一步研究，并且有更多的研究者会密切结合山区新发展中涉水问题的新挑战，从自然和社会二元系统层面不断加深对水土耦合问题的认知和阐释，不断促进理论和方法的创新，不断创造新的知识，真正为山区的经济社会可持续发展提供高水平的研究成果，强化支撑山区发展中水土问题研究的基础。

中国工程院院士

流域水循环模拟与调控国家重点实验室主任

中国水利水电科学研究院水资源研究所原所长

2021 年 1 月 6 日于北京

前　言

　　2013 年在中国科学院学部咨询项目"我国中西部重点山区发展战略问题与对策研究"执行过程中，院士咨询专家和工作组科研人员一起行进在从贵州的毕节至云南昭通、四川的西昌与广元、陕西的安康和河北的邯郸等地山区考察的路上。一路上考察了黔桂喀斯特山区、横断山区、秦巴山区、太行山区的资源、环境与生态，还有乡村的民生与产业发展状况，项目咨询组组长孙鸿烈院士、副组长傅伯杰院士和咨询专家刘昌明院士、郑度院士、王浩院士、翟明国院士、陈国阶研究员、钟祥浩研究员等亲临一线进行考察和座谈，工作组组长邓伟和成员李秀彬、方一平、王克林、戴尔阜、刘金铜、刘邵权等在咨询专家的指导下开展具体问题的分析与研究，考察调研过程也给地方政府提出了一些针对性的具体建议。考察调研成果后续充分反映在给国家递交的咨询建议报告中。在历时 20 多天的考察、调研过程中，中西部山区发展中的一些重点问题激发了大家非常深度的思考，王浩院士向孙鸿烈院士（国家重点基础研究发展计划咨询专家）提议，希望在国家重点基础研究发展计划（973 计划）项目确立一个山地方面的研究指南，孙鸿烈院士思考并接受了王浩院士的这一建议。

　　2014 年的 973 计划项目指南发布，在孙鸿烈院士、王浩院士和傅伯杰院士的鼓励，以及崔鹏院士、宋长青教授、冯仁国研究员、冷疏影研究员、段晓男研究员和马福臣先生等给予的许多指导下，邓伟研究员牵头组织，通过戴尔阜、贾仰文、陈洪松、熊东红、石培礼、刘金铜等科研人员的合作与共同努力，骨干人员在明确国家重大需求的基础上，认真梳理出关键科学问题，分析国内外研究进展、确立研究内容和技术路线，完成项目申请书提交及立项答辩，成功地争取到了 973 计划项目"典型山地水土要素时空耦合特征、效应及其调控"（2015CB452700）。项目首席科学家邓伟研究员还负责了课题 6 "山区国土空间功能优化与调控对策"（2015CB452706）的研究工作，并在项目和课题的实施过程中投入了很多的精力，认真组织实施，项目整体超额完成了预期任务和科学目标，以良好的成绩通过了国家有关部门的验收。

　　课题 6 的研究工作在邓伟研究员的带领下，以及彭立教授、李秀彬研究员、赵宇鸾教授、刘斌涛助理研究员、孔博副研究员、时振钦博士、陈田田博士、周鹏博士、万将军博士、孟宝博士、王旭熙博士、杨存建教授、倪静助理研究员等骨干和薛朝浪、张丽芳、冉丹阳等硕士研究生的共同努力下，顺利地完成了课题 6 的任务和科学目标，有力地支持了项目的整体研究工作。在此，衷心感谢各位的辛勤努力和卓有成效的研究工作！衷心感谢刘斌涛、孔博和彭立对数据质量的核验与把关，衷心感谢刘颖、孔博、张少尧、张昊、帅兵等对课题验收和项目验收所做出的一系列支撑和保障工作！衷心感谢中国科学院·水利部成都山地灾害与环境研究所在项目争取和研究期间所给予的支持和保障！衷心感谢四川师范大学地理与资源科学学院的大力支持！

　　项目和课题 6 的研究工作得到了项目跟踪专家尚金城教授、蔡运龙教授和李锐研究员的悉心指导和帮助，他们的指导和帮助促进了我们认知能力的提升和研究工作的深入，确保了项目和课题成果的质量与预期科学目标的完成。在此，我们向三位先生深表谢忱和由衷敬意！

课题 6 在野外考察工作中，还得到了张信宝研究员现场的精心指导和地学专业知识传授，在此对张先生的无私帮助表示衷心的感谢与由衷敬意！

衷心感谢科学出版社成都分社的张展总经理和朱小刚编辑的鼎力支持和规范指导！

本书在课题骨干的共同努力下即将出版，这是集体合作的成果体现，是我们情系山地科学的情怀所致。

本书的出版得到了孙鸿烈院士和王浩院士的大力支持，他们亲笔为专著作序给予了我们热情勉励和支持。在此，我们对孙先生和王先生的厚爱与激励表示衷心的感谢！我们将铭记厚望，不忘初心，牢记山地科学使命，坚定地行进在山地科学探索与创新的大路上。

各章的主要撰写者如下：第 1 章，杨存建、倪静、孔博、张丽芳、冉丹阳；第 2 章，邓伟、时振钦、周鹏、张继飞、刘斌涛、南希；第 3 章，邓伟、彭立、赵宇鸾；第 4 章，邓伟、彭立；第 5 章，刘斌涛、时振钦、邓伟；第 6 章，彭立、陈田田、王旭熙；第 7 章，赵宇鸾、李秀彬、薛朝浪；第 8 章，邓伟、彭立、赵宇鸾、周鹏、时振钦、孟宝、于淑会、陈田田、王旭熙；第 9 章，邓伟、彭立、赵宇鸾；第 10 章，邓伟。

各章完成初稿后由邓伟对文字进行了细致审阅、修改与完善，统稿后提交给科学出版社，出版社反馈意见后又组织骨干修改，最后由邓伟审阅文字与修改完善并反馈给科学出版社朱小刚编辑。

本书科学把握三大典型山区国土空间特性，集成了地域功能理论、资源环境承载力理论、国土功能权衡与协同理论和拓展的空间结构组织理论及研究方法，借鉴国外山区发展政策的启示，基于典型山区水土要素时空耦合特征与变化趋向，通过三大山区国土空间类型划分和重要功能评价，以及国土空间承载力和水土资源利用冲突分析，进行了典型山区国土空间功能优化的实证研究，阐述了典型山区国土空间功能重构与治理问题，并就新的国家战略需求提出了未来山区研究的若干核心问题，既展示了已有研究成果，又面向未来展望了山区研究的动态，进一步呼吁：关注山地，支撑未来。

山地科学研究是一个广阔的天地，在这个研究领域和方向是大有作为的。我们的研究成果仅仅是山地科学研究领域的一颗果实，还远远不能满足山区国土空间发展的巨大需求，愿有心致力于山地科学研究的广大科教人员，不畏艰难，勇于探索和创新，不断为发展山地科学做出重要的学术贡献，有力地支撑山区可持续发展。

限于著者学识与水平有限，著述恐有疏漏和不足，敬请读者批评指正。

切记：安得青山，方有未来。

四川师范大学地理与资源科学学院教授
中国科学院成都山地灾害与环境研究所特聘研究员
2021 年 3 月 25 日于成都

目　　录

第1章　典型山区基础数据集

1.1　典型山区选取

山区是山地主导的地理空间，是山、水、林、田、湖、草与人高度复合的地域综合体，其资源、生态、环境重要性尤为突出，是国家自然保护地的集中分布区，也是人类生态福祉区。山区还是大江大河的发源地，在水源涵养、生物多样性保持、气候与环境调节、旅游休闲等方面具有不可替代的功能。中国山地面积广大，约占陆地面积的65%，山区面积总体达到了72%，当前仍有4亿多人生活在山区[1]。山区地形复杂、环境梯度大、气候多样、土地利用与土地覆被空间差异大。山地垂直带谱发育，并因其环境的庇护性，在地球环境急剧变化过程中，成为许多动植物的避难所，延续着动植物的繁衍与进化，也是特有物种和旗舰物种的关键分布区域。

基于国家重点基础研究发展计划（973计划）"典型山地水土要素时空耦合特征、效应及其调控"项目，确立了三个典型山区：太行山区、横断山区以及黔桂喀斯特山区为研究对象。三个山区位于不同的气候区，水热条件差异明显，植被、土壤也不同，人类活动表现在土地利用的方式和强度上也各有不同，受气候变化影响，水土要素时空耦合特征也有变化，造成了一些资源环境和生态问题，具有区域代表性和典型性，是认识山区自然和人文相互作用、影响效应与促进山区国土空间开发格局优化的重要研究和实践区域。

1.1.1　太行山区

太行山区是我国东部一条重要的山脉，位于海河流域上游（35°N～41.5°N，111.5°E～116.5°E），既是华北平原重要的生态屏障，又是重要的水源涵养与补给区。太行山北起北京市西山，向南延伸至河南与山西交界的王屋山，东临华北平原，是中国地势第二级阶梯的东缘，是黄土高原和华北平原的天然分界线。其面积约13.7万km²，海拔在50～3000m，属于温带半湿润性大陆季风气候区，冬夏长，春秋短，年均降水量约600mm，降水量偏少且集中在夏季；区内群山连绵，沟壑纵横，地势整体上西北高东南低，低山丘陵、平原、盆地和河谷山川等均有分布；山区降水分布不均匀，迎风坡多，背风坡少；年均气温约12℃，无霜期在180d左右；山区植被类型以暖温带针阔叶混交林为主，林地和草地在不同海拔区均有分布，并有着丰富的经济作物及金属矿藏资源。太行山区土壤贫瘠，砾石含量高，水分短缺严重影响农林生态系统的功能，近年来土地退化、自然灾害频发，生态环境保护压力增大。区域内人口约950万，是人类活动较为频繁的区域。不利的自然条件和人类过度的开发导致了该区域生态系统的严重退化和生物多样性的严重丧失，引发了一系列生态环境问题，严重影响了该区域内经济社会的协调与可持续发展。

1.1.2 横断山区

横断山区地处中国西南的藏东、川西和滇西北一带，地势上是中国第一级阶梯向第二级阶梯的过渡地带，位于 24.5°N～34°N，98°E～104.5°E，涵盖四川省、云南省和西藏自治区的 98 个区县，其面积约 44.9 万 km²。横断山区地处亚热带和高原温带气候区，年均气温为 15.3℃，海拔在 400～7500m，地势北高南低、西高东低，岭谷高差极大，水量丰富，干湿季明显，降水、辐射、气温等垂直差异显著，是中国最长、最宽和最典型的南北走向的高山与峡谷组群。由于地形的影响，局地气候变化与差异明显，生境多样性促使区内动植物种类繁多，森林面积广布，植被水平地带性和垂直地带性明显，土地利用类型多样，地质构造复杂使得横断山矿产资源非常丰富。区内有怒江、澜沧江、金沙江、雅砻江、大渡河、岷江六大水系，水资源丰沛。区内人口约为 2004 万，主要集中在南部和东南地区。横断山区地形起伏大、山地灾害风险高是制约经济发展和人居安全的关键因素，山区生态环境建设和经济社会快速发展之间冲突的破解与权衡和调控是其空间可持续发展的关键。

1.1.3 黔桂喀斯特山区

黔桂喀斯特山区作为全球三大岩溶喀斯特集中分布的地区之一，位于中国西南地区，包括贵州、广西两省（自治区）共 107 个县，位于 22.08°N～28.25°N，104.25°E～110.4°E，其东接湖南，西邻云南，北连四川，地势自西北向东南逐渐降低，最高海拔为 2800m，面积约 21.4 万 km²，喀斯特峰林、峰丛山地广布，平原（平坝）分布有限。区域内气候属于亚热带季风气候，主要受大气环流和高原地形的影响较大，导致该区域的海拔和气候变化差异明显，年均气温高于 15℃，年降水量超过 1200mm，受季风影响降水多集中在 4～10 月。区域内岩溶地貌发育，主要包括岩溶断陷盆地、峰丛洼地、峰林平原、岩溶槽谷和岩溶高原。喀斯特山区属于地球上一个独特且脆弱的自然环境区域，其生态变异灵敏度高，环境承载能力低下，承受灾害及恢复的能力弱，表现出多样性和脆弱性并存的典型特征。区内人口约为 3691 万，由于不合理的人类活动，叠加原本脆弱的喀斯特环境，该区域水土流失加剧，土地呈现石漠化现象，成为我国西南喀斯特地区最大的生态环境问题之一。

1.2 典型山区土地利用数据生产

1.2.1 方法与数据源

土地利用现状数据以 Landsat 卫星遥感影像为基础，参照中国科学院地理科学与资源研究所的分类系统，将土地利用类型划分为耕地、林地、草地、水域、城镇工矿居民用地和未利用地 6 类，其中又将林地细分为有林地、灌木林地、疏林地和其他林地 4 类，耕地细分为水田和旱地两类。各地类的遥感影像解译标志见表 1-1。通过遥感影像解译建立

2010 年土地利用数据库,以 2010 年土地利用数据为基础,通过 2000 年和 2015 年两期影像更新得到 2000 年和 2015 年的土地利用数据库,最后以 2000 年土地利用数据为基础,通过 1990 年的遥感影像更新得到 1990 年土地利用数据库。

表 1-1　遥感影像专题信息解译标志

一级类型		二级类型		影像特征			TM 样片	Google Earth 样片
编码	名称	编码	名称	形态	色调	纹理		
01	耕地	11	水田	几何特征较为明显,田块均呈条带状或块状分布	深青色、浅青色、深红色、色调均匀	影像结构均一		
		12	旱地	沿山脚低缓坡不规则条带状分布,边界较模糊	影像色调多样,一般为褐、青、亮白色	影像结构粗糙		
02	林地	21	有林地	受地形控制边界自然圆滑,呈不规则形状	深红色、暗红色,色调均匀	影像结构粗糙		
		22	灌木林地	受地形控制边界自然圆滑,呈不规则形状	浅红色,色调均匀	影像结构比较细腻		
		23	疏林地	受地形控制边界自然圆滑,呈不规则形状	浅红色,色调杂乱	影像结构比较粗糙		
		24	其他林地	受地形控制边界自然圆滑,呈不规则形状	影像色调多样	影像结构粗糙		
03	草地	31	高覆盖度草地	受地形控制边界自然圆滑,呈不规则形状	黄或浅黄色,局部有微红斑点	影像结构比较均一		
		32	中覆盖度草地	受地形控制边界自然圆滑,呈不规则形状	不均匀黄白色	影像结构比较均一		
		33	低覆盖度草地	受地形控制边界自然圆滑,呈不规则形状	黄白或灰白色,部分青灰色	影像结构比较均一		
04	水域	41	河渠	几何特征明显,自然弯曲或局部明显平直,边界清晰	深蓝色,色调均匀	影像结构均一		

一级类型		二级类型		影像特征			TM 样片	Google Earth 样片
编码	名称	编码	名称	形态	色调	纹理		
04	水域	42	湖泊	几何特征明显，有自然状态	深蓝或浅蓝色，色调均匀	影像结构均一		
		43	水库坑塘	几何特征明显，有人工塑造痕迹	深蓝或浅蓝色，色调均匀	影像结构均一		
		44	永久性冰川雪地	受地形控制边界自然呈不规则形状	白色	影像结构比较均一		
		45	滩涂	无				
		46	滩地	沿河流或湖岸呈条带状分布	灰色或白色	影像结构比较均一		
05	城镇工矿居民用地	51	城镇用地	几何形状特征明显，边界清晰	青灰色，杂有其他地类，色调紊乱	影像结构粗糙		
		52	农村居民点	几何形状特征明显，边界清晰	灰色或灰红，色调较紊乱	影像结构粗糙		
		53	其他建设用地	几何形状特征明显，边界清晰	灰白青色交杂	影像结构较为粗糙		
06	未利用地	61	沙地	无				
		62	戈壁	无				
		63	盐碱地	无				
		64	沼泽地	边界比较清晰	灰色，色调不均匀	影像结构粗糙		
		65	裸土地	边界比较清晰	不均，有灰白色	影像结构比较均一		
		66	裸岩	边界清晰	灰白色	影像结构比较均一		
		67	其他	无				

太行山区、横断山区、黔桂喀斯特山区 1990 年 1∶10 万土地利用数据精度验证主要从以下两个方面入手：一方面，查询相关文献资料，依据三大山区土地利用结构特征，从整体上判断该山区土地利用数据是否合理；另一方面，参考 1990 年前后各时期、各类型遥感影像，分地类采点进行详细精度验证。通过查询和计算三大山区土地利用类型、面积、比重，结合地区统计年鉴数据、相关文献资料，整体把握三大山区 1990 年土地利用数据精度。在此基础上，按照地类面积和分布区域随机均匀采点验证，通过样点精度判断与计算得到三大山区每一地类判读详细精度。据此，结合 1990 年 TM 影像再次判读与验证。

1.2.2   典型山区多期土地利用数据及其精度

1.2.2.1   太行山区

1. 土地利用数据

通过 ArcGIS 统计功能得到太行山区 1990 年、2000 年、2010 年和 2015 年四个时期的土地利用现状数据，见表 1-2。

表 1-2   1990 年、2000 年、2010 年、2015 年太行山区土地利用现状统计

年份	草地		城镇工矿居民用地		耕地		林地		水域		未利用地	
	面积/km²	百分比/%	面积/km²	百分比/%	面积/km²	百分比/%	面积/km²	百分比/%	面积/km²	百分比/%	面积/km²	百分比/%
1990	35870.54	26.20	8705.28	6.36	49750.18	36.34	40595.26	29.65	1884.53	1.38	88	0.06
2000	35180.82	25.70	9511.27	6.95	48976.16	35.78	41209.08	30.10	1928.68	1.41	87.77	0.06
2010	35669.63	26.06	9764.03	7.13	48861.44	35.69	40658.05	29.70	1812.68	1.32	127.96	0.09
2015	35306.75	25.79	10707.80	7.82	47986.55	35.05	40803.26	29.81	1940.73	1.42	148.69	0.11

注：由于四舍五入，百分比之和可能不为 100%，下同。

由表 1-2 得出，1990 年太行山区总面积为 136893.79km²，其中，林地为 40595.26km²，占总面积的 29.65%；耕地为 49750.18km²，占总面积的 36.34%；草地为 35870.54km²，占总面积的 26.20%；水域为 1884.53km²，占总面积的 1.38%；城镇工矿居民用地为 8705.28km²，占总面积的 6.36%；未利用地为 88km²，占总面积的 0.06%。

2000 年其林地为 41209.08km²，占总面积的 30.10%；耕地为 48976.16km²，占总面积的 35.78%；草地为 35180.82km²，占总面积的 25.70%；水域为 1928.68km²，占总面积的 1.41%；城镇工矿居民用地为 9511.27km²，占总面积的 6.95%；未利用地为 87.77km²，占总面积的 0.06%。

2010 年其林地为 40658.05km²，占总面积的 29.70%；耕地为 48861.44km²，占总面积

的 35.69%；草地为 35669.63km²，占总面积的 26.06%；水域为 1812.68km²，占总面积的 1.32%；城镇工矿居民用地为 9764.03km²，占总面积的 7.13%；未利用地为 127.96km²，占总面积的 0.09%。

2015 年其林地为 40803.26km²，占总面积的 29.81%；耕地为 47986.55km²，占总面积的 35.05%；草地为 35306.75km²，占总面积的 25.79%；水域为 1940.73km²，占总面积的 1.42%；城镇工矿居民用地为 10707.80km²，占总面积的 7.82%；未利用地为 148.69km²，占总面积的 0.11%。

2. 精度验证

1990 年在其六大地类共选取样点 1742 个，总精度达 88.95%。其中，林地选取样点 727 个，精度达 87.22%；耕地选取样点 330 个，精度达 91.69%；城镇工矿居民用地选取样点 275 个，精度达 92.31%；草地选取样点 250 个，精度达 88.04%；水域选取样点 110 个，精度达 94.59%；未利用地选取样点 50 个，精度达 80.00%。

2000 年在其六大地类共选取样点 645 个，总精度达 87.54%。其中，林地选取样点 340 个，精度达 91.00%；耕地选取样点 115 个，精度达 88.85%；城镇工矿居民用地选取样点 60 个，精度达 95.00%；草地选取样点 100 个，精度达 80.40%；水域选取样点 20 个，精度达 90.00%；未利用地选取样点 10 个，精度达 80.00%。

2010 年在其六大地类共选取样点 1742 个，总精度达 87.96%。其中，林地选取样点 727 个，精度达 87.43%；耕地选取样点 330 个，精度达 90.21%；城镇工矿居民用地选取样点 275 个，精度达 96.73%；草地选取样点 250 个，精度达 80.40%；水域选取样点 110 个，精度达 87.50%；未利用地选取样点 50 个，精度达 84.00%。

2015 年在其六大地类共选取样点 1537 个，总精度达 87.44%。其中，林地选取样点 600 个，精度达 84.16%；耕地选取样点 310 个，精度达 85.73%；城镇工矿居民用地选取样点 253 个，精度达 90.51%；草地选取样点 224 个，精度达 81.25%；水域选取样点 100 个，精度达 95.00%；未利用地选取样点 50 个，精度达 78.00%。

1.2.2.2 横断山区

1. 土地利用数据

通过 ArcGIS 统计功能得到横断山区 1990 年、2000 年、2010 年和 2015 年四个时期的土地利用现状数据，见表 1-3。

表 1-3　1990 年、2000 年、2010 年、2015 年横断山区土地利用现状统计

年份	草地		城镇工矿居民用地		耕地		林地		水域		未利用地	
	面积/km²	百分比/%	面积/km²	百分比/%	面积/km²	百分比/%	面积/km²	百分比/%	面积/km²	百分比/%	面积/km²	百分比/%
1990	192295.41	42.77	806.60	0.18	34456.29	7.66	202129.02	44.95	2705.87	0.60	17246.27	3.84

续表

年份	草地		城镇工矿居民用地		耕地		林地		水域		未利用地	
	面积/km²	百分比/%	面积/km²	百分比/%	面积/km²	百分比/%	面积/km²	百分比/%	面积/km²	百分比/%	面积/km²	百分比/%
2000	192007.42	42.70	904.36	0.20	34311.17	7.63	201541.33	44.82	2766.02	0.62	18109.16	4.03
2010	190204.74	42.30	1324.53	0.29	33682.70	7.49	203727.44	45.31	3228.46	0.72	17471.59	3.89
2015	190220.17	42.31	1589.55	0.35	33657.88	7.49	203638.42	45.29	3384.25	0.75	17149.20	3.81

由表 1-3 可得，1990 年横断山区总面积为 449639.47km²，其中，林地 202129.02km²，占总面积的 44.95%；耕地为 34456.29km²，占总面积的 7.66%；草地为 192295.41km²，占总面积的 42.77%；水域为 2705.87km²，占总面积的 0.60%；城镇工矿居民用地为 806.60km²，占总面积的 0.18%；未利用地为 17246.27km²，占总面积的 3.84%。

2000 年其林地为 201541.33km²，占总面积的 44.82%；耕地为 34311.17km²，占总面积的 7.63%；草地为 192007.42km²，占总面积的 42.70%；水域为 2766.02km²，占总面积的 0.62%；城镇工矿居民用地为 904.36km²，占总面积的 0.20%；未利用地为 18109.16km²，占总面积的 4.03%。

2010 年其林地为 203727.44km²，占总面积的 45.31%；耕地为 33682.70km²，占总面积的 7.49%；草地为 190204.74km²，占总面积的 42.30%；水域为 3228.46km²，占总面积的 0.72%；城镇工矿居民用地为 1324.53km²，占总面积的 0.29%；未利用地为 17471.59km²，占总面积的 3.89%。

2015 年其林地为 203638.42km²，占总面积为 45.29%；耕地为 33657.88km²，占总面积的 7.49%；草地为 190220.17km²，占总面积的 42.31%；水域为 3384.25km²，占总面积的 0.75%；城镇工矿居民用地为 1589.55km²，占总面积的 0.35%；未利用地为 17149.20km²，占总面积的 3.81%。

2. 精度验证

1990 年在其六大地类共选取样点 2483 个，总精度达 80.15%。其中，林地选取样点 1083 个，精度达 79.61%；耕地选取样点 523 个，精度达 81.93%；城镇工矿居民用地选取样点 183 个，精度达 81.97%；草地选取样点 325 个，精度达 77.54%；水域选取样点 156 个，精度达 83.33%；未利用地选取样点 213 个，精度达 76.53%。

2000 年在其六大地类共选取样点 1110 个，总精度达 86.7%。其中，林地选取样点 445 个，精度达 83.75%；耕地选取样点 395 个，精度达 86.50%；城镇工矿居民用地选取样点 45 个，精度达 91.00%；草地选取样点 160 个，精度达 84.00%；水域选取样点 25 个，精度达 88.00%；未利用地选取样点 40 个，精度达 87.00%。

2010 年在其六大地类共选取样点 2580 个，总精度达 67.71%。其中，林地选取样点 1138 个，精度达 76.66%；耕地选取样点 557 个，精度达 77.75%；城镇工矿居民用地选取样点 192 个，精度达 54.17%；草地选取样点 330 个，精度达 77.88%；水域选取样点 137 个，精度达 67.15%；未利用地选取样点 226 个，精度达 52.65%。

2015 年在其六大地类共选取样点 2483 个，总精度达 80.15%。其中，林地选取样点 1083 个，精度达 79.61%；耕地选取样点 523 个，精度达 81.93%；城镇工矿居民用地选取样点 183 个，精度达 81.97%；草地选取样点 325 个，精度达 77.54%；水域选取样点 156 个，精度达 83.33%；未利用地选取样点 213 个，精度达 76.53%。

1.2.2.3 黔桂喀斯特山区

1. 土地利用数据

通过 ArcGIS 统计功能得到黔桂喀斯特山区 1990 年、2000 年、2010 年和 2015 年四个时期的土地利用现状数据，见表 1-4。

表 1-4 1990 年、2000 年、2010 年、2015 年黔桂喀斯特山区土地利用现状统计

年份	草地		城镇工矿居民用地		耕地		林地		水域		未利用地	
	面积/km²	百分比/%	面积/km²	百分比/%	面积/km²	百分比/%	面积/km²	百分比/%	面积/km²	百分比/%	面积/km²	百分比/%
1990	32290.54	15.08	2479.50	1.16	56177.52	26.24	121255.95	56.63	1903.27	0.89	23.39	0.01
2000	32209.72	15.04	2671.71	1.25	56228.03	26.26	121031.62	56.52	1965.71	0.92	23.39	0.01
2010	30788.58	14.38	3597.96	1.68	55434.30	25.89	121964.15	56.96	2317.35	1.08	27.84	0.01
2015	30599.55	14.29	3712.18	1.73	55253.36	25.80	122102.08	57.02	2438.58	1.14	24.44	0.01

由表 1-4 得出，1990 年黔桂喀斯特山区总面积为 214130.18km²，其中，林地为 121255.95km²，占总面积的 56.63%；耕地为 56177.52km²，占总面积的 26.24%；草地为 32290.54km²，占总面积的 15.08%；水域为 1903.27km²，占总面积的 0.89%；城镇工矿居民用地为 2479.50km²，占总面积的 1.16%；未利用地为 23.39km²，占总面积的 0.01%。

2000 年其林地为 121031.62km²，占总面积的 56.52%；耕地为 56228.03km²，占总面积的 26.26%；草地为 32209.72km²，占总面积的 15.04%；水域为 1965.71km²，占总面积的 0.92%；城镇工矿居民用地为 2671.71km²，占总面积的 1.25%；未利用地为 23.39km²，占总面积的 0.01%。

2010 年其林地为 121964.15km²，占总面积的 56.96%；耕地为 55434.30km²，占总面积的 25.89%；草地为 30788.58km²，占总面积的 14.38%；水域为 2317.35km²，占总面积的 1.08%；城镇工矿居民用地为 3597.96km²，占总面积的 1.68%；未利用地为 27.84km²，占总面积的 0.01%。

2015 年其林地为 122102.08km²，占总面积的 57.02%；耕地为 55253.36km²，占总面积的 25.80%；草地为 30599.55km²，占总面积的 14.29%；水域为 2438.58km²，占总面积的 1.14%；城镇工矿居民用地为 3712.18km²，占总面积的 1.73%；未利用地 24.44km²，占总面积的 0.01%。

2. 精度验证

1990 年在其六大地类选取 995 个样点，总精度达 87.29%，其中林地选取样点 380 个，精度达 91.13%；耕地选取样点 310 个，精度达 90.50%；城镇工矿居民用地选取样点 100 个，精度达 91.00%；草地选取样点 110 个，精度达 78.18%；水域选取样点 85 个，精度达 92.94%；未利用地选取样点 10 个，精度达 80.00%。

2000 年在其六大地类选取 401 个样点，总精度达 85.61%，其中林地选取样点 118 个，精度达 80.55%；耕地选取样点 173 个，精度达 87.65%；城镇工矿居民用地选取样点 40 个，精度达 87.50%；草地选取样点 38 个，精度达 78.90%；水域选取样点 24 个，精度达 91.60%；未利用地选取样点 8 个，精度达 87.50%。

2010 年结合 Google 地球历史影像进行精度验证，共选取 1346 个样点，总精度达 76.37%，其中林地达 79.25%，耕地达 86.00%，城镇工矿居民用地达 90.00%，草地达 73.00%，水域达 93.00%，未利用地精度较低，仅 37.00%。

2015 年结合 Google 地球历史影像进行精度验证，共选取 1317 个样点，总精度达 80.86%，其中林地达 79.75%，耕地达 80.00%，城镇工矿居民用地达 83.00%，草地达 76.00%，水域达 89.00%，未利用地精度较低，仅 77.42%。

1.2.3 典型山区土地利用变化分析

1.2.3.1 太行山区

1990～2000 年，土地利用变化总面积为 2128.45km^2，占整个太行山区面积的 1.56%。按净变化面积从大到小排序：城镇工矿居民用地、耕地、草地、林地、水域、未利用地。其中城镇工矿居民用地面积增加明显，净增面积为 805.99km^2，主要由耕地转化而来；林地面积增加明显，净增面积为 613.82km^2，主要由草地转化而来；相应地，草地、耕地面积减少明显；水域面积略有增加，未利用地变化不明显（表 1-5）。

表 1-5 1990～2000 年太行山区土地利用转移矩阵 （单位：km^2）

1990 年	2000 年						转出总计
	草地	城镇工矿居民用地	耕地	林地	水域	未利用地	
草地	—	58.18	57.36	838.75	12.24	0	966.53
城镇工矿居民用地	3.78	—	24.18	0.27	0.69	0	28.92
耕地	69.73	743.98	—	2.65	58.85	0.65	875.86
林地	196.32	27.78	3.23	—	0.54	0.12	227.99
水域	6.98	3.97	17.06	0.14	—	0	28.15
未利用地	0	1	0	0	0	—	1
转入总计	276.81	834.91	101.83	841.81	72.32	0.77	2128.45
净增面积	−689.72	805.99	−774.03	613.82	44.17	−0.23	

2000～2010 年，土地利用变化总面积为 2436.72km²，占整个太行山区面积的 1.79%。按净变化面积从大到小排序：林地、草地、城镇工矿居民用地、水域、耕地、未利用地。其中，草地面积增加明显，净增面积 488.82km²，主要由林地转化而来，林地和草地之间又存在相互转化；城镇工矿居民用地面积增加 252.75km²，主要由耕地转化而来；相应地，林地、耕地面积减少明显；水域面积减少 116.01km²，未利用地面积增加 40.18km²（表 1-6）。

表 1-6　2000～2010 年太行山区土地利用转移矩阵　　　　　（单位：km²）

2000 年	2010 年						转出总计
	草地	城镇工矿居民用地	耕地	林地	水域	未利用地	
草地	—	44.17	45.85	322.16	7.29	1.30	420.77
城镇工矿居民用地	23.70	—	252.62	12.41	2.65	2.06	293.44
耕地	34.90	455.74	—	32.80	57.81	8.41	589.66
林地	826.18	17.83	79.70	—	3.42	0.18	927.31
水域	24.71	28.33	95.71	8.84	—	38.09	195.68
未利用地	0.10	0.12	1.07	0.07	8.50	—	9.86
转入总计	909.59	546.19	474.95	376.28	79.67	50.04	2436.72
净增面积	488.82	252.75	−114.71	−551.03	−116.01	40.18	

2010～2015 年，土地利用变化总面积为 3554.47km²，占整个太行山区面积的 2.59%。按净变化面积从大到小排序：城镇工矿居民用地、耕地、草地、林地、水域、未利用地。其中，城镇工矿居民用地面积增加明显，净增面积 943.78km²，主要由耕地转化而来，城镇工矿居民用地和耕地之间又存在相互转化的过程；耕地面积减少 874.88km²；草地面积减少 362.89km²；林地、水域面积略有增加，未利用地面积变化不明显（表 1-7）。

表 1-7　2010～2015 年太行山区土地利用转移矩阵　　　　　（单位：km²）

2010 年	2015 年						转出总计
	草地	城镇工矿居民用地	耕地	林地	水域	未利用地	
草地	—	119.75	196.65	439.26	40.91	4.17	800.74
城镇工矿居民用地	28.11	—	364.95	14.38	53.81	6.14	467.39
耕地	166.77	1186.01	—	68.19	233.07	13.90	1667.94
林地	218.28	62.40	81.06	—	23.78	2.59	388.11
水域	24.40	40.26	148.28	10.78	—	0.25	223.97
未利用地	0.29	2.75	2.12	0.72	0.44	—	6.32
转入总计	437.85	1411.17	793.06	533.33	352.01	27.05	3554.47
净增面积	−362.89	943.78	−874.88	145.22	128.04	20.73	

1.2.3.2　横断山区

1990～2000 年，土地利用变化总面积为 6321.68km^2，占整个横断山区面积的 1.41%。按净变化面积从大到小排序：未利用地、林地、草地、耕地、城镇工矿居民用地、水域。其中未利用地面积增加明显，净增面积 862.90km^2，主要由草地转化而来；林地面积减少明显，减少面积 587.69km^2，主要转化为草地；相应地，草地、耕地面积减少明显；城镇工矿居民用地、水域面积略有增加（表 1-8）。

表 1-8　1990～2000 年横断山区土地利用转移矩阵　　　　（单位：km^2）

1990 年	2000 年						转入总计
	耕地	林地	草地	水域	城镇工矿居民用地	未利用地	
耕地	—	269.40	170.21	28.58	3.67	0.78	472.64
林地	245.56	—	1756.70	14.86	0.70	4.50	2022.32
草地	225.15	2280.82	—	68.47	1.38	35.70	2611.52
水域	55.38	36.22	62.75	—	15.72	11.01	181.08
城镇工矿居民用地	91.68	3.39	16.76	7.40	—	0.00	119.23
未利用地	0.00	20.18	893.07	1.64	0.00	—	914.89
转出总计	617.77	2610.01	2899.49	120.95	21.47	51.99	6321.68
净增面积	−145.13	−587.69	−287.97	60.13	97.76	862.90	

2000～2010 年，土地利用变化总面积为 17455.00km^2，占整个横断山区面积的 3.89%。按净变化面积从大到小排序：林地、草地、未利用地、耕地、水域、城镇工矿居民用地。其中林地面积增加明显，净增面积 2186.10km^2，主要由草地转化而来；草地面积减少明显，减少面积 1802.69km^2，主要转化为林地；相应地，未利用地、耕地面积减少明显；城镇工矿居民用地、水域面积均有所增加（表 1-9）。

表 1-9　2000～2010 年横断山区土地利用转移矩阵　　　　（单位：km^2）

2000 年	2010 年						转入总计
	耕地	林地	草地	水域	城镇工矿居民用地	未利用地	
耕地	—	563.41	868.37	36.34	43.14	8.25	1519.51
林地	650.51	—	5500.56	17.23	6.23	98.14	6272.67
草地	1115.19	3231.24	—	116.41	20.71	2246.75	6730.30
水域	71.33	101.01	483.93	—	6.23	26.56	689.06

2000 年	2010 年						转入总计
	耕地	林地	草地	水域	城镇工矿居民用地	未利用地	
城镇工矿居民用地	294.63	78.22	119.94	6.55	—	0.99	500.33
未利用地	16.30	112.69	1560.19	50.10	3.85	—	1743.13
转出总计	2147.96	4086.57	8532.99	226.63	80.16	2380.69	17455.00
净增面积	−628.45	2186.10	−1802.69	462.43	420.17	−637.56	

2010~2015 年，土地利用变化总面积为 4126.48km²，占整个横断山区面积的 0.92%。按净变化面积从大到小排序：未利用地、城镇工矿居民用地、水域、林地、耕地、草地。其中，城镇工矿居民用地面积增加明显，净增面积 265.02km²，主要由未利用地转化而来，未利用地明显减少，减少面积为 322.40km²；水域面积净增了 155.78km²；林地、耕地面积略有减少，草地面积略有增加（表 1-10）。

表 1-10　2010~2015 年横断山区土地利用转移矩阵　　　　（单位：km²）

2010 年	2015 年						转入总计
	耕地	林地	草地	水域	城镇工矿居民用地	未利用地	
耕地	—	144.49	225.08	13.60	9.55	0.61	393.33
林地	82.76	—	970.13	7.52	2.59	25.11	1088.11
草地	109.75	802.29	—	209.07	2.22	564.93	1688.26
水域	56.69	177.80	150.89	—	1.56	8.15	395.09
城镇工矿居民用地	168.59	25.78	80.37	1.85	—	4.35	280.94
未利用地	0.37	26.76	246.35	7.27	—	—	280.75
转出总计	418.16	1177.12	1672.82	239.31	15.92	603.15	4126.48
净增面积	−24.83	−89.01	15.44	155.78	265.02	−322.40	

1.2.3.3 黔桂喀斯特山区

1990~2000 年，土地利用变化总面积为 1574.63km²，占整个黔桂喀斯特山区面积的 0.74%。按净变化面积从大到小排序：林地、城镇工矿居民用地、草地、水域、耕地、未利用地。其中城镇工矿居民用地面积增加明显，净增面积 192.20km²，主要由耕地转化而来；林地和草地直接相互转化，有部分林地转化为耕地，因此林地面积减少明显；水域面积略有增加，未利用地没有发生变化（表 1-11）。

表 1-11　1990～2000 年黔桂喀斯特山区土地利用转移矩阵　　（单位：km²）

1990 年	2000 年						转出总计
	草地	城镇工矿居民用地	耕地	林地	水域	未利用地	
草地	—	8.47	72.02	388.91	31.15	0	500.55
城镇工矿居民用地	2.95	—	5.10	6.43	0	0	14.48
耕地	22.05	166.16	—	48.35	50.51	0	287.07
林地	378.21	29.07	231.52	—	57.26	0	696.06
水域	16.53	2.98	28.93	28.03	—	0	76.47
未利用地	0	0	0	0	0	—	0.00
转入总计	419.74	206.68	337.57	471.72	138.92	0	1574.63
净增面积	−80.81	192.20	50.50	−224.34	62.45	0	

2000～2010 年，土地利用变化总面积为 4651.18km²，占整个黔桂喀斯特山区面积的 2.17%。按净变化面积从大到小排序：草地、林地、城镇工矿居民用地、耕地、水域、未利用地。其中，草地面积减少明显，主要转化为林地，部分转化为耕地和城镇工矿居民用地；耕地、林地、草地之间相互转化明显，整体上，林地面积增加了 932.52km²，耕地面积减少了 793.73km²；草地、耕地、林地都存在向城镇工矿居民用地的转化，而城镇工矿居民用地转出较少，因此城镇工矿居民用地净增加面积 926.25km²；水域面积略有增加，未利用地变化不明显（表 1-12）。

表 1-12　2000～2010 年黔桂喀斯特山区土地利用转移矩阵　　（单位：km²）

2000 年	2010 年						转出总计
	草地	城镇工矿居民用地	耕地	林地	水域	未利用地	
草地	—	145.06	326.31	1408.35	79.72	3.07	1962.51
城镇工矿居民用地	7.02	—	46.85	13.06	6.16	0	73.09
耕地	87.69	614.45	—	600.47	152.22	0.91	1455.74
林地	433.56	235.32	267.94	—	164.91	2.68	1104.41
水域	11.70	3.74	20.04	15.05	—	1.34	51.87
未利用地	1.40	0.77	0.87	0	0.52	—	3.56
转入总计	541.37	999.34	662.01	2036.93	403.53	8.00	4651.18
净增面积	−1421.14	926.25	−793.73	932.52	351.66	4.44	

2010～2015 年此研究段除未利用地基本保持不变外，其他地类均有变化，但面积变动较小，按净变化面积从大到小排序：草地、耕地、林地、水域、城镇工矿居民用地、未利用地。2010～2015 年，土地利用变化总面积为 1188.29km²，占整个黔桂喀斯特山区面

积的 0.56%。其中，林地、耕地、草地之间相互转化明显，草地面积减少 189.03km²，耕地面积减少 180.95km²，林地面积增加 137.93km²；城镇工矿居民用地主要由耕地转化而来，部分由草地和林地转化而来，面积净增 114.22km²；水域面积略有增加，未利用地变化不明显（表 1-13）。

表 1-13　2010～2015 年黔桂喀斯特山区土地利用转移矩阵　　　（单位：km²）

2010 年	2015 年						转出总计
	草地	城镇工矿居民用地	耕地	林地	水域	未利用地	
草地	—	12.28	13.34	305.1	20.64	1.40	352.76
城镇工矿居民用地	7.01	—	16.74	8.79	1.25	0	33.79
耕地	62.11	104.2	—	183.69	41.11	0.04	391.15
林地	91.86	28.26	171.21	—	85.09	0.02	376.44
水域	2.70	3.01	8.89	14.69	—	0	29.29
未利用地	0.05	0.26	0.02	2.10	2.43	—	4.86
转入总计	163.73	148.01	210.20	514.37	150.52	1.46	1188.29
净增面积	−189.03	114.22	−180.95	137.93	121.23	−3.40	

1.3　典型县（市、区）土地利用数据生产

1.3.1　方法与数据源

土地利用现状数据以 Landsat 影像为基础，结合高分 1 号、高分 2 号和资源 3 号卫星遥感影像，参照中国科学院地理科学与资源研究所的分类系统，将土地利用类型划分为耕地、林地、草地、水域、城镇工矿居民用地和未利用地六类，其中又将林地细分为有林地、灌木林地、疏林地和其他林地 4 类，耕地细分为水田和旱地两类。通过遥感影像解译建立 2010 年土地利用数据库，以 2010 年土地利用数据为基础，通过 2005 年和 2015 年两期影像更新得到 2005 年和 2015 年的土地利用数据库，以 2005 年土地利用数据为基础，通过 2000 年的影像更新得到 2000 年土地利用数据库；以 2000 年土地利用数据为基础，通过 1995 年的影像更新得到 1995 年土地利用数据库；以 1995 年土地利用数据为基础，通过 1990 年的影像更新得到 1990 年土地利用数据库。

三大山区典型县（市、区）1990 年、1995 年、2000 年、2005 年、2010 年、2015 年 1：5 万土地利用数据精度验证主要从以下三个方面入手：①查询各典型区各自的土地利用结构，从整体上判断该山地土地利用数据是否合理；②将典型区 1：5 万土地利用数据与三大山区 1：10 万土地利用数据进行叠加分析，以三大山区土地利用数据为参考把握典型区土地利用数据精度；③参考典型区对应年份前后各时期、各类型遥感影像，分地类采

点进行详细精度验证。通过查询和计算各典型区对应时间段土地利用类型、面积、比重，结合地区统计年鉴数据、相关文献资料整体把握各典型区各时段土地利用数据精度。在此基础上，按照地类面积和分布区域随机均匀采点验证，通过样点精度判断与计算得到三大山区典型县（市、区）每一地类判读详细精度。据此，1990 年和 2000 年数据结合 TM 影像再次判读与验证，2005 年和 2015 年数据结合 TM 影像和 Google 影像再次判读与验证。

1.3.2　典型县（市、区）多期土地利用数据及其精度

1.3.2.1　林州市

1. 土地利用数据

通过 ArcGIS 统计功能得到林州市 1990 年、1995 年、2000 年、2005 年、2010 年和2015 年六个时期的土地利用现状数据，见表 1-14。

表 1-14　1990 年、1995 年、2000 年、2005 年、2010 年、2015 年林州市土地利用现状统计

年份	草地		城镇工矿居民用地		耕地		林地		水域		未利用地	
	面积/km²	百分比/%	面积/km²	百分比/%	面积/km²	百分比/%	面积/km²	百分比/%	面积/km²	百分比/%	面积/km²	百分比/%
1990	736.52	35.48	142.32	6.86	772.24	37.20	397.15	19.13	27.55	1.33	0	0.00
1995	736.52	35.48	142.34	6.86	772.23	37.20	397.15	19.13	27.55	1.33	0	0.00
2000	754.81	36.36	145.20	6.99	751.08	36.18	397.52	19.15	27.17	1.31	0	0.00
2005	754.81	36.36	156.96	7.56	739.32	35.62	397.52	19.15	27.17	1.31	0	0.00
2010	768.15	37.01	225.00	10.84	666.52	32.11	389.06	18.74	27.05	1.30	0	0.00
2015	767.48	36.97	227.58	10.96	665.28	32.05	388.44	18.71	27.00	1.30	0	0.00

由表 1-14 可知，1990 年林州市总面积为 2075.78km²，其中，林地为 397.15km²，占总面积的 19.13%；耕地为 772.24km²，占总面积的 37.20%；草地为 736.52km²，占总面积的 35.48%；水域为 27.55km²，占总面积的 1.33%；城镇工矿居民用地为 142.32km²，占总面积的 6.86%；无未利用地。

1995 年其林地为 397.15km²，占总面积的 19.13%；耕地为 772.23km²，占总面积的 37.20%；草地为 736.52km²，占总面积的 35.48%；水域为 27.55km²，占总面积的 1.33%；城镇工矿居民用地为 142.34km²，占总面积的 6.86%；无未利用地。

2000 年其林地为 397.52km²，占总面积的 19.15%；耕地为 751.08km²，占总面积的 36.18%；草地为 754.81km²，占总面积的 36.36%；水域为 27.17km²，占总面积的 1.31%；城镇工矿居民用地为 145.20km²，占总面积的 6.99%；无未利用地。

2005 年其林地为 397.52km²，占总面积的 19.15%；耕地为 739.32km²，占总面积的 35.62%；草地为 754.81km²，占总面积的 36.36%；水域为 27.17km²，占总面积的 1.31%；城镇工矿居民用地为 156.96km²，占总面积的 7.56%；无未利用地。

2010 年其林地为 389.06km², 占总面积的 18.74%; 耕地为 666.52km², 占总面积的 32.11%; 草地为 768.15km², 占总面积的 37.01%; 水域为 27.05km², 占总面积的 1.30%; 城镇工矿居民用地为 225.00km², 占总面积的 10.84%; 无未利用地。

2015 年其林地为 388.44km², 占总面积的 18.71%; 耕地为 665.28km², 占总面积的 32.05%; 草地为 767.48km², 占总面积的 36.97%; 水域为 27.00km², 占总面积的 1.30%; 城镇工矿居民用地为 227.58km², 占总面积的 10.96%; 无未利用地。

2. 精度验证

1990 年在其六大地类共选取样点 450 个, 总精度达 90.53%。其中, 林地选取样点 160 个, 精度达 85.23%; 耕地选取样点 60 个, 精度达 86.70%; 城镇工矿居民用地选取样点 50 个, 精度达 94.00%; 草地选取样点 150 个, 精度达 90.00%; 水域选取样点 30 个, 精度达 96.70%; 该区域不涉及未利用地。

1995 年在其六大地类共选取样点 420 个, 总精度达 91.05%。其中, 林地选取样点 150 个, 精度达 83.95%; 耕地选取样点 50 个, 精度达 86.70%; 城镇工矿居民用地选取样点 60 个, 精度达 93.30%; 草地选取样点 130 个, 精度达 94.61%; 水域选取样点 30 个, 精度达 96.70%; 该区域不涉及未利用地。

2000 年在其六大地类共选取样点 410 个, 总精度达 90.54%。其中, 林地选取样点 130 个, 精度达 84.80%; 耕地选取样点 80 个, 精度达 87.50%; 城镇工矿居民用地选取样点 50 个, 精度达 92.00%; 草地选取样点 120 个, 精度达 91.70%; 水域选取样点 30 个, 精度达 96.70%; 该区域不涉及未利用地。

2005 年在其六大地类共选取样点 430 个, 总精度达 88.04%。其中, 林地选取样点 150 个, 精度达 80.21%; 耕地选取样点 90 个, 精度达 83.34%; 城镇工矿居民用地选取样点 50 个, 精度达 90.00%; 草地选取样点 105 个, 精度达 92.38%; 水域选取样点 35 个, 精度达 94.29%; 该区域不涉及未利用地。

2010 年在其六大地类共选取样点 400 个, 总精度达 89.75%, 其中林地选取样点 120 个, 精度达 85.35%; 耕地选取样点 80 个, 精度达 87.50%; 城镇工矿居民用地选取样点 60 个, 精度达 91.70%; 草地选取样点 110 个, 精度达 90.90%; 水域选取样点 30 个, 精度达 93.30%; 该区域不涉及未利用地。

2015 年在其六大地类共选取样点 400 个, 总精度达 90.18%, 其中林地选取样点 120 个, 精度达 84.64%; 耕地选取样点 80 个, 精度达 91.25%; 城镇工矿居民用地选取样点 60 个, 精度达 95.00%; 草地选取样点 110 个, 精度达 90.00%; 水域选取样点 30 个, 精度达 90.00%; 该区域不涉及未利用地。

1.3.2.2 平山县

1. 土地利用数据

通过 ArcGIS 统计功能得到平山县 1990 年、1995 年、2000 年、2005 年、2010 年和 2015 年六个时期的土地利用现状数据, 见表 1-15。

表 1-15　1990 年、1995 年、2000 年、2005 年、2010 年、2015 年平山县土地利用现状统计

年份	草地		城镇工矿居民用地		耕地		林地		水域		未利用地	
	面积/km²	百分比/%	面积/km²	百分比/%	面积/km²	百分比/%	面积/km²	百分比/%	面积/km²	百分比/%	面积/km²	百分比/%
1990	360.30	13.76	77.45	2.96	522.86	19.97	1550.45	59.23	106.61	4.07	0	0.00
1995	362.28	13.84	79.18	3.02	521.23	19.91	1548.38	59.15	106.61	4.07	0	0.00
2000	339.58	12.97	87.87	3.36	527.80	20.16	1552.21	59.30	110.21	4.21	0	0.00
2005	348.13	13.30	106.33	4.06	501.88	19.17	1547.34	59.11	113.99	4.35	0	0.00
2010	348.67	13.32	107.73	4.12	501.78	19.17	1547.34	59.11	112.15	4.28	0	0.00
2015	306.01	11.69	136.68	5.22	524.91	20.05	1534.12	58.61	115.96	4.43	0	0.00

由表 1-15 可知，1990 年平山县总面积为 2617.67km²，其中，林地为 1550.45km²，占总面积的 59.23%；耕地为 522.86km²，占总面积的 19.97%；草地为 360.30km²，占总面积的 13.76%；水域为 106.61km²，占总面积的 4.07%；城镇工矿居民用地为 77.45km²，占总面积的 2.96%；无未利用地。

1995 年其林地为 1548.38km²，占总面积的 59.15%；耕地为 521.23km²，占总面积的 19.91%；草地为 362.28km²，占总面积的 13.84%；水域为 106.61km²，占总面积的 4.07%；城镇工矿居民用地为 79.18km²，占总面积的 3.02%；无未利用地。

2000 年其林地为 1552.21km²，占总面积的 59.30%；耕地为 527.80km²，占总面积的 20.16%；草地为 339.58km²，占总面积的 12.97%；水域为 110.21km²，占总面积的 4.21%；城镇工矿居民用地为 87.87km²，占总面积的 3.36%；无未利用地。

2005 年其林地为 1547.34km²，占总面积的 59.11%；耕地为 501.88km²，占总面积的 19.17%；草地为 348.13km²，占总面积的 13.30%；水域为 113.99km²，占总面积的 4.35%；城镇工矿居民用地为 106.33km²，占总面积的 4.06%；无未利用地。

2010 年其林地为 1547.34km²，占总面积的 59.11%；耕地为 501.78km²，占总面积的 19.17%；草地为 348.67km²，占总面积的 13.32%；水域为 112.15km²，占总面积的 4.28%；城镇工矿居民用地为 107.73km²，占总面积的 4.12%；无未利用地。

2015 年其林地为 1534.12km²，占总面积的 58.61%；耕地为 524.91km²，占总面积的 20.05%；草地为 306.01km²，占总面积的 11.69%；水域为 115.96km²，占总面积的 4.43%；城镇工矿居民用地为 136.68km²，占总面积的 5.22%；无未利用地。

2. 精度验证

1990 年在其六大地类共选取样点 407 个，总精度达 84.92%。其中，林地选取样点 122 个，精度达 83.30%；耕地选取样点 65 个，精度达 80.83%；城镇工矿居民用地选取样点 130 个，精度达 86.92%；草地选取样点 20 个，精度达 85.00%；水域选取样点 70 个，精度达 88.57%；该区域不涉及未利用地。

1995 年在其六大地类共选取样点 430 个，总精度达 85.23%。其中，林地选取样点

130 个，精度达 78.75%；耕地选取样点 75 个，精度达 83.34%；城镇工矿居民用地选取样点 135 个，精度达 87.40%；草地选取样点 30 个，精度达 90.00%；水域选取样点 60 个，精度达 86.67%；该区域不涉及未利用地。

2000 年在其六大地类共选取样点 432 个，总精度达 85.72%。其中，林地选取样点 132 个，精度达 83.79%；耕地选取样点 70 个，精度达 83.08%；城镇工矿居民用地选取样点 130 个，精度达 89.23%；草地选取样点 20 个，精度达 80.00%；水域选取样点 80 个，精度达 92.50%；该区域不涉及未利用地。

2005 年在其六大地类共选取样点 452 个，总精度达 87.22%。其中，林地选取样点 132 个，精度达 84.23%；耕地选取样点 85 个，精度达 91.67%；城镇工矿居民用地选取样点 130 个，精度达 93.08%；草地选取样点 35 个，精度达 74.28%；水域选取样点 70 个，精度达 92.86%；该区域不涉及未利用地。

2010 年在其六大地类共选取样点 472 个，总精度达 88.28%。其中，林地选取样点 136 个，精度达 82.64%；耕地选取样点 76 个，精度达 84.52%；城镇工矿居民用地选取样点 150 个，精度达 92.00%；草地选取样点 20 个，精度达 90.00%；水域选取样点 90 个，精度达 92.22%；该区域不涉及未利用地。

2015 年在其六大地类共选取样点 490 个，总精度达 87.05%。其中，林地选取样点 214 个，精度达 83.44%；耕地选取样点 102 个，精度达 86.33%；城镇工矿居民用地选取样点 52 个，精度达 88.46%；草地选取样点 70 个，精度达 88.57%；水域选取样点 52 个，精度达 88.46%；该区域不涉及未利用地。

1.3.2.3 易县

1. 土地利用数据

通过 ArcGIS 统计功能得到易县 1990 年、1995 年、2000 年、2005 年、2010 年和 2015 年六个时期的土地利用现状数据，见表 1-16。

表 1-16 1990 年、1995 年、2000 年、2005 年、2010 年、2015 年易县土地利用现状统计

年份	草地		城镇工矿居民用地		耕地		林地		水域		未利用地	
	面积/km²	百分比/%	面积/km²	百分比/%	面积/km²	百分比/%	面积/km²	百分比/%	面积/km²	百分比/%	面积/km²	百分比/%
1990	930.79	35.52	121.19	4.62	731.14	27.90	779.51	29.74	58.13	2.22	0	0.00
1995	930.21	35.49	133.44	5.09	719.32	27.45	779.36	29.74	58.43	2.23	0	0.00
2000	924.44	35.27	147.01	5.61	712.55	27.19	778.41	29.70	58.35	2.23	0	0.00
2005	926.24	35.34	163.67	6.25	694.87	26.51	777.59	29.67	58.39	2.23	0	0.00
2010	953.77	36.39	157.28	6.00	672.92	25.68	787.78	30.06	49.01	1.87	0	0.00
2015	953.81	36.39	160.47	6.12	670.40	25.58	787.07	30.03	49.01	1.87	0	0.00

由表 1-16 可知，1990 年易县总面积为 2620.76km^2，其中，耕地面积为 731.14km^2，占总面积的 27.90%；林地面积为 779.51km^2，占总面积的 29.74%；草地面积为 930.79km^2，占总面积的 35.52%；水域面积为 58.13km^2，占总面积的 2.22%；城镇工矿居民用地面积为 121.19km^2，占总面积的 4.62%；无未利用地。

1995 年其耕地面积为 719.32km^2，占总面积的 27.45%；林地面积为 779.36km^2，占总面积的 29.74%；草地面积为 930.21km^2，占总面积的 35.49%；水域面积为 58.43km^2，占总面积的 2.23%；城镇工矿居民用地面积为 133.44km^2，占总面积的 5.09%；无未利用地。

2000 年其耕地面积为 712.55km^2，占总面积的 27.19%；林地面积为 778.41km^2，占总面积的 29.70%；草地面积为 924.44km^2，占总面积的 35.27%；水域面积为 58.35km^2，占总面积的 2.23%；城镇工矿居民用地面积为 147.01km^2，占总面积的 5.61%；无未利用地。

2005 年其耕地面积为 694.87km^2，占总面积的 26.51%；林地面积为 777.59km^2，占总面积的 29.67%；草地面积为 926.24km^2，占总面积的 35.34%；水域面积为 58.39km^2，占总面积的 2.23%；城镇工矿居民用地面积为 163.67km^2，占总面积的 6.25%；无未利用地。

2010 年其耕地面积为 672.92km^2，占总面积的 25.68%；林地面积为 787.78km^2，占总面积的 30.06%；草地面积为 953.77km^2，占总面积的 36.39%；水域面积为 49.01km^2，占总面积的 1.87%；城镇工矿居民用地面积为 157.28km^2，占总面积的 6.00%；无未利用地。

2015 年其耕地面积 670.40km^2，占总面积的 25.58%；林地面积为 787.07km^2，占总面积的 30.03%；草地面积为 953.81km^2，占总面积的 36.39%；水域面积为 49.01km^2，占总面积的 1.87%；城镇工矿居民用地面积为 160.47km^2，占总面积的 6.12%；无未利用地。

2. 精度验证

1990 年在其六大地类共选取 240 个样点，总精度达 87.67%。其中，林地选取样点 66 个，精度达 84.20%；耕地选取样点 84 个，精度达 88.55%；城镇工矿居民用地选取样点 45 个，精度达 86.60%；草地选取样点 25 个，精度达 80.00%；水域选取样点 20 个，精度达 90.00%；该区域不涉及未利用地。

1995 年在其六大地类共选取 260 个样点，总精度达 86.21%。其中，林地选取样点 80 个，精度达 82.72%；耕地选取样点 70 个，精度达 81.67%；城镇工矿居民用地选取样点 30 个，精度达 83.33%；草地选取样点 60 个，精度达 93.33%；水域选取样点 20 个，精度达 90.00%；该区域不涉及未利用地。

2000 年在其六大地类共选取 249 个样点，总精度达 86.04%。其中，林地选取样点 69 个，精度达 84.60%；耕地选取样点 87 个，精度达 87.90%；城镇工矿居民用地选取样点 46 个，精度达 85.60%；草地选取样点 26 个，精度达 81.10%；水域选取样点 21 个，精度达 91.00%；该区域不涉及未利用地。

2005 年在其六大地类共选取 250 个样点，总精度达 86.64%。其中，林地选取样点 55 个，精度达 80.83%；耕地选取样点 65 个，精度达 83.10%；城镇工矿居民用地选取样点 40 个，精度达 85.00%；草地选取样点 70 个，精度达 94.29%；水域选取样点 20 个，精度达 90.00%；该区域不涉及未利用地。

2010 年在其六大地类共选取 259 个样点，总精度达 87.09%。其中，林地选取样点

74 个，精度达 84.30%；耕地选取样点 88 个，精度达 87.40%；城镇工矿居民用地选取样点 47 个，精度达 87.20%；草地选取样点 28 个，精度达 85.70%；水域选取样点 22 个，精度达 90.90%；该区域不涉及未利用地。

2015 年在其六大地类共选取 277 个样点，总精度达 87.73%。其中，林地选取样点 83 个，精度达 85.50%；耕地选取样点 87 个，精度达 90.80%；城镇工矿居民用地选取样点 49 个，精度达 91.80%；草地选取样点 31 个，精度达 83.90%；水域选取样点 27 个，精度达 81.50%；该区域不涉及未利用地。

1.3.2.4　宝兴县

1. 土地利用数据

通过 ArcGIS 统计功能得到宝兴县 1990 年、1995 年、2000 年、2005 年、2010 年和 2015 年六个时期的土地利用现状数据，见表 1-17。

表 1-17　1990 年、1995 年、2000 年、2005 年、2010 年、2015 年宝兴县土地利用现状统计

年份	草地		城镇工矿居民用地		耕地		林地		水域		未利用地	
	面积/km²	百分比/%	面积/km²	百分比/%	面积/km²	百分比/%	面积/km²	百分比/%	面积/km²	百分比/%	面积/km²	百分比/%
1990	533.66	17.14	20.43	0.66	73.82	2.37	2378.18	76.38	20.11	0.65	87.38	2.81
1995	529.41	17.00	20.43	0.66	73.82	2.37	2383.11	76.54	20.11	0.65	86.70	2.78
2000	532.31	17.10	20.42	0.66	73.83	2.37	2380.69	76.46	20.12	0.65	86.21	2.77
2005	524.86	16.86	20.84	0.67	67.32	2.16	2406.37	77.29	23.49	0.75	70.70	2.27
2010	538.45	17.29	21.50	0.69	73.82	2.37	2384.63	76.59	23.47	0.75	71.70	2.30
2015	533.74	17.14	22.23	0.71	73.79	2.37	2388.91	76.73	23.48	0.75	71.42	2.29

由表 1-17 可知，1990 年宝兴县总面积为 3113.58km²，其中，林地为 2378.18km²，占总面积的 76.38%；耕地为 73.82km²，占总面积的 2.37%；草地为 533.66km²，占总面积的 17.14%；水域为 20.11km²，占总面积的 0.65%；城镇工矿居民用地为 20.43km²，占总面积的 0.66%；未利用地为 87.38km²，占总面积的 2.81%。

1995 年其林地为 2383.11km²，占总面积的 76.54%；耕地为 73.82km²，占总面积的 2.37%；草地为 529.41km²，占总面积的 17.00%；水域为 20.11km²，占总面积的 0.65%；城镇工矿居民用地为 20.43km²，占总面积的 0.66%；未利用地为 86.70km²，占总面积的 2.78%。

2000 年其林地为 2380.69km²，占总面积的 76.46%；耕地为 73.83km²，占总面积的 2.37%；草地为 532.31km²，占总面积的 17.10%；水域为 20.12km²，占总面积的 0.65%；城镇工矿居民用地为 20.42km²，占总面积的 0.66%；未利用地为 86.21km²，占总面积的 2.77%。

2005 年其林地为 2406.37km^2，占总面积的 77.29%；耕地为 67.32km^2，占总面积的 2.16%；草地为 524.86km^2，占总面积的 16.86%；水域为 23.49km^2，占总面积的 0.75%；城镇工矿居民用地为 20.84km^2，占总面积的 0.67%；未利用地为 70.70km^2，占总面积的 2.27%。

2010 年其林地为 2384.63km^2，占总面积的 76.59%；耕地为 73.82km^2，占总面积的 2.37%；草地为 538.45km^2，占总面积的 17.29%；水域为 23.47km^2，占总面积的 0.75%；城镇工矿居民用地为 21.50km^2，占总面积的 0.69%；未利用地为 71.70km^2，占总面积的 2.30%。

2015 年其林地为 2388.91km^2，占总面积的 76.73%；耕地为 73.79km^2，占总面积的 2.37%；草地为 533.74km^2，占总面积的 17.14%；水域为 23.48km^2，占总面积的 0.75%；城镇工矿居民用地为 22.23km^2，占总面积的 0.71%；未利用地为 71.42km^2，占总面积的 2.29%。

2. 精度验证

1990 年在其六大地类共选取样点 525 个，总精度达 85.51%。其中，林地选取样点 220 个，精度达 82.27%；耕地选取样点 110 个，精度达 85.46%；城镇工矿居民用地选取样点 55 个，精度达 90.91%；草地选取样点 55 个，精度达 85.45%；水域选取样点 55 个，精度达 87.27%；未利用地选取样点 30 个，精度达 76.67%。

1995 年在其六大地类共选取样点 505 个，总精度达 86.50%。其中，林地选取样点 220 个，精度达 83.63%；耕地选取样点 110 个，精度达 85.45%；城镇工矿居民用地选取样点 55 个，精度达 90.91%；草地选取样点 50 个，精度达 88.00%；水域选取样点 50 个，精度达 86.00%；未利用地选取样点 20 个，精度达 85.00%。

2000 年在其六大地类共选取样点 525 个，总精度达 84.80%。其中，林地选取样点 220 个，精度达 80.00%；耕地选取样点 110 个，精度达 83.64%；城镇工矿居民用地选取样点 55 个，精度达 90.91%；草地选取样点 55 个，精度达 78.18%；水域选取样点 55 个，精度达 92.73%；未利用地选取样点 30 个，精度达 83.33%。

2005 年在其六大地类共选取样点 495 个，总精度达 88.17%。其中，林地选取样点 200 个，精度达 85.00%；耕地选取样点 110 个，精度达 84.54%；城镇工矿居民用地选取样点 55 个，精度达 92.73%；草地选取样点 50 个，精度达 86.00%；水域选取样点 55 个，精度达 92.73%；未利用地选取样点 25 个，精度达 88.00%。

2010 年在其六大地类共选取样点 500 个，总精度达 85.00%。其中，林地选取样点 200 个，精度达 82.00%；耕地选取样点 100 个，精度达 88.00%；城镇工矿居民用地选取样点 50 个，精度达 88.00%；草地选取样点 50 个，精度达 82.00%；水域选取样点 50 个，精度达 86.00%；未利用地选取样点 50 个，精度达 84.00%。

2015 年在其六大地类共选取样点 520 个，总精度达 89.80%。其中，林地选取样点 220 个，精度达 85.00%；耕地选取样点 110 个，精度达 89.09%；城镇工矿居民用地选取样点 55 个，精度达 94.55%；草地选取样点 55 个，精度达 89.09%；水域选取样点 55 个，精度达 89.09%；未利用地选取样点 25 个，精度达 92.00%。

1.3.2.5 普格县

1. 土地利用数据

通过 ArcGIS 统计功能得到普格县 1990 年、1995 年、2000 年、2005 年、2010 年和 2015 年六个时期的土地利用现状数据，见表 1-18。

表 1-18 1990 年、1995 年、2000 年、2005 年、2010 年、2015 年普格县土地利用现状统计

年份	草地		城镇工矿居民用地		耕地		林地		水域		未利用地	
	面积/km²	百分比/%	面积/km²	百分比/%	面积/km²	百分比/%	面积/km²	百分比/%	面积/km²	百分比/%	面积/km²	百分比/%
1990	627.34	32.98	26.53	1.39	353.57	18.59	863.02	45.37	22.13	1.16	9.75	0.51
1995	617.87	32.48	26.71	1.40	351.23	18.46	874.50	45.97	22.26	1.17	9.78	0.51
2000	613.89	32.27	26.72	1.40	350.65	18.43	879.09	46.21	22.25	1.17	9.74	0.51
2005	624.46	32.83	27.13	1.43	348.02	18.29	870.32	45.75	22.38	1.18	10.05	0.53
2010	618.70	32.52	26.70	1.40	353.12	18.56	871.90	45.83	22.17	1.17	9.76	0.51
2015	629.82	33.11	26.55	1.40	348.64	18.33	865.27	45.48	22.18	1.17	9.89	0.52

由表 1-18 可知，1990 年普格县总面积为 1902.34km²，林地为 863.02km²，占总面积的 45.37%；耕地为 353.57km²，占总面积的 18.59%；草地为 627.34km²，占总面积的 32.98%；水域为 22.13km²，占总面积的 1.16%；城镇工矿居民用地为 26.53km²，占总面积的 1.39%；未利用地为 9.75km²，占总面积的 0.51%。

1995 年其林地为 874.50km²，占总面积的 45.97%；耕地为 351.23km²，占总面积的 18.46%；草地为 617.87km²，占总面积的 32.48%；水域为 22.26km²，占总面积的 1.17%；城镇工矿居民用地为 26.71km²，占总面积的 1.40%；未利用地为 9.78km²，占总面积的 0.51%。

2000 年其林地为 879.09km²，占总面积的 46.21%；耕地为 350.65km²，占总面积的 18.43%；草地为 613.89km²，占总面积的 32.27%；水域为 22.25km²，占总面积的 1.17%；城镇工矿居民用地为 26.72km²，占总面积的 1.40%；未利用地为 9.74km²，占总面积的 0.51%。

2005 年其林地为 870.32km²，占总面积的 45.75%；耕地为 348.02km²，占总面积的 18.29%；草地为 624.46km²，占总面积的 32.83%；水域为 22.38km²，占总面积的 1.18%；城镇工矿居民用地为 27.13km²，占总面积的 1.43%；未利用地为 10.05km²，占总面积的 0.53%。

2010 年其林地为 871.90km²，占总面积的 45.83%；耕地为 353.12km²，占总面积的 18.56%；草地为 618.70km²，占总面积的 32.52%；水域为 22.17km²，占总面积的 1.17%；城镇工矿居民用地为 26.70km²，占总面积的 1.40%；未利用地为 9.76km²，占总面积的 0.51%。

2015 年其林地为 865.27km²，占总面积的 45.48%；耕地为 348.64km²，占总面积的
18.33%；草地为 629.82km²，占总面积的 33.11%；水域为 22.18km²，占总面积的 1.17%；
城镇工矿居民用地为 26.55km²，占总面积的 1.40%；未利用地为 9.89km²，占总面积
的 0.52%。

2. 精度验证

1990 年在其六大地类共选取样点 496 个，总精度达 85.86%。其中，林地选取样点
200 个，精度达 84.00%；耕地选取样点 100 个，精度达 84.00%；城镇工矿居民用地选取
样点 50 个，精度达 82.00%；草地选取样点 50 个，精度达 86.00%；水域选取样点 50 个，
精度达 90.00%；未利用地选取样点 46 个，精度达 89.13%。

1995 年在其六大地类共选取样点 480 个，总精度达 86.28%。其中，林地选取样点
200 个，精度达 84.00%；耕地选取样点 100 个，精度达 85.00%；城镇工矿居民用地选取
样点 50 个，精度达 86.00%；草地选取样点 50 个，精度达 86.00%；水域选取样点 50 个，
精度达 90.00%；未利用地选取样点 30 个，精度达 86.67%。

2000 年在其六大地类共选取样点 498 个，总精度达 85.83%。其中，林地选取样点
200 个，精度达 84.50%；耕地选取样点 100 个，精度达 89.00%；城镇工矿居民用地选取
样点 50 个，精度达 84.00%；草地选取样点 50 个，精度达 82.00%；水域选取样点 50 个，
精度达 88.00%；未利用地选取样点 48 个，精度达 87.50%。

2005 年在其六大地类共选取样点 494 个，总精度达 86.82%。其中，林地选取样点
200 个，精度达 85.00%；耕地选取样点 100 个，精度达 87.00%；城镇工矿居民用地选取
样点 50 个，精度达 88.00%；草地选取样点 50 个，精度达 82.00%；水域选取样点 50 个，
精度达 88.00%；未利用地选取样点 44 个，精度达 90.91%。

2010 年在其六大地类共选取样点 495 个，总精度达 87.20%。其中，林地选取样点
200 个，精度达 81.50%；耕地选取样点 100 个，精度达 89.00%；城镇工矿居民用地选取
样点 50 个，精度达 88.00%；草地选取样点 50 个，精度达 84.00%；水域选取样点 50 个，
精度达 94.00%；未利用地选取样点 45 个，精度达 86.67%。

2015 年在其六大地类共选取样点 497 个，总精度达 90.64%。其中，林地选取样点
200 个，精度达 89.50%；耕地选取样点 100 个，精度达 93.00%；城镇工矿居民用地选取
样点 50 个，精度达 92.00%；草地选取样点 50 个，精度达 88.00%；水域选取样点 50 个，
精度达 92.00%；未利用地选取样点 47 个，精度达 89.36%。

1.3.2.6　东川区

1. 土地利用数据

通过 ArcGIS 统计功能得到东川区 1990 年、1995 年、2000 年、2005 年、2010 年和
2015 年六个时期的土地利用现状数据，见表 1-19。

表 1-19　1990 年、1995 年、2000 年、2005 年、2010 年、2015 年东川区土地利用现状统计

年份	草地		城镇工矿居民用地		耕地		林地		水域		未利用地	
	面积/km²	百分比/%	面积/km²	百分比/%	面积/km²	百分比/%	面积/km²	百分比/%	面积/km²	百分比/%	面积/km²	百分比/%
1990	847.00	45.30	44.38	2.37	423.92	22.67	477.95	25.56	25.91	1.39	50.64	2.71
1995	846.48	45.27	45.61	2.44	423.24	22.64	477.92	25.56	25.90	1.39	50.63	2.71
2000	847.60	45.33	53.21	2.85	414.42	22.16	477.75	25.55	25.81	1.38	51.02	2.73
2005	848.53	45.38	50.52	2.70	416.07	22.25	477.86	25.56	25.82	1.38	51.00	2.73
2010	835.19	44.67	53.51	2.86	407.83	21.81	492.03	26.31	29.95	1.60	51.28	2.74
2015	821.27	43.92	56.54	3.02	423.39	22.64	487.77	26.09	30.32	1.62	50.50	2.70

由表 1-19 可知，1990 年东川区总面积为 1869.80km²，其中，耕地为 423.92km²，占总面积的 22.67%；林地为 477.95km²，占总面积的 25.56%；草地为 847.00km²，占总面积的 45.30%；水域为 25.91km²，占总面积的 1.39%；城镇工矿居民用地为 44.38km²，占总面积 2.37%；未利用地为 50.64km²，占总面积的 2.71%。

1995 年其耕地为 423.24km²，占总面积的 22.64%；林地为 477.92km²，占总面积的 25.56%；草地为 846.48km²，占总面积的 45.27%；水域为 25.90km²，占总面积的 1.39%；城镇工矿居民用地为 45.61km²，占总面积的 2.44%；未利用地为 50.63km²，占总面积的 2.71%。

2000 年其耕地面积为 414.42km²，占总面积的 22.16%；林地面积为 477.75km²，占总面积的 25.55%；草地面积为 847.60km²，占总面积的 45.33%；水域面积为 25.81km²，占总面积的 1.38%；城镇工矿居民用地面积为 53.21km²，占总面积的 2.85%；未利用地为 51.02km²，占总面积的 2.73%。

2005 年其耕地面积为 416.07km²，占总面积的 22.25%；林地面积为 477.86km²，占总面积的 25.56%；草地面积为 848.53km²，占总面积的 45.38%；水域面积为 25.82km²，占总面积的 1.38%；城镇工矿居民用地面积为 50.52km²，占总面积的 2.70%；未利用地为 51.00km²，占总面积的 2.73%。

2010 年其耕地面积为 407.83km²，占总面积的 21.81%；林地面积为 492.03km²，占总面积的 26.31%；草地面积为 835.19km²，占总面积的 44.67%；水域面积为 29.95km²，占总面积的 1.60%；城镇工矿居民用地面积为 53.51km²，占总面积的 2.86%；未利用地面积为 51.28km²，占总面积的 2.74%。

2015 年其耕地面积为 423.39km²，占总面积的 22.64%；林地面积为 487.77km²，占总面积的 26.09%；草地面积为 821.27km²，占总面积的 43.92%；水域面积为 30.32km²，占总面积的 1.62%；城镇工矿居民用地面积为 56.54km²，占总面积的 3.02%；未利用地面积为 50.50km²，占总面积的 2.70%。

2. 精度验证

1990 年在其六大地类共选取样点 394 个，总精度达 86.17%。其中，林地选取样点

160 个，精度达 83.75%；耕地选取样点 80 个，精度达 85.00%；城镇工矿居民用地选取样点 40 个，精度达 87.50%；草地选取样点 40 个，精度达 82.50%；水域选取样点 40 个，精度达 90.00%；未利用地选取样点 34 个，精度达 88.24%。

　　1995 年在其六大地类共选取样点 410 个，总精度达 85.85%。其中，林地选取样点 160 个，精度达 83.13%；耕地选取样点 80 个，精度达 86.25%；城镇工矿居民用地选取样点 45 个，精度达 88.89%；草地选取样点 45 个，精度达 84.44%；水域选取样点 45 个，精度达 86.67%；未利用地选取样点 35 个，精度达 85.71%。

　　2000 年在其六大地类共选取样点 410 个，总精度达 87.32%。其中，林地选取样点 160 个，精度达 81.25%；耕地选取样点 100 个，精度达 86.00%；城镇工矿居民用地选取样点 40 个，精度达 87.50%；草地选取样点 40 个，精度达 90.00%；水域选取样点 40 个，精度达 92.50%；未利用地选取样点 30 个，精度达 86.67%。

　　2005 年在其六大地类共选取样点 405 个，总精度达 86.13%。其中，林地选取样点 160 个，精度达 81.25%；耕地选取样点 100 个，精度达 84.00%；城镇工矿居民用地选取样点 40 个，精度达 90.00%；草地选取样点 40 个，精度达 87.50%；水域选取样点 40 个，精度达 90.00%；未利用地选取样点 25 个，精度达 84.00%。

　　2010 年在其六大地类共选取样点 498 个，总精度达 86.46%。其中，林地选取样点 200 个，精度达 82.50%；耕地选取样点 100 个，精度达 89.00%；城镇工矿居民用地选取样点 50 个，精度达 88.00%；草地选取样点 50 个，精度达 86.00%；水域选取样点 50 个，精度达 92.00%；未利用地选取样点 48 个，精度达 81.25%。

　　2015 年在其六大地类共选取样点 310 个，总精度达 77.34%。其中，林地选取样点 85 个，精度达 86.38%，耕地选取样点 140 个，精度达 81.00%；城镇工矿居民用地选取样点 20 个，精度达 80.00%；草地选取样点 40 个，精度达 70.00%；水域选取样点 15 个，精度达 66.67%；未利用地选取样点 10 个，精度达 80.00%。

1.3.2.7　普定县

1. 土地利用数据

　　通过 ArcGIS 统计功能得到普定县 1990 年、1995 年、2000 年、2005 年、2010 年和 2015 年六个时期的土地利用现状数据，见表 1-20。

表 1-20　1990 年、1995 年、2000 年、2005 年、2010 年、2015 年普定县土地利用现状统计

年份	草地		城镇工矿居民用地		耕地		林地		水域		未利用地	
	面积/km²	百分比/%	面积/km²	百分比/%	面积/km²	百分比/%	面积/km²	百分比/%	面积/km²	百分比/%	面积/km²	百分比/%
1990	42.32	3.92	8.79	0.81	430.50	39.83	586.17	54.23	12.92	1.20	0.27	0.02
1995	40.47	3.74	13.16	1.22	423.09	39.14	583.09	53.94	20.91	1.93	0.27	0.02

年份	草地		城镇工矿居民用地		耕地		林地		水域		未利用地	
	面积/km²	百分比/%	面积/km²	百分比/%	面积/km²	百分比/%	面积/km²	百分比/%	面积/km²	百分比/%	面积/km²	百分比/%
2000	40.47	3.74	14.62	1.35	421.77	39.02	582.94	53.93	20.91	1.93	0.27	0.02
2005	43.65	4.04	18.50	1.71	411.16	38.04	586.74	54.28	20.58	1.90	0.35	0.03
2010	43.65	4.04	19.39	1.79	410.51	37.98	586.51	54.26	20.58	1.90	0.35	0.03
2015	43.00	3.98	40.92	3.79	405.01	37.47	571.05	52.83	20.49	1.90	0.51	0.05

由表 1-20 可知，1990 年普定县总面积为 1080.97km²，其中，林地为 586.17km²，占总面积的 54.23%；耕地为 430.50km²，占总面积的 39.83%；草地为 42.32km²，占总面积的 3.92%；水域为 12.92km²，占总面积的 1.20%；城镇工矿居民用地为 8.79km²，占总面积的 0.81%；未利用地为 0.27km²，占总面积的 0.02%。

1995 年其林地为 583.09km²，占总面积的 53.94%；耕地为 423.09km²，占总面积的 39.14%；草地为 40.47km²，占总面积的 3.74%；水域为 20.91km²，占总面积的 1.93%；城镇工矿居民用地为 13.16km²，占总面积的 1.22%；未利用地为 0.27km²，占总面积的 0.02%。

2000 年其林地为 582.94km²，占总面积的 53.93%；耕地为 421.77km²，占总面积的 39.02%；草地为 40.47km²，占总面积的 3.74%；水域为 20.91km²，占总面积的 1.93%；城镇工矿居民用地为 14.62km²，占总面积的 1.35%；未利用地为 0.27km²，占总面积的 0.02%。

2005 年其林地为 586.74km²，占总面积的 54.28%；耕地为 411.16km²，占总面积的 38.04%；草地为 43.65km²，占总面积的 4.04%；水域为 20.58km²，占总面积的 1.90%；城镇工矿居民用地为 18.50km²，占总面积的 1.71%；未利用地为 0.35km²，占总面积的 0.03%。

2010 年其林地为 586.51km²，占总面积的 54.26%；耕地为 410.51km²，占总面积的 37.98%；草地为 43.65km²，占总面积的 4.04%；水域为 20.58km²，占总面积的 1.90%；城镇工矿居民用地为 19.39km²，占总面积的 1.79%；未利用地为 0.35km²，占总面积的 0.03%。

2015 年其林地为 571.05km²，占总面积的 52.83%；耕地为 405.01km²，占总面积的 37.47%；草地为 43.00km²，占总面积的 3.98%；水域为 20.49km²，占总面积的 1.90%；城镇工矿居民用地为 40.92km²，占总面积的 3.79%；未利用地为 0.51km²，占总面积的 0.05%。

2. 精度验证

1990 年在其六大地类共选取样点 356 个，总精度达 87.59%。其中，林地选取样点 98 个，精度达 81.67%；耕地选取样点 215 个，精度达 88.88%；城镇工矿居民用地选取样点 15 个，精度达 86.67%；草地选取样点 6 个，精度达 83.33%；水域选取样点 20 个，精度达 85.00%；未利用地选取样点 2 个，精度达 100.00%。

1995 年在其六大地类共选取样点 400 个，总精度达 86.28%。其中，林地选取样点 118 个，精度达 85.14%；耕地选取样点 210 个，精度达 89.55%；城镇工矿居民用地选取样点 20 个，精度达 90.00%；草地选取样点 25 个，精度达 92.00%；水域选取样点 25 个，精度达 88.00%；未利用地选取样点 2 个，精度达 100.00%。

2000 年在其六大地类共选取样点 446 个，总精度达 87.2%。其中，林地选取样点 124 个，精度达 82.19%；耕地选取样点 265 个，精度达 89.44%；城镇工矿居民用地选取样点 20 个，精度达 85.00%；草地选取样点 5 个，精度达 80.00%；水域选取样点 30 个，精度达 86.67%；未利用地选取样点 2 个，精度达 100.00%。

2005 年在其六大地类共选取样点 450 个，总精度达 86.19%。其中，林地选取样点 130 个，精度达 81.50%；耕地选取样点 230 个，精度达 88.22%；城镇工矿居民用地选取样点 30 个，精度达 90.00%；草地选取样点 27 个，精度达 74.07%；水域选取样点 31 个，精度达 83.87%；未利用地选取样点 2 个，精度达 100.00%。

2010 年在其六大地类共选取样点 384 个，总精度达 85.01%。其中，林地选取样点 105 个，精度达 84.08%；耕地选取样点 220 个，精度达 89.54%；城镇工矿居民用地选取样点 20 个，精度达 85.00%；草地选取样点 7 个，精度达 71.43%；水域选取样点 30 个，精度达 80.00%；未利用地选取样点 2 个，精度达 100.00%。

2015 年在其六大地类共选取样点 309 个，总精度达 81.25%。其中，林地选取样点 69 个，精度达 70%；耕地选取样点 200 个，精度达 77.50%；城镇工矿居民用地选取样点 15 个，精度达 100.00%；草地选取样点 10 个，精度达 80.00%；水域选取样点 10 个，精度达 100.00%；未利用地选取样点 5 个，精度达 60.00%。

1.3.2.8 环江毛南族自治县

1. 土地利用数据

通过 ArcGIS 统计功能得到环江毛南族自治县（简称环江县）1990 年、1995 年、2000 年、2005 年、2010 年和 2015 年六个时期的土地利用现状数据，见表 1-21。

表 1-21 1990 年、1995 年、2000 年、2005 年、2010 年、2015 年环江县土地利用现状统计

年份	草地		城镇工矿居民用地		耕地		林地		水域		未利用地	
	面积/km²	百分比/%	面积/km²	百分比/%	面积/km²	百分比/%	面积/km²	百分比/%	面积/km²	百分比/%	面积/km²	百分比/%
1990	533.62	11.75	7.71	0.17	717.84	15.80	3253.25	71.61	30.61	0.67	0	0.00
1995	530.87	11.69	12.01	0.26	744.32	16.38	3223.60	70.96	32.23	0.71	0	0.00
2000	535.77	11.79	14.11	0.31	725.13	15.96	3239.21	71.30	28.82	0.63	0	0.00
2005	536.10	11.80	39.24	0.86	706.03	15.54	3234.90	71.21	26.76	0.59	0	0.00
2010	536.86	11.82	45.99	1.01	662.10	14.57	3271.32	72.01	26.76	0.59	0	0.00
2015	569.95	12.55	50.50	1.11	625.04	13.76	3270.79	72.00	26.76	0.59	0	0.00

由表 1-21 可知，1990 年环江县总面积为 4543.03km²，其中，林地为 3253.25km²，占总面积的 71.61%；耕地为 717.84km²，占总面积的 15.80%；草地为 533.62km²，占总面积的 11.75%；水域为 30.61km²，占总面积的 0.67%；城镇工矿居民用地为 7.71km²，占总面积的 0.17%；无未利用地。

1995 年其林地为 3223.60km²，占总面积的 70.96%；耕地为 744.32km²，占总面积的

16.38%；草地为530.87km^2，占总面积的11.69%；水域为32.23km^2，占总面积的0.71%；城镇工矿居民用地为12.01km^2，占总面积的0.26%；无未利用地。

2000年其林地为3239.21km^2，占总面积的71.30%；耕地为725.13km^2，占总面积的15.96%；草地为535.77km^2，占总面积的11.79%；水域为28.82km^2，占总面积的0.63%；城镇工矿居民用地为14.11km^2，占总面积的0.31%；无未利用地。

2005年其林地为3234.90km^2，占总面积的71.21%；耕地为706.03km^2，占总面积的15.54%；草地为536.10km^2，占总面积的11.80%；水域为26.76km^2，占总面积的0.59%；城镇工矿居民用地为39.24km^2，占总面积的0.86%；无未利用地。

2010年其林地为3271.32km^2，占总面积的72.01%；耕地为662.10km^2，占总面积的14.57%；草地为536.86km^2，占总面积的11.82%；水域为26.76km^2，占总面积的0.59%；城镇工矿居民用地为45.99km^2，占总面积的1.01%；无未利用地。

2015年其林地为3270.79km^2，占总面积的72.00%；耕地为625.04km^2，占总面积的13.76%；草地为569.95km^2，占总面积的12.55%；水域为26.76km^2，占总面积的0.59%；城镇工矿居民用地为50.50km^2，占总面积的1.11%；无未利用地。

2. 精度验证

1990年共选取160个样点，总精度达86.25%。其中，林地选取样点60个，精度达81.25%；耕地选取样点60个，精度达88.30%；城镇工矿居民用地选取样点20个，精度达90.00%；草地选取样点10个，精度达70.00%；水域选取样点10个，精度达100%；该区域不涉及未利用地。

1995年共选取160个样点，总精度达86.25%。其中，林地选取样点60个，精度达82.50%；耕地选取样点60个，精度达89.97%；城镇工矿居民用地选取样点20个，精度达85.00%；草地选取样点10个，精度达70.00%；水域选取样点10个，精度达100%；该区域不涉及未利用地。

2000年共选取170个样点，总精度达86.25%。其中，林地选取样点67个，精度达81.10%；耕地选取样点63个，精度达88.75%；城镇工矿居民用地选取样点20个，精度达90.00%；草地选取样点10个，精度达70.00%；水域选取样点10个，精度达100%；该区域不涉及未利用地。

2005年共选取170个样点，总精度达85.29%。其中，林地选取样点65个，精度达84.62%；耕地选取样点65个，精度达84.61%；城镇工矿居民用地选取样点20个，精度达85.00%；草地选取样点10个，精度达70.00%；水域选取样点10个，精度达100%；该区域不涉及未利用地。

2010年共选取180个样点，总精度达88.07%。其中，林地选取样点69个，精度达83.78%；耕地选取样点61个，精度达88.55%；城镇工矿居民用地选取样点25个，精度达88.00%；草地选取样点15个，精度达80.00%；水域选取样点10个，精度达100%；该区域不涉及未利用地。

2015年共选取185个样点，总精度达86.67%。其中，林地选取样点69个，精度达80.20%；耕地选取样点61个，精度达76.50%；城镇工矿居民用地选取样点30个，精度达 93.00%；草地选取样点 15 个，精度达 80.00%；水域选取样点 10 个，精度达 100%；该区域不涉及未利用地。

1.3.3　典型县（市、区）土地利用变化分析

1.3.3.1　林州市

1990～1995 年，林州市土地利用基本无变化。1995～2000 年，土地利用变化总面积为 59.29km²，占整个林州市面积的 2.85%。从表 1-22 可以看出，草地用地面积增加明显，净增面积 18.08km²，主要由耕地转化而来，耕地明显减少；城镇工矿居民用地和林地的面积也有所增加，分别为 2.86km² 和 0.38km²。

表 1-22　1995～2000 年林州市土地利用转移矩阵　　　　（单位：km²）

1995 年	2000 年						转出总计
	草地	城镇工矿居民用地	耕地	林地	水域	未利用地	
草地	—	0.10	0.94	0.78	0.23	0.00	2.05
城镇工矿居民用地	1.97	—	14.94	0.03	0.06	0.00	17.00
耕地	17.69	19.32	—	0.49	0.68	0.00	38.18
林地	0.47	0.33	0.12	—	0.00	0.00	0.92
水域	0.00	0.11	1.03	0.00	—	0.00	1.14
未利用地	0.00	0.00	0.00	0.00	0.00	—	0.00
转入总计	20.13	19.86	17.03	1.30	0.97	0.00	59.29
净增面积	18.08	2.86	−21.15	0.38	−0.17	0.00	

2000～2005 年，土地利用变化总面积为 0.60km²。由城镇工矿居民用地转化为耕地；其他土地类型面积未发生改变（表 1-23）。

表 1-23　2000～2005 年林州市土地利用转移矩阵　　　　（单位：km²）

2000 年	2005 年						转出总计
	草地	城镇工矿居民用地	耕地	林地	水域	未利用地	
草地	—	0.00	0.00	0.00	0.00	0.00	0.00
城镇工矿居民用地	0.00	—	0.60	0.00	0.00	0.00	0.60
耕地	0.00	0.00	—	0.00	0.00	0.00	0.00
林地	0.00	0.00	0.00	—	0.00	0.00	0.00
水域	0.00	0.00	0.00	0.00	—	0.00	0.00
未利用地	0.00	0.00	0.00	0.00	0	—	0.00
转入总计	0.00	0.00	0.60	0.00	0.00	0.00	0.60
净增面积	0.00	−0.60	0.60	0.00	0.00	0.00	

　　2005～2010年，土地利用变化总面积为87.23km^2，占整个林州市面积的4.20%。从表1-24可以看出，2005年的所有土地类型均转化为城镇工矿居民用地，其中耕地转化最多，为74.45km^2，水域转化最少，为1.60km^2（表1-24）。

表1-24　2005～2010年林州市土地利用转移矩阵　　　　　（单位：km^2）

2005年	2010年						转出总计
	草地	城镇工矿居民用地	耕地	林地	水域	未利用地	
草地	—	8.14	0.00	0.00	0.00	0.00	8.14
城镇工矿居民用地	0.00	—	0.00	0.00	0.00	0.00	0.00
耕地	0.00	74.45	—	0.00	0.00	0.00	74.45
林地	0.00	3.04	0.00	—	0.00	0.00	3.04
水域	0.00	1.60	0.00	0.00	—	0.00	1.60
未利用地	0.00	0.00	0.00	0.00	0.00	—	0.00
转入总计	0.00	87.23	0.00	0.00	0.00	0.00	87.23
净增面积	−8.14	87.23	−74.45	−3.04	−1.60	0.00	

　　2010～2015年，土地利用变化总面积为3.55km^2，占整个林州市面积的0.17%。从表1-25可以看出，城镇工矿居民用地面积增加明显，净增面积1.46km^2，主要由耕地和林地转化而来，耕地和林地明显减少；草地面积也有所增加（表1-25）。

表1-25　2010～2015年林州市土地利用转移矩阵　　　　　（单位：km^2）

2010年	2015年						转出总计
	草地	城镇工矿居民用地	耕地	林地	水域	未利用地	
草地	—	0.00	0.00	0.00	0.00	0.00	0.00
城镇工矿居民用地	0.00	—	0.00	0.00	0.00	0.00	0.00
耕地	0.00	1.06	—	0.90	0.00	0.00	1.96
林地	0.82	0.35	0.37	—	0.00	0.00	1.54
水域	0.00	0.05	0.00	0.00	—	0.00	0.05
未利用地	0.00	0.00	0.00	0.00	0.00	—	0.00
转入总计	0.82	1.46	0.37	0.90	0.00	0.00	3.55
净增面积	0.82	1.46	−1.59	−0.64	−0.05	0.00	

1.3.3.2 平山县

1990~1995 年，土地利用变化总面积为 3.71km²，占整个平山县面积的 0.14%。其中草地和城镇工矿居民用地面积增加，净增面积分别为 1.98km² 和 1.73km²，城镇工矿居民用地主要由耕地转化而来，草地主要由林地转化而来；耕地和林地面积减少，其他土地利用类型用地面积不变（表 1-26）。

表 1-26　1990~1995 年平山县土地利用转移矩阵　（单位：km²）

1990 年	1995 年						转出总计
	草地	城镇工矿居民用地	耕地	林地	水域	未利用地	
草地	—	0.00	0.00	0.00	0.00	—	0.00
城镇工矿居民用地	0.00	—	0.00	0.00	0.00	0.00	0.00
耕地	0.00	1.64	—	0.00	0.00	0.00	1.64
林地	1.98	0.09	0.00	—	0.00	0.00	2.07
水域	0.00	0.00	0.00	0.00	—	0.00	0.00
未利用地	0.00	0.00	0.00	0.00	0	—	0.00
转入总计	1.98	1.73	0.00	0.00	0.00	0.00	3.71
净增面积	1.98	1.73	−1.64	−2.07	0.00	0.00	

1995~2000 年，土地利用变化总面积为 59.38km²，占整个平山县面积的 2.26%。从表 1-27 可以看出，草地用地面积明显减少，减少 23.14km²，草地向城镇工矿居民用地、林地、耕地、水域均有一定的转换，从而使其他土地类型的面积有所增加（表 1-27）。

表 1-27　1995~2000 年平山县土地利用转移矩阵　（单位：km²）

1995 年	2000 年						转出总计
	草地	城镇工矿居民用地	耕地	林地	水域	未利用地	
草地	—	2.00	11.77	13.64	3.76	0.00	31.17
城镇工矿居民用地	0.10	—	1.28	0.50	0.04	0.00	1.92
耕地	0.20	1.64	—	0.03	5.72	0.00	7.59
林地	7.19	1.04	0.00	—	2.27	0.00	10.50
水域	0.54	0.03	7.47	0.16	—	0.00	8.20
未利用地	0.00	0.00	0.00	0.00	0.00	—	0.00
转入总计	8.03	4.71	20.52	14.33	11.79	0.00	59.38
净增面积	−23.14	2.79	12.93	3.83	3.59	0.00	

2000～2005 年，土地利用变化总面积为 2.54km^2，占整个平山县面积的 0.10%。从表 1-28 可以看出，耕地面积增加明显，净增面积 2.42km^2，主要由城镇工矿居民用地转化而来，城镇工矿居民用地面积明显减少，耕地、林地、草地、水域均是由城镇工矿居民用地转化而来的（表 1-28）。

表 1-28　2000～2005 年平山县土地利用转移矩阵　（单位：km^2）

2000 年	2005 年						转出总计
	草地	城镇工矿居民用地	耕地	林地	水域	未利用地	
草地	—	0.00	0.00	0.00	0.00	0.00	0.00
城镇工矿居民用地	0.04	—	2.42	0.05	0.03	0.00	2.54
耕地	0.00	0.00	—	0.00	0.00	0.00	0.00
林地	0.00	0.00	0.00	—	0.00	0.00	0.00
水域	0.00	0.00	0.00	0.00	—	0.00	0.00
未利用地	0.00	0.00	0.00	0.00	0.00	—	0.00
转入总计	0.04	0.00	2.42	0.05	0.03	0.00	2.54
净增面积	0.04	−2.54	2.42	0.05	0.03	0.00	

2005～2010 年，土地利用变化总面积为 3.75km^2，占整个平山县面积的 0.14%。从表 1-29 可以看出，城镇工矿居民用地面积有所增加，净增面积 1.38km^2，主要由耕地转化而来，水域明显减少，耕地略有减少，草地有所增加（表 1-29）。

表 1-29　2005～2010 年平山县土地利用转移矩阵　（单位：km^2）

2005 年	2010 年						转出总计
	草地	城镇工矿居民用地	耕地	林地	水域	未利用地	
草地	—	0.00	0.00	0.00	0.00	0.00	0.00
城镇工矿居民用地	0.00	—	0.00	0.00	0.00	0.00	0.00
耕地	0.54	1.37	—	0.00	0.01	0.00	1.92
林地	0.00	0.00	0.00	—	0.00	0.00	0.00
水域	0.00	0.01	1.82	0.00	—	0.00	1.83
未利用地	0.00	0.00	0.00	0.00	0.00	—	0.00
转入总计	0.54	1.38	1.82	0.00	0.01	0.00	3.75
净增面积	0.54	1.38	−0.10	0.00	−1.82	0.00	

2010～2015 年，土地利用变化总面积为 289.82km^2，占整个平山县面积的 11.07%。

从表 1-30 可以看出，城镇工矿居民用地面积增加明显，净增面积 29.00km²，主要由耕地和林地转化而来，耕地也明显有所增加，净增面积 23.13km²，主要由草地和林地转化而来；草地和林地面积明显减少，分别减少 42.67km² 和 13.21km²（表 1-30）。

表 1-30　2010～2015 年平山县土地利用转移矩阵　　　　（单位：km²）

2010 年	2015 年						转出总计
	草地	城镇工矿居民用地	耕地	林地	水域	未利用地	
草地	—	6.41	32.28	43.76	3.77	0.00	86.22
城镇工矿居民用地	1.94	—	9.10	3.83	1.08	0.00	15.95
耕地	7.67	27.48	—	30.54	7.57	0.00	73.26
林地	32.31	9.00	49.79	—	7.31	0.00	98.41
水域	1.63	2.06	5.22	7.07	—	0.00	15.98
未利用地	0.00	0.00	0.00	0.00	0.00	—	0.00
转入总计	43.55	44.95	96.39	85.20	19.73	0.00	289.82
净增面积	−42.67	29.00	23.13	−13.21	3.75	0.00	

1.3.3.3　易县

1990～1995 年，土地利用变化总面积为 15.01km²，占整个易县面积的 0.57%。其中城镇工矿居民用地面积增加明显，净增面积为 12.65km²，主要由耕地转化而来，其他土地利用类型用地变化不明显（表 1-31）。

表 1-31　1990～1995 年易县土地利用转移矩阵　　　　（单位：km²）

1990 年	1995 年						转入总计
	草地	城镇工矿居民用地	耕地	林地	水域	未利用地	
草地	—	0.00	0.00	0.00	0.00	—	0.00
城镇工矿居民用地	0.58	—	13.00	0.25	0.00	0.00	13.83
耕地	0.00	1.18	—	0.00	0.00	0.00	1.18
林地	0.00	0.00	0.00	—	0.00	0.00	0.00
水域	0.00	0.00	0.00	0.00	—	0.00	0.00
未利用地	0.00	0.00	0.00	0.00	0.00	—	0.00
转出总计	0.58	1.18	13.00	0.25	0.00	0.00	15.01
净增面积	−0.58	12.65	−11.82	−0.25	0.00	0.00	

1995～2000 年，土地利用变化总面积为 36.34km²，占整个易县面积的 1.38%。从表 1-32 可以看出，城镇工矿居民用地面积增加明显，净增面积为 13.17km²，耕地用地面积减少 6.77km²，耕地和草地向城镇工矿居民用地、林地、水域均有一定的转换，林地略减，水域面积变化甚微（表 1-32）。

表 1-32　1995～2000 年易县土地利用转移矩阵　　　　　（单位：km²）

1995 年	2000 年						转入总计
	草地	城镇工矿居民用地	耕地	林地	水域	未利用地	
草地	—	0.39	0.41	0.00	0.00	0.00	0.80
城镇工矿居民用地	4.06	—	18.03	0.81	0.11	0.00	23.01
耕地	2.50	9.30	—	0.19	0.03	0.00	12.02
林地	—	0.15	—	—	—	0.00	0.15
水域	0.01	—	0.35	0.00	—	0.00	0.36
未利用地	0.00	0.00	0.00	0.00	0.00	—	0.00
转出总计	6.57	9.84	18.79	1.00	0.14	0.00	36.34
净增面积	−5.77	13.17	−6.77	−0.85	0.22	0.00	

2000～2005 年，土地利用变化总面积为 26.67km²，占整个易县面积的 1.01%。从表 1-33 可以看出，城镇工矿居民用地面积增加明显，净增面积 16.66km²，主要由耕地转化而来，耕地明显减少；草地、林地和水域之间发生转换，草地面积有所增加，而林地面积减少，水域面积变化也不明显（表 1-33）。

表 1-33　2000～2005 年易县土地利用转移矩阵　　　　　（单位：km²）

2000 年	2005 年						转入总计
	草地	城镇工矿居民用地	耕地	林地	水域	未利用地	
草地	—	0.00	3.76	0.03	0.51	0.00	4.30
城镇工矿居民用地	0.94	—	16.44	0.78	0.10	0.00	18.26
耕地	1.00	1.60	—	0.00	0.41	0.00	3.01
林地	0.00	0.00	0.04	—	0.00	0.00	0.04
水域	0.57	0.00	0.44	0.05	—	0.00	1.06
未利用地	0.00	0.00	0.00	0.00	0.00	—	0.00
转出总计	2.51	1.60	20.68	0.86	1.02	0.00	26.67
净增面积	1.79	16.66	−17.67	−0.82	0.04	0.00	

2005～2010 年，土地利用变化总面积为 304.42km^2，占整个易县面积的 11.62%。从表 1-34 可以看出，按净变化面积从大到小排序：草地、林地、城镇工矿居民用地、水域、耕地。其中耕地减少明显，净增面积–21.95km^2，主要向草地进行转化，草地面积增加显著。其他土地类型面积也能发生改变，表现为城镇工矿居民用地和水域减少，林地面积增加（表 1-34）。

表 1-34　2005～2010 年易县土地利用转移矩阵　　　　　（单位：km^2）

2005 年	2010 年						转入总计
	草地	城镇工矿居民用地	耕地	林地	水域	未利用地	
草地	—	8.00	80.70	5.79	4.87	—	99.36
城镇工矿居民用地	9.56	—	26.48	2.67	1.62	0.00	40.33
耕地	53.62	33.64	—	14.43	14.07	0.00	115.76
林地	3.96	3.30	23.76	—	3.38	0.00	34.40
水域	4.70	1.78	6.77	1.32	—	0.00	14.57
未利用地	0.00	0.00	0.00	0.00	0.00	—	0.00
转出总计	71.84	46.72	137.71	24.21	23.94	0.00	304.42
净增面积	27.52	–6.39	–21.95	10.19	–9.37	0.00	

2010～2015 年，土地利用变化总面积为 4.79km^2，占整个易县面积的 0.18%。从表 1-35 可以看出，城镇工矿居民用地面积增加明显，净增面积 3.18km^2，主要由草地转化而来，草地和林地间发生微小变化，水域面积未发生变化（表 1-35）。

表 1-35　2010～2015 年易县土地利用转移矩阵　　　　　（单位：km^2）

2010 年	2015 年						转入总计
	草地	城镇工矿居民用地	耕地	林地	水域	未利用地	
草地	—	0.00	1.59	0.00	0.00	0.00	1.59
城镇工矿居民用地	1.55	—	0.94	0.69	0.00	0.00	3.18
耕地	0.00	0.00	—	0.02	0.00	0.00	0.02
林地	0.00	0.00	0.00	—	0.00	0.00	0.00
水域	0.00	0.00	0.00	0.00	—	0.00	0.00
未利用地	0.00	0.00	0.00	0.00	0.00	—	0.00
转出总计	1.55	0.00	2.53	0.71	0.00	0.00	4.79
净增面积	0.04	3.18	–2.51	–0.71	0.00	0.00	

1.3.3.4 宝兴县

1990~1995 年，土地利用变化总面积为 5.58km^2，占整个宝兴县面积的 0.18%。其中，草地面积减少明显，减少了 4.27km^2，主要转化为林地；未利用地变化不明显；相应地，林地面积增加明显（表 1-36）。

表 1-36　1990~1995 年宝兴县土地利用转移矩阵　（单位：km^2）

1990 年	1995 年						转入总计
	草地	城镇工矿居民用地	耕地	林地	水域	未利用地	
草地	—	0.00	0.00	0.29	0.00	0.02	0.31
城镇工矿居民用地	0.00	—	0.00	0.00	0.00	0.00	0.00
耕地	0.00	0.00	—	0.00	0.00	0.00	0.00
林地	4.54	0.00	0.00	—	0.00	0.69	5.23
水域	0.00	0.00	0.00	0.00	—	0.00	0.00
未利用地	0.04	0.00	0.00	0.00	0.00	—	0.04
转出总计	4.58	0.00	0.00	0.29	0.00	0.71	5.58
净增面积	-4.27	0.00	0.00	4.94	0.00	-0.67	

1995~2000 年，土地利用变化总面积为 7.54km^2，占整个宝兴县面积的 0.24%。其中，草地面积增加明显，净增面积 2.91km^2，主要由林地转化而来；相应地，林地面积减少明显；未利用地变化不明显（表 1-37）。

表 1-37　1995~2000 年宝兴县土地利用转移矩阵　（单位：km^2）

1995 年	2000 年						转入总计
	草地	城镇工矿居民用地	耕地	林地	水域	未利用地	
草地	—	0.00	0.00	4.98	0.00	0.00	4.98
城镇工矿居民用地	0.00	—	0.00	0.00	0.00	0.00	0.00
耕地	0.00	0.00	—	0.00	0.00	0.00	0.00
林地	2.07	0.00	0.00	—	0.00	0.49	2.56
水域	0.00	0.00	0.00	0.00	—	0.00	0.00
未利用地	0.00	0.00	0.00	0.00	0.00	—	0.00
转出总计	2.07	0.00	0.00	4.98	0.00	0.49	7.54
净增面积	2.91	0.00	0.00	-2.42	0.00	-0.49	

2000~2005 年，土地利用变化总面积为 72.48km²，占整个宝兴县面积的 2.32%。其中林地面积增加明显，净增面积 25.68km²，主要由草地、耕地和未利用地转化而来；草地、耕地和未利用地面积减少明显；水域面积略有增加，城镇工矿居民用地变化不明显（表 1-38）。

表 1-38　2000~2005 年宝兴县土地利用转移矩阵　　　（单位：km²）

| 2000 年 | 2005 年 | | | | | | 转入总计 |
	草地	城镇工矿居民用地	耕地	林地	水域	未利用地	
草地	—	0.01	0.09	7.29	0.00	14.52	21.91
城镇工矿居民用地	0.26	—	0.00	1.68	0.00	0.00	1.94
耕地	0.00	0.06	—	0.95	0.00	0.00	1.01
林地	24.28	1.33	7.41	—	0.08	6.03	39.13
水域	0.00	0.14	0.00	3.31	—	0.00	3.45
未利用地	4.82	0.00	0.00	0.22	0.00	—	5.04
转出总计	29.36	1.54	7.50	13.45	0.08	20.55	72.48
净增面积	−7.45	0.40	−6.49	25.68	3.37	−15.51	

2005~2010 年，土地利用变化总面积为 40.89km²，占整个宝兴县面积的 1.31%。草地面积增加明显，净增面积 13.59km²，主要由林地转化而来；耕地面积增加明显，净增面积 6.49km²，主要由林地转化而来；相应地，林地面积减少明显；城镇工矿居民用地、未利用地面积略有增加，水域面积变化不明显（表 1-39）。

表 1-39　2005~2010 年宝兴县土地利用转移矩阵　　　（单位：km²）

| 2005 年 | 2010 年 | | | | | | 转入总计 |
	草地	耕地	城镇工矿居民用地	林地	水域	未利用地	
草地	—	0.00	0.26	20.08	0.00	0.77	21.11
耕地	0.09	—	0.00	7.41	0.00	0.00	7.50
城镇工矿居民用地	0.01	0.06	—	1.33	0.01	0.00	1.41
林地	7.40	0.95	0.48	—	0.08	0.05	8.96
水域	0.00	0.00	0.00	0.08	—	0.00	0.08
未利用地	0.02	0.00	0.00	1.81	0.00	—	1.83
转出总计	7.52	1.01	0.74	30.71	0.09	0.82	40.89
净增面积	13.59	6.49	0.67	−21.75	−0.01	1.01	

2010~2015 年，土地利用变化总面积为 16.62km²，占整个宝兴县面积的 0.53%。其中林地面积增加明显，净增面积 4.30km²，主要由草地转化而来；相应地，草地面积减少明显；城镇工矿居民用地、水域面积略有增加，耕地、未利用地变化不明显（表 1-40）。

表 1-40　2010~2015 年宝兴县土地利用转移矩阵　　　　　　（单位：km²）

2010 年	2015 年						转入总计
	草地	耕地	城镇工矿居民用地	林地	水域	未利用地	
草地	—	0.09	0.00	4.84	0.00	0.01	4.94
耕地	0.00	—	0.00	0.13	0.00	0.00	0.13
城镇工矿居民用地	0.26	0.08	—	0.45	0.00	0.00	0.79
林地	8.63	0.00	0.05	—	0.08	1.09	9.85
水域	0.00	0.00	0.01	0.08	—	0.00	0.09
未利用地	0.77	0.00	0.00	0.05	0.00	—	0.82
转出总计	9.66	0.17	0.06	5.55	0.08	1.10	16.62
净增面积	−4.72	−0.04	0.73	4.30	0.01	−0.28	

1.3.3.5　普格县

1990~1995 年，土地利用变化总面积为 31.05km²，占整个普格县面积的 1.63%。其中林地面积增加明显，净增面积 11.45km²，主要由草地和耕地转化而来；相应地，草地、耕地面积减少明显；城镇工矿居民用地、水域面积略有增加，未利用地变化不明显（表 1-41）。

表 1-41　1990~1995 年普格县土地利用转移矩阵　　　　　　（单位：km²）

1990 年	1995 年						转入总计
	草地	耕地	城镇工矿居民用地	林地	水域	未利用地	
草地	—	2.14	0.01	7.68	0.00	0.00	9.83
耕地	0.00	—	0.00	0.74	0.00	0.00	0.74
城镇工矿居民用地	0.00	0.00	—	0.19	0.00	0.00	0.19
林地	19.21	0.90	0.00	—	0.00	0.00	20.11
水域	0.09	0.03	0.00	0.02	—	0.00	0.14
未利用地	0.01	0.00	0.00	0.03	0.00	—	0.04
转出总计	19.31	3.07	0.01	8.66	0.00	0.00	31.05
净增面积	−9.48	−2.33	0.18	11.45	0.14	0.04	

1995～2000 年，土地利用变化总面积为 19.31km^2，占整个普格县面积的 1.01%。其中林地面积增加明显，净增面积 4.60km^2，主要由草地和耕地转化而来；相应地，草地、耕地面积减少明显；城镇工矿居民用地面积略有增加，水域、未利用地变化不明显（表 1-42）。

表 1-42　1995～2000 年普格县土地利用转移矩阵　　（单位：km^2）

1995 年	2000 年						转入总计
	草地	耕地	城镇工矿居民用地	林地	水域	未利用地	
草地	—	0.00	0.00	6.98	0.01	0.00	6.99
耕地	0.00	—	0.00	0.36	0.00	0.00	0.36
城镇工矿居民用地	0.01	0.00	—	0.00	0.00	0.00	0.01
林地	10.96	0.94	0.00	—	0.00	0.04	11.94
水域	0.00	0.00	0.00	0.00	—	0.00	0.00
未利用地	0.00	0.00	0.00	0.00	0.01	—	0.01
转出总计	10.97	0.94	0.00	7.34	0.02	0.04	19.31
净增面积	−3.98	−0.58	0.01	4.60	−0.02	−0.03	

2000～2005 年，土地利用变化总面积为 21.07km^2，占整个普格县面积的 1.05%。其中草地面积增加明显，净增面积 10.57km^2，主要由林地和耕地转化而来；相应地，林地、耕地面积减少明显；城镇工矿居民用地面积略有增加，水域和未利用地变化不明显（表 1-43）。

表 1-43　2000～2005 年普格县土地利用转移矩阵　　（单位：km^2）

2000 年	2005 年						转入总计
	草地	耕地	城镇工矿居民用地	林地	水域	未利用地	
草地	—	2.62	0.07	11.48	0.13	0.05	14.35
耕地	0.22	—	0.10	0.96	0.00	0.00	1.28
城镇工矿居民用地	0.37	0.25	—	0.04	0.00	0.00	0.66
林地	2.86	1.03	0.08	—	0.07	0.02	4.06
水域	0.26	0.02	0.00	0.07	—	0.00	0.35
未利用地	0.07	0.00	0.00	0.30	0.00	—	0.37
转出总计	3.78	3.92	0.25	12.85	0.20	0.07	21.07
净增面积	10.57	−2.64	0.41	−8.79	0.15	0.30	

2005～2010 年，土地利用变化总面积为 23.72km²，占整个普格县面积的 1.25%。其中耕地面积增加明显，净增面积 5.11km²，主要由草地和林地转化而来；林地面积增加明显，净增面积 1.59km²，主要由草地转化而来；相应地，草地面积减少明显；城镇工矿居民用地面积略有减少，水域、未利用地变化不明显（表 1-44）。

表 1-44　2005～2010 年普格县土地利用转移矩阵　　　　　（单位：km²）

2005 年	2010 年						转入总计
	草地	耕地	城镇工矿居民用地	林地	水域	未利用地	
草地	—	0.22	0.33	5.23	0.26	0.07	6.11
耕地	1.36	—	0.27	4.28	0.02	0.00	5.93
城镇工矿居民用地	0.07	0.10	—	0.08	0.00	0.00	0.25
林地	10.27	0.50	0.08	—	0.07	0.30	11.22
水域	0.12	0.00	0.00	0.02	—	0.00	0.14
未利用地	0.05	0.00	0.00	0.02	0.00	—	0.07
转出总计	11.87	0.82	0.68	9.63	0.35	0.37	23.72
净增面积	−5.76	5.11	−0.43	1.59	−0.21	−0.30	

2010～2015 年，土地利用变化总面积为 26.88km²，占整个普格县面积的 1.41%。其中草地面积增加明显，净增面积 11.11km²，主要由林地和耕地转化而来；相应地，林地、耕地面积减少；城镇工矿居民用地和未利用地变化不明显（表 1-45）。

表 1-45　2010～2015 年普格县土地利用转移矩阵　　　　　（单位：km²）

2010 年	2015 年						转入总计
	草地	耕地	城镇工矿居民用地	林地	水域	未利用地	
草地	—	1.69	0.00	13.36	0.00	0.00	15.05
耕地	0.00	—	0.00	2.32	0.00	0.00	2.32
城镇工矿居民用地	0.00	0.14	—	0.02	0.00	0.00	0.16
林地	3.94	4.97	0.30	—	0.00	0.00	9.21
水域	0.00	0.00	0.00	0.00	—	0.00	0.00
未利用地	0.00	0.00	0.00	0.14	0.00	—	0.14
转出总计	3.94	6.80	0.30	15.84	0.00	0.00	26.88
净增面积	11.11	−4.48	−0.14	−6.63	0.00	0.14	

1.3.3.6 东川区

1990~1995 年，土地利用变化总面积为 1.23km²，占整个东川区面积的 0.06%。其中城镇工矿居民用地面积增加明显，净增面积 1.23km²，主要由耕地和草地转化而来；相应地，草地、耕地面积减少；林地面积变化不明显（表 1-46）。

表 1-46 1990~1995 年东川区土地利用转移矩阵　　　（单位：km²）

1990 年	1995 年						转入总计
	草地	城镇工矿居民用地	耕地	林地	水域	未利用地	
草地	—	0.00	0.00	0.00	0.00	0.00	0.00
城镇工矿居民用地	0.52	—	0.68	0.03	0.00	0.00	1.23
耕地	0.00	0.00	—	0.00	0.00	0.00	0.00
林地	0.00	0.00	0.00	—	0.00	0.00	0.00
水域	0.00	0.00	0.00	0.00	—	0.00	0.00
未利用地	0.00	0.00	0.00	0.00	0.00	—	0.00
转出总计	0.52	0.00	0.68	0.03	0.00	0.00	1.23
净增面积	−0.52	1.23	−0.68	−0.03	0.00	0.00	

1995~2000 年，土地利用变化总面积为 12.45km²，占整个东川区面积的 0.66%。其中城镇工矿居民用地面积增加明显，净增面积 7.61km²，主要由耕地和草地转化而来；草地面积增加明显，净增面积 1.13km²，主要由耕地转化而来；相应地，耕地面积减少明显；林地、水域面积略有减少，未利用地略有增加（表 1-47）。

表 1-47 1995~2000 年东川区土地利用转移矩阵　　　（单位：km²）

1995 年	2000 年						转入总计
	草地	城镇工矿居民用地	耕地	林地	水域	未利用地	
草地	—	0.00	3.58	0.02	0.00	0.00	3.60
城镇工矿居民用地	1.30	—	5.92	0.28	0.09	0.02	7.61
耕地	0.74	0.00	—	0.00	0.00	0.00	0.74
林地	0.06	0.00	0.07	—	0.00	0.00	0.13
水域	0.00	0.00	0.00	0.00	—	0.00	0.00
未利用地	0.37	0.00	0.00	0.00	0.00	—	0.37
转出总计	2.47	0.00	9.57	0.30	0.09	0.02	12.45
净增面积	1.13	7.61	−8.83	−0.17	−0.09	0.35	

2000～2005 年，土地利用变化总面积为 5.38km²，占整个东川区面积的 0.28%。其中耕地面积增加明显，净增面积 2.39km²，主要由城镇工矿居民用地和草地转化而来；相应地，草地、城镇工矿居民用地面积减少；未利用地和林地变化不明显（表 1-48）。

表 1-48　2000～2005 年东川区土地利用转移矩阵　　　　　　（单位：km²）

2000 年	2005 年						转入总计
	草地	城镇工矿居民用地	耕地	林地	水域	未利用地	
草地	—	0.78	0.15	0.00	0.00	0.00	0.93
城镇工矿居民用地	1.30	—	0.01	0.00	0.00	0.02	1.33
耕地	0.74	1.84	—	0.00	0.00	0.00	2.58
林地	0.06	0.08	0.03	—	0.00	0.00	0.17
水域	0.00	0.00	0.00	0.00	—	0.00	0.00
未利用地	0.37	0.00	0.00	0.00	0.00	—	0.37
转出总计	2.47	2.70	0.19	0.00	0.00	0.02	5.38
净增面积	−1.54	−1.37	2.39	0.17	0.00	0.35	

2005～2010 年，土地利用变化总面积为 92.96km²，占整个东川区面积的 4.97%。其中林地面积增加明显，净增面积 14.17km²，主要由草地和耕地转化而来；水域面积增加明显，净增面积 4.15km²，主要由耕地转化而来；城镇工矿居民用地面积增加明显，净增面积 2.99km²，主要由耕地转化而来；相应地，草地、耕地面积减少明显；未利用地变化不明显（表 1-49）。

表 1-49　2005～2010 年东川区土地利用转移矩阵　　　　　　（单位：km²）

2005 年	2010 年						转入总计
	草地	城镇工矿居民用地	耕地	林地	水域	未利用地	
草地	—	0.44	20.99	13.72	0.24	0.48	35.87
城镇工矿居民用地	1.19	—	2.64	0.21	0.01	0.03	4.08
耕地	13.82	0.51	—	1.96	0.05	0.30	16.64
林地	26.71	0.06	4.05	—	0.00	0.00	30.82
水域	0.00	0.08	4.22	0.15	—	0.00	4.45
未利用地	0.43	0.00	0.06	0.61	0.00	—	1.10
转出总计	42.15	1.09	31.96	16.65	0.30	0.81	92.96
净增面积	−6.28	2.99	−15.32	14.17	4.15	0.29	

2010～2015 年，土地利用变化总面积为 33.46km²，占整个东川区面积的 1.78%。其

中耕地面积增加明显，净增面积 22.63m²，主要由草地和水域转化而来；城镇工矿居民用地面积增加明显，净增面积 3.03km²，主要由草地转化而来；相应地，草地、林地面积减少明显；水域面积略有增加，未利用地略有减少（表 1-50）。

表 1-50 2010～2015 年东川区土地利用转移矩阵　　　　　　　　（单位：km²）

2010 年	2015 年						转入总计
	草地	城镇工矿居民用地	耕地	林地	水域	未利用地	
草地	—	0.00	0.00	0.27	0.00	0.00	0.27
城镇工矿居民用地	1.44	—	0.21	1.11	0.63	0.01	3.40
耕地	16.58	0.30	—	2.80	3.44	0.16	23.28
林地	0.48	0.00	0.04	—	0.00	0.00	0.52
水域	1.59	0.07	0.40	0.22	—	2.16	4.44
未利用地	1.17	0.00	0.00	0.38	0.00	—	1.55
转出总计	21.26	0.37	0.65	4.78	4.07	2.33	33.46
净增面积	−20.99	3.03	22.63	−4.26	0.37	−0.78	

1.3.3.7 普定县

1990～1995 年，土地利用变化总面积为 16.96km²，占整个普定县面积的 1.57%。其中水域面积减少明显，净减少面积 7.99km²，主要变成了林地；耕地面积增加明显，净增面积 7.42km²，主要由城镇工矿居民用地转化而来；相应地，城镇工矿居民用地面积减少明显；林地、草地面积略有增加，未利用地没有变化（表 1-51）。

表 1-51 1990～1995 年普定县土地利用转移矩阵　　　　　　　　（单位：km²）

1990 年	1995 年						转入总计
	草地	城镇工矿居民用地	耕地	林地	水域	未利用地	
草地	—	0.01	0.01	0.00	2.13	0.00	2.15
城镇工矿居民用地	0.00	—	0.1	0.04	0.00	0.00	0.14
耕地	0.00	4.04	—	1.5	2.92	0.00	8.46
林地	0.25	0.46	0.88	—	3.78	0.00	5.37
水域	0.04	0.00	0.05	0.75	—	0.00	0.84
未利用地	0.00	0.00	0.00	0.00	0.00	—	0.00
转出总计	0.29	4.51	1.04	2.29	8.83	0.00	16.96
净增面积	1.86	−4.37	7.42	3.08	−7.99	0.00	

1995～2000 年，土地利用变化总面积为 1.46km^2，占整个普定县面积的 0.14%。其中城镇工矿居民用地面积减少明显，净减少面积 1.46km^2，主要变成了耕地；水域、草地、未利用地没有变化（表 1-52）。

表 1-52　1995～2000 年普定县土地利用转移矩阵　　　　　　（单位：km^2）

1995 年	2000 年						转入总计
	草地	城镇工矿居民用地	耕地	林地	水域	未利用地	
草地	—	0.00	0.00	0.00	0.00	0.00	0.00
城镇工矿居民用地	0.00	—	0.00	0.00	0.00	0.00	0.00
耕地	0.00	1.32	—	0.00	0.00	0.00	1.32
林地	0.00	0.14	0.00	—	0.00	0.00	0.14
水域	0.00	0.00	0.00	0.00	—	0.00	0.00
未利用地	0.00	0.00	0.00	0.00	0.00	—	0.00
转出总计	0.00	1.46	0.00	0.00	0.00	0.00	1.46
净增面积	0.00	−1.46	1.32	0.14	0.00	0.00	

2000～2005 年，土地利用变化总面积为 18.16km^2，占整个普定县面积的 1.68%。其中耕地面积增加明显，净增面积 10.61km^2，主要由城镇工矿居民用地、林地、草地转化而来；水域面积略有增加，未利用地略有减少（表 1-53）。

表 1-53　2000～2005 年普定县土地利用转移矩阵　　　　　　（单位：km^2）

2000 年	2005 年						转入总计
	草地	城镇工矿居民用地	耕地	林地	水域	未利用地	
草地	—	0.00	0.18	0.00	0.00	0.04	0.22
城镇工矿居民用地	0.01	—	0.3	0.08	0.00	0.00	0.39
耕地	0.69	3.7	—	8.04	0.03	0.04	12.50
林地	2.71	0.57	1.13	—	0.14	0.00	4.55
水域	0.00	0.00	0.28	0.22	—	0.00	0.50
未利用地	0.00	0.00	0.00	0.00	0.00	—	0
转出总计	3.41	4.27	1.89	8.34	0.17	0.08	18.16
净增面积	−3.19	−3.88	10.61	−3.79	0.33	−0.08	

2005～2010 年，土地利用变化总面积为 0.89km^2，占整个普定县面积的 0.08%。城镇工矿居民用地、耕地、林地，其面积增减变化不大，草地、水域、未利用地没有变化（表 1-54）。

表 1-54 2005～2010 年普定县土地利用转移矩阵 （单位：km²）

2005 年	2010 年						转入总计
	草地	城镇工矿居民用地	耕地	林地	水域	未利用地	
草地	—	0.00	0.00	0.00	0.00	0.00	0
城镇工矿居民用地	0.00	—	0.00	0.00	0.00	0.00	0.00
耕地	0.00	0.66	—	0.00	0.00	0.00	0.66
林地	0.00	0.23	0.00	—	0.00	0.00	0.23
水域	0.00	0.00	0.00	0.00	—	0.00	0.00
未利用地	0.00	0.00	0.00	0.00	0.00	—	0.00
转出总计	0.00	0.89	0.00	0.00	0.00	0.00	0.89
净增面积	0.00	−0.89	0.66	0.23	0.00	0.00	

2010～2015 年，土地利用变化总面积为 46.64km²，占整个普定县面积的 4.31%。其中城镇工矿居民用地面积减少明显，净减少面积 21.53km²，主要变成了耕地；相应地，林地面积增加明显；耕地、草地、水域面积略有增加，未利用地略有减少（表 1-55）。

表 1-55 2010～2015 年普定县土地利用转移矩阵 （单位：km²）

2010 年	2015 年						转入总计
	草地	城镇工矿居民用地	耕地	林地	水域	未利用地	
草地	—	0.83	1.79	0.96	0.00	0.00	3.58
城镇工矿居民用地	0.01	—	1.65	0.34	0.00	0.00	2.00
耕地	0.96	16.36	—	3.18	0.12	0.14	20.76
林地	1.96	6.34	11.63	—	0.07	0.02	20.02
水域	0.00	0.00	0.2	0.08	—	0.00	0.28
未利用地	0.00	0.00	0.00	0.00	0.00	—	0.00
转出总计	2.93	23.53	15.27	4.56	0.19	0.16	46.64
净增面积	0.65	−21.53	5.49	15.46	0.09	−0.16	

1.3.3.8 环江毛南族自治县

1990～1995 年，土地利用变化总面积为 48.11km²，占整个环江县面积的 1.06%。其中林地面积减少明显，净减少面积 32.49km²，主要变成了耕地；相应地，耕地面积增加明显，净增面积 29.33km²；草地面积略有减少；城镇工矿居民用地、水域面积略有增加（表 1-56）。

表 1-56　1990～1995 年环江县土地利用转移矩阵　　　　　（单位：km²）

1990 年	1995 年						转入总计
	草地	城镇工矿居民用地	耕地	林地	水域	未利用地	
草地	—	0.00	0.00	3.01	0.22	0.00	3.23
城镇工矿居民用地	1.17	—	1.26	1.78	0.10	0.00	4.31
耕地	4.61	0.00	—	28.59	1.14	0.00	34.34
林地	0.06	0.00	2.88	—	0.10	0.00	3.04
水域	0.15	0.02	0.87	2.15	—	0.00	3.19
未利用地	0.00	0.00	0.00	0.00	0.00	—	
转出总计	5.99	0.02	5.01	35.53	1.56	0.00	48.11
净增面积	−2.76	4.29	29.33	−32.49	1.63	0.00	

1995～2000 年，土地利用变化总面积为 120.35km²，占整个环江县面积的 2.65%。其中林地面积减少明显，净减少面积 18.46km²，主要变成了耕地；相应地，耕地面积增加明显，净增加 22.03km²；草地、城镇工矿居民用地面积略有减少；水域面积略有增加（表 1-57）。

表 1-57　1995～2000 年环江县土地利用转移矩阵　　　　　（单位：km²）

1995 年	2000 年						转入总计
	草地	城镇工矿居民用地	耕地	林地	水域	未利用地	
草地	—	0.41	6.85	3.40	0.37	0.00	11.03
城镇工矿居民用地	1.23	—	1.80	2.07	0.16	0.00	5.26
耕地	6.84	1.81	—	46.81	2.21	0.00	57.67
林地	7.39	5.02	23.36	—	2.23	0.00	38.00
水域	0.47	0.11	3.63	4.18	—	0.00	8.39
未利用地	0.00	0.00	0.00	0.00	0.00	—	
转出总计	15.93	7.35	35.64	56.46	4.97	0.00	120.35
净增面积	−4.90	−2.09	22.03	−18.46	3.42	0.00	

2000～2005 年，土地利用变化总面积为 197.24km²，占整个环江县面积的 4.34%。其中耕地面积增加明显，净增面积 19.09km²，主要由林地转化而来；相应地，城镇工矿居民用地净面积明显减少，减少了 25.14km²；草地面积略有减少；林地和水域面积略有增加（表 1-58）。

表 1-58　2000～2005 年环江县土地利用转移矩阵　　　（单位：km²）

2000 年	2005 年						转入总计
	草地	城镇工矿居民用地	耕地	林地	水域	未利用地	
草地	—	1.78	7.44	20.57	0.22	0.00	30.01
城镇工矿居民用地	0.00	—	0.28	1.11	0.00	0.00	1.39
耕地	3.46	13.39	—	55.88	0.74	0.00	73.47
林地	25.91	11.25	44.84	—	3.67	0.00	85.67
水域	0.96	0.11	1.82	3.81	—	0.00	6.70
未利用地	0.00	0.00	0.00	0.00	0.00	—	
转出总计	30.33	26.53	54.38	81.37	4.63	0.00	197.24
净增面积	-0.32	-25.14	19.09	4.30	2.07	0.00	

2005～2010 年，土地利用变化总面积为 54.35km²，占整个环江县面积的 1.20%。其中耕地面积增加明显，净增面积 43.95km²，主要由林地转化而来；相应地，林地净面积明显减少，减少了 36.43km²；草地、城镇工矿居民用地面积略有减少；水域面积没有变化（表 1-59）。

表 1-59　2005～2010 年环江县土地利用转移矩阵　　　（单位：km²）

2005 年	2010 年						转入总计
	草地	城镇工矿居民用地	耕地	林地	水域	未利用地	
草地	—	0.14	0.00	2.70	0.00	0.00	2.84
城镇工矿居民用地	0.00	—	0.00	0.11	0.00	0.00	0.11
耕地	2.71	1.59	—	40.36	0.00	0.00	44.66
林地	0.90	5.13	0.71	—	0.00	0.00	6.74
水域	0.00	0.00	0.00	0.00	—	0.00	0.00
未利用地	0.00	0.00	0.00	0.00	0.00	—	
转出总计	3.61	6.86	0.71	43.17	0.00	0.00	54.35
净增面积	-0.77	-6.75	43.95	-36.43	0.00	0.00	

2010～2015 年，土地利用变化总面积为 71.78km²，占整个环江县面积的 1.58%。其中草地面积减少明显，净减少面积 33.08km²，主要变成了林地；相应地，耕地面积增加明显，净增面积 37.07km²；林地面积略有增加，城镇工矿居民用地略有减少；水域面积没有变化（表 1-60）。

表 1-60　2010～2015 年环江县土地利用转移矩阵　　　　（单位：km^2）

2010 年	2015 年						转入总计
	草地	城镇工矿居民用地	耕地	林地	水域	未利用地	
草地	—	0.21	0.00	0.49	0.00	0.00	0.70
城镇工矿居民用地	0.00	—	0.00	0.00	0.00	0.00	0.00
耕地	0.58	3.59	—	32.95	0.00	0.00	37.12
林地	33.20	0.71	0.05	—	0.00	0.00	33.96
水域	0.00	0.00	0.00	0.00	—	0.00	0.00
未利用地	0.00	0.00	0.00	0.00	0.00	—	
转出总计	33.78	4.51	0.05	33.44	0.00	0.00	71.78
净增面积	−33.08	−4.51	37.07	0.52	0.00	0.00	

参 考 文 献

[1]　邓伟，南希，时振钦，等. 中国山区国土空间特性与区域发展[J]. 自然杂志，2018，40（1）：17-24.

第2章　中国山区国土空间特征

2.1　国土空间概念与基本属性

2.1.1　有关概念

1. 空间

空间在哲学层面上认为是运动行为和存在的表现形式，行为是相对彰显的运动，存在是相对静止的运动。物理上的空间是指能够包括物理实体和物理现象的场所。空间是有或没有具体数量规定的认识对象，具有长、宽、高等多个维度。

2. 国土

国土是以地理环境为基础，以人类社会为主体的矛盾统一体，是一个复杂的开放巨系统。它既是环境，又是资源；既具有自然属性，又具有社会属性，是一个高度综合的多层次概念。它包含着生命支持功能、资源基础功能、环境承载功能、生态服务功能、活动空间功能以及政治性等重要含义。

3. 国土空间

国土空间是"区域"在国家尺度上的称谓。它具有"区域"的基本内涵，有着基本的自然地理规定性，也是地域分异性规律作用的产物。它具有一定的经济规定性，是社会经济客体和现象的空间聚集规模和聚集形态；同时具有一定的政治规定性，国土空间与行政区划相结合有利于掌握数据、描述和制定实施政策等。

基于地理学及其他空间科学的角度，国土空间要素具有典型的空间特征和地学特征，空间要素为区域性因素，主要包括自然空间要素（光、温、水、土等）、社会空间要素（不同文化、民族、种族、制度环境）和经济空间要素（不同区位、技术、资本、劳动力等）。

2.1.2　山区国土空间属性

山区是陆地表层的重要组成部分，是由水分、土壤、空气、生物等自然要素及人文要素共同组成的复杂综合体的典型区域[1]。山区与山地在空间上具有地域的一致性，也有属性的差别性。山地是自然属性的空间域，具有能量梯度性、地表物质易迁移性、空间异质性、地表形态分割破碎性和自相似性，以及垂直分异性和脆弱性等特征。山区是泛山地的概念，更多的是强调地貌空间和人文空间的复合区域，边界是具有明显人文（人类活动）意义的地域系统。山区的人文属性具有文化多样性、边际性、难达性、封闭性、地缘性和冲突性等特征[2]。

1. 山区国土空间差异

山地地貌形态本身的差异，导致了人文要素和自然要素分布的差异。在特定的空间尺度下，根据海拔、地表形态等要素的差异，山区国土空间形态可以划分为"谷地""半山""坡顶"等类型，它们共同构成了山区国土空间完整的地域功能单元。

在山区国土空间各类型中，"谷地"是人口和产业最主要的承载空间，这是由其地形相对平坦、交通方便（水系及道路）、接近水源等优点决定的。它既是重要的居住空间，又是重要的交通线。

由于山地形成的动因不同，内外营力作用的差异导致其地貌形态也不同，所形成的山区国土空间的形态也有其独特性，即使同样的"空间"类型，表现形式也有所区别。例如，同样是山区聚落，但地形差异导致聚落空间格局变化很大，有的聚落集中度较高，而有的聚落分布比较零散，也造成了公共服务均衡化的难度（图 2-1 和图 2-2）。

图 2-1　山地空间聚落分布差异 1（邓伟摄）　　　图 2-2　山地空间聚落分布差异 2（邓伟摄）

在山区一定的空间范围内，"谷地""半山""坡顶"等国土空间类型可能会形成完整的地域共轭关系，互相之间存在着联系和作用，甚至是"共生"关系。这种地域共轭关系体现在地形因素所导致的水、泥沙、养分等自然要素的运移和汇聚上，也体现在道路、渠道、电力线路、作物种植模式等人文要素的组合和相互影响中。

地貌形态的差异导致各大山山内部垂向规律不同。例如，青藏高原内部大多呈现"高海拔、小起伏"特点；东南丘陵区呈现"低海拔，盆地镶嵌广布"等特点，而西南山地为"高海拔、大起伏"的地形急变带。

中国地势三大阶梯从空间上塑造了山脉水系走向流向的地理大格局，这种地理空间巨大差异导致中国的国土空间分异性、复杂性极强，充分体现出因地制宜的重要性和必要性。

2. 山区水土耦合特性

山区的多样功能基于水土耦合，包括土壤层下伏的岩石，后者往往是一个稳态参数，而降水时空特征与变化规律和土地覆被类型构成了水土耦合的复杂体系。水土耦合过程的复杂性、差异性具有相当的刻画难度，采用植被指数或植被初级生产力表征其耦合程度应该更具科学性。因为水土耦合的生态效率是更为直观的一种参数表征,它可以反映水土耦合的关系度,用水土要素耦合指数(CIWL)衡量。

不同气候带、不同山区,水土耦合的差异性极大。例如,太行山区、横断山区和黔桂喀斯特山区,水土耦合过程因受到气候变化和人类活动的影响而具有明显的差异性。

1)太行山区水土耦合特征

由图 2-3 可知,1990~2015 年太行山区绝大部分地区处于缺水区,平衡区占比很小,

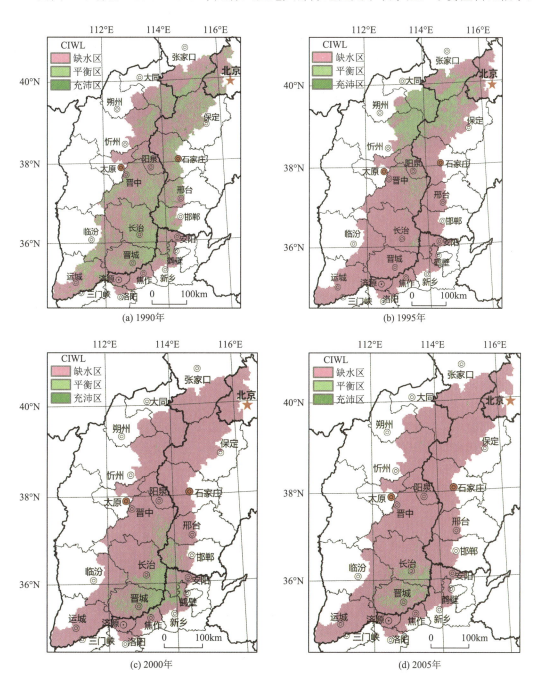

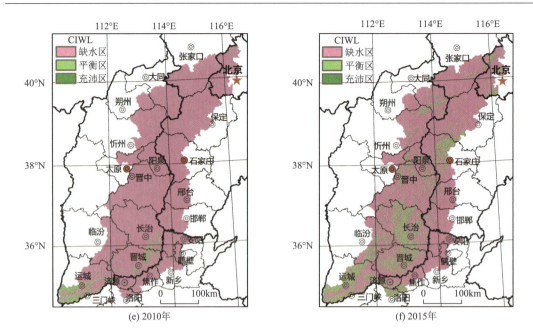

(e) 2010年　　　　　　　　　　　　　　(f) 2015年

图 2-3　1990～2015 年太行山区水土要素耦合指数（CIWL）空间格局

充沛区近乎于零。从 1990 年、1995 年、2000 年、2005 年、2010 年、2015 年水土要素耦合的年际变化看，缺水区面积占比分别为 60%、80%、89%、95%、96%、80%，呈现出先扩大后缩小的特点。平衡区空间分布存在明显时空差异。具体而言，1990 年缺水区和平衡区面积较均匀，1995 年北部以平衡区为主，中南部以缺水区为主；2000 年和 2005 年南部以平衡区为主，2010 年平衡区分布面积明显减少，仅分布在西南角；2015 年中部和南部以平衡区为主，北部主要为缺水区。整体上太行山区水土要素耦合指数年际波动较大，2015 年水土要素耦合情形基本与 1990 年一致，1995～2010 年水土要素耦合指数高值区从北部向南部移动。

　　太行山区水土要素耦合指数垂直分异明显（图 2-4）。从海拔变化来看，1300m 以下其耦合指数年际变化呈 "U" 形，1300m 以上 2000 年以后其水土要素耦合指数较为稳定；从坡度变化来看，5° 以下其耦合指数年际变化呈 "U" 形，5° 以上其耦合指数 2000 年以后

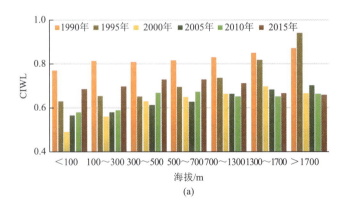

(a)

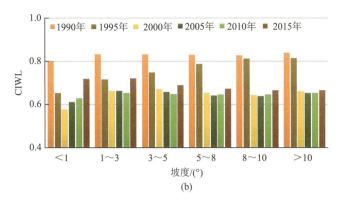

图 2-4　1990～2015 年太行山区水土要素耦合指数（CIWL）垂直变化

也趋于稳定。由此可见，太行山区海拔 1300m 和坡度 5°是水土要素耦合指数分异的重要界线。

从生态功能亚区水土要素耦合指数（表 2-1）对比来看，落叶阔叶林生态亚区耦合指数平均值较为一致，为 0.70～0.72；林农草复合生态亚区耦合指数均值较低，平均值为 0.69，农业生态亚区中豫西北太行山南麓丘陵农业生态亚区耦合指数最低。标准差表明，永定河上游山间盆地林农草复合生态亚区耦合指数波动最大，敏感性最强，受环境变化影响明显。

表 2-1　1990～2015 年太行山区生态功能亚区水土要素耦合指数

太行山地生态功能亚区	1990 年	1995 年	2000 年	2005 年	2010 年	2015 年	平均值	标准差
永定河上游山间盆地林农草复合生态亚区	0.81	0.85	0.57	0.58	0.65	0.68	0.69	0.12
太行山山地落叶阔叶林生态亚区	0.84	0.80	0.66	0.62	0.63	0.68	0.71	0.09
太岳山山地丘陵落叶阔叶林生态亚区	0.84	0.67	0.67	0.71	0.63	0.67	0.70	0.07
太行山太岳山山间盆地丘陵农业生态亚区	0.91	0.69	0.74	0.81	0.70	0.83	0.78	0.09
豫西北太行山南麓丘陵农业生态亚区	0.79	0.53	0.68	0.68	0.66	0.71	0.68	0.08
中条山山地丘陵落叶阔叶林生态亚区	0.78	0.55	0.67	0.73	0.76	0.82	0.72	0.10

2）横断山区水土耦合特征

由图 2-5 可知，1990～2015 年横断山区水土要素耦合指数以平衡区为主，缺水区从西北向西南延伸，充沛区主要分布在青藏高原东侧和云贵高原西南角。其中青藏高原东侧处于高原向平原过渡的斜面，使龙泉山脉和邛崃山脉迎风坡降水量较大；而云贵高原西南角分布在贡山县和福贡县境内，受印度洋季风和太平洋季风的双重影响，降水量丰富，为 1440～4700mm，空气湿度在 90%以上，加之怒江、独龙江纵贯境内，水资源丰富。1990～2015 年充沛区范围逐渐减少，面积占比从 8%减少至近 0%。从缺水区分布来看，1990～2000 年主要分布在横断山区的西侧和云贵高原的干热河谷地区，2005～2015 年缺水区范围逐渐扩大，面积占比从 15%增加至 45%，特别是楚雄市受 2010 年云南遭遇百年一遇的特大干旱影响，旱灾严重，造成 20 余万农村人口缺水，表明近年来西南地区受气候变化和异常干旱的影响加剧[3]。

　　横断山区水土要素耦合垂直差异也很明显（图2-6）。从海拔变化来看，1800～3400m
其耦合指数最高，1800m以下2000年的耦合指数随海拔上升逐渐增高，其他各年份其耦
合指数随海拔上升逐渐降低，3400m以上其耦合指数呈下降趋势。从坡度变化来看，1990～
2015年水土要素耦合指数均值随坡度上升而增加。

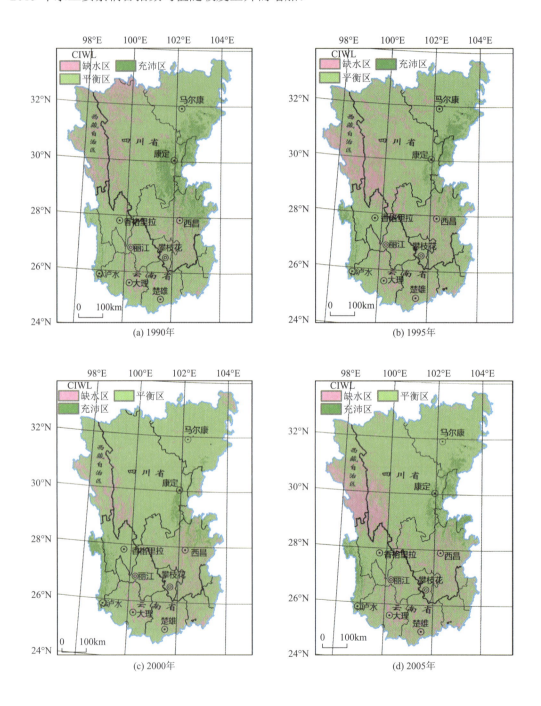

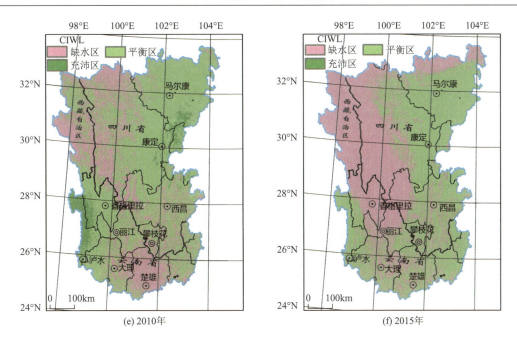

(e) 2010年 (f) 2015年

图 2-5 1990~2015 年横断山区水土要素耦合指数（CIWL）时空变化

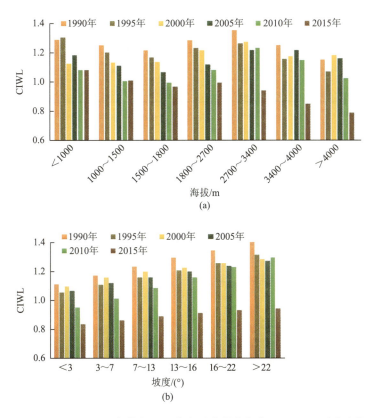

图 2-6 1990~2015 年横断山区水土要素耦合指数（CIWL）垂直变化

从生态功能亚区水土要素耦合指数（表2-2）平均值对比来看，川西南山地偏干性常绿阔叶林生态亚区、滇西横断山半湿润常绿阔叶林生态亚区耦合指数较高，主要受年降水量"东南和西南多而中间少，南部多而北部少"分布特征的影响[3]。此外，岷山-邛崃山-高山草甸-常绿阔叶林生态亚区耦合指数也较高，该区域位于横断山区向成都平原的过渡带，降水条件相对较好。从生态亚区植被类型对比看，森林生态亚区其耦合指数（1.2）＞林草复合生态亚区（1.0）＞草原生态亚区（0.98），1990～2010年各生态功能亚区均处于平衡区，2015年沙鲁里山南部亚高山半干旱、半湿润暗针叶林生态亚区和大雪山-他念他翁山-高山灌丛-高山草甸生态亚区处于缺水区；1990～2015年滇西横断山半湿润常绿阔叶林生态亚区水土要素耦合年际波动大，对气候变化最敏感，而长江源高寒草甸草原生态亚区、川西南山地偏干性常绿阔叶林生态亚区、滇中高原盆谷滇青冈-元江栲林-云南松林生态亚区、金沙江下游干热河谷常绿灌丛-稀树草原生态亚区的耦合指数年际较为稳定。

表2-2　1990～2015年横断山区生态功能亚区水土要素耦合指数

横断山地生态亚区	1990年	1995年	2000年	2005年	2010年	2015年	平均值	标准差
滇中高原盆谷滇青冈-元江栲林-云南松林生态亚区	1.13	1.08	1.09	0.96	0.83	0.94	1.01	0.11
金沙江下游干热河谷常绿灌丛-稀树草原生态亚区	1.20	1.15	1.11	1.03	0.91	0.98	1.06	0.11
滇西横断山半湿润常绿阔叶林生态亚区	1.31	1.31	1.45	1.26	1.45	0.88	1.28	0.21
川西南山地偏干性常绿阔叶林生态亚区	1.53	1.41	1.39	1.34	1.25	1.21	1.36	0.12
沙鲁里山南部亚高山半干旱、半湿润暗针叶林生态亚区	1.40	1.13	1.26	1.14	1.04	0.81	1.13	0.20
大雪山-他念他翁山-高山灌丛-高山草甸生态亚区	1.08	0.99	1.11	1.04	0.97	0.69	0.98	0.15
岷山-邛崃云-高山草甸-常绿阔叶林生态亚区	1.56	1.46	1.24	1.46	1.40	1.12	1.37	0.16
长江源高寒草甸草原生态亚区	0.93	0.95	1.06	1.17	0.89	0.87	0.98	0.11

3）黔桂喀斯特山区水土耦合特征

由图2-7可知，1990～2015年黔桂喀斯特山区水土要素耦合指数表征的三种类型空

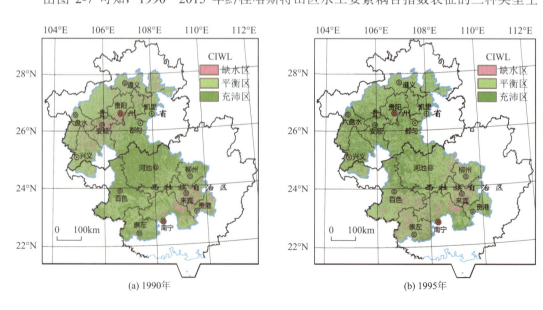

(a) 1990年　　　　　　　　　　　　　(b) 1995年

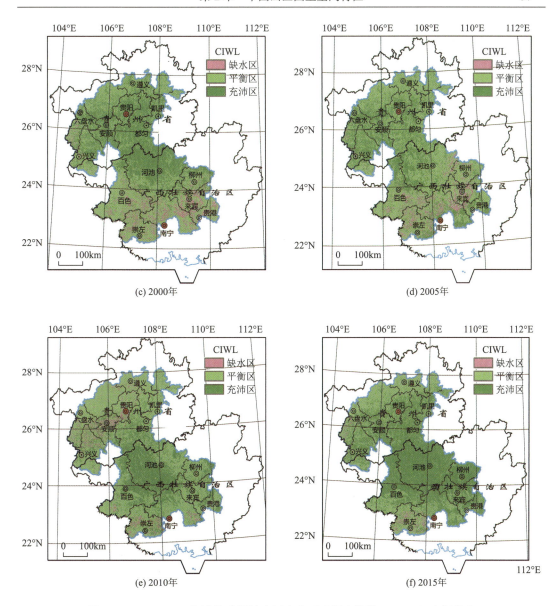

图 2-7　1990~2015 年黔桂喀斯特山区水土要素耦合指数（CIWL）空间分布

间变化很大，其中充沛区逐渐减少，2005 年最少，面积占比仅为 17%，而至 2015 年快速恢复且超过了 1990 年，面积占比达 56%。

　　总体上看，河池地区 1990~2015 年水土要素耦合指数显示该地区基本处于充沛状态，仅 1995 年和 2005 年耦合指数的充沛状态表现出空间收缩，2015 年充沛区向南北扩张很大。缺水区时空差异很大，主要在西北和东南断续分布，2000 年和 2005 年水土要素耦合指数表征缺水区面积在东南扩大，2010 年在西北表征突出。其原因在于 2005 年 7~12 月大部分地区降水量比常年同期偏少 3 成，偏少程度居 1951 年以来同期第 3 位，致使干旱比常年同期偏重。2010 年贵州省中部以西以南地区遭遇百年一遇的严重干旱，造成近

500 万人、200 余万头大牲畜发生临时饮水困难，同时 60%的农作物受旱灾影响。整体表明气候变化导致的异常天气过程使水土要素耦合时空震荡性变化明显。

　　黔桂喀斯特山区水土要素耦合指数垂直变化在 1990～2015 年表现出"U"形特征（图 2-8）。从海拔变化来看，1990 年、2005 年、2010 年、2015 年的耦合指数均值在 500m 以下随海拔上升而增加，500m 以上的耦合指数降低；1995 年的耦合指数随海拔上升而增加，2000 年的耦合指数在 1500m 以下随海拔上升而增加，1500m 以上的逐渐下降。从坡度变化来看，整体上其耦合指数在 12°以下随坡度上升而增加，平均值从 1.56 增至 1.71，12°以上的耦合指数开始下降，平均值为 1.69。可见黔桂喀斯特山区水土要素耦合指数在海拔 500m、1500m，坡度 12°发生明显变化。

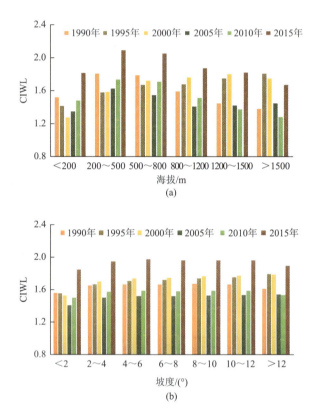

图 2-8　1990～2015 年黔桂喀斯特山区水土要素耦合指数（CIWL）空间分布

　　1990～2015 年黔桂喀斯特山区大部分生态功能亚区位于平衡区，只有少部分亚区处于充沛区（表 2-3）。从水土要素耦合指数平均值来看，桂中北喀斯特常绿、落叶阔叶混交林生态亚区的耦合指数最高，平均值为 1.86；黔西北中山针阔混交林生态亚区、桂东粤西丘陵山地湿润季风常绿阔叶林生态亚区、桂西南喀斯特北热带季雨林生态亚区的耦合指数较低。从标准差来看，大部分生态亚区年际波动较大，黔西北中山针阔混交林生态亚区，桂中北喀斯特常绿、落叶阔叶混交林生态亚区，桂东粤西丘陵山地湿润季风常绿阔叶林生态亚区和黔中丘原盆地山原中山常绿阔叶林生态亚区波动最强。

表 2-3　1990～2015 年黔桂喀斯特山区生态功能亚区水土要素耦合指数

黔桂喀斯特山地生态亚区	1990 年	1995 年	2000 年	2005 年	2010 年	2015 年	平均值	标准差
黔中丘原盆地山原中山常绿阔叶林生态亚区	1.34	1.66	1.77	1.29	1.28	1.75	1.52	0.24
黔西北中山针阔混交林生态亚区	1.27	1.78	1.75	1.36	1.18	1.60	1.49	0.26
黔南山地盆谷常绿阔叶林生态亚区	1.67	1.73	1.94	1.42	1.61	2.00	1.73	0.21
乌蒙山山地云南松林-羊草草甸生态亚区	1.40	1.78	1.67	1.49	1.36	1.65	1.56	0.17
桂中北喀斯特常绿、落叶阔叶混交林生态亚区	1.86	1.62	1.88	1.68	1.77	2.33	1.86	0.25
桂东粤西丘陵山地湿润季风常绿阔叶林生态亚区	1.51	1.61	1.19	1.30	1.54	1.88	1.51	0.24
桂中喀斯特常绿、落叶阔叶混交林生态亚区	1.75	1.59	1.58	1.59	1.76	2.16	1.74	0.22
桂西南喀斯特北热带季雨林生态亚区	1.74	1.45	1.26	1.45	1.49	1.60	1.50	0.16

2.1.3　山区国土空间的地域性

山地是复杂的陆地表层系统，是具有多样功能的自然综合体，在资源供给、生态系统服务、环境调节等方面具有不可替代的功能，也是国家生存与发展重要的自然基础。党的十八大以来的生态文明建设和国家全面建成小康社会，使得山区问题越发得到广泛关注，其国土空间发展及格局优化问题亟待加强系统和深入的研究[4]。

1. 区位性

从经济社会发展的整体性考量，山区大多区位条件不利于一定技术条件下的经济社会发展，相对中心地具有偏远性或边缘性，往往处于诸多发展要素集聚的冷点区，而且东、中、西还存在明显的区位差异。此外，内部差异也是很明显的问题，这也就导致了多层级发展不平衡的问题。

2. 地势性

地势变化的急剧性导致空间承载格局碎片化，不能形成较大承载力的整体性空间，无法进行规模布局，无法形成空间集聚，极大地限制了地方发展，这是经济社会发展严重滞后的根本缘由。因此，山区的发展必须因地制宜地进行空间发展规划，必须遵循自然特征与规律，探究其发展路子。

3. 关联性

山区特别的地理空间环境导致长期以来生产力发展水平低下是普遍现象，很难突破现有生产力基础而实现有效的开发。因此，其经济社会发展相对滞后，社会发展与民生问题突出，牵扯区域发展的整体性、均衡性和充分性。这种区域关联性使统筹协调发展、因地制宜发展显得十分重要，这就要分析生态与生产空间的协同、竞争关系，在兼顾效率与生活均衡的同时，谋划国土空间开发与保护格局。

4. 人文性

由于水热条件、区位等要素的差异，在人地关系的冲突和适应过程中，山区实际形成了自己独特的人文地理单元，存在着山地垂直人文带。山区发展的人文性在于多样的文化和深厚的农耕传统与习俗，这反映在民俗、居舍、耕作、经营、生活习惯、服饰等方面的人文差异，也形成了中华民族多彩的文化区域及其宝贵资源，具有丰富的利用价值。

2.2 山区国土空间的特性

中国是一个多山的国家，据最新研究统计，我国山地面积约为陆域面积的 65%[5]，由此导致了国家陆域国土空间具有一系列的特殊性，促使经济社会发展过程中如何因地制宜成为决策的重要考量之一。充分认识和把握山区国土空间的特性，对于实现中华民族复兴与可持续发展具有深远意义。山区国土空间开发与治理，必须以山区国土空间形态、关联与复杂性的解析为依据，进而实施科学、精细的国土空间开发规划与建设布局。

2.2.1 国土空间形态

中国的山地，一是山地类型齐全，二是中西部地区是高山集聚地区。由彼此关联的山体形成的山脉或山系，构成了独特的地域空间，其格局全面控制了陆表的空间形态，奠定了中国地理的空间大格局，包括影响气候类型和生态类型，也为生态系统多样性和生物多样性奠定了自然基础。

1. 山地空间形态

山地以其独特的地貌形态形成了复杂的空间结构，山岭和谷地、盆地及沟道在空间上的多重组合，形成了千姿百态、差异性巨大的山区空间，并存在显著的空间多尺度性，即在不同地貌单元等级的空间范围内所呈现的空间结构与形态特征，它符合分形理论对空间结构特征认知的原理。

随着尺度的升降，空间形态展现出不同的景观特质和细节性，其自然与人文的关系也表现出不同的特点，反映出不同尺度的空间主导性与差异性，即整体性、分级性和层次性。

山地地貌形态本身的差异引起相应的人文要素和自然要素分布的差异。在特定的空间尺度下，根据海拔、地表形态等要素的差异，山区国土空间形态可以划分为"谷地""半山""坡顶"等类型，它们共同构成了山区国土空间完整的地域功能单元（图 2-9）。

在山区国土空间各类型中，"谷地"是人口和产业最主要的承载空间，这是由其地形

图 2-9　山区国土空间组合基本特性

相对平坦、交通方便（水系及道路）、接近水源等优点决定的。它既是山区重要的聚落分布区，又是重要的交通廊道（图 2-10）。

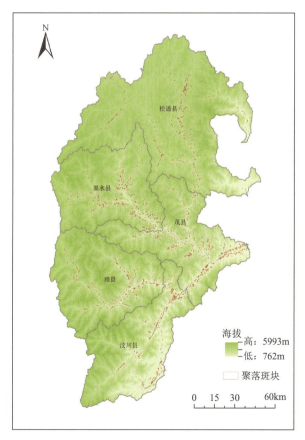

图 2-10　岷江上游聚落分布图

"半山"常常需要直接寻找相对平坦的小平台或者通过挖填方来平整地形，以便于生活和生产。另外，由于地形原因，半山区常面临滑坡、泥石流等地质灾害的威胁，同时基本公共服务设施的建设也相对比较困难。由于山地地貌形态不同，山区聚落格局构建必须要因地制宜，即使同样是"坡顶"类型，表现形式也有所区别。例如，同样是"坡顶"聚落，方山-坡顶聚落面积更大，有一定的聚落集中度，而褶皱山-坡顶聚落通常是零散分布，适宜建设用地极少（图2-11）

(a) 褶皱山-坡顶聚落　　　　　　　　　　　　　(b) 方山-坡顶聚落

图 2-11　山区不同地貌空间的聚落分布差异

2. 重要的山地

横亘于中国大地的山脉或山系塑造了华夏大地的多姿多彩，也孕育了山地国家的灿烂文化，自然遗产、文化遗产，有的还成为联合国世界生物圈保护区[6]。我国的主要山脉和重要山峰有 50 多座，为自然地域系统的构成奠定了基础，主控了我国江河走势与湖泊分布，形成了东中西和南北地域系统的巨大差异，并由此造成生态地理格局与过程的复杂性。

喜马拉雅山脉是世界最高山脉，是全球山地的灵魂，是东亚大陆与南亚次大陆的天然界山，其中有 110 多座山峰高达或超过海拔 7000m，是地学研究的天然实验室，是地学研究者们重要的人生舞台。喜马拉雅山脉的强劲隆升，促使青藏高原第一级阶梯形成，其地质、地理和气候及生态的分异，对中国产生着极其显著的影响和巨大作用，继而北东-南西走向的山脉进一步塑造了第二级阶梯和第三级阶梯，整体上建构了中国大地的山川格局，加之阴山、秦岭—大巴山、南岭等对纬向气候带的差异性具有突出作用，使得山地不仅塑造了陆地空间结构，还促成气候的地理分异。

2.2.2　国土空间关系

山区国土空间系统的组分多样性、功能多样性、生态环境敏感性与脆弱性等导致其空间上的内外关联性、依存性、传递性和复杂性，其遵循着地域共轭原则：主要考虑自然地域系统之间的共轭关系和联系特性。共轭主要反映在毗连地域系统之间的相互作用，特别是一定的结构网络联结条件下的物质迁移、能量传输，当然也包括人文要素的构建和流动。

在一定空间范围，山区国土空间的最主要关系表现在垂向的分异上，除了山地垂直自然带外，其实还存在着山地垂直人文带。山地垂直人文带是指叠加在山地垂直自然带基础之上的一种人文迹象的垂直分异。它包括文化、语言、民族、人口、聚落等人文迹象以及人类的一切活动。与垂直自然带的分布相比，垂直人文带的分布更为复杂。这是因为垂直人文带除了受自然条件影响外，还受到社会、历史、文化等诸多方面的影响，使得垂直人文带具有隐域性的特征。不同的山地垂直人文带单元，由于岭、谷、峰等地貌的分隔和联通，又共同组成了山区独特的地域功能体系，这也是山地地理环境整体性的具体体现。

除了山区内部的国土空间关系，从不同的空间尺度来看，山区和平原的关系都是非常重要的关系，也是受地域共轭原则控制的具体体现。例如，龙门山断裂带隔开了岷江上游（山区）和成都平原，造就了不一样的人文和自然分布（图 2-12），但也造就了互相依存的共生关系（如历史上都江堰工程修建与"天府之国"的关系）。

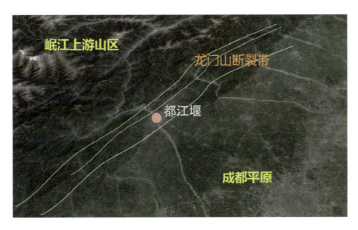

图 2-12　山区与平原的空间关系

2.2.3　国土空间分异性

地球表层的自然环境及其组成要素，在空间上的某个方向保持特征的相对一致性，而在另一方向表现出明显的差异和有规律的变化。山区国土空间地域差异受自然地域分异的规律控制，由于山地形态的特殊性，它表现为显著的"三维地带性"。就一个山区而言，"三维地带性"的概念包含着两层含义：一是"三维分异"，即任何一个地带可以同时沿纬度、经度和垂直递变方向分异，其空间和分异是三维的，水平地带和垂直地带同处于一个三维空间中；二是"三位一体"，即一个地带所处的带谱，是纬度地带性、经度地带性和垂直地带性共同作用的结果。

长期以来，政府、居民、学界等根据自己的认知对山区国土空间做了一系列的命名和范围划定。由于山区国土空间的复杂性、多尺度性、多维性，以及主体目的和认知水平的不同，山区的命名也从侧面反映了山区的分异和差异，在山区国土空间管理中发挥了很好的实际作用（图 2-13）。

图 2-13　山区命名所体现的尺度差异

不同的命名及划分之间可能存在重叠交错的关系，但是总体来看，基本上都以地貌地理完整性为基础，然后根据研究目的进行适应性调整。

只有在山区命名和划分的基础上，才能谈国土空间的地域差异，不同的山区之间存在着地貌、植被、经济、文化等方面的差异和某种相近性或共同性，如贫困山区的划分与命名。根据《中国农村扶贫开发纲要（2011～2020 年）》，国家划分了 11 个集中连片特困地区作为该时间段扶贫主战场：六盘山区、秦巴山区、武陵山区、乌蒙山区、滇桂黔石漠化区、滇西边境山区、大兴安岭南麓山区、燕山—太行山区、吕梁山区、大别山区、罗霄山区。每个山区具体范围的划定既考虑了传统地貌命名的习惯，又考虑了当时经济发展和贫困的实际水平，这些山区最大的共同点是贫困。

我国山区国土空间的分布与三大阶梯的分布具有大体一致性，其主要分布在第一级阶梯、第二级阶梯上，而第三级阶梯上的山区主要是长白山区和东南丘陵区及鲁中山区。从全国尺度上看，北方的山区面积相对较小，青藏高原和西南山区是我国山区最主要的分布区，地貌单元的完整性也较强。多数垂向变化的边界地带都意味着大型山脉的存在。地貌形态的差异导致各大山区内部垂向规律不同。总之，山区国土空间的差异因尺度不同而表现出不同特点和差异。

地形起伏度是山区国土空间差异特征的重要参量。就人文差异性而言，由于水热条件、区位等要素的差异，在人地关系的冲突和适应过程中，山区实际形成了自己独特的人文地理单元，这反映在民族、建筑、耕作、经济、生活习惯等方面的人文差异，也形成了中华民族多彩的文化区域。

2.3　中国山区国土空间基本特征

不言而喻，在人类意识中塑造了一种近乎自明的"山区"概念，抬眼望去，便知是山非山，正如著名登山家乔治·马洛里（George Mallory）的名言，"因为山就在那里"。然而，当观察尺度从地面视角放大到地区乃至全球时，山区的直观概念开始失效，原本平坦的山间盆地常划归为山区的一部分，而起伏较小的山前丘陵-平原过渡带难以找到直观意义上的山区边界。在一定程度上，山区国土空间的边界成为随观测尺度而变化的量。

中国是一个多山的大国，山区为 4 亿多人的生产与生活提供空间，近半个世纪以来，我国学者对中国山区分布、形态、数量等基本特征开展了大量讨论，并形成山地约占陆地面积 2/3 的科学认定，这一提法在中学地理教材中最为多见。但开展山区系统性研究需要更精确、更直观的山区基本特征作为参照，目前，山区界定结果因数据源或山地定义的不同存在一些差异（表 2-4）。

表 2-4 中国山地面积比例

来源	比例/%	来源	比例/%
中国地貌区划（初稿）[7]	66.0	中国陆地地貌基本形态类型定量提取与分析[11]	63.6
初论山地学[8]	67.7	中国地貌区划新论[12]	68.2
山地学概论与中国山地研究[9]	69.0	中国山地分类研究[13]	73.4
中国山区发展报告[10]	69.4	竖版中国数字山地图[5]	64.9

最早提出中国山地面积的权威著作是 1959 年出版的《中国地貌区划》（初稿）[7]，书中提出全国山地面积为 633.7 万 km^2，占陆地面积的 66.0%，与该数值接近的有《中国农业地理总论》（1980 年）中的 66.1%。早期统计主要结合地貌图进行量算，丁锡祉和郑远昌两位地貌学家在"初论山地学"[8]研究中得到中国山地面积占国土面积的 67.7%，肖克非的《中国山区经济学》和徐荣安的《中国山区经济学》均采用了相近的数值。随着数字地貌研究的发展，特别是高精度数字高程模型的出现，山地界定与统计精度得到显著提升，在中国陆地地貌基本形态类型定量提取与分析研究中，借助 90m 空间分辨率 SRTM-DEM 及陆地卫星影像进行分析，得到山地（含丘陵）面积约 603.98 万 km^2，占我国陆地面积的 62.9%。钟祥浩等在中国山地分类研究中，将气候与人-山关系纳入考虑，在剔除平原、沙漠、戈壁等后，得到山区面积在国家尺度上的统计上限，即 73.4%[9]。2015 年出版的《中国数字山地图》，是我国第一幅竖板数字化地图，其在山地范围界定等研究的基础上，应用地形自适应的滑动窗口进行统计分析，得到中国山地面积近 622.39 万 km^2，约占陆地面积的 64.83%，该图初步刻画了中国山地分级分布与统计特征。

2.3.1 基于自然地貌的山区分布

中国山区地貌分布的系统论述发轫于 20 世纪 40 年代末，以宏观的定性研究为主。1947 年，吴尚时发表"中国山脉概论"[14]，提出"一带三弧"的创见，所谓"一带"，指昆仑—秦岭一线，西起帕米尔、东止安徽安庆附近，长逾 4000km，这一带山区地势巍峨，连绵不断，成为中国南北分界的一段；"三弧"包括蒙古弧、滇藏弧、华南弧。昆仑—秦岭以北各山脉，合称蒙古弧。"一带三弧"学说在一定程度上通过山地行迹印证了造山运动中燕山运动、喜马拉雅运动等的地质历史存留，也与中国山地发育的宏观特征相呼应，对我国地貌、大地构造与自然区划研究带来深远影响。

总体上，现今中国山区国土空间分布的地貌格局是在中国陆地特殊的区位和环境条件下，经过长期地质历史时期的内外营力共同作用形成的，特别是在板块运动、气候作用和区域构造的综合作用下，中国山区国土空间分布特征呈现出内在的规律性。

1. 中国山区地貌形态

中国地处亚欧板块东南部,其陆地部分受到印度洋板块和太平洋板块夹持,在板块俯冲和碰撞的漫长地质历史时期形成了中国山地的基本构架。上述"一带三弧"中滇藏弧主要由板块碰撞作用形成,具体包括喜马拉雅—喀喇昆仑—唐古拉、冈底斯—念青唐古拉、昆仑、祁连、秦岭褶皱系等;而华南弧的山地多属于太平洋板块俯冲到亚欧板块下形成的俯冲式造山带。不同地质构造单元的高大山系构成了我国大陆地势基本骨架,整体上山势随西高东低的三级阶梯走势变化[11]。

第一级阶梯的青藏高原及周边山地集中了超过 97% 的高山和近乎全部的极高山,平均海拔接近 3500m,区内山脉主峰海拔基本在 4000m 以上。其中,喜马拉雅山山脉主峰珠穆朗玛峰海拔 8848.86m,超过 8000m 的山峰有 11 座;喀喇昆仑山脉超过 8000m 的山峰有 5 座,该阶梯东缘横断山主峰贡嘎山海拔 7556m。从起伏度来看,青藏高原周边大起伏山地占中国大起伏山地总面积的 41% 左右,形成了独特的大起伏高山、极高山地区,从而构成了中国第一级阶梯的山地、高原地貌格局。

第一级阶梯向东至大兴安岭—太行山—巫山—雪峰山一线之间为第二级阶梯。这一级阶梯集中了我国大部分(约 89%)小起伏到中起伏的中山、中高山,这些山区海拔多在2000~3000m,山脉主峰高度一般在 2500~3500m,只有极少数超过 3500m。

第二级阶梯以东至海岸线为第三级阶梯,区内平原广布,山地平均海拔也大幅下降,主要集中在 500~1200m,福建、台湾山地存有一些大起伏中山,此外以微起伏、小起伏低山和丘陵为主,且山脉较短,走向复杂。山脉主峰多不超过 1500m。

2. 山地与气候

中国山脉在平面排列组合上相互贯穿和镶嵌,形成网格状水汽通道和屏障,当山地走向与气流相交或垂直时,山地起屏障作用。例如,东西走向的秦岭和南岭,对冬季从西伯利亚冷高压南下的气流有明显的阻挡作用,使山地两侧气温相差悬殊;而北东—南西走向的龙门山,迎风坡夏季降水充沛,在雅安地区形成年降水量>1200mm 的多雨中心,而位于背风坡的地区,降水相对较少,较为典型的有岷江河谷中的汶川、茂县,年降水量<600mm。

巨大的山脉网络对中国气候格局的形成起重要作用,并形成复杂的山地气候特征。据水热条件,大致可分为东部季风山地大区、西北干旱山地大区、青藏高原高寒山地大区。东部季风山地大区包括第二级阶梯、第三级阶梯的大部分山地,面积约 281 万 km²,占中国陆地面积的 29.27%,占中国山地面积的 45.15%;西北干旱山地大区面积约 106 万 km²,占中国陆地面积的 11.04%,占中国山地面积的 17.03%;青藏高原高寒山地大区面积约227 万 km²,占中国陆地面积的 23.65%,占中国山地面积的 36.47%。

3. 山地大区分布

我国不仅存在三大阶梯之间的明显差异,而且在阶梯内部,山地的基本形态、海拔、起伏度等方面的组合特征也存在较大差异。例如,位于第二级阶梯的秦岭山区和乌蒙山区的山脉走向显著不同，秦岭以大起伏中山、中起伏中高山为主，山脉连绵，乌蒙山则以中小起伏山地为主，且山脉较短。第三级阶梯南北山地组合差异较大，大别山及其以南地区以低山、中山为主，盆地、平原镶嵌交错；以北则中低山地广布。李炳元等[12]根据这些山地组合在东西、南北向的宏观差异将中国地貌（含山区）分成了 6 个大区，分别是：位于第一级阶梯的青藏山地大区；位于第二级阶梯南部的西南亚高山中山大区；北部以贺兰山为界，以西为西北高山、中高山大区；以东为中北中山高原大区；第三级阶梯南部为东南低、中山大区，北部散布有低山大区。

4. 山地大区按山脉的划分

大区内部山地主脉走向或地质构造特征具有空间差异性，据此，可进一步分为多个亚区/山系。

（1）天山—阿尔泰山山区：主脉由阿尔泰山和天山组成，以褶皱-断块山为主。阿尔泰山位于新疆北部，是中国与蒙古国、俄罗斯、哈萨克斯坦的界山，西北—东南走向。天山长约 2500km，平均海拔 5000m，是世界七大山系之一，我国境内一段横亘于新疆维吾尔自治区的中部，呈东西走向，把新疆分隔成准噶尔盆地和塔里木盆地，是重要的自然地理界线。

（2）昆仑山—祁连山山区：西起帕米尔高原，向东经塔里木盆地南缘至河西走廊，主要包括昆仑山脉、阿尔金山脉和祁连山脉，分布在青藏高原北部和东北部。阿尔金山、祁连山受断裂影响显著，昆仑山脉则以褶皱山为主。昆仑山全长约 2500km（平均海拔>5000m），习惯上分为西、中、东三段，东段又分为祁曼塔格山、阿尔格山、阿尼玛卿山和可可西里山四个分支。阿尔金山脉西起车尔臣河谷，东至当金山口，全长约 730km（平均海拔 4000m），是塔里木盆地与柴达木盆地之间的界山。柴达木盆地是圈闭在这条山系中的山间盆地。祁连山脉西起当金山口，东至黄河谷地，呈西北—东南走向，山脉全长约 1000km，有较多的分支山脉。

（3）大兴安岭—阴山山区：这带山东起黑龙江，向西南延伸至黄河河套，阴山山脉主要为断块山。包括大兴安岭（长约 1400km，海拔 1100～1400m）、阴山的大青山、乌拉山、狼山等山脉（长约 1200km，海拔 1500～2000m），走向为东北—西南向至东西向，是我国北方内流水系与外流水系的分水岭。

（4）燕山—太行山山区：山系东起山海关，西南延伸至黄河北岸，包括燕山、太行山、中条山、吕梁山等山脉，以褶皱-断块山最为常见，全长近 1000km（海拔 600～2000m）。走向多为东北—西南向和南北向，其中有以汾河谷地为典型的断陷盆地。

（5）长白山山区：长白山为褶皱山，中华名山之一，呈东北—西南走向，北起完达山脉北麓，南延千山山脉老铁山，全长约 1300km（平均海拔 500～1000m）。山系由多列平行褶皱断层山脉和盆地、谷地组成，西列为大黑山和大青山；中列北起张广才岭，至老爷岭、吉林哈达岭、龙岗山脉，向南伸延至千山山脉；东列包括完达山、老爷岭和长白山主脉。

（6）喀喇昆仑—唐古拉山山区：喀喇昆仑山脉属于帕米尔高原的南支，以褶皱山为主，西北—东南走向，长约 800km，介于印度河和叶尔羌河、喀拉喀什河之间，是外流水系与内流水系的分水岭。唐古拉山脉横亘于青藏高原的腹地，长约 700km，是长江和怒江的发源地和分水岭。

（7）冈底斯山—念青唐古拉山山区：该山系西起狮泉河，沿雅鲁藏布江北岸向东延伸，与横断山相接，以褶皱山为主，全长达 1600km，大体为西北—东南向、东西向和西南—东北向，拉萨河以东分为三支，北支为倾多拉山、中支为芒雄拉山、南支为郭喀拉日居。

（8）喜马拉雅山山区：西起克什米尔的南迦峰，东至雅鲁藏布江大拐弯的南迦巴瓦峰，大型褶皱山，全长约 2450km，平均海拔＞6000m，其南坡伸入巴基斯坦、印度、尼泊尔、不丹等国，为国际山系。走向为西北—东南、东西向和东北—西南向。自北而南可分为藏南分水岭、大喜马拉雅山、小喜马拉雅山和西瓦里克丘陵四条平行的山脉。

（9）横断山山区：总体为南北走向，成为东西交通的屏障，故名横断山。其成因是褶皱、断块兼有，有广义和狭义之分。广义范围指四川西南部、云南西部和西藏东南部山脉的总称；狭义范围仅指金沙江以西及澜沧江、怒江之间的山脉。主要山脉有高黎贡山、怒山、宁静山和云岭等，云岭又分为点苍山、哀牢山和无量山三支。横断山南北长达 900km，山岭海拔在 4000～5000m，岭谷高差 1000m 以上。大雪山主峰贡嘎山海拔 7556m，为横断山最高峰。

（10）巴颜喀拉山山区：典型褶皱山，作为长江源头与黄河源头的分水岭，走向呈西北—东南向转南北向，包括沙鲁里山、大雪山、岷山、邛崃山及大渡河南面的凉山等。

（11）秦岭—大巴山山区：褶皱断块山，这是南方与北方重要的自然地理界线。秦岭西起青海省的西倾山，东至河南、安徽两省的伏牛山、桐柏山和大别山，东西长达 1100 余千米，大体呈东西走向。大巴山为汉水与嘉陵江的分水岭，包括米仓山、神农架等分支山脉。

（12）乌蒙山—武陵山山区：褶皱山为主，主体分布在贵州高原上，包括乌蒙山、苗岭、大娄山、武陵山等山脉，走向多变。

（13）东南沿海山区：东南沿海山系走向较不规则，大体为东北—西南向，总体海拔与起伏度较小，著名的山脉有天目山、雁荡山、武夷山、戴云山、南岭、瑶山等，褶皱山与断块山兼有，如南岭为断块山，武夷山为较典型的褶皱山。

（14）台湾山区：有"台湾屋脊"之称，将台湾岛分为东西两个区域，主要山脉有阿里山、玉山和中央山，走向偏北东向，均为褶皱山。

（15）海南五指山山区：海南岛上的山地总体呈东北—西南走向，有五指山、七指岭等山脉，属断块山。

2.3.2 基于统计口径的中国山区特征

山区具有特殊的资源禀赋及相对封闭的地理环境，给区域社会经济发展与可持续管理带来一定阻力，大到山区自然资源开发布局，小到修房铺路，都需要考量地形制约与人-山作用的关系，因此在中国各级行政区统计年鉴中，均有对域内山地、丘陵的专门统计介绍。基于统计口径的中国山区特征，是科学认知山区发展规律的基础，对山区社会经济发展决策和山区生态文明建设有参考意义，特别是区域政策的制定与实施是在行政区划的基础上进行的，下面从省、县两级行政区划进行统计，山地范围采用《中国数字山地图》的界定结果[5, 14]。

1. 省级统计

中国山地占比 70%以上的山地大省（自治区、直辖市、特别行政区）共 16 个（表 2-5）。

表 2-5　中国各省（自治区、直辖市、特别行政区）山地面积比例

省（自治区、直辖市、特别行政区）	贵州	云南	福建	四川	重庆	广西	西藏	陕西	山西	湖南	浙江	香港
山地比例/%	98.1	97.7	96.2	95.3	95.2	90.7	89.3	87.1	84.2	84.1	83.7	83.2
省（自治区、直辖市、特别行政区）	广东	台湾	江西	青海	辽宁	湖北	北京	甘肃	海南	黑龙江	宁夏	吉林
山地比例/%	78.9	78.4	78.3	77.7	68.6	65.5	63.7	62.1	57.1	56.6	53.6	53.4
省（自治区、直辖市、特别行政区）	河北	新疆	河南	安徽	内蒙古	山东	天津	澳门	江苏	上海		
山地比例/%	51.7	42.5	38.0	35.9	33.3	32.4	5.9	5.1	5.0	0.8		

山地面积超过 90%的省（自治区、直辖市）有贵州、云南、福建、四川、重庆、广西。
山地面积比例为 80%～90%的省（自治区、特别行政区）有西藏、陕西、山西、湖南、浙江、香港。
山地面积比例为 70%～80%的省有广东、台湾、江西、青海。

2. 中国山区县

我国山区社会经济发展相对滞后，社会公众往往将广大山区与相对贫困直接对应起来，从宏观上，并非全无道理，以全国县域发展指数研究为例，人类发展能力指数、自然资源禀赋指数、社会经济水平指数、县域发展能力指数低值区的分布均与山区相对应。

人类发展能力指数为平均受教育年限、劳动力适龄人口占比、少数民族人口占比的综合测度；社会经济水平指数为人均国内生产总值（gross domestic product，GDP）、农民人均可支配收入、卫生机构床位数、城镇化率、人均住房建筑面积、交通线密度的综合测度；自然资源禀赋指数则由地表破碎度、年均降水量、人均耕地面积、净第一性生产力、农田生产潜力等指标构成。

在山区统计过程中，结合四川省山区类型划分的研究经验[15]，按山地占比率即某区县内山地面积比例，将我国山区县分为半山区县、准山区县、显山区县和整山区县，具体见表 2-6。考虑到目前我国丘陵地区经济状况与资源利用条件在客观上优于其他山区，因此将纯丘陵县提出来单独作为一级，即当丘陵占县域面积比率（rh）≥80%或当显山区县、整山区县的丘陵占县域面积比率（rh）≥60%时记为纯丘陵县。

表 2-6   中国山区类型划分

山区县分级	指标
非山区县	山地面积比例＜40%
纯丘陵县	丘陵面积比例≥80%
半山区县	40%≤山地面积比例＜60%
准山区县	60%≤山地面积比例＜80%
显山区县	80%≤山地面积比例＜100%
整山区县	山地面积比例＝100%

经统计，我国山区县（含丘陵县）共 1651 个，其中纯丘陵县 291 个，半山区县 198 个，准山区县 192 个，显山区县 377 个，整山区县 593 个，山区县（含丘陵县）占全国县级行政单位总数的 57.93%，面积约占我国陆地面积的 72.02%。

其中，第一级阶梯内无丘陵县，第二级阶梯丘陵县主要集中在四川盆地，第三级阶梯的丘陵县与辽东丘陵、山东丘陵、东南丘陵地貌区的范围基本一致。第一级阶梯因海拔高，各县级行政单位均归为山区县；第三级阶梯内虽然平原广布，但山区县（含丘陵县）的数量仍然过半（50.74%）。相对而言，第二级阶梯的整山区县占比最大（表 2-7），特别是横断山、巴颜喀拉山、秦岭—大巴山、乌蒙—武陵山、太行山，这几个山区最为典型。

表 2-7   中国山区县在三级地貌阶梯的数量

阶梯	山区县数（含丘陵县）/个	阶梯内山区县数量比例/%	丘陵县/个	半山区县/个	准山区县/个	显山区县/个	整山区县/个
第一级阶梯	168	100.00%	0	2	5	40	121
第二级阶梯	794	80.77%	75	87	92	201	339
第三级阶梯	689	50.74%	216	109	95	136	133
总计	1651	57.93%	291	198	192	377	593

2.4   中国山区国土空间地域差异

2.4.1   水平向的地域差异

1. 地貌差异

中国山区国土空间的主要地貌类型及附属资源环境特征，随地域发生复杂的递变或突变。按照从西到东、由北向南的顺序，概述山区空间地貌的差异性。

新疆山区以大起伏冰川、干燥作用下的中山、高山为主。主要有新疆山区的阿尔泰山和天山山系,位于西北干燥地带,其基带以干燥剥蚀作用为主,受山地垂直气候分异影响,形成山地现代地貌,随海拔由低到高呈垂直变化,具体表现为:海拔1500m以下,为干燥剥蚀作用带;海拔1500~3000m,降水丰沛,中天山年降水量可达1000mm以上,东天山也有500mm,流水作用为主要外营力,属流水侵蚀作用带。阿尔泰山海拔2400~3200m、天山海拔3000~3800m以季节性冻土为主,属冻融作用带,地表物质粗大,山麓倒石堆非常发育。海拔3800m以上,以现代冰雪为主要营力,属现代冰雪作用带,据第二次冰川编目数据统计,有冰川6896条。

西藏北部山区以大起伏冰雪、冻融作用下的高山、极高山为主。这一带山区主脉有昆仑山、阿尔金山、祁连山,西起帕米尔高原,向东沿着塔里木盆地南缘向柴达木盆地南缘伸展,南侧为青藏高原,北侧为塔里木盆地和柴达木盆地,山区南北两侧不对称,北部高出盆地3500~4500m,属极大起伏山地,南侧仅比青藏高原面高出500~1000m,从青藏高原向北望去,看到的是小起伏山地。这一带山区以高山冰川作用、冻融作用为主,特别是祁连山,其是我国现代冰川发育的山区之一,据统计现代冰川有3306条,固态水资源储量近1470亿m^3。

西藏中部山区以中起伏冰雪和寒冻风化作用为主的高山、极高山为主。该山区主脉包括喀喇昆仑山系、唐古拉山系、冈底斯山系。其中,喀喇昆仑地区冰川发育,长度大于50km的山谷冰川有5条,冰川地貌发育,3000m以上地区降水集中在冬春之交和夏季,特别是夏季西南季风带来集中降水,常引发山洪与泥石流。唐古拉山系、冈底斯山系冰川规模较小,外营力作用以寒冻风化与冰缘作用为主,常见冻融滑塌、山坡倒石堆、泥流及石海等地貌发育。

西藏南部山区以极大起伏冰雪作用的极高山为主。区内主山系为喜马拉雅山系,青藏高原的隆升造就了喜马拉雅山南陡北缓的山势,南坡以6000~7000m的垂直落差直下恒河平原,而北坡以阶梯式下降直到高原面。喜马拉雅山南坡属温暖湿润的海洋性气候,海拔1000m以下以湿热的热带气候为主,气温高、降水丰沛、森林发育,化学风化作用强烈;海拔1000~4500m属于亚热带、温带温暖湿润气候,河流流速快,侵蚀作用强烈;海拔4500m以上为寒冻风化和冰川作用区。北坡空气干燥、雨影效应显著,降水量仅200~300mm,为干寒的大陆性气候,坡麓海拔已高于4000m,以寒冻风化作用为主。

黄土高原山区以中起伏水流强烈侵蚀作用的中山、低山为主。黄土高原是一种特殊的地貌形态,由厚积的黄土层构成,散布着石质的山地大青山、贺兰山、六盘山、吕梁山等。区内以流水侵蚀为主要外营力,形成广泛分布的塬、梁、峁地形,塬、梁顶部则受风力侵蚀。平坦地表主要分布在河谷底部、塬面及梁顶,但数量有限,大量地面以斜坡的形式存在,斜坡有两种:一种是河谷与沟谷的谷坡,坡顶往往有直立的黄土崖;另一种是梁峁坡,以凹形坡为主。

川陕甘交界山区以中、大起伏流水侵蚀作用的中山为主,主要山脉有秦岭、大巴山等。秦岭是长江水系和黄河水系的分水岭,也是我国南北分界线的一段,秦岭中段是山脉主体,海拔2500~3000m,山峰高度多在3000m左右,山顶第四纪古冰川地貌如古冰斗、角峰等多见;西段由大散岭、风岭、紫柏山组成,海拔略低,在2000~2500m,海拔2000m

以下有黄土覆盖。秦岭东段分出数支山脉，自北向南有华山、崤山、熊耳山、新开岭等，海拔降至 2000m 以下，至河南、湖北境内的外方山、伏牛山、桐柏山，海拔已下降至 1000m 以下。大巴山位于秦岭以南，是米仓山、神农架等山的总称，由一系列平行的褶皱带组成，并伴有多条逆断层。大巴山是我国中亚热带和北亚热带的分界线，在山脉屏障作用下，形成一个暴雨中心，加上较大的起伏，为侵蚀创造了有利条件，表现为强烈的流水侵蚀与溶蚀。

川滇藏接壤山区以极大起伏流水强烈侵蚀和冰雪作用的高山、极高山为主。此即横断山区，由一系列南北走向的山脉组成，自西向东有高黎贡山、他念他翁山、怒山、宁静山、云岭、沙鲁里山、锦屏山等。山地起伏度多在 1000m 以上，甚至超过 2000m，是全国平均起伏度最大的山区。由于高差悬殊，山地在较短的水平距离内，外营力在垂直方向上发生很大的变化，并为水流侵蚀创造了有利条件。区内为新地质构造活动带，地震高发、地表物质松散，极易产生滑坡、崩塌、泥石流等山地灾害。

渝黔桂山区以中起伏溶蚀作用的低山、中山为主。该山区主要分布于石灰岩出露区，主要山脉有乌蒙山、巫山、武陵山、大娄山及苗岭等。在湿热气候条件下，除了流水侵蚀作用外，溶蚀作用也非常活跃，因此山地地表喀斯特地貌发育，除了峰林、溶洞、天生桥等地貌广布外，其地表土层浅薄是该山区的重要特征。因此一旦植被破坏，石灰岩岩性容易形成裸岩山地。

东北地区以小、中起伏流水侵蚀、冰缘作用的低山、低中山为主。该地区主要山脉包括大小兴安岭、长白山等。大兴安岭是我国纬度最高的山地，南北走向，西接蒙古高原，因此西坡和缓，呈浑圆岗地；东临松辽平原，故东坡陡峻，起伏度较大。受古近纪—新近纪夷平作用影响，大兴安岭山地形成以山顶面形式保留的夷平面，后经喜马拉雅造山运动作用，夷平面被分为两级：一级为海拔 1000~1100m 山顶面，另一级为海拔 500~600m 的山地面；火山分布广泛，五大连池即是。长白山为中朝两国界山，由一系列南北走向的山地组成，如完达山、老爷岭、张广才岭、哈达岭、千山等。该地区水流侵蚀主要发生在坡度 15° 以上地区。冰缘作用的下限与 0℃ 等温线大致一致，主要分布在大兴安岭北部、小兴安岭和长白山海拔较高的山地。

华北地区以中起伏流水侵蚀作用的中山、低山为主。区内山区以燕山、太行山、大别山、鲁中南山地为主。本区大部分山地以流水侵蚀为主，山地主要组成物质为变质岩和火成岩，板、片理发育，因此山体表面较为破碎，在集中降水作用下冲刷作用强烈，易造成严重的水土流失，在植被盖度较差的地区，这种侵蚀对山地环境破坏很大。此外，有少量的喀斯特地貌发育。

东南沿海、台湾山区以中到大起伏流水侵蚀作用的中山、低山为主。区内主要山脉有天目山—九华山、仙霞岭—天台山、武夷山、戴云山，以及台湾岛的阿里山、中央山、玉山等山脉。这些山脉多为东北—西南向，与西北寒潮方向、东南暖湿气流方向正交或斜交，进一步强化了该地区水热条件，更趋于湿热，迎风坡降水超过 2000mm，向东到中央山东北坡的火烧寮，年降水量超过 6000mm，为全国降水最多的地区。这也形成了强烈的流水侵蚀外营力，其对该区域山地塑造起了关键作用。

华南山区以小起伏化学风化的低山、丘陵为主。主要包括南岭、大瑶山、玉峰山等，范围覆盖江西、湖南、广西东部以及广东、海南。该区山地走向多变、山脉行迹较短，最大特点是组成物质以花岗岩为主。花岗岩坚固坚硬、透水性差，但容易发育节理、容易风化，且风化作用沿节理向深部进行，使该区花岗岩低山丘陵形成几十米厚的红色风化壳。在节理集中的地方，地下水轰动较强，岩体抗剪力弱，造成崩塌多发，在冲沟沟头产生一种半圆形崩塌崖，当地人称为崩岗，这是花岗岩丘陵区一大特点。化学、流水、重力共同作用，塑造了该山区山体起伏和缓，少见尖锐岩脊的浑圆状山地和丘陵。

2. 人文差异

山地地貌形态本身的差异导致了人文要素和自然要素分布的差异。在特定的空间尺度下，海拔、地表形态等要素共同构成了山区国土空间完整的地域功能单元。在山区国土空间各类型中，"谷地"是人口和产业最主要的承载空间，这是由其地形相对平坦、交通方便（水系及道路）、接近水源等优点决定的。它既是重要的居住空间，又是重要的交通线。山区正是对这些适宜人生存、活动空间的面积、形态、连通性、空间格局进行了限定和制约，影响了区域文化交流、族群交流和物资交流，在微观尺度形成了多样的、地方性的人文与社会经济特性。

在全国尺度，山区空间造就了"胡焕庸线"（Hu's line）这一人文地域分异规律。早在 20 世纪 30 年代中期，胡焕庸先生在他的"中国人口之分布"一文中指出，这种人口分布格局与地形、雨量"具有十分密切的关系"。"胡焕庸线"西北一侧，几乎包括了干旱及半干旱山区和青藏高寒山区。这种自然结构特点对人类社会经济活动的影响巨大，在很大程度上决定了"胡焕庸线"的稳定性[16]。总体上，胡焕庸线西侧山区社会人口密度、交通密度、各项经济指标均远低于东侧山区；两侧山区耕作、民俗、居舍、经营、生活习惯、服饰等方面的人文差异也十分显著。

2.4.2 垂向的地域差异

1. 地貌差异

山区地貌结构垂直方向的成层性或分段性是我国山区的一大特征。我国山区地貌的地质构造骨架主要奠定于中生代的燕山运动，因此许多山地经历了古近纪—新近纪的夷平作用，地形趋于平缓，甚至达到准平原状态，自上新世晚期以来，构造运动使山地经历几个旋回的变动，这些夷平面被抬升到不同海拔区间，形成垂直方向上的成层性。

横断山区是剥夷平面分布较广的山区，如金沙江和雅砻江分水岭地带的海子山夷平面，切削了印支-燕山期的花岗岩；又如，雅砻江与昌曲之间的昌台夷平面也切割了印支-燕山期的花岗岩和三叠纪的砂板岩。贡嘎山地区夷平面可以分为 5 级，其海拔分别为 2900～3200m、3500～3700m、4200～4400m、4600～4700m、5000～5200m。

中东部山地夷平面也较发育，如长江三峡地区山地夷平面按 800m、1000m、1500m

大致可分为三级；天台山—仙霞岭也发育为三级夷平面，其海拔分别为 500～600m、800m、1000m。

这些夷平面对山区发展非常重要，在长期风化作用下，地表平坦且较厚的风化层为土壤的发育创造了良好的条件，在水热条件允许的区域，夷平面被充分开垦利用，形成了山区农业、城镇比较集中的地貌区。

2. 覆被差异

山区以植被覆被为标志多呈现出一定的垂直变化。由于山地海拔及水热条件的差异，不同地域山地生态系统的差异程度及垂直结构不同。例如，湿润寒温带的大小兴安岭山地覆被垂直变异级数较少，海拔 200～900m 基本以明亮针叶林（南泰加林）为主，海拔 900～1400m 以林草相间的覆被为主。而横断山区的垂直地带性要完整得多，自河谷到山岭一般可分为多个植被带，如常绿阔叶林带、常绿与落叶阔叶混交林带、针阔混交林带、暗针叶林带、草原带。一些研究将森林发育的上限作为高山区划分的指标，例如，天山北坡林线多在海拔 2600～2850m，可将海拔 2900m 以上划为这一山区的高山区。此外，在《中国数字山地图》中，我国极高山下界大致与现代冰川及雪线相吻合，这一区域气候严寒，冰蚀地貌、碎屑坡、流石滩分布广泛，植被稀少，且人迹罕至，覆被层的物质多为裸露岩土或冰雪，且裸露岩土具有非常突出的寒冻风化特征。

3. 城镇分布差异

从三大阶梯来看，第三级阶梯（海拔<1000m）集中了全国山地城镇数（未计县级以下城镇，下同）的 57%；第二级阶梯的山地城镇约占全国的 37%；第一级阶梯（青藏高原）仅占全国山地城镇数的 6%左右。这与中国人口分布规律基本相符合。

2.4.3 我国山区国土空间利用与开发特征

山地孕育了多样化的土地资源，为因地制宜发展差异化的国土空间开发模式提供了自然基础，但崎岖的表面也限制了开发规模与集聚度；山地生态系统脆弱，抵抗力与恢复力均相对较差，在不合理开发利用的影响下，极易诱发严重的水土流失、滑坡、泥石流、石漠化等环境灾害，且有些变化在短期内为不可逆的；山区水资源利用率低，开发与重分配难度大，水土资源协同的综合效益发挥困难。这些山区国土空间的特征与我国生态环境保护、国家粮食安全及新农村建设密切相关，是中国山区国土空间开发和可持续发展必须考虑的深刻背景。

1. 传统农业开发模式的延续

山区，地理位置相对偏远、地域相对封闭，造成梯田开垦、轮作、混林农业等利用形式仍然为国土空间农业开发利用的主要形式。几千年来，一些传统农作方式遗存的农业文明，构成了特殊性、特色性的宝贵农业景观，使其成为文化遗产，具有保护和传承的重要价值。但是，山区传统农业规模小、效率低、成本高的问题比较突出，随着脱贫奔小康和农村现代化建设,农业现代化对传统农业的改进具有发展的合理性。由于特定的历史时期,开荒与陡坡垦殖的事件曾大范围出现,对山地环境带来了严重的破坏。随着退耕还林还草政策的深入落实和国家生态文明建设,类似开发模式已经大幅减少甚至终止,以集镇为中心地的新山乡格局在逐渐形成,但偏远山区传统农业生产方式依旧,山区零散农耕也造成山区聚落的分散性,给深山区基本公共服务配套建设带来了明显的困难。此外,山区农业用地的科技投入仍然有限,加之乡村青壮劳动力转向城镇,农业劳动力偏向老龄化,一是很难走出传统农业的经营模式,二是乡村衰落导致局部农业的现代转型十分困难,决定了山区一些地方的农业经济系统十分脆弱。

2. 乡村振兴与新业态

国家实施乡村振兴战略极大地推动了乡村现代化建设与空间治理。山区以扶贫攻坚奔小康为标志的乡村新发展出现了许多模式和路径,并带来了一系列的重要变化。例如,特色乡村建设与民宿打造,特色种植、养殖业规模化发展与经营,新村建设与乡村旅游结合,特别是远郊的乡村发展结合建设城市游憩休闲后花园——新型农家乐的经营体系构建,包括康养产业的发展,其空间重塑使得乡村"三生空间"功能格局趋向合理,综合提高了乡村农业经济,村容村貌得到重大改善,农户生计水平得到极大提升。乡村振兴带来了新发展机遇,在互联网支撑下,多业态融合,全面发展山区现代乡村产业,塑造山区现代乡村人文景观,山水融合,现代与传统融合,留得住乡愁,刻画出乡村诗意和远方意境,真正促进乡村内生动力不断得到培育、充实与增强,是不断夯实乡村可持续发展的基础。

参 考 文 献

[1] 宋长青,冷疏影. 地理科学三十年从经典到前沿[M]. 北京:商务印书馆,2016.

[2] 邓伟,南希,时振钦,等. 中国山区国土空间特性与区域发展[J]. 自然杂志,2018,40(1):17-24.

[3] 徐飞,贾仰文,牛存稳,等. 横断山区气温和降水年季月变化特征[J]. 山地学报,2018,36(2):171-183.

[4] 邓伟,戴尔阜,贾仰文,等. 山地水土要素时空耦合特征、效应及其调控[J]. 山地学报,2015,33(5):513-520.

[5] 邓伟,李爱农,南希. 竖版中国数字山地图[M]. 北京:中国地图出版社,2015.

[6] 邓伟. 山地:陆地上最具生态活力的空间[J]. 人与生物圈,2018,(3):62-73.

[7] 中国科学院自然区划工作委员会. 中国地貌区划(初稿)[M]. 北京:科学出版社,1959.

[8] 丁锡祉,郑远昌. 初论山地学[J]. 山地研究,1986,4(3):179-186.

[9] 钟祥浩,中国科学院水利部成都山地灾害与环境研究所. 山地学概论与中国山地研究[M]. 成都:四川科学技术出版社,2000.

[10] 陈国阶,等. 中国山区发展报告[M]. 北京:商务印书馆,2004.

[11] 程维明,周成虎,柴慧霞,等. 中国陆地地貌基本形态类型定量提取与分析[J]. 地球信息科学,2009,11(6):725-736.

[12] 李炳元,潘保田,程维明,等. 中国地貌区划新论[J]. 地理学报,2013,68(3):291-306.钟祥浩,刘淑珍. 中国山地分类研究[J]. 山地学报,2014,32(2):129-140.

[13] 吴尚时. 中国山脉概论[J]. 地学集刊,1947,5(3):129-133.

[14] 范建容,张子瑜,李立华. 四川省山地类型界定与山区类型划分[J]. 地理研究,2015,34(1):65-73.

[15] 陆大道,王铮,封志明,等. 关于"胡焕庸线能否突破"的学术争鸣[J]. 地理研究,2016,35(5):805-824.

第 3 章　山区国土空间功能研究理论体系

3.1　山区国土空间功能研究对象

国土（territory）是指"一个国家主权管辖下的全部疆域，即领土、领海和领空的总和"[1]。国土空间则是对特定"区域"在国家尺度上的称谓，显示出对政治和行政规定性的强调。国土空间既是一国及其国民依附生存的自然根基，又是该国通过配置各种资源实现发展目标的主要场所。因此，国土空间体现了以地理环境为基础，以人为主体的矛盾统一体，具有自然和社会的双重属性。

国土空间是一个尺度连续可变的概念，理论上国土空间功能也具有较宽泛的空间范畴。然而人文-经济地理学所关注的空间管理更侧重于中/宏观尺度，因此，山区国土空间功能研究的对象可以分为自然和人文两种空间尺度，自然空间尺度主要包括小流域、次级流域、流域（区域）等，人文空间尺度则主要是小城镇地域、市县地域、省域、国家和全球。伴随空间降尺度，山区国土空间功能层级不但显现其类型多样，而且多样化功能的交织性、复合性特征更加具体，因而山区国土空间功能管理将不断逼近土地用途管制[2]。

3.2　山区国土空间功能研究的理论基础

人类自诞生之日起就对生活空间和生产空间产生了需求。步入"人类世"以来，全球环境变化快于人类应对的速度，全球可持续发展受到空前挑战[3,4]。随着人类社会发展对地理空间需求程度的日益高涨，地理空间的稀缺性问题逐渐引起重视[5]，尤其是在复杂的山区，适宜人类发展的地理空间稀缺性更加凸显。然而，我国对空间布局规划的长期忽视导致有限的地理空间并未得到合理高效利用，随之出现的是工业化和城市化进程中日趋严峻的国土空间开发失序和区域发展失衡现象[6]。

借助人文-经济地理学以往相关理论的指引并充分结合我国山区特征，遵循因"山"制宜、综合协调和可持续发展的理念，进而探究最优或次优山区国土空间组织的科学框架与保障机制。经过对相关理论和概念的梳理，山区国土空间功能研究主要是基于地域功能理论、资源环境承载力理论、国土功能权衡与协同理论、拓展的空间结构组织理论和可持续发展理论等。

3.2.1　地域功能理论

地域功能理论是指导主体功能区研究的基础理论，是新时期人文-经济地理学在国土空间开发和地域空间管理上一项重要的理论创新[7,8]。地域功能是自然资源系统、生态环境系统和人类社会系统相互作用的产物,是一个地域在更大尺度地域系统中所履行的职能。地域功能空间组织的基本原理是既要满足人类正常的生活生产功能和不断变化的空间需求,又不能因破坏自然本底而损害可持续发展的根基。科学解释和刻画地域功能成因、地域功能空间组织法则、地域功能空间格局变化过程,是地域功能管治基本原理的理论要点,而准确判识和界定地域功能及其空间范围成为地域功能管治基本原理的方法论要点[9]。

3.2.2 资源环境承载力理论

资源环境承载力是指地球自然圈层同人类活动相互作用所呈现的资源属性、环境属性和灾害属性的总和对人类生产和生活的承载能力,可以表达为资源保障、环境容量和灾害风险的函数。资源环境承载力处在动态变化之中[10],既可以通过建设和改造活动,又可以借助人类生产技术的创新和生活方式及社会治理模式的改变来提高资源环境承载能力。很显然,资源环境承载力这个概念本身就暗含了对经济社会可持续发展的考量[11]。资源环境承载力研究构建了具有空间尺度弹性和功能指向多样性的国土开发适宜性评价方法,创立了承载对象分类体系和功能地域识别技术体系,同时也为深入探索和刻画人地关系地域系统中"地"作用于"人"的方式及人地相互关系提供了一种较理想的研究视角[12]。

3.2.3 国土功能权衡与协同理论

国土功能权衡与协同源自对生态系统服务权衡及协同概念的延展。本质上讲,生态系统服务权衡与协同关系是人们对生态系统服务的需求偏好不同所导致的[13]。当前,定量分析生态系统服务之间的权衡与协同关系已经成为生态地理学研究领域最新的国际热点[14]。生态系统具有多种服务,如果一种服务的增加会伴随另一种服务的降低,则二者之间具有权衡关系(或称冲突/竞争关系);如果两种生态系统服务在生态过程中同步增加,那么二者之间具有协同关系[15]。在气候变化和人类活动持续加剧的背景下,有效管控生态系统服务权衡和协同关系,有助于保证和提升生态系统服务的可持续供给能力,并最终实现人类社会和生态系统的双赢。功能权衡和协同关系的量化表达具有非线性和非正态特征,需要应用非参数相关性方法进行分析[16],Spearman 秩相关是功能权衡和协同关系研究的常用手段[17]。

过去 100 年,片面强调生态系统服务的供给已经产生了调节和文化服务及生物多样性降低的消极后果,这就要求土地利用必须同时考虑多种生态系统服务和多种生产功能的关系,不可追逐单一服务收益[18]。山区土地利用格局最能反映自然系统和人文系统的相互作用关系,是协调或是矛盾,其关系权衡与协调对山地生态服务功能的可持续性至关重要;山区生态与贫困问题也都与土地利用和生态系统服务权衡有关;探究国土空间功能权衡关系与协同研究的理论和方法具有重要的科学意义[19]。

3.2.4　拓展的空间结构组织理论

特定时空背景下的区域经济社会活动或者发展状态具有一定的空间组织规律性,对空间规律的研究内容即空间结构组织理论。空间结构组织理论是人文-经济地理学的核心理论。在地域功能判识和功能区划分中,空间结构组织理论是基于国土空间适宜性评估而进行边界划定的主要指导理论,也是进行国土空间开发格局组织的科学依据[20]。"点、线、面"是人文-经济地理事象的空间分布形态,自然也成为学科研究用来刻画空间格局的手段。陆大道先生提出的"点轴系统"理论是迄今我国人文-经济地理学领域最成熟的空间结构组织理论,已成为不同尺度国土空间开发结构组织的基础模式[21]。

"三生空间"(即生态空间、生产空间、生活空间)结构随着区域发展阶段和功能定位而不断调整,其结构表征为开发重点和发展方式的时空差异,是一个动态化过程。通过"三生空间"结构理论的探索,解析"三生空间"面状要素结构与点-轴空间结构的功能关联机制,进而阐释地域空间结构有序演化的规律,有望使现有空间结构理论得到有价值的拓展[21]。应该看到,该理论目前尚未从科学机理层面给出不同区域合理的空间开发强度阈值,"三生空间"结构合理比例关系的机理模型也未明确[22]。尽管如此,拓展的空间结构理论也为探索山区国土空间功能优化研究提供了启示。

3.3　山区国土空间功能的基本属性

3.3.1　空间功能的交织性

山区地貌结构的多类型、多层级、多尺度的空间组合,造成其国土空间组合关系特殊性与复杂性,多种功能交织并存是其普遍现象(这缘于国土空间的固有属性和人类价值判断),即山区国土空间的不同功能在空间分布上表现为交错、交织、包络和镶嵌的关系,与空间尺度相关联。其交错性使得"三生空间"功能格局在不同空间尺度上呈现整体性中的交织与包络现象,这就形成了土地利用类型多样的格局和复杂结构。山区国土空间功能的交织性不同于自然景观交错带(如农牧交错带等)和人文景观交错带(如城乡交错带等)的"交错"性。自然/人文景观交错带的空间位置相对固定,空间分布规律基本可循,并不会在特定空间之外普遍出现;但山区国土空间功能受本质属性和人类认知的作用,其交织性并非局限于某一特定地域,空间分布随机性和"遍在性"特征突出[23]。

从"现代化"范式的国土开发视角审视,山区国土空间功能的交织性与复合性极大限制了大规模、均质性开发利用国土的可能性。因地制宜地看,通过挖掘利用山区国土不同功能空间"毗邻异质组合"的天然优势,促使国土开发和区域发展的多元化程度得到增强,而多元化发展模式被视为应对外部环境变化冲击的有效途径[24]。

3.3.2　空间功能的复合性

国土空间是一种复杂的自然生态与经济社会复合的系统,基于人类的价值评判,国土空间功能的要素、结构及其地理-生态过程共同决定了同一地域空间可以同时具备多种国土功能，即国土空间功能的复合性或国土空间的多功能性[25, 26]（图 3-1）。例如，从土地系统的角度来看，可以将国土空间功能分为生活功能、生产功能、生态功能三种；从景观角度来看，可以将国土空间功能划分为粮食生产、水源涵养、维持生物多样性、固氮释氧、文化景观等[27-29]；在具体研究上，也可以将国土空间功能划分为资源功能、生态功能、经济功能、社会功能等[30]，并且每个功能内部也可以划分为很多小类。例如，经济功能可以划分为农业生产功能和工业生产功能；生态功能可以划分为污染净化、土壤保持、景观保护、气体调节等多种功能；社会功能可以划分为就业保障、文化休闲、居住家园、交通等功能。虽然存在多种功能的复合，但国土空间不同功能的作用和效应呈现出层级性差异。某种功能起着主导作用，它不但表征着地域空间功能属性，而且在一定空间上起着主导作用，即主导功能；其他功能处于从属次要地位，起着辅助作用，即从属功能。科学识别和认定国土空间的主导及从属功能，即国土空间功能权衡研究，正受到越来越多的关注。国土空间功能的主从复合性是由特定时期的土地利用决策导致的，其因时因事而具有转换性。

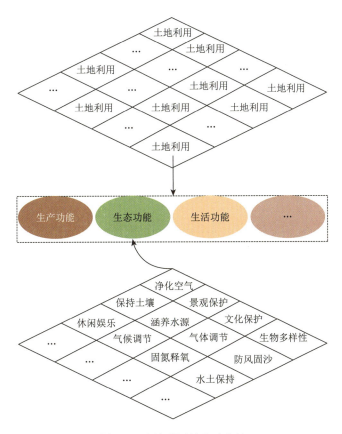

图 3-1　土地利用的多功能性

3.3.3　空间功能的多尺度性

国土空间功能是具有一定等级特征的多属性有机系统，在不同尺度上表现出不同特征，其尺度不但具有层级性，而且大尺度、中尺度、小尺度之间存在关联性、转换性和制约性。例如，在大尺度上普格县是国家重点生态功能区，但这并不意味着普格县内部所有空间都是生态空间，也会伴随有生产空间和生活空间；同时，普格县各乡镇之间的功能也不尽相同。例如，螺髻山镇以生态功能为主，普基镇以经济功能为主，洛乌乡则以农业生产功能为主。探索不同层次、不同尺度国土空间功能的组合关系、级联效应及其优化与调控，是山区国土空间开发格局优化的科学基础。特定区域国土空间功能的完整实现，须依靠内部不同次级区域各种等级国土空间功能的充分发挥；次级区域不同国土空间功能的重要性差异及其空间分布，对上级区域国土主导空间功能的确定起到相对的决定作用。反之，一个区域国土空间所具有的主导功能，又会在特定社会、经济和政治背景下对次级区域国土空间功能产生控制和引导。这种区域-次级区域国土空间功能自下而上的决定作用和自上而下的控制作用，形成多尺度国土空间功能之间相互关联的互馈机制（图3-2）。这也就意味着，随着尺度的下降，在进行区域功能识别与管控时，需要进一步考虑尺度动态性带来的变化。从全局上把握区域整体发展，在局部上考虑各区域的特性，实现区域降尺度协调发展。很显然，山区国土空间功能尺度问题在等级性与层级性、响应与反馈的非线性[31]、外部干扰的不确定性等方面的复杂程度远远超过平原地区。

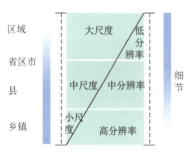

图3-2　国土空间功能的尺度效应

3.3.4　空间功能的远程耦合性

山区各空间功能之间除了本地的匹配、冲突、权衡、耦合之外，还存在着对外部地区的远程耦合效应，如外部生态系统服务的提供等，同时在远程耦合中，本地要素权衡机制也会受到影响。例如，太行山的水源涵养功能，不但控制和调节着本地的水资源需求、水环境等，而且在保障整个京津冀都市圈的水资源方面也至关重要。因此，太行山区的功能管控和定位，不能仅仅考虑太行山区自身发展问题，还要考虑其外部区域的发展。由于功能的远程耦合性，增加了研究的复杂性，但考虑远程耦合性，是对真实地理世界的接近。例如，虚拟水交易，不但可以节省巨大的建设投资和后期维护管理费用、避免实体水资源调配对生态环境带来的不利影响，而且对缓解缺水地区水资源短缺和粮食安全具有重要意义，可以在一定程度上减轻缺水地区的水资源承载压力。虚拟水贸易已成为间接缓解区域水资源短缺的新途径。

此外，山区国土空间功能还明显受垂直地带性和山地地形特征的总体控制，人文活动的特定海拔，就是基于水土要素耦合的国土空间功能的定向选择，如元阳梯田等，其水土耦合系统的形成就是一个典范。山区国土空间不同尺度功能之间的作用不能仅理解为

"大"对"小"的"聚合"或"小"对"大"的"解聚",而是需要将不同尺度的多个区域空间异质性视为一个网络体系,其多功能"关联性"需要综合研究而得以解析,需将综合不同尺度的多个案例研究联结为一个可代表区域空间异质性的网络,寻找各尺度之间的"连通性",做多空间尺度的综合研究。

3.4　影响山区国土空间功能的因素

国土空间是一个国家和民族最宝贵的自然资源,是生态文明建设的空间载体。中国国土空间辽阔,但可供开发的地域空间有限,山区适宜开发的面积更为有限。改革开放以来,中国经历了世界历史上前所未有的快速城镇化过程,带来了国土空间格局的剧烈演变[32]。在取得巨大经济成就的同时,人地关系矛盾、土地资源低效利用、环境污染、城乡发展失衡等问题日益显现并越发严峻,为我国山区国土空间可持续开发带来巨大挑战[33, 34]。当前,国土资源供给与生产生活需求增长存在矛盾,如何协调山区城镇空间发展需求与有限的山区国土资源之间的矛盾,保障社会经济的健康和可持续发展,创造宜居的城乡环境,是迫切需要解决的问题。山区资源环境承载能力差异很大,这与地貌复杂、生态环境脆弱有关,区域发展与保护始终存在权衡关系,水土要素耦合态势、城镇化与工业化、区位与交通、公共服务和调控政策等在一定程度上影响山区的国土空间功能及其开发利用。

3.4.1　水土要素耦合

水土要素耦合反映了水资源和土地资源的空间匹配程度、开发潜力和资源环境承载力。我国山区国土空间是一个集资源、气候调节、水源涵养、经济社会发展的复杂系统[19],山区资源开发与生态保护长期处于对立统一之中,水土要素是影响山区资源环境安全、防灾减灾及生态环境保育的重要因素[35]。在工业化与城镇化的影响下,水土资源用量扩张,水土资源的稀缺性使其在经济社会发展过程中不断增值,成为国土空间调控的一部分[36]。水土要素耦合的空间规律是国土空间功能形成及分区的基础,受山区气候环境与地貌格局的影响,山区国土空间功能存在山地垂直地带性分异特征。区域水土要素耦合度高,即其匹配关系适宜,会促使土地生产力增强,使得山区的生产功能、生活功能优势突出;水土要素耦合度发生变化,导致土地生产、生活功能也会发生波动,进而影响国土空间功能的稳定性。

3.4.2　工业化与城镇化水平

城镇化是伴随工业化发展,非农产业在城镇集聚、农村人口向城镇集中的自然演进过程,城镇化的核心是人口就业结构、经济产业结构的转变过程和城乡空间社区结构的变迁过程。城镇化的本质特征主要体现在三个方面:一是农村人口在空间上的转换;二是非农产业向城镇聚集;三是农业劳动力向非农业劳动力转移。工业化是农业收入在国民收入中的比重和农业人口在总人口中的比重逐渐下降,而以工业为中心的非农业部门所占比重逐渐上升的经济结构变化过程[37]。随着工业化与城镇化水平的提高,资本、技术、劳动力的投入水平提高了山区国土空间的利用效率,山区城镇人口规模扩大,产业集聚,对土地的需求不断增加,"生产、生活"空间不断扩张,进而产生国土空间功能协调性的问题。

3.4.3　区位与交通

山区地形起伏度大,且地貌复杂,生态环境敏感又脆弱,区位和交通是山区国土空间功能较为重要的影响因素。从生产功能来看,山区地理位置优越且交通条件好,可节约农业劳动成本,提高生产效益,在城镇则会吸引劳动力、产业集聚,拉动外资,进而促进经济发展。而山区地理位置较偏,交通条件差,农业生产劳动力通勤成本高,容易导致耕地撂荒。从生活功能来看,城乡区位和交通条件越好,居民出行越便利,越有利于城镇、城乡之间的要素流动;反之,交通闭塞,区位优势不明显,则会抑制城乡发展,拉大城乡生活差距。从生态功能来看,区位和交通优势明显,经济发展水平提高,但环境压力会相应增加,凸显权衡关系。

3.4.4　规划管控与调控政策

近几年,在资源短缺、国土空间利用低效、人地矛盾突出等背景下,政府对国土空间规划管控的力度越来越大。2010 年底,国务院印发了《全国主体功能区规划》,这是中国第一个国土空间开发的管控规划,实施主体功能区规划,有利于统筹国土空间发展与保护的关系。2015 年 9 月中共中央、国务院印发《生态文明体制改革总体方案》,首次提出树立空间均衡理念,要建立国土空间开发保护制度和空间规划体系。2017 年《全国国土规划纲要(2016~2030 年)》对国土空间开发、资源环境保护、国土综合整治和保障体系建设等进行了总体部署与统筹安排。这些规划调控及政策对于进一步优化国土开发格局、提升国土开发质量、规范国土开发秩序具有重要的作用。这是山区国土空间功能优化的重要导向,为山区国土空间发展及功能分区指明了方向,可促进山区各功能区因地制宜地差异化发展。

参 考 文 献

[1]　刘敏,方如康. 现代地理科学词典[M]. 北京:科学出版社,2009.

[2]　樊杰. 我国国土空间开发保护格局优化配置理论创新与"十三五"规划的应对策略[J]. 中国科学院院刊,2016,31(1):1-12.

[3]　Crutzen P J. Geology of mankind[J]. Nature,2002,415(6867):23-23.

[4]　Zalasiewicz J,Williams M,Steffen W,et al. The new world of the Anthropocene[J]. Environmental Science & Technology,44(7):2228-2231.

[5]　罗静,曾菊新. 空间稀缺性——公共政策地理研究的一个视角[J]. 经济地理,2003,23(6):722-725.

[6]　樊杰. 我国主体功能区划的科学基础[J]. 地理学报,2007,62(4):339-350.

[7]　刘卫东. 经济地理学思维[M]. 北京:科学出版社,2013.

[8]　樊杰. 优化中国经济地理格局的科学基础——对未来 10 年经济地理学学科建设问题的讨论[J]. 经济地理，2011，31（1）：1-6.

[9]　邓伟. 山区资源环境承载力研究现状与关键问题[J]. 地理研究，2010，29（6）：959-969.

[10]　鲁学军，周成虎，张洪岩，等. 地理空间的尺度-结构分析模式探讨[J]. 地理科学进展，2004，23（2）：107-114.

[11]　樊杰，周侃，孙威，等. 人文-经济地理学在生态文明建设中的学科价值与学术创新[J]. 地理科学进展，2013，32（2）：147-160.

[12]　傅伯杰，于丹丹. 生态系统服务权衡与集成方法[J]. 资源科学，2016，38（1）：1-9.

[13]　戴尔阜，王晓莉，朱建佳，等. 生态系统服务权衡/协同研究进展与趋势展望[J]. 地球科学进展，2015，30（11）：1250-1259.

[14]　Felipe L M，Comin F A，Bennett E M. Interactions among ecosystem services across land uses in a floodplain agroecosystem[J]. Ecology and Society，2014，19（1）：20.

[15]　彭建，刘志聪，刘焱序，等. 京津冀地区县域耕地景观多功能性评价[J]. 生态学报，2016，36（8）：2274-2285.

[16]　Wu J S，Zhe F，Yang G，et al. Hotspot and relationship identification in multiple landscape services：a case study on an area with intensive human activities[J]. Ecological Indicators，2013，29：529-537.

[17]　Paul R J，Douglas B T，Bennett E M，et al. Trade-offs across space，time，and ecosystem services[J]. Ecology and society，2006，11（1）：709-723.

[18]　邓伟，戴尔阜，贾仰文，等. 山地水土要素时空耦合特征、效应及其调控[J]. 山地学报，2015，33（5）：513-520.

[19]　樊杰，周侃，陈东. 生态文明建设中优化国土空间开发格局的经济地理学研究创新与应用实践[J]. 经济地理，2013，33（1）：1-8.

[20]　陆大道. 区域发展及其空间结构[M]. 北京：科学出版社，1995.

[21]　Fan J，Sun W，Yang Z S，et al. Focusing on the major function-oriented zone：a new spatial planning approach and practice in China and its 12th Five-Year Plan[J]. Asia Pacific Viewpoint，2012，53（1）：85-95.

[22]　邓伟，张继飞，时振钦，等. 山区国土空间解析及其优化概念模型与理论框架[J]. 山地学报，2017，35（2）：121-128.

[23]　房艳刚，刘继生. 基于多功能理论的中国乡村发展多元化探讨——超越"现代化"发展范式[J]. 地理学报，2015，70（2）：257-270.

[24]　谢高地，鲁春霞，甄霖，等. 区域空间功能分区的目标、进展与方法[J]. 地理研究，2009，28（3）：561-570.

[25]　刘彦随，刘玉，陈玉福. 中国地域多功能性评价及其决策机制[J]. 地理学报，2011，66（10）：1379-1389.

[26]　欧阳志云，王如松，赵景柱. 生态系统服务功能及其生态经济价值评价[J]. 应用生态学报，1999，10（5）：635-639.

[27]　王宗明，张柏，张树清. 吉林省生态系统服务价值变化研究[J]. 自然资源学报，2004，19（1）：55-61.

[28]　谢高地，鲁春霞，肖玉，等. 青藏高原高寒草地生态系统服务价值评估[J]. 山地学报，2003，21（1）：50-55.

[29]　张晓萍，焦锋，李锐. 地块尺度土地可持续利用评价指标与方法探讨：以陕北安塞纸坊沟为例[J]. 环境科学进展，1999，（5）：29-33.

[30]　彭建，吕慧玲，刘焱序，等. 国内外多功能景观研究进展与展望[J]. 地球科学进展，2015，30（4）：465-476.

[31]　邓祥征，钟海玥，白雪梅，等. 中国西部城镇化可持续发展路径的探讨[J]. 中国人口·资源与环境，2013，23（10）：24-30.

[32]　刘继来，刘彦随，李裕瑞. 中国"三生空间"分类评价与时空格局分析[J]. 地理学报，2017，72（7）：1290-1304.

[33]　Liu Y S，Fang F，Li Y. Key issues of land use in China and implications for policy making[J]. Land Use Policy，2014，40（1）：6-12.

[34]　刘斌涛，张素，熊东红，等. 横断山地水土要素时空分布格局与耦合特征[J]. 自然杂志 2018，40（1）：55-63.

[35]　潘宜，佀小伟，金苗，等. 城市化进程中水土资源系统耦合配置研究[J]. 水土保持通报，2010，30（5）：216-220.

[36]　谢天成，施祖麟. 中国特色新型城镇化概念、目标与速度研究[J]. 经济问题探索，2015，（6）：112-117.

[37]　姜爱林. 论城镇化与工业化的关系[J]. 社会科学研究，2002，（6）：27-30.

第4章 国际山区研究计划、空间发展与政策

4.1 基于文献计量的山区研究图谱

4.1.1 文献计量方法

1969 年，英国情报学家艾伦·普里查德（Alan Pritchard）首次提出"文献计量（bibliometrics）"这一科学术语，并将其定义为"以数理统计为分析方法，以科学文献为分析对象，探究文献本身以及文献之间、科学研究主体（国家、机构或作者）之间关系的一种科学计量方法"，该定义的提出标志着文献计量学的正式诞生；1985 年，邱均平在其著作《文献计量学》一书中，将文献计量学定义为"以文献体系和文献相关媒介为研究对象，采用数学、统计学等计量方法，以探究科学文献的分布、结构、数量关系、规律和管理为目的，进而探索科学文献技术的结构、特性和规律的一门学科"。

文献计量学从诞生到现在已有近百年历史，可分为三个发展阶段：

（1）起步阶段。文献计量学最早始于 1917 年，美国两位文献学家科尔（F.T.Cole）和伊尔斯（N.b.Eales）首次以文献计量学的方法对比较解剖学领域的文献进行了统计分析，这次分析为文献计量学的研究提供了一种新方式；1927 年，美国学者洛特卡（A.J.Lotka）第一次发现了作者与文献数量之间关系的定律，该定律被称为"洛特卡定律"，也是文献计量学创立以来的第一个定律。该阶段最重要的研究成果就是"洛特卡定律"的创立。该阶段出现的概念和定律，为文献计量学的发展提供了一定的理论依据。

（2）发展阶段。1934 年，英国文献学家布拉德福（S.C. Bradford）首次提出了文献分布定律，该定律旨在探究科学文献在科技期刊中的分布，被称为"布拉德福定律"，该定律是文献计量学重要的里程碑；1948 年，美国学者齐普夫发现了科学文献中的词频分布规律，被称为"齐普夫（词频）定律"；1955 年，美国情报学家加菲尔德（E.Garfield）发表的"科学引文索引：一个新维度的文献"一文，成为文献计量学研究过程的有力工具——科学索引的重要理论基石；1961 年，美国学者贝尔纳（J.D.Bernal）首次提出了文献计量学中的重要测量指标"半衰期"，该指标用来测量科学文献的老化规律。以上这些定律和指标，为文献计量学的发展提供了坚实的理论基础。

（3）广泛应用阶段。1969 年，"文献计量（bibliometrics）"这一科学术语首次出现，标志着文献计量学进入了一个新阶段，也标志着其正式成为一门成熟的学科；1973 年，以匈牙利科学家布洛文为代表的科学家共同创立了 *Sciencemetrics* 期刊，该期刊成为文献计量学的核心基地，推动了文献计量学的规范化、国际化和科学化；21 世纪以来，随着计算机技术和信息化技术的不断深入发展，相继产生了构建社会关系矩阵和社会网络聚类等一系列文献计量分析软件。以上概念的出现、期刊的创立和软件的产生使得文献计量学相关理论得到进一步丰富和发展。

　　文献计量学就是以文献中的知识单元为分析对象，借助数学、统计学和图论等学科的研究方法进行分析，其目的是以定量化的方式探索知识单元之间的内在关系，可见文献计量学具有综合性和定量性的特点。因此，文献计量学的基本方法包括文献频度分析法、引文分析法、共被引分析法、共现分析、词频分析、共词分析、系统分析法等，可归为两类：第一类是将文献条目作为独立统计量单位进行统计分析；第二类是将条目间知识单元的联系程度作为统计量进行网络聚类分析。前者是以文献条目为分析对象，是科学文献的外在表现形式，分析对象包括文献类型、语种、作者、国别、年代等基本信息，是文献计量分析最为基础的方法；后者是以文献条目间的知识单元为研究对象，探究知识单元的关联程度，探究的是科学文献的内在特征，分析对象包括文献内部的标题、主题词、关键词、摘要等知识单元或名词性术语，该类研究伴随着现代信息化技术和大数据时代的到来而出现，对文献计量分析进行更深层次的探索。总之，不论是科学文献的外在基本信息还是内在知识单元或名词性术语，都可作为统计和分析对象。

4.1.2　山区研究知识图谱聚类

　　运用 CiteSpace 软件对 Web of Science 和 CSSCI 数据库 2000 年以来的国内外山区研究进行了相应的文献计量分析，并得到可视化的知识图谱（图 4-1 和图 4-2）。

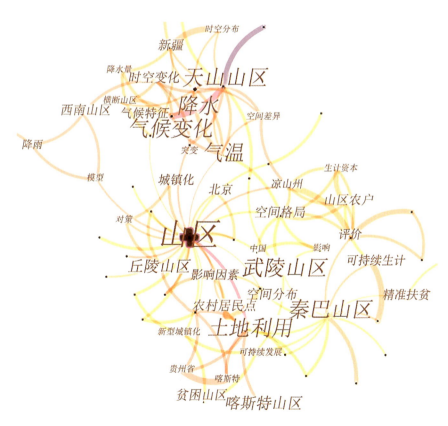

图 4-1　2000 年至 2020 年我国山区研究热点

图 4-2　2000 年至 2020 年国际山区研究热点

从文献计量的结果可以看出，2000 年以来，国内学者对山区开展的研究主要围绕热点问题和热点区域展开。研究的热点问题主要集中在气候变化、降水、土地利用等方面，而研究对象主要涵盖了天山、秦巴山区、武陵山区等我国西部山区。相对国内的山区研究，国际山区研究更多关注的是气候变化等全球性问题，其他方面的研究相对较少。

4.1.3　山区研究的热点与趋势

利用上述获取于 Web of Science 和 CSSCI 数据库的文献条目数据进行时间轴分析，可得到以下可视化的知识图谱（图 4-3）。

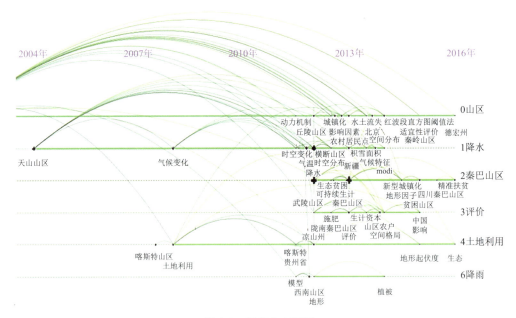

图 4-3　研究热点词语

从研究的时间轴上可以看出，2000 年以来，传统的山区研究如气候变化、水土流失等持续开展，没有出现明显的回落趋势；而对山区生态、农户生计等新的研究领域的关注有所增加；而在研究区的选择方面，秦巴山区、喀斯特山区近年来成为研究热点。

4.2　国际山地研究计划

4.2.1　综合性研究计划

对于山地研究而言，1973 年是关键的一年。这一年，联合国教育、科学及文化组织

（United Nations Educationel，Scientific and Cultural Organization，UNESCO）"人与生物圈计划"（Man and Biosphere Programme，MAB）提出了"人类活动对山地生态系统的影响"的重大课题，这是山地研究首次在国际层面的研究计划中得到关注。联合国于 2002 年开展了"国际山地年"活动，并从 2003 年起将每年的 12 月 11 日确定为"国际山区日"，每年一个活动主题（表 4-1）。这些活动不但提高了人们对山地的认识，而且进一步推动了山地研究的发展，使世界山地研究进入了国际合作的新阶段。

表 4-1　2003～2020 年"国际山区日"主题

年份	主题
2020	山地生物多样性至关重要
2019	为建设"美丽山区"，未来我们共同努力
2018	山地对我们的生活至关重要
2017	山区面临的压力：气候、饥饿、人口迁移
2016	山区文化：弘扬多元文化，彰显山区特征
2015	推广山地产品，强化生计手段
2014	山区家庭农业：供养人类，关爱地球
2013	山区——未来可持续发展的关键
2012	赞美山区生活
2011	山地林：我们未来的根基
2010	山区少数民族和土著人民
2009	山区灾害风险管理
2008	山区粮食安全
2007	面对山区气候变化
2006	为了更好的生活：经营管理好山区生物多样性
2005	旅游：减缓山区贫困
2004	和平：山区可持续发展的关键
2003	山区：水源地

　　山区发展面临着众多挑战。据有关资料分析，全球约一半的山区人口面临粮食短缺的威胁，并且处于长期营养不良的状况。气候变化、自然灾害（如洪水、滑坡、泥石流、雪崩和地震）以及经济、文化和政治乃至全球化都在威胁着山区所支撑的复杂生命网络。此外，冰川的快速融化和集水区的退化正在减少水的可用性，并增加因供给减少带来的冲突。全球山地研究也是围绕这些问题展开的，主要关注点包括山地资源、全球变化、风险评估、区域可持续发展、环境与文化的衰退、保存与保护战略、贫穷、连通性、能力建设、管治以及冲突管理等。

　　为了解决上述问题，推动山地研究的发展，国际社会开展了一系列行动：一方面，成立国际性山地研究网络，如国际山地综合发展中心（International Centre for Integrated Mountain Development，ICIMOD）、国际山地学会（International Mountain Society，IMS）、世界山地人口联合会（World Mountain People Association）、山地伙伴关系（Mountain

Partnership）、北极与高山研究所（Institute of Arctic and Alpine Research，INSTAAR）、山地研究中心（Centre for Mountain Studies，CMS）等。另一方面，实施山地研究计划，如1997 年发起的"全球山地计划"（Global Mountain Program，GMP）、1999 年发起的"全球高山生态环境观测研究计划"（Global Observation Research Initiative in Alpine Environments，GLORIA）、联合国大学 2000 年提出的"全球山地伙伴计划"（Global Mountain Partnership Program，GMPP），以及"全球山区生物多样性评估"（Global Mountain Biodiversity Assessment，GMBA）等。此外，还通过召开国际会议来促进全球的山地研究。尽管全球的山地研究已通过研究网络的方式开展，但是这些研究成果并未得到政治家和经济学家的充分利用，并且在山地可持续发展战略的制定中，山地居民的参与能力不足，这是目前全球山地研究存在的主要问题[1]。

开展山地研究的主要驱动力是地缘政治位置、科学传统和经济福利，而不仅仅是山区自身发展的需要。尽管许多国家都在推动山地的发展，但从全球范围来看真正开展山地研究的国家与机构很少。欧洲因阿尔卑斯山而成为开展山地研究的重点地区，它也是最早推动跨国界的山区保护与发展的区域，也是山地研究机构分布最多的区域。早在 1952 年，欧洲就成立了国际阿尔卑斯山保护委员会（Commission Internationale pour la Protection des Alpes，CIPRA），以支持阿尔卑斯山的可持续发展。1999 年，成立了国际阿尔卑斯山科学研究委员会（ISCAR），欧洲主要的国家级研究机构都签署了《ISCAR 公约》，以激励开展与阿尔卑斯山相关的科学研究[2]。2000 年，欧盟制定了《阿尔卑斯山空间计划》（Alpine Space Programme），其总目标是通过支持跨国项目，促进领土开发，培育凝聚力，增强阿尔卑斯山区的竞争力和吸引力。2000～2006 年，该计划共资助了 57 个跨国项目。由此可见，山地研究是认知全球变化区域响应过程及机理、未来趋向、生态与社会可能风险以及解决适应对策的重大战略需要[3]。

1. 国际山地综合发展中心行动计划（2008～2012 年）

国际山地综合发展中心（ICIMOD）自 1983 年成立以来，一直致力于改善兴都库什-喜马拉雅（Hindu Kush-Himalaya，HKH）地区的环境状况和山区贫困人民的生计。2008 年1 月，ICIMOD 开始实施其新的战略框架和中期（2008～2012 年）行动计划（MTP Ⅱ）。该行动计划设定了 5 个战略目标，在其战略目标下确定了 3 个战略计划：水与灾害的综合管理、环境变化与生态系统服务、可持续生计与减贫[4]。在每个战略计划之下，ICIMOD 还制定了具体的行动和研究方向，在国际援助团的支持下，开展了许多跨境的多边国际合作研究。

2. 国际阿尔卑斯山科学研究委员会研究议程

国际阿尔卑斯山科学研究委员会（ISCAR）成立于 1999 年，由瑞士科学院、奥地利科学院、意大利国家山地研究所（IMONT）、巴伐利亚科学院、斯洛文尼亚科学与艺术研究院以及法国的格勒诺布尔大学（Universities of Grenoble）组成。2004 年 11 月通过了《阿尔卑斯公约多年工作计划（2005～2010 年）》（Multi-Annual Work Programme 2005～2010 of the Alpine Convention）。其计划关注的关键问题有：①流动、可达性、交通、运输；②社会、文化、同一性；③旅游、休闲、运动；④土地利用、空间规划、保护；⑤全球变化、自然风险、资源管理[5]。2012 年第 11 届阿尔卑斯会议（the 11th Alpine Conference）通过了《阿尔卑斯公约多年工作计划（2011～2016 年）》，此阶段，联合工作围绕 5 个交叉领域展开：人口变化、气候变化、旅游、生物多样性、交通运输和流动性[6]。

3. 喀尔巴阡山科学战略

2007 年初，喀尔巴阡山公约临时秘书处（ISCC）和欧洲科学院（EuRAc）签署了一份备忘录，旨在促进喀尔巴阡山地区研究交流和研究计划的开展。2008 年 5 月波兰国立克拉科夫雅盖隆大学（Jagiellonian University）地理与空间管理研究所，基于提高喀尔巴阡山地区全球变化研究的网络行动计划，发起了"喀尔巴阡山科学"（Science for the Carpathians）倡议。其优先研究主题是：①气候变化与气象数据；②可持续发展；③土地利用变化；④林业；⑤生物多样性和自然保护；⑥水；⑦旅游业的发展[7]。

2011 年 6 月，《喀尔巴阡山研究议程（2010～2015 年）》发布，旨在整合自然与社会实现可持续发展。其优先研究主题主要涉及：气候变化；化学环境；水资源与管理；自然灾害与风险；土地利用与覆盖变化；森林及其管理和资源；生物多样性保护与可持续利用；生态系统服务与人类福祉；综合土地资源管理和区域发展政策；城市与农村发展；旅游与可持续发展；传统知识[8]。

4. 北落基山科学信息中心 2007～2012 年战略计划

北落基山脉近年来经历了很大的变化。前所未有的人口增长、能源产业的再次兴起以及对水和自然资源需求的不断增加正在改变落基山的景观，也潜在加速了气候变化。在北落基山科学信息中心（NOROCK）公布的 2007～2012 年战略计划[9]中，其关注的主题有：①野生生物保护；②北落基山脉景观动态变化；③为管理者提供建模以及决策支撑工具；④技术开发与转移。

5. 非洲高地计划

非洲高地计划（African Highlands Initiative，AHI）始于 1995 年，目前共实施了 5 个阶段：第一阶段（1995～1997 年），以病虫害综合治理和改善土壤生产力为区域主题的技术议程展开；第二阶段（1998～2001 年），以促进参与性研究（participatory research）方法、综合系统性以及多机构和多学科的协同工作为重点；第三阶段（2002～2005 年），仍然强调解决自然资源的退化问题，同时强调提高生产力和改善生计，并与其他景观问题（水、森林和公共资源管理）连接起来；第四阶段（2006～2008 年）是"综合自然资源管理"（INRM）方法的发展和制度化巩固时期；第五阶段（2009～2011 年），重点把从农场→流域→景观尺度中得到的经验教训进行整合，以期增强东部非洲山地农业生态系统的社会生态适应能力[10]。

根据山地研究国际知名期刊 *Mountain Research and Development* 对 1991 年以来在该刊上发表论文的统计，国际山地研究的空间范围主要集中在喜马拉雅山、安第斯山、阿尔卑斯山、落基山等世界几大主要山系，其中对亚欧大陆的山区进行研究的文章最多，其次是美洲大陆。

4.2.2　专题性研究计划

在山地研究方面,由于山地的特殊性,有些国家还针对实际需要制定和实施了一些专题研究,这里重点介绍滑坡研究计划(IPL)和生物多样性研究计划。

1. 国际滑坡研究计划

国际滑坡研究计划(IPL)是国际滑坡协会(ICL)于 2002 年发起的一项国际性行动计划,其目的在于指导国际滑坡减灾研究合作,尤其对发展中国家而言。IPL 通过拟定各种项目实施方案,为联合国国际减灾战略(ISDR)做出了贡献。

国际上的滑坡(landslide)定义是岩质和土质物质(包括岩层、岩屑、泥土、泥浆等)在重力和地形作用下坠落(fall)、倾倒(topple)、滑动(slide)、侧滑(sideslip)及流动(flow),具体类型包括落石、旋转式滑坡、平推式滑坡、泥石流、火山泥流、岩屑崩等[11]。由此可见,国内一般说的滑坡、泥石流、泥流、岩崩等类型的山地灾害都包含于这一概念中。

IPL 研究的主题范围包括:①滑坡的基础性研究;②全球性滑坡数据库和滑坡灾害评价;③滑坡风险减灾研究;④项目的文化和社会应用性(如文化遗产和自然遗址地区滑坡研究、高社会价值区滑坡研究等)。

2. 美国地质调查局滑坡灾害 5 年(2006~2010 年)计划

自 20 世纪 70 年代中期,滑坡灾害计划(Landslide Hazards Program,LHP)作为一个美国国会授权的项目开始实施,旨在减少破坏,避免不同类型的滑坡发生。LHP 的主要工作有:研究和监测活动滑坡、对滑坡灾害做出响应、编制科学报告和图件,以及其他有着广泛用户需求的工作。LHP 在 2006~2010 年计划的长期目标[12]有:①进行滑坡灾害评价;②监测和模拟活动滑坡;③提供滑坡灾前和灾后的评价;④提供滑坡灾害信息和滑坡减灾方案。

3. 全球山地生物多样性评估

在世界范围内,面向山区生物多样性问题的研究计划主要是全球山区生物多样性评估(GMBA)。它是国际生物多样性计划(DIVERSITAS)下研究山地生物多样性的全球网络,旨在探究和解释山区生物多样性的丰度及其对全球变化的响应。

GMBA 的重点关注领域:

(1)有地理参照的物种数据库——山区生物多样性评估的新工具。

目的是利用一个标准的程序,对不同的山区有地理参照的山区生物多样性信息进行统计评估。

(2)土壤和斜坡的稳定性。

GMBA 的核心假设之一就是高度结构化和多样化的地表覆盖是维持斜坡完整、免受侵蚀的最佳保障。

（3）土地利用变化和山区生物多样性。

GMBA 提倡开展人类对山区自然和文化景观的影响研究，以此鼓励农村地区的可持续发展。通过关注世界范围高纬度（高海拔）生物区管理的经验，来分析土地利用传统方式的改变对山区生物多样性的影响[13]。

4. 全球高山生态环境观测研究计划

全球高山生态环境观测研究计划（Global Observation Research Initiative in Alpine Environment，GLORIA）由欧盟发起。它是针对气候变化对山地生态环境影响的监测评估问题而建立的一个国际性的研究网络。GLORIA 采用多峰调查法，关注从树线交错带到高山带或永冻带的生物多样性对气候变化的响应，已经取得了一些有价值的研究成果。现已在 135 座山峰建立了 36 个观测点，记录了 2617 种植物、664 种苔藓及 283 种地衣[14]。

GLORIA 主要关注两大研究问题：

（1）海拔梯度上山地生物区系当前的分布格局。

目标是了解和掌握不同的山区不同海拔梯度上物种丰富度、多度、植被盖度的格局关系，以及这些格局与环境梯度的关联；了解不同的山区气候变化对高山生物区系的最可能的直接影响和间接影响，不同的物种、种群、生活型或功能组等面临的风险，采取缓解气候变化导致生物多样性丧失的措施。

（2）格局的时间变化。

目标是研究点内物种丰富度变化、植被盖度和结构变化、物种多度、盖度和物种组成变化；研究生物多样性变化与海拔、纬度、经度的相关联性，植被格局变化与气候变化观测数据的耦合；探究能指示气候变化对物种、种群、生活型、功能组产生威胁的信号，验证生物多样性变化风险的预测结果；采取减轻由气候变化导致的对生物多样性威胁的管理措施及其可持续的方式[15]。

5. 美国西部山地研究计划

美国实施西部山地研究计划（Western Mountain Initiative，WMI）的目的是理解和预测美国西部山地生态系统对气候可变性和气候变化的响应（强调敏感性、阈值、抵抗力和恢复力）。WMI 当前的研究重点是森林植被及其扰动、山地水文学以及生态水文学，目标是确定森林和水文过程对气候变化的脆弱性（如变化的速度和幅度）；制定适合流域和区域尺度的适应方法[16]。

4.2.3　山地研究的重点

从以上有关山地研究的重要计划可以看出，山地研究主要集中在地学（包括地质学、地球化学、矿物学、自然地理学、水文学、气象学和大气科学）和生物学（植物/动物科学以及生态学）两大领域。山地研究的重要主题包括山地生物多样性、山地灾害、山地与全球变化、山区发展。

由于山地系统是一个复杂的自然、社会、经济、文化系统，根据山地论坛（Mountain

Forum）对欧洲 32 个主要山地研究机构进行的调查分析显示，山地研究的主题非常丰富，涉及自然、人文和社科等领域的多个方面（表 4-2）。

表 4-2　欧洲主要研究机构山地研究主题统计

主题	数量	主题	数量
生态/生物多样性/森林	18	农业	7
管理	13	全球化	6
可持续发展	11	旅游	5
气候变化	10	信息系统	4
多学科	10	社会发展	4
自然灾害	9	空间发展	3
水文/水资源	8	健康/运动	3
经济/创新	8	交通运输	2
政策	8	空气/污染	2
文化/遗产/景观	7		

4.3　国外山区空间发展与政策概述

4.3.1　空间发展与政策架构

国外山地国家十分关注山区国土空间的发展，通过制定一系列山区发展政策体系，建立山区全面发展和综合治理的政策导向。国外山区发展政策一般可以划分为山区经济政策、社会政策和生态环境政策三种类型，并且每一类政策又由不同内容的次级政策构成，其基本结构如图 4-4 所示。需要指出的是，国外山区发展政策带有较强的综合性，注重促进山区的协调可持续发展，因此很多政策内容囊括了经济、社会、生态环境三个方面中的两项或者三项内容，并不是严格地属于三类政策中的某一种。例如，农业直接补贴政策不仅是促进山区农业发展的手段，还是强调农业自然环境保护功能和强化村落集体功能的重要措施。

在这些政策中，设立山区基金、维持农业活动、适度开发旅游、改善基础设施、提高教育水平、建立山区组织、保护土壤质量、合理利用水资源、有效管理森林是各国普遍关注的核心内容，上述关键性政策对山区发展具有重要影响和积极的作用。

4.3.2　空间发展与政策差别化

1. 山区经济政策方面

（1）设立山区基金。通过专门的山区发展基金，为山区的开发与建设提供长期的资金

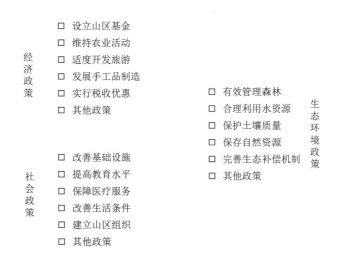

图 4-4　国外山区发展政策的基本结构

支持，稳步推进山区的经济社会发展。瑞士的《山区投资援助法》要求在联邦层面创建一个山区特别基金，旨在资助针对山区的援助投资，包括为山区基础设施建设提供贷款等[17]。此外，1991 年创建的瑞士景观基金也是该国山区开发的一个重要资金来源[18]。意大利的《山区法》同样要求建立专门的国家山区基金，用来资助能够促进山区经济、生态、社会和文化发展的计划或行动[19]。保加利亚依据本国山区法创立的山区发展基金则主要用于为山区建设提供低利率的投资贷款、促进山区农业和旅游业的发展以及森林资源的管理等方面[20]。其他国家如法国、阿尔及利亚等，也都设有类似的山区发展基金。这些专项基金对各国山区的经济发展起到了举足轻重的作用。

（2）维持农业活动。从国家层面加大对山区农业的补贴力度，减轻山区不利因素对农业活动的影响，增强山区农业发展的活力。法国政府为鼓励和支持山区农业的发展，制定了以农业补贴为核心的山区农业政策，补贴内容包括政府给予山区居住人口从事农业工作的专项补贴、青年务农者立业补贴、农场主购买设备补贴、山区畜厩舍建筑补贴和山区农业机械补贴等[21]。日本的农业直接补贴政策则依据各种土地生产条件的差异将补贴直接支付给农户，成为影响日本山区半山区农业发展最重要的政策[22]。韩国政府也从 2004 年起对农业生产条件和居住条件不利的山区进行直接补贴，目的是维持地区及农业的多元化功能和活跃山区农村[23]。

（3）适度开发旅游。引导山区在自然环境和文化遗产允许承载的限度内发展旅游，加强旅游对山区经济社会发展的带动作用，发挥山地旅游的综合效益。法国政府对山区城市的规模进行严格控制，在鼓励发展山区旅游的同时也对山区旅游资源的开发做了一些限制性的规定[24]。保加利亚政府通过资助不同区域层次的山区旅游开发项目来促进山区旅游的发展，但同时要求这些旅游开发项目必须满足以下条件才能得到资助：①项目包含温泉旅游和农业旅游的内容；②促进与山地旅游相关的商业和手工业活动；③能够为山地旅游的从业人员提供基本的培训。位于加拿大落基山脉的班夫国家公园在《国家公园法》和

《班夫社区计划》的指导下，将保存生态完整性放到其发展的优先级位置，实现了山地旅游开发与环境保护的平衡[25]。

2. 山区社会政策方面

（1）提高教育水平。扶持山区教育事业的发展，重视教育内容的山区适应性，以帮助山区居民获得专业化的知识和技能。格鲁吉亚1999年对《教育法》进行修订以专门解决山区教育的特殊需求。例如，修改后的法律规定山区小学和中学教育是免费的，并且国家负责为山区学校的建设提供资金。此外，政府还通过加薪的方式鼓励教师在山区定居，并且山区教师可获得的加薪额度根据学校所处的海拔而有所不同。日本在山村振兴计划中尤其重视对改善山区教育环境的资助，并且要求在教育内容上要考虑山区拥有的特殊、丰富的自然环境和传统文化。罗马尼亚对山区教育也有类似要求，《罗马尼亚山区法》鼓励学生在学期间通过参加农场实习来研究乡村，还要求学校必须提供有关山区和农业方面的技能教育，如手工业方面的教育和培训[26]。法国则规定，山区的教育、职业培训机构制定的课程内容必须与其所处山区的自然和经济社会特点相适应。

（2）改善基础设施。为山区基础设施建设提供优惠贷款，引导基础设施向山区布局，以增加山区可获得的公共服务，改善山区居民的生活和工作环境。保加利亚中央政府为山区基础设施的建设提供补贴或者高额的优惠贷款，并且每年还通过给地方政府追加经费预算来对当地山区已有的基础设施进行维护。瑞士联邦政府建立了专门的山区基础设施贷款系统，并通过该系统为山区基础设施项目提供低于市场利率甚至是免息的贷款，以提高山区的基础设施水平。意大利也在本国的山区法中强调要为山区配备足够的基础设施和公共服务，以改善山地居民的生活条件，帮助他们更好地应对山区环境的限制。

（3）建立山区组织。鼓励成立多种山区组织和机构，支持他们在政策的制定和实施中发挥积极作用。德国山地旅游协会（Council of the German Mountain and Touring Associations）、苏格兰高地旅游协会（Highlands of Scotland Tourist Board）以及法国阿尔卑斯山俱乐部（Club Alpine Francais）等山区组织都为当地的山区旅游发展提供了有力的支持[27]。瑞士的瑞士山区组织（the Swiss Group for Mountain Regions）成立于1943年，一直积极活跃在山区资源可持续开发和山区生态系统保护等领域，有力地促进了瑞士山区的发展和保护[28]。美国的祖尼文化咨询小组由当地社区中受人尊敬的长者组成，负责为当地山区开发项目提供文化资源保护方面的咨询服务[29]。

3. 山区生态环境政策方面

（1）有效管理森林。根据山区森林资源的具体特点制定相应的可持续管理策略，加强对森林资源的保护。日本在《21世纪议程国家行动计划》中强调应在森林规划中考虑山区独特的自然特征，促进山区森林的可持续管理[30]。尼泊尔政府将权利、责任和利益下放给当地的林业资源使用者，以此来促进山区森林的保护和可持续发展。同时，还特别重视发挥女性在森林资源管理中的独特作用[31]。哥斯达黎加1996年新修订的《森林法》正式确立了其森林生态服务补偿机制，该机制的实施使得哥斯达黎加在森林资源保护和经济发展方面获得了双赢[32]。

（2）保护土壤质量。通过具体措施限制农业活动对山区土壤环境的负面影响，帮助山区保育土壤质量，防止水土流失。罗马尼亚的《山区法》要求农民和森林里的居民采取综合措施来保育土壤质量，并且在耕作的时候必须要考虑所使用土地的物理特性，保护和改善有机质，鼓励利用有机微生物，防止水土流失和土壤板结。保加利亚的《山区发展法》规定在山区实施的农业发展项目必须包含保持土壤肥力和防止土壤侵蚀的具体措施。意大利的法律则允许政府在防治山区土壤侵蚀和保护山区环境的时候对私人土地进行强行征用。

（3）合理利用水资源。平衡流域上下游地区之间的利益，加强山区水资源的保护与合理利用。法国在山区发展策略中，从战略角度确定了山区水资源保护与开发的地位，提出加强流域上下游间的理解，并强调上下游地理与空间上相互支持的重要性[33]。印度加强流域水资源的集成管理，目标是解决高山地区的水资源可持续利用问题[34]。南非为保护下游平原地区的水资源供应，对上游山地流域的土地利用方式和类型进行严格控制[35]。

4.3.3　国外山区发展政策体系

1. 政策高度法律化

国外山区治理是在健全的法律制度下进行的，在山区发展和保护方面尤其重视政策的法律化，最鲜明的特点是通过制定专门的山区法来促进和保障山区的有序发展。据不完全统计，瑞士、法国、意大利、阿尔及利亚、吉尔吉斯斯坦等 10 多个国家都已经制定了专门的山区法来促进本国山区稳定、有序的发展。此外，在国际层面上还有《21 世纪议程（第 13 章）》《阿尔卑斯公约》《喀尔巴阡山公约》《欧洲山区公约（草案）》等相关的规范性文件出台[26]。这些都在一定程度上昭示着国外山区发展政策的法律化特点。国外山地国家通过山区立法的形式确定了本国山区的基本定位、发展战略、主要任务以及政府的职责和权限等内容，保证了山区发展的稳定性和长远性。山区治理的法治化有效地减少了外界的干扰，成为山区稳定发展的重要基石。

2. 强调政策的综合性

国外山区发展政策具有多元化目标，政策内容涉及经济、社会和生态环境的诸多方面，具有较强的综合性。瑞士的《山区投资援助法》经过多次修改，从最初的改善山区居住条件的单一目标逐渐向多元化转变，当前的政策目标包括为山区经济发展提供优惠条件、保存乡村社会文化的特色和多样性、加强市镇和区域以及次区域之间的合作等内容[36]，政策的综合性不断增强。法国的《山区发展与保护法》确定了山区集生态、农业、林业和旅游功能为一体的综合实体地位，并针对上述领域制定了相应的具体措施，成为法国山区发展的重要依据。日本的《山村发展法》致力于寻求一个全面综合的方法来促进山区的可持续发展，内容涉及山区的产业发展、财政援助、交通基础设施、公共服务、生态保护等方面[37]。

3. 重视发展与保护的协调性

国外山区发展政策在促进经济活动开展、推动社会目标实现的同时，还特别重视保护山区脆弱的生态环境，强调经济社会发展和生态环境保护的协调性。国外山地国家通过促进山区合理的农业生产、限制山地旅游的发展规模、加强自然资源的可持续管理等措施，引导山区的经济活动在生态环境承载力允许的限度内进行，有效地保障了山区经济社会与环境的协调发展。此外，部分国家还通过对山区环境保护项目提供资助、建立和完善生态补偿机制以及设立自然保护区等方式，帮助山区走可持续发展道路。

4. 注重山区发展环境的改善

国外山区发展政策通过财政手段和各种优惠措施，重点帮助山区改善发展环境，以减轻不利的山地自然环境因素对发展的制约。法国、奥地利等国家依据坡度、海拔和气候等因素对农业活动的影响程度，为山区农民提供额外的补贴，以稳定和提升其从事农业生产的积极性。瑞士、保加利亚等国家通过对山区基础设施建设提供优惠贷款，帮助山区提高基础设施水平，极大地改善了山区的生产生活条件。吉尔吉斯斯坦针对山区制定了一系列鼓励措施来帮助山区改善发展环境，例如，在税收方面，山区居民的税率只有全国的1/2，并且位于山区的有关机构也可以享有同样的税收待遇[38]。为促进山村地区的发展，日本也实行类似的空间差异化征税措施，对山村地区制造业和销售业等的税收进行下调[39]。这些优惠措施有效地改善了山区的发展环境，对吸引外部资金、人才和技术向山区流动起到了基础性作用，同时也有利于山区自我发展能力的建设和提高。

4.3.4　山区政策的主要效用

国外山区发展政策旨在促进和支持山区经济社会的发展以及山区生态环境的保护，强调山区的协调可持续发展，政策具有经济、社会和生态环境的综合效用。

在经济效用方面，国外山区发展政策通过项目资助、优惠贷款、直接补贴等激励措施，重点帮助山区维持农业活动和发展山地旅游，在促进山区经济活动开展的同时，也有效地保护了山区的自然资源和人文资源，强化了山区经济发展的可持续性。例如，苏格兰高原地区在欧洲领导项目的资助下，举行了"高原徒步节"，通过规划20多条步行线路，使得参与者尽情地享受苏格兰高原地区的每一处风光。该活动每年吸引了众多的爱好者，促进了该地旅游和经济的发展。

在社会效用方面，国外山区发展政策加大对基础设施、教育、医疗、社会保障等公共服务的建设援助，不仅解决了山区人口持续减少的问题，还提高了山区居民的专业化技能水平，改善了山区的生产生活条件。例如，瑞士的《山区投资援助法》通过改善山区的基础设施条件，提高了山区居民的综合生活水平，实现了人口从城市密集地区向外疏散，并且为山区吸引了商业，带来了综合效益。

在生态环境效用方面，国外山区发展政策通过一系列约束性措施，重点加强对山区森林、土壤、水资源的可持续管理，促进了自然资源的保护，避免了对山区脆弱的生态环境的破坏。例如，日本在 1998 年对国有林进行了重新定义和划分，增加了公益林的比例，以利于生态环境建设。经过 7 年的逐步调整，日本生态公益林由 1997 年的 50%增加到 2005 年的 91%，用材林由 50%减少到 9%，体现了国有林以生态为主的管理方针。

4.4　对我国山区研究与治理的启示

综上所述，国际山地研究计划具有明确的计划性、针对性、系统性和综合性，新技术新方法广泛应用于山地研究，包括全球山地联网长期观测系统的建立，以及推动山区可持续发展等方面，显示出明显的理论研究与实际应用紧密结合的目标性，对深入开展具有中国特色的山地研究很有启示和借鉴意义。

4.4.1　研究层面

1. 以高度战略视野关注山地研究领域

从国土规划与开发层面以及地缘战略角度和应对全球环境/气候变化来考虑，始终将山地研究置于地学研究的战略性、国家性、国际性很高层面并予以关注。中国能够被誉为地学大国，其实质缘于山地大国。复杂的山地系统孕育了复杂的地质过程和地理过程，汇集了地学诸多复杂、关键的科学问题，包括生物学和生态学等许多特殊的科学问题，更何况我国山区还拥有相当规模的人口，人-地关系具有明显的特殊性和复杂性。基于此，无论从学科层面还是从国家需求和国际合作引领层面，明晰我国山地研究的重大战略意义和必要性，不仅利国利民，还利于山地科学体系的建立和发展，利于为全球山地研究做出有引领性的科技贡献[3, 39]。

2. 实施连续性的科学研究计划

与全球其他地区的山地相比，我国的山地系统复杂性更明显，没有主题明确的系列山地研究计划，很难在科学层面深刻地、系统地认知山地多种过程、变化特征和规律，以及其所产生的各种影响，就很难满足国家多方面的重大需求。因此，对我国山地生态与环境功能的重要性和不可替代性的认识，以及山区开发与发展的必然性，特别是国家西部大开发战略的实施，亟待山地研究的科技成果的多重支撑。制定和实施满足国家长期重大战略需求的山地研究系列科学计划具有非常重要的现实意义和深远的战略意义，也是实现山区科学发展、协调发展、可持续发展的重要理论基础，同时十分有利于提高我国山地研究的系统性和国际水平，这极其符合山地大国长远国家利益，直接服务于中华民族伟大复兴的目标。

3. 开展全球与区域尺度山地问题的整体性与关键性研究

伴随着我国经济实力的日益增强，立足地学大国的风范，有目的、有计划地开展国际山地研究的科技合作，包括区域跨境的山地/山区研究，多尺度地把握山地/山区的关键问题,从全球山地的变化、山区发展策略和实效,加强山地研究领域的国际合作,对促进科学认识我国山地在全球变化中的响应、挑战与其适应等重大问题,为国家的国际战略决策提供参考依据,不断提升我国山地研究的学术影响力意义重大。

4. 凸显山地研究服务山区发展

山地研究切不可脱离山区发展的实际,要致力于服务山区的发展。要充分考虑我国山地分布广、类型多和复杂性,要区别对待,分主题、分目标地进行更针对性的研究,既要关注山地的普遍规律,又要关注山地的特殊性问题。要积极探索山地研究的技术方法和模式,要在山地研究领域极大地加强基础性工作,更加强调山地的基础性、战略性和前瞻性研究,紧密围绕山区发展,不断创新山地研究,不断为山区可持续发展提供有力的科技支撑。

5. 重视山区规划及其发展与保护的立法

我国已经开始实施《全国主体功能区规划》,山区面临着开发和保护矛盾的长期协调问题。由于长期缺失山区区划与发展规划的指导和约束,山区发展缺乏必要的科学评估过程,更无专门性的法律法规提供保障,已经给山区发展造成了一些混乱,局域上的盲目性、无序性比较严重。确保山区发展中的地方利益和国家整体利益协调,建立合理的国家生态系统补偿机制;从我国山区发展,特别是全面建成小康社会的实际出发,开展和加强我国山区的区划和发展规划的专项研究工作十分必要和紧迫,相应的立法工作更是促进和保障山区协调可持续发展的重要根基。

综上,必须从国际山地研究计划中看到我国山地研究的薄弱和不足之处,要把山区人口、资源、环境的关联性作为山地研究的核心,把可持续的自然资源利用作为关键问题,把灾害、山地经济、土地利用变化、生物多样性和人口 5 个主题作为未来研究的重点,更加考虑全球变化的影响,并极力推动自然和人文科学的交叉与综合,促进山地科学研究在更高、更广的层面产生重要影响和指导作用。

4.4.2　政策层面

1. 推动山区发展与保护立法[40]

国外山地国家不仅通过立法的形式明确本国山区的法律地位,还对山区的开发与建设实行法治化管理。与国外相比,我国山区的人地关系矛盾更加突出,山区发展问题的复杂性也更加明显。在山区的宏观管理上缺乏完善的法律体系,已经对我国山区发展造成了一定的混乱,局域上的盲目性和无序性比较严重[25]。因此,积极推进山区发展与保护的立法工作,加强科学顶层设计,将有助于提高我国山区发展的稳定性、有序性和长远性。作为山地大国,"依法治山"是贯彻落实依法治国基本方略的重要体现。依据山区法来治理山区,以国家立法的形式确立山区的法律地位及其发展战略和目标,规范山区开发与保护的相关行为,才能够形成山区科学发展、协调发展和可持续发展的治理基础,进而从根本上建立起保证我国山区可持续发展的法律体系。

2. 提高政策的山区针对性

山区与平原地区存在明显的地理环境差异，国家在制定和实施山区发展政策时应充分考虑山区的特殊性及山区的地理环境特征。当前，在国家层面上我国并没有制定专门针对山区发展的政策，山区的发展主要依靠"三农"政策、林业政策以及扶贫政策等一些全国普适性的政策。但这些政策缺乏足够的山区针对性，难以适应山区发展的特殊需求，由此在一定程度上影响了政策在山区的实施效果。政策的山区针对性强弱在一定程度上决定着山区发展政策效力的大小。因此，综合考虑山区自然、经济和社会环境的特殊性，制定和实施符合山区实际情况的专门政策，对提高山区发展的质量和效率，推动山区全面协调可持续发展具有重要意义。

3. 加强山区发展政策的系统性

山区发展是一个涉及面广、影响人口众多的复杂问题，需要制定国家层面的、全面的、综合的政策，提出系统性的解决方案。首先，在政策的内容上要有一定的综合性，加强农业、旅游、交通、教育等部门政策的有机整合，对山区发展进行综合指导。其次，在政策的具体措施上要强调山区开发与保护的协调性，综合运用鼓励性和约束性两种手段，将推动山区经济社会发展同生态环境保护紧密地结合起来。最后，在政策实施上要有相应的制度保障，推动形成跨部门合作机制，使政策能够得到有效落实。制定系统性的山区发展政策，有利于减少政策的碎片化、形成政策合力，进而从全局上解决山区发展面临的问题。

4. 以改善山区发展环境作为政策导向

基于山区社会经济的边缘性、地理空间的封闭性和生态系统的脆弱性，始终将改善山区发展环境作为政策制定的着力点和理念导向。从根本上讲，山区要发展富裕起来关键在于改善发展环境，逐步减轻不利的环境特性对山区发展的制约。国外的山区发展政策通过各类优惠措施，积极引进外部资金、技术和人才，加大对基础设施和教育等关键领域的投入力度，极大地改善了山区的发展环境，为山区的快速发展奠定了坚实的基础。我国现行的山区发展政策带有一定的临时性和应急性，这些政策只能够被动地应对山区发展过程中出现的问题，而对山区发展的前瞻性和引导作用明显缺乏。因此，从山区发展的长远角度考虑，以改善发展环境为导向制定山区发展政策，有利于减轻山区发展所受的环境阻力，充分激发山区发展的活力。

参 考 文 献

[1] Körner C. Global statistics of "Mountain" and "Alpine" research[J]. Mountain Research and Development，2009，29（1）：97-102.

[2] Veit H，Scheurer T. Mountain research across boundaries—Portrait of the international scientific committee on research in the Alps[J]. Mountain Research and Development，2006，26（4）：372-373.

[3] 邓伟，熊永兰，赵纪东，等. 国际山地研究计划的启示[J]. 山地学报，2013，（3）：377-384.

[4] ICIMOD. ICIMOD's road map for the next five years[EB/OL]. 2008. http://books.icimod.org/demo/uploads/tmp/icimod-the_

next_five_years.Pdf.

[5]　ISCAR. A research agenda proposed to the Alpine convention: perspectives of the International Scientific Committee on research in the Alps（ISCAR[EB/OL]）. 2007. http://www.uibk.ac.at/alpinerraum/publications/vol3/borsdorf-scheurer.Pdf.

[6]　BMU. Background information on the Alpine Convention[EB/OL]. 2012. http://www.bmu.de/en/detailview/artikel/background-information-on-the-alpine-convention/.

[7]　MRI. Science for the Carpathians[EB/OL]. 2008. http://mri.scnatweb.ch/index.php？option = com_docman & task = doc_download ＆gid = 192.

[8]　Kozak J，Bjrnsen Gurung A，Ostapowicz K. Research agenda for the carpathians[EB/OL]. 2011. http://www.forumcarpaticum.org/FC—main/Download/Research_agenda_for_the_Carpathians.Pdf.

[9]　NOROCK. The Strategic Science Plan 2007—2015[EB/OL]. 2009. http://www.nrmsc.usgs.gov/files/norock/products/09CenterStrategicPlan.Pdf.

[10]　AFI. African highlands initiative[EB/OL]. 2011. http://www.worldagroforestry.org/projects/african-highlands/.

[11]　ICL. International programme on landslides[OL]. 2004. http://www.iclhq.org/IPL—Leaflet—2004.Pdf.

[12]　USGS. The U. S. Geological Survey Landslide Hazards Program 5—Year Plan 2006—2010[EB/OL]. 2005. http://landslides.usgs.gov/nlic/LHP_2006_Plan.Pdf.

[13]　GMBA Office. Global mountain biodiversity assessment[EB/OL]. 2005. http://gmba.unibas.ch/publications/pdf/GMBA2005.Pdf.

[14]　Pauli H，Gottfried M，Hohenwallner D，et al. The GLORIA field manual：Multi—summit appro[OL]. 2004. http://www.unesco.org/mab/doc/mountains/gloria_ch.Pdf.

[15]　European Commission. GLORIA* Field Manual—Multi—Summit Approach[EB/OL]. 2011. http://www.unesco.org/mab/doc/mountains/gloria_en.Pdf.

[16]　WMI. What is WMI？[OL]. 2012. http://westernmountains.org/about.Php.

[17]　王金凤，李平，马翠萍，等. 瑞士山区发展策略对我国的启示[J]. 现代经济探讨，2012，（4）：76-79.

[18]　Stucki E W，Roque O，Schuler M，et al. Contents and impacts of mountain policies Switzerland：National report for the study on analysis of mountain areas in the European Union and in the applicant countries[R]. Bern，Switzerland：Federal Department of Economic Affairs，2004.

[19]　Act on Mountain Areas（Italy）[Z/OL]. [2016-01-23]. http://faolex.fao.org/faolex/index.htm.

[20]　Bill on the Development of Mountain Regions（Bulgaria）[Z/OL]. 2016. http://www.mtnforum.org/resources/library/bulga93a.htm.

[21]　邵红岭，崔海霞，卢秀茹，等. 国外山区农业发展对河北省太行山区农业发展的启示[J]. 农村经济与科技，2015，（2）：108-110.

[22]　胡霞. 关于日本山区半山区农业直接补贴政策的考察与分析[J]. 中国农村经济，2007，（6）：71-80.

[23]　赵贵玉. 韩国农业直补政策主要内容及启示[J]. 世界农业，2007，（7）：31-34.

[24]　Act on the Development and Protection of Mountains（France）[Z/OL]. 2016. http://www.adminet.com/jo/INTX8700095L.html.

[25]　王俊芳. 班夫公园："适度利用"与环境保护的实现[J]. 环境保护，2014，（10）：72-74.

[26]　陈真亮，李明华. 山区可持续发展立法与罗马尼亚山区法考察[J]. 山地学报，2009，（2）：157-165.

[27]　Gloersen E，Price M，Aalbu H，et al. Mountain Areas in Europe：Analysis of Mountain Areas in EU Member States，Acceding and other European Countries[R]. Energy Policy，2004.

[28]　Villeneuve A，Castelein A，Mekouar M A. Mountains and the law：Emerging Trends[M]. Rome：Food & Agriculture Org，2002.

[29]　Enote J. MPL：Zuni Land Conservation Act. Contribution to Mountain Policy and Law Electronic Conference[C]. Mountain Forum，1997.

[30]　Ministry of the Environment Government of Japan. The National Action Plan for Agenda 21（Japan）[EB/OL]. 2016. http://www.env.go.jp/en/earth/iec/agenda/agenda13.html.

[31]　Acharya K P. Twenty-four years of community forestry in Nepal[J]. International Forestry Review，2002，4（2）：149-156.

[32]　朱小静，Carlos Manuel Rodríguez，张红霄，等. 哥斯达黎加森林生态服务补偿机制演进及启示[J]. 世界林业研究，

2012，（6）：69-75.

[33]　尚海洋，张志强，熊永兰. 国际山区发展政策与制度热点分析[J]. 世界科技研究与发展，2011，（4）：679-682，717.

[34]　Lynch O J，Maggio G F，Moss L，et al. Mountain laws and peoples：Moving towards sustainable development and recognition of community-based property rights[R]. Washington，USA：Center for International Environmental Law，Mountain Forum & Mountain Institute，2000.

[35]　Mountain Catchment Areas Act（South Africa）[Z/OL]. 2016. http://www.enviroleg.co.za.

[36]　陈宇琳. 阿尔卑斯山地区的政策演变及瑞士经验评述与启示[J]. 国际城市规划，2007，（6）：63-68.

[37]　Malther P，Kohler T，Imbach K. Mountains of the world：Sustainable development in mountain areas：the need for adequate policies and instruments[R]. Berne，Switzerland：

[38]　Law on mountain territories（Kyrgyzstan）[Z/OL]. 2016. http://www.minjust.gov.kg.

[39]　Price M F，Jansky L，Iatsenia A A. Key Issues for Mountain Areas[M]. New York：United Nations University Press，2004.

[40]　张建新，邓伟，张继飞. 国外山区发展政策框架与启示[J]. 山地学报，2016，34（3）：366-373.

第5章　典型山区国土空间功能类型划分及其评价

5.1　国土空间利用分类与数据制备

5.1.1　国土空间利用分类

科学分析国土空间利用及其开发格局优化的前提是对国土空间的主导利用方式进行分类，即确定国土空间利用类型。目前关于土地利用分类的研究已非常成熟，例如，中国科学院资源环境遥感监测数据中心的土地利用分类系统已经应用了 20 多年，在多个行业得到广泛应用；还有自然资源部提出的土地利用分类系统成为国家标准，并应用于国土"二调"、国土"三调"工作。然而，目前国土空间利用分类尚不能满足专项研究的要求，已有的类似研究多以土地利用类型分析替代国土空间利用类型分析。国土空间分为"现状利用"和"理性功能"两个空间维度，国土空间功能优化与调控或国土空间开发格局优化就是将国土空间由"现状利用"逐渐向"理性功能"调整的过程。从国土空间功能优化与调控的角度提出国土空间利用分类系统，并建立其与土地利用分类系统之间的属性衔接关系，为空间定量化分析国土空间利用格局奠定了基础。国土空间利用分类系统由 3 个一级类、8 个二级类和 20 个三级类构成（表 5-1 和表 5-2）。

表 5-1　国土空间利用分类标准及说明

一级类	二级类		国土空间利用说明
生产空间	11	农业生产空间	以农业生产功能为主，提供各类农业产品以及一定的生态服务功能，包括粮食、经济林果以及农业生产占据主导地位的林业、畜牧业、渔业等
	12	工矿业生产空间	以工矿业生产功能为主，并复合有一定的生活功能，提供各类工矿业产品，包括工业、采矿业、交通运输业等
	13	服务业生产空间	以服务业生产功能为主，并复合有一定的生活功能，并可提供一定的生态服务功能
生活空间	21	城镇生活空间	以城镇生活功能为主，并复合有一定的工矿业生产和服务业生产功能，包括城市生活空间和建制镇生活空间
	22	乡村生活空间	以乡村生活功能为主，并复合有一定的农业生产和服务业生产功能，包括聚居型乡村生活空间和分散型乡村生活空间，其中分散型乡村生活空间往往与农业生产空间镶嵌分布
生态空间	31	绿被生态空间	主要提供水资源供给、水源涵养、土壤保持、固碳释氧、维持生物多样性等生态服务功能，包括森林生态空间和草地生态空间
	32	水被生态空间	主要提供水资源供给、行洪蓄洪、维持生物多样性等生态服务功能，包括湿地生态空间和冰雪生态空间
	33	其他生态空间	提供其他生态服务功能，包括荒漠生态空间、防灾减灾空间、其他生态空间

表 5-2　国土空间利用分类编码

一级类	二级类		三级类	
生产空间	11	农业生产空间	111	种植业生产空间
			112	林业生产空间
			113	畜牧业生产空间
			114	渔业生产空间
	12	工矿业生产空间	121	工业生产空间
			122	交通运输业生产空间
			123	采矿业生产空间
	13	服务业生产空间	131	服务业生产空间
			132	农业服务业生产空间
生活空间	21	城镇生活空间	211	城市生活空间
			212	建制镇生活空间
	22	乡村生活空间	221	聚居性乡村生活空间
			222	分散性乡村生活空间
生态空间	31	绿被生态空间	311	森林生态空间
			312	草地生态空间
	32	水被生态空间	321	湿地生态空间
			322	冰雪生态空间
	33	其他生态空间	331	荒漠生态空间
			332	防灾减灾空间
			333	其他生态空间

5.1.2　土地利用类型与国土空间利用类型转换

根据表 5-2 中的国土空间利用分类系统及主导的国土空间功能特征,建立了土地利用类型与常用土地利用分类系统和国土主体功能区划的对应关系(表 5-3)。通过表 5-3 可以将土地利用分类系统与国土空间利用分类系统进行转换。

表 5-3　国土空间利用分类与土地利用分类、主体功能区划分类对应关系

国土"三生空间"功能分类	第二次全国土地调查土地分类	中国科学院土地分类	全国主体功能区划分类
11 农业生产空间	011 水田 012 水浇地 013 旱地 021 果园 022 茶园 023 其他园地 104 农村道路 122 设施农用地 123 田坎	11 水田 12 旱地	3 限制开发区 4 禁止开发区

国土"三生空间"功能分类	第二次全国土地调查土地分类	中国科学院土地分类	全国主体功能区划分类
12 工矿业生产空间	101 铁路用地 102 公路用地 105 机场用地 106 港口码头用地 107 管道运输用地 118 水工建筑用地 204 采矿用地	53 工交建设用地	1 重点开发区 2 优化开发区
13 服务业生产空间	205 风景名胜及特殊用地		3 限制开发区
21 城镇生活空间	201 城市 202 建制镇 103 街巷用地 121 空闲地	51 城镇用地	1 重点开发区 2 优化开发区
22 乡村生活空间	203 村庄	52 农村居民点用地	1 重点开发区 3 限制开发区
31 绿被生态空间	031 有林地 032 灌木林地 033 其他林地 041 天然牧草地 042 人工牧草地 043 其他草地	21 有林地 22 灌木林地 23 疏林地 24 其他林地 31 高覆盖度草地 32 中覆盖度草地 33 低覆盖度草地	3 限制开发区 4 禁止开发区
32 水被生态空间	111 河流水面 112 湖泊水面 113 水库水面 114 坑塘水面 115 沿海滩涂 116 内陆滩涂 117 沟渠 119 冰川及永久积雪 125 沼泽地	41 河渠 42 湖泊 43 水库、坑塘 44 冰川和永久积雪地 45 海涂 46 滩地	4 禁止开发区
33 其他生态空间	124 盐碱地 126 沙地 127 裸地	61 沙地 62 戈壁 63 盐碱地 64 沼泽地 65 裸土地 66 裸岩石砾地 67 其他	3 限制开发区 4 禁止开发区

5.1.3　国土空间利用与开发格局数据制备

利用 Landsat TM 影像解译获得了太行山区、横断山区、黔桂喀斯特山区 1990 年、2000 年、2010 年、2015 年 4 期的土地利用数据,土地利用分类标准采用中国科学院土地利用分类系统。利用表 5-3 中的国土空间利用类型与土地利用类型转换关系,将太行山区、横断山区、黔桂喀斯特山区 4 期的土地利用数据转换为国土空间利用类型数据。将土地利用数据中的 51 城镇用地、52 农村居民点用地、53 工交建设用地归入国土开发的土地,将这些图斑赋值 100,其余图斑赋值 0,然后在 ArcGIS 中使用焦点统计功能计算出国土开发强度数据。利用上述方法制备太行山区、横断山区、黔桂喀斯特山区 1990 年、2000 年、

2010 年、2015 年 4 期的 30m 分辨率的土地利用数据、国土空间利用数据和国土开发强度数据。

5.2 典型山区国土空间功能适宜性评价与类型划分

5.2.1 国土空间功能类型划分方法

国土空间功能类型划分就是依据国土空间功能的适宜性将一个区域的国土空间功能划分成不同类型。国土空间功能类型划分的基础与关键是国土空间功能类型适宜性评价，也是对农业生产空间功能、城镇空间功能、生态空间功能的适宜性进行评价分析，进而基于国土"三生空间"功能的适宜性特征综合确定国土空间功能类型（图 5-1）。

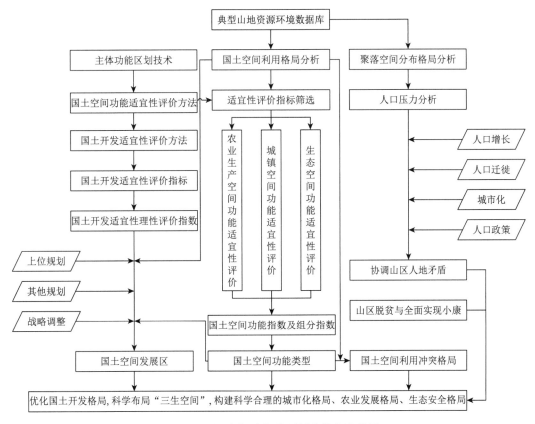

图 5-1 国土空间功能类型划分技术流程图

考虑国土空间多功能性，面向国土空间功能优化与调控，以主体功能区理论为基础，提出国土空间功能类型体系。针对我国山区城镇化水平总体较低，生产活动主要以农业生产活动为主，生态空间比重极高的特征，山区国土空间功能类型可分为七类，分别为农业生产功能主导型（I_1 型）、城镇空间功能主导型（I_2 型）、生态空间功能主导型（I_3 型）、农业生产·城镇空间功能并重型（II_1 型）、农业生产·生态空间功能并重型（II_2 型）、城

镇·生态空间功能并重型（II₃型）、三生空间功能均等型（III），这七种国土空间功能对
应于主体功能区中的优化开发区、重点开发区、限制开发区（农产品主产区、重点生态功
能区）、禁止开发区。各类国土空间功能类型的编码、名称及内涵说明见表 5-4。

表 5-4　国土空间功能类型

一级类	二级类		国土空间功能说明
I 型国土空间功能	I₁	农业生产功能主导型	农业生产空间功能比重在 50%以上，农业生产空间功能高度适宜，农业水土资源耦合较好，耕地优良，土地垦殖率高且产出效益好，一般为国家级、省级的农产品主产区
	I₂	城镇空间功能主导型	城镇生活空间功能比重在 50%以上，城镇生活空间功能高度适宜，水土资源对城镇建设支撑良好，国土开发强度高，基础设施优越，具有较高的城镇化和人口集聚潜力
	I₃	生态空间功能主导型	生态空间功能比重在 50%以上，生态空间现状（2010 年）比例一般在 80%以上，以提供生态服务功能为主，生态重要性高或生态极为脆弱，一般为重点生态功能区
II 型国土空间功能	II₁	农业生产·城镇空间功能并重型	农业生产、城镇空间功能比重基本相当，生态空间功能比重<20%，农业生产空间功能适宜性较高，但也有城镇化和人口集聚潜力的区域，一般存在一定程度的农业生产与城镇空间功能冲突
	II₂	农业生产·生态空间功能并重型	农业生产、生态空间功能比重基本相当，城镇空间功能比重<20%，农业生产空间功能适宜性较高，往往存在较为严重的农业生产与生态空间功能冲突
	II₃	城镇·生态空间功能并重型	城镇、生态空间功能比重基本相当，农业生产空间功能比重<20%，城镇空间功能适宜性中等或较高，但是一般受水土资源制约严重，城镇化潜力受到限制，一般存在一定程度的城镇、生态空间功能冲突
III型国土空间功能	III	"三生空间"功能均等型	农业生产、城镇、生态空间功能比重基本相当，每一种空间功能都不突出，少量可实现国土"三生空间"功能协调发展，但多数存在一定程度的国土空间功能冲突

不同尺度的国土空间功能类型侧重点不同，省、市和流域尺度的国土空间功能优化应
强调以宏观调控为主，对应的是国土空间功能区划；县域、支流尺度的国土空间功能优化
应强调以政策管控为主，对应的是国土空间功能类型划分及功能组合和主体功能确定；乡
镇、村域、小流域、地块尺度的国土空间功能优化应强调以空间引导与空间管制为主，对
应的是"三区三线"划定，"三区"为生态空间、农业空间、城镇空间，"三线"为生态保
护红线、永久基本农田、城镇开发边界。不同尺度国土空间功能分类如图 5-2 所示。

5.2.2　国土空间功能适宜性评价

1. 农业生产空间功能适宜性评价

生产空间是山区重要的国土空间功能类型，主要包括农业生产空间和工矿业生产空间
两大类。一般而言，山区农业生产空间的面积比重远远大于工矿业生产空间，并且农业生
产空间对现阶段山区居民的粮食安全、生计保证具有重要作用，是山区人地关系的主要表
征。因此，县域尺度的生产空间功能适宜性评价主要考虑对山区农业生产空间功能（简称
农业空间功能）的适宜性评价。

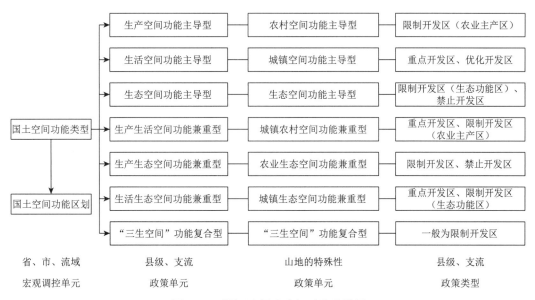

图 5-2　不同尺度国土空间功能分类图

　　根据太行山区、横断山区、黔桂喀斯特山区的农业生产特征，从资源禀赋、环境约束、现状开发强度三个方面考虑，主要选择耕地压力指数、农业水资源安全指数、气候生产潜力、土壤质量指数、土地开垦率、土地生产力、农业发展水平、农业劳动力八个指标（图 5-3）对典型山地县域尺度的农业生产空间功能适宜性进行评价。在文献检索、野外

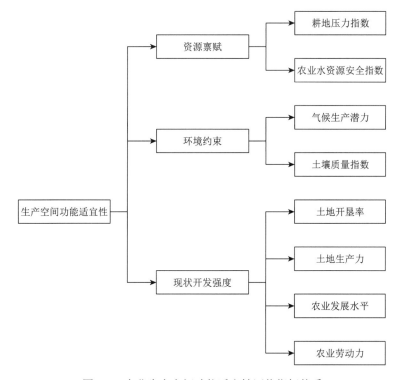

图 5-3　农业生产空间功能适宜性评价指标体系

调研和专家咨询的基础上利用层次分析法（analytic hierarchy process，AHP）分别确定了八个农业生产空间功能适宜性评价指标的权重（表 5-5）。由表 5-5 可知，现状农业开发强度是决定农业生产空间功能适宜性的主要因素，其次是资源禀赋和环境约束条件。在具体指标方面，太行山区农业生产空间功能适宜性主要受土地垦殖率、适宜耕作土地资源和农业水资源安全指数控制，农业水资源安全指数的权重远高于横断山区和黔桂喀斯特山区，显示出水资源短缺问题对太行山区农业生产空间功能的制约作用；横断山区受宏观地貌和微观地形影响，坡耕地众多，陡坡垦殖严重，土壤侵蚀强烈；黔桂喀斯特山区则面临土壤浅薄、石漠化问题。因此，适宜耕作土地资源对农业生产空间功能的重要性最高，其次是土地垦殖率与农业发展水平。

表 5-5　农业生产空间功能评价指标体系

评价指标	指标权重		
	太行山区	横断山区	黔桂喀斯特山区
适宜耕作土地资源	0.1669	0.2503	0.2503
农业水资源安全指数	0.1669	0.0834	0.0834
气候生产潜力	0.0353	0.0354	0.0354
土壤质量指数	0.1062	0.1062	0.1062
土地垦殖率	0.2251	0.2251	0.2251
土地生产力	0.0893	0.0893	0.0893
农业发展水平	0.1591	0.1591	0.1591
农业劳动力	0.0512	0.0512	0.0512

山区农业生产空间功能适宜性评价指标的计算方法如下：

（1）适宜耕作土地资源。

为合理评估三大典型山地的农业生产空间功能适宜性，从耕地坡度、土壤侵蚀模数、土壤质量等级和石漠化敏感性四方面提出了山区适宜耕作土地资源提取标准（表 5-6），其中坡度标准按照《中华人民共和国水土保持法》规定禁止垦殖坡度，土壤侵蚀模数标准参考《土壤侵蚀分类分级标准》（SL 190—2007）中的土壤侵蚀强度分级标准，土壤质量等级与石漠化敏感性等级按照最低质量等级耕地和石漠化敏感、极敏感等级耕地不宜纳入适宜耕作土地资源的标准来确定。

表 5-6　山区适宜耕作土地资源提取标准

评价指标	指标权重		
	太行山区	横断山区	黔桂喀斯特山区
耕地坡度		≤25°	
土壤侵蚀模数		≤5000t/(km²·a)	
土壤质量等级		质量等级≥2	
石漠化敏感性	—	—	敏感性等级<4

（2）农业水资源安全指数。

在三大典型山区中，横断山区、黔桂喀斯特山区水资源短缺问题不突出，但是灌溉耕地比例较低，黔桂喀斯特山区坡面的地表径流系数极低，也会导致农业水资源不足问题。太行山区面临较为严重的资源型缺水问题。通过建立农业水资源安全指数模型，实现对横断山区、黔桂喀斯特山区、太行山区县域尺度的农业水资源安全指数的定量评价。

农业水资源安全指数计算公式如下：

$$\text{WSI} = K_{\text{irrigation}} \frac{\text{NWR}}{\text{CWR}} \tag{5.1}$$

式中，WSI 为农业水资源安全指数，无量纲；NWR 为耕地的天然水资源量，用亩水资源量表示，$\text{m}^3/$亩（1 亩 $\approx 666.7\text{m}^2$）；CWR 为作物需水量，用每亩耕地的灌溉需水量替代，$\text{m}^3/$亩；$K_{\text{irrigation}}$ 为灌溉调节系数，无量纲。

（3）气候生产潜力。

三大典型山区南北、东西跨度大，在垂直带上其相对高差均很大。这种纬向、经向和垂直带上的水热梯度差异造成三大典型山区的气候生产潜力空间分异显著，从而明显影响农业生产空间功能。参考李莉等[1]、郭小芹和刘明春[2]、罗永忠等[3]在中亚、河西走廊、甘肃省等区域气候生产潜力的研究成果，选用国际通用、比较成熟的 Thornthwaite Memorial 模型计算气候生产潜力，其计算公式为

$$W_V = 3000[1 - e^{-0.0009695(V-20)}] \tag{5.2}$$

$$V = 1.05R / [1 + (1.05R / L)^2]^{1/2} \tag{5.3}$$

$$L = 300 + 25T + 0.05T^3 \tag{5.4}$$

式中，T 为年均气温，℃；R 为年降水量，mm；W_V 为 T、R 复合影响下的气候生产潜力，即干物质量，$\text{kg}/(\text{hm}^2 \cdot \text{a})$；$V$、$L$ 为模型临时变量，无量纲。

（4）土壤质量指数。

从立地条件、气候水文、理化性质和土壤环境四个方面，选择了海拔、地形起伏度、坡度、坡位、裸岩率、土地垦殖率、气候生产潜力、地表径流深、土壤有效含水量、土壤有效储水量、土层厚度、耕层厚度、有机质、全氮、土壤侵蚀强度、植被指数 16 个指标，黔桂喀斯特山区还包括石漠化敏感性指标，利用多指标综合评价方法对三大典型山区的土壤质量进行综合评价（表 5-7）。

表 5-7 土壤质量评价指标及权重

一级指标	一级指标权重	二级指标	二级指标权重
立地条件	0.5641	海拔	0.0496
		地形起伏度	0.1169
		坡度	0.1317
		坡位	0.0448
		裸岩率	0.0921
		土地垦殖率	0.1290

一级指标	一级指标权重	二级指标	二级指标权重
气候水文	0.1821	气候生产潜力	0.0664
		地表径流深	0.0664
		土壤有效含水量	0.0181
		土壤有效储水量	0.0312
理化性质	0.2020	土层厚度	0.0898
		耕层厚度	0.0822
		有机质	0.0197
		全氮	0.0103
土壤环境	0.0518	土壤侵蚀强度	0.0389
		植被指数	0.0129

（5）土地垦殖率。

基于 Landsat TM 影像解译的 1990 年、2000 年、2010 年、2015 年土地利用现状数据，利用式（5.5）计算太行山区、横断山区、黔桂喀斯特山区的土地垦殖率：

$$LRR = \frac{A_{farmland}}{A_0} \times 100\% \qquad (5.5)$$

式中，LRR 为区域土地垦殖率，%；$A_{farmland}$ 为耕地面积，km^2；A_0 为区域土地总面积，km^2。

（6）土地生产力。

近年来，随着国家经济不断发展和高速城镇化，山区人口迁出，土地撂荒，山区的粮食生产功能正在逐步下降，但山区的粮食生产能力在区域粮食安全和特色农产品供给方面仍发挥重要作用。因此，用粮食生产能力来表征山区土地生产力。利用 2010 年第六次全国人口普查主要数据公报和《四川统计年鉴 2011》《云南统计年鉴 2011》《河北统计年鉴 2011》等统计资料计算太行山区、横断山区、黔桂喀斯特山区县域尺度的土地生产力：

$$LP = K \times \sqrt{GYPC^2 + GYPA^2} \qquad (5.6)$$

式中，LP 为县域土地生产力，无量纲；GYPC 为采用极差变化法标准化的人均粮食产量，无量纲；GYPA 为采用极差变化法标准化的地均粮食产量，无量纲；K 为粮食增产速度调节系数，无量纲。

（7）农业发展水平。

农业发展水平与土地生产力同为决定山区农业生产空间功能适宜性的重要指标，土地生产力从粮食产出方面影响农业生产空间功能适宜性，农业发展水平从经济产出方面影响农业生产空间功能适宜性。利用 2010 年第六次全国人口普查主要数据公报和《四川统计年鉴 2011》《云南统计年鉴 2011》《河北统计年鉴 2011》等资料计算横断山区、黔桂喀斯特山区、太行山区县域尺度的农业发展水平数据：

$$ADL = \sqrt{AIPC^2 + AIPA^2} \tag{5.7}$$

式中，ADL 为县域农业发展水平指数，无量纲；AIPC 为采用极差变化法标准化的人均粮食产量，无量纲；AIPA 为采用极差变化法标准化的地均粮食产量。AI 即 agricultural income 的简写。

（8）农业劳动力。

农业劳动力也是影响山区农业生产空间功能适宜性的重要指标。利用农业劳动力密度、农业劳动力变动强度和农业机械化水平变动强度来综合表征农业劳动力指标：

$$AL = f(ALD, ALC, AMD) = K_{ALC} \times K_{AMC} \times \frac{POP_{15\sim60}}{A_0} \tag{5.8}$$

式中，AL 为农业劳动力指标，无量纲；ALD 为农业劳动力密度；ALC 为农业劳动力变化强度；AMD 为农业机械化水平；$POP_{15\sim60}$ 为 15～60 岁的农村常住人口数量，人；A_0 为农村空间面积，包括耕地与农村居民点两类面积，km^2；K_{ALC} 为农业劳动力变化强度调节系数，无量纲；K_{AMC} 为农业机械化水平变化强度调节系数，无量纲。

2. 城镇空间功能适宜性评价

随着城镇化的快速发展，城镇生活空间功能在山区国土生活空间功能中所占比例越来越大，2010 年太行山区、横断山区、黔桂喀斯特山区的城镇化率分别为 45.64%、30.19%、38.40%，城市、建制镇、集镇和新型聚居型村落正逐步成为山区生活空间的主要形态。农村生活空间相对分散，因此本书主要针对城镇生活空间功能（简称城镇空间功能）进行评价。

从资源承载、环境约束、现状开发强度三个方面，选择可开发建设土地、人均水资源量、生态环境质量指数、自然灾害危险度、国土开发强度、经济发展水平、人口集聚度、交通通达度 8 个指标对太行山区、横断山区、黔桂喀斯特山区县域的城镇空间功能适宜性进行评价（图 5-4）。利用 AHP 方法（层次分析法）确定了 8 个评价指标的权重（图 5-4 和表 5-8）。从表 5-8 中可以看出，由于各个山地的地理环境特征不同，城镇空间功能适宜性评价指标权重存在差异，总体而言，国土开发强度、经济发展水平权重较高，显示出经济因素对山区国土生活空间功能适宜性的决定性作用。太行山区的人均水资源量指标权重明显高于横断山区和黔桂喀斯特山区，显示出水资源对太行山区城镇空间功能的限制性作用；横断山区的可开发建设土地指标明显高于太行山区和黔桂喀斯特山区，显示出在山地地形约束下，横断山区的可开发建设土地匮乏，这对横断山区的城镇空间功能适宜性产生了严重制约作用。

表 5-8 城镇生活空间功能评价指标体系

评价指标	指标权重		
	太行山区	横断山区	黔桂喀斯特山区
可开发建设土地	0.1302	0.2319	0.1511
人均水资源量	0.1302	0.0773	0.0504

评价指标	指标权重		
	太行山区	横断山区	黔桂喀斯特山区
生态环境质量指数	0.0266	0.0273	0.0228
自然灾害危险度	0.0796	0.0822	0.0686
国土开发强度	0.3074	0.2821	0.2747
经济发展水平	0.1376	0.1263	0.2104
人口集聚度	0.1201	0.1102	0.1465
交通通达度	0.0683	0.0627	0.0755

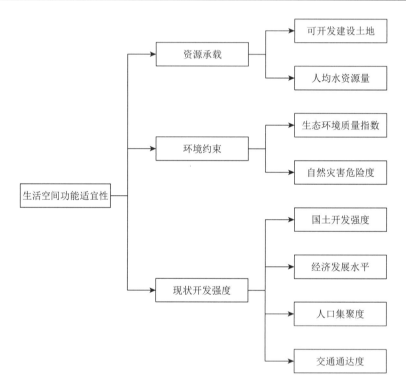

图 5-4　生活空间功能适宜性评价指标体系

山区城镇空间功能适宜性评价指标的计算方法如下：

（1）可开发建设土地。

在确定适宜开发土地面积的具体算法中，一般都是参考《省级主体功能区划分技术规程（试用）》，基于海拔、坡度两个条件确定适宜开发土地：①海拔低于 2000m，同时坡度小于 15°；②海拔介于 2000~3000m，同时坡度小于 8°；③海拔在 3000m 以上，同时坡度小于 3°。因此从地貌类型与坡度两个条件，考虑西南山区尤其是横断山区的高山深谷地形的影响，并考虑规避山地的灾害、饮水安全保障与耕作半径等因素，确定适宜开发建设的土地范围。综合考虑太行山区、横断山区、黔桂喀斯特山区的地质、地貌、地形条件，根据四川省居民地坡谱分析结果（图 5-5），提出了适宜开发建设土地提取标准（表 5-9）。

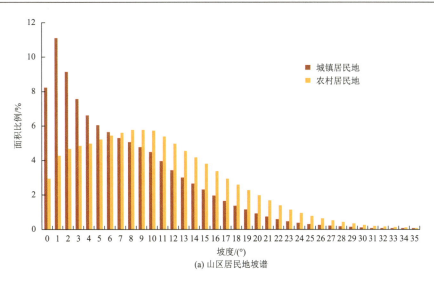

(a) 山区居民地坡谱

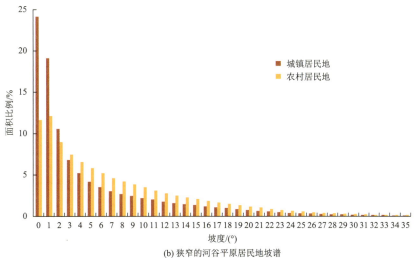

(b) 狭窄的河谷平原居民地坡谱

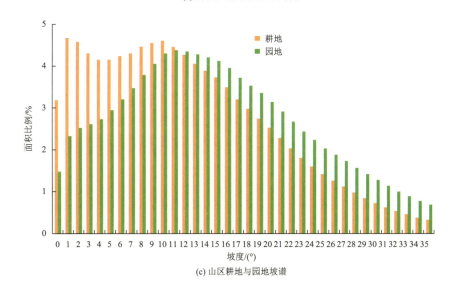

(c) 山区耕地与园地坡谱

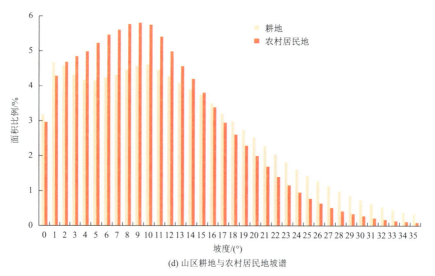

(d) 山区耕地与农村居民地坡谱

图 5-5　四川省居民地坡谱分析图

表 5-9　适宜开发建设土地提取标准

地貌类型		坡度
平原、台地	开阔的	<25°
	狭窄的	<8°
丘陵		<15°
山地	小起伏	<8°
	中起伏	<5°
	大起伏	<3°
	极大起伏	—

基于这一坡度统计，横断山区超过适宜开发土地坡度阈值的城镇建设用地面积为 30km²，占现有建设用地总面积的 2.25%。适宜开发建设土地提取需要从地质、地貌、地形、基本农田保护、生态空间占用权衡等多方面入手，根据可开发建设土地测算结果，三大典型山区也存在大量的不合理的建设用地（即落在不适宜开发建设区内的土地）。以横断山区为例，2010 年超限建设用地面积为 454km²，2000 年超限建设用地面积为 269km²，10 年时间超限建设用地增加了 185km²。大量不合理的建设用地意味着相当一部分城镇人口处于超载状态，测算表明，太行山区、横断山区、黔桂喀斯特山区的超载城镇人口分别为 264 万、85 万、208 万。

（2）人均水资源量。

根据太行山区、横断山区、黔桂喀斯特山区的地表水资源空间模拟结果，三个典型山区的地表水资源量分别为 169.56 亿 m³、2032.34 亿 m³、1432.66 亿 m³，按 2010 年第六次全国人口普查的常住人口数据计算，三个典型山区的人均水资源量分别为 423m³、10459m³、3367m³。按国际常用的水资源短缺 Falkenmark 指数[4, 5]，太行山区属水资源严重短缺等级。

考虑人均水资源量、水资源紧缺警戒线、Falkenmark 指数以及城镇集中供水对水资源安全的影响，构建了人均水资源量指标计算算法，然后利用三个典型山区的地表径流空间模拟成果、2010 年第六次全国人口普查资料计算了横断山区、黔桂喀斯特山区、太行山区县域尺度的人均水资源量指标：

$$W = K \times \frac{TAW \times 10000}{POP} / RPCW \tag{5.9}$$

式中，W 为人均水资源量指标值，无量纲；TAW 为县域水资源总量，亿 m^3；POP 为县域常住人口总量，万人；RPCW 为水资源紧缺警戒线，选取国际通用的 1700 m^3/人；K 为集中供水调整系数，体现城镇化后通过集中式供水提升的水资源安全等级，该调整系数用城镇化率换算。

（3）生态环境质量指数。

参考《生态环境状况评价技术规范（试行）》（HJ/T192—2006）对典型山区的生态环境质量进行评价，涉及的评价指标包括生物丰度指数、植被覆盖指数、水网密度指数、土地退化指数、环境质量指数 5 个指标。

（4）自然灾害危险度。

在三个典型山区中，太行山区主要受山洪灾害、干旱灾害、低温冷害的影响，部分区域泥石流、滑坡的危险性也较高；横断山区主要受泥石流灾害、滑坡灾害、地震灾害、山洪灾害和干旱灾害的威胁；黔桂喀斯特山区主要受滑坡灾害、山洪灾害、干旱灾害、洪涝灾害、低温冷害的威胁。为综合评估三大典型山区县域的自然灾害危险性情况，考虑了地震灾害、泥石流灾害、滑坡灾害、山洪灾害、洪涝灾害、干旱灾害、低温冷害、雷暴大风冰雹灾害 8 种自然灾害类型，太行山区还考虑了灰霾灾害影响，采用多因子综合评价方法获得县域尺度的自然灾害危险度数据（表 5-10）。

表 5-10　三大典型山区自然灾害危险性综合评价权重

评价指标	横断山区	黔桂喀斯特山区	太行山区
地震	0.1947	0.0378	0.0339
泥石流	0.2330	0.2600	0.1554
滑坡	0.2146	0.1971	0.2111
山洪	0.1031	0.1946	0.1856
洪涝	0.0971	0.1095	0.0823
干旱	0.0885	0.1264	0.2121
低温冷害	0.0430	0.0430	0.0360
雷暴大风冰雹	0.0260	0.0316	0.0268
灰霾灾害	—	—	0.0568

（5）国土开发强度。

国土开发强度指已开发的国土空间面积占国土空间总面积的比例，用如下公式表示：

$$LDI = \frac{A_{\text{Development}}}{A_0} \times 100\% \tag{5.10}$$

式中，LDI 为国土开发强度，%；$A_{\text{Development}}$ 为已经开发的国土空间面积，km^2；A_0 为县域土地总面积，km^2。

（6）经济发展水平。

同时考虑人均 GDP、地均 GDP 和 GDP 增速三项指标，对三大典型山区的经济发展水平进行综合评价。经济发展水平的计算公式如下：

$$EDL = K \times \sqrt{PCGDP^2 + PAGDP^2} \tag{5.11}$$

式中，EDL 为县域经济发展水平，无量纲；PCGDP 为采用极差变化法标准化的人均 GDP，无量纲；PAGDP 为采用极差变化法标准化的地均 GDP，无量纲；K 为 GDP 增速调节系数，无量纲。

（7）人口集聚度。

参考《全国主体功能区规划》中人口集聚度的计算方法，考虑了人口流动强度、人口机械增长率和城镇化率对人口集聚度的影响，修正了人口集聚度计算算法：

$$PC = K_{\text{PDI}} \times K_{\text{UR}} \times K_{\text{PMGR}} \times \frac{POP}{A} \tag{5.12}$$

$$K_{\text{PDI}} = \frac{POP - POP_{\text{CR}}}{POP} \times 100\% \tag{5.13}$$

$$K_{\text{PMGR}} = \frac{POP_{2010} - POP_{2000}}{POP_{2010}} \times 100\% \tag{5.14}$$

式中，PC 为人口集聚度，无量纲；K_{PDI} 为人口流动强度；K_{UR} 为城镇化率；K_{PMGR} 为人口机械增长率；POP 为县域常住人口总量，万人；A 为县域土地总面积 km^2；POP_{CR} 为户口在本地的常住人口，万人；POP_{2000} 和 POP_{2010} 分别为第五次和第六次全国人口普查常住人口数据，万人。

（8）交通通达度。

利用刘斌涛等[6]提出的山区交通通达度的算法，对太行山区、横断山区、黔桂喀斯特山区县域尺度的交通通达度进行测算分析。

设交通枢纽的交通设计技术等级为 γ_i，某一点到该交通枢纽的最短通行时间为 T_i，那么参考引力模型直接给出该点的交通通达度 A 的一般表达式，为

$$A = \sum_{i=1}^{N} \gamma_i \frac{1}{e^{\alpha \cdot T_i}} \tag{5.15}$$

式中，α 为衰减调节系数，为避免 γ_i 递减过快，根据我国山区的实际情况，α 取 0.15～0.35 较为合适（山区两个相邻县的通达时间为 3 小时左右，考虑 3 小时后 γ_i 衰减到 0.5，10 小时衰减到 0.1 左右）；通行时间 T_i 可以根据高速公路、国道、省道、县道的长度计算。根据山区实际情况，将高速公路时速设为 100km/h（平原区）、85km/h（丘陵区）和 70km/h（高山峡谷区），同时也采用了国道、省道和县道的时速标准。

我国多数山区同时是山洪、泥石流、崩塌、滑坡等自然灾害的高危险区，交通设施受自然灾害破坏的现象时有发生。因此山区交通通达性还必须考虑交通设施的脆弱性。引入交通摩擦系数表示山区交通的脆弱性程度。设置交通摩擦系数为 ϕ_i，那么式（5.15）改进为

$$A = \sum_{i=1}^{N} \gamma_i \frac{1}{\phi_i \mathrm{e}^{\alpha \cdot T_i}} \tag{5.16}$$

交通通达性往往以市级行政单元、县级行政单元或乡镇行政单元为评价单元进行评价。要合理描述一个行政区域的交通通达情况还必须考虑行政单元内的交通通达情况。行政区内的交通通达性可以使用被评价行政区的交通设施技术等级和公路网密度来描述。设一个单元的交通设施技术等级为 γ_0，公路网密度为 L，那么可以将式（5.16）改进为

$$A = k \cdot L \cdot \left(\sum_{i=1}^{N} \gamma_i \frac{1}{\phi_i \mathrm{e}^{\alpha \cdot T_i}} + \gamma_0 \right) \tag{5.17}$$

式中，k 为提高模型通用性而设置的调节系数，一般可以取 0.8。

设 η_i 为交通枢纽到评价地点的通达衰减指数，直接给出其计算公式，如下：

$$\eta_i = \frac{1}{\phi_i \cdot \mathrm{e}^{\alpha \cdot T_i}} \tag{5.18}$$

设 γ 为交通枢纽交通设施技术等级衰减值与评价单元交通设施技术等级之和，直接给出其计算公式，如下：

$$\gamma = \sum_{i=1}^{N} \gamma_i \eta_i + \gamma_0 \tag{5.19}$$

将式（5.19）代入式（5.17）便得到山区交通通达度的一般形式：

$$A = k \cdot L \cdot \gamma \tag{5.20}$$

由式（5.20）可以看出，山区交通优势度由交通枢纽与评价单元的交通设施技术等级、评价单元内的交通线密度和交通枢纽到评价单元以最短通行时间表征的通达衰减指数决定。

3. 生态空间功能适宜性评价

权衡生产空间功能、生活空间功能与生态空间功能的关系，合理评估生态空间功能的适宜性，是山区国土空间功能适宜性综合评价与类型划分的重要环节。从生态资源数量、生态质量、生态开发与保护三个方面（图 5-6）对太行山区、横断山区、黔桂喀斯特山区县域尺度的生态空间功能适宜性进行评价。使用 AHP 方法确定各个评价指标的权重（表 5-11）。

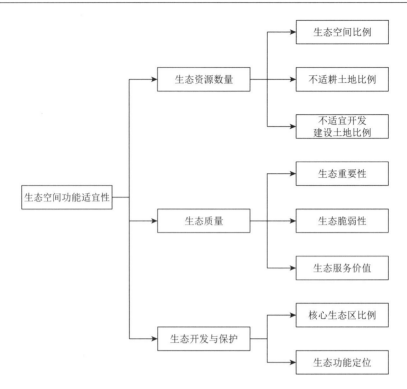

图 5-6   生态空间功能适宜性评价指标体系

表 5-11   生态空间功能评价指标体系

评价指标	指标权重		
	太行山区	横断山区	黔桂喀斯特山区
生态空间比例	0.3773	0.3580	0.3281
不适宜耕作土地比例	0.1072	0.1531	0.1403
不适宜开发建设土地比例	0.0728	0.0968	0.0887
生态脆弱性	0.1067	0.1492	0.1921
生态重要性	0.1067	0.0656	0.0641
生态服务价值	0.1067	0.0573	0.0641
核心生态区比例	0.0817	0.0800	0.0817
生态功能定位	0.0409	0.0400	0.0409

山区生态空间功能适宜性评价指标的计算方法如下：

（1）生态空间比例。

生态空间比例是县域生态空间面积占县域土地总面积的百分比。生态空间面积包括绿被生态空间（31）、水被生态空间（32）、其他生态空间（33）。

$$\text{ESAR} = \frac{\text{ESA}}{A_0} \times 100\% \qquad (5.21)$$

式中，ESAR 为生态空间比例，%；ESA 为县域生态空间面积，km²； A_0 为县域土地总面积，km²。

（2）不适宜耕作土地比例。

不适宜耕作土地比例即不适宜耕作土地占一定土地总面积的比例，其计算方法参考"农业生产空间功能适宜性评价"中"适宜耕作土地资源"的计算方法，在耕地中除掉适宜耕作土地即为不适宜耕作土地。

（3）不适宜开发建设土地比例。

不适宜开发建设土地比例即不适宜开发建设土地占土地总面积的比例，其计算方法参考"城镇空间功能适宜性评价"中"可开发建设土地"的计算方法，在建设用地中除掉可开发建设土地即为不适宜开发建设土地。

（4）生态脆弱性。

从生态敏感度、生态弹性度、生态压力度三方面对太行山区、横断山区、黔桂喀斯特山区的生态脆弱性进行综合评价，具体评价指标包括：①生态敏感度，含海拔、地形起伏度、坡度、土壤侵蚀强度、石漠化敏感性（仅限黔桂喀斯特山区）、山地灾害危险性；②生态弹性度，含年降水量、干燥度、气候生产潜力、植被覆盖度、森林覆盖率、生态服务价值；③生态压力度，含人口密度、土地开垦率、国土开发强度、公路网密度。

（5）生态重要性。

选择水源涵养、土壤保持、生物多样性、固碳四个方面对山区生态重要性进行评价。水源涵养采用水量平衡法计算，其计算公式为[7]

$$Q_{\mathrm{WC}} = \sum_{i=1}^{j} (P_i - R_i - \mathrm{ET}_i) \times A_i \tag{5.22}$$

式中， Q_{WC} 为水源涵养量，1000m³； P_i 为降水量，mm； R_i 为暴雨径流量，mm； ET_i 为蒸散发量，mm； A_i 为 i 类生态系统的面积，km²； j 为研究区生态系统类型数量。

土壤保持计算公式为

$$\mathrm{CA} = \mathrm{PA} - A = R \times K \times L \times S \times M \times (1 - C \times P) \tag{5.23}$$

式中，CA 为生态系统土壤保持模数，t/(km²·a)；PA 为潜在土壤侵蚀模数，t/(km²·a)； A 为土壤侵蚀模数，t/(km²·a)； R 为降水侵蚀力，MJ·mm/(hm²·h·a)； K 为土壤可蚀性，t·hm²·h/(MJ·mm·hm²)； L 为坡长因子，无量纲； S 为坡度因子，无量纲； M 为修正因子，无量纲； C 为地表覆盖与管理因子，无量纲； P 为水土保持措施因子，无量纲。

采用基于月降水量的降水侵蚀力计算算法计算三大典型山区的降水侵蚀力，其计算公式为[8]

$$R = 0.3589 F^{1.9462} \tag{5.24}$$

$$F = \left[\sum_{i=1}^{12} P_i^2 \right] \times P^{-1} \tag{5.25}$$

式中， P 为多年平均降水量，mm； P_i 为第 i 月的平均降水量，mm； R 为多年平均降水侵蚀力，MJ·mm/(hm²·h·a)； F 为降水季节变率指数，无量纲。

使用 EPIC 模型[9]计算土壤可蚀性 K 值：

$$K_{\mathrm{EPIC}} = \left\{ 0.2 + 0.3\exp\left[-0.0256S_{\mathrm{a}}\left(1 - \frac{S_{\mathrm{i}}}{100} \right) \right] \right\}\left(\frac{S_{\mathrm{i}}}{C_1 + S_{\mathrm{i}}} \right)^{0.3}$$

$$\times \left[1 - \frac{0.25C}{C + \exp(3.72 - 2.95C)} \right] \tag{5.26}$$

$$\times \left[1 - \frac{0.7S_{\mathrm{n}}}{S_{\mathrm{n}} + \exp(-5.51 + 22.9S_{\mathrm{n}})} \right]$$

$$S_{\mathrm{n}} = 1 - S_{\mathrm{a}} / 100 \tag{5.27}$$

式中，S_{a} 为砂粒含量（0.05～2mm），%；S_{i} 为粉砂含量（0.002～0.05mm）；C_1 为黏粒含量（<0.002mm），%；C 为有机碳含量，%；S_{n} 为粉粒和黏粒含量，%。

采用西南土石山区 LS 因子修正算法计算三大典型山区的 LS 因子，其计算公式为[10]

$$L = \left(\frac{L_0}{20} \right)^{0.24} \tag{5.28}$$

$$S = \begin{cases} 10.8\sin\theta + 0.03 & \theta \leqslant 5° \\ 16.8\sin\theta - 0.50 & 5° < \theta \leqslant 10° \\ 20.204\sin\theta - 1.2404 & 10° < \theta \leqslant 25° \\ 29.585\sin\theta - 5.6079 & \theta > 25° \end{cases} \tag{5.29}$$

生物多样性采用生物丰度指数、植被覆盖度和珍稀濒危生物物种丰富度综合确定，用公式表示为

$$\mathrm{BIO} = B \times \mathrm{VC} \times \mathrm{TS} \tag{5.30}$$

式中，BIO 为生物多样性维持功能指数，无量纲；B 为生物丰度指数，无量纲，根据土地利用类型赋值得到；VC 为植被覆盖度，%；TS 为珍稀濒危生物物种丰富度，利用《中国物种红色名录》[11]、《中国野生动物保护名录》[12]、《中国重要野生植物保护名录（第一批）》[13]、《世界自然保护联盟濒危物种红色名录》（IUCN Red List of Threatened Species）[14]、《中国生物多样性地理图集》[15]确定。

固碳功能采用净生态系统生产力方法测定，公式为[16]

$$\mathrm{NEP} = (\mathrm{NPP} - \mathrm{RS}) \times \frac{M_{\mathrm{C}_6}}{M_{\mathrm{C}_6\mathrm{H}_{10}\mathrm{O}_5}} = \alpha \times \mathrm{NPP} \times \beta \tag{5.31}$$

$$\alpha = 1 - \frac{\mathrm{RS}}{\mathrm{NPP}} \tag{5.32}$$

$$\beta = \frac{M_{\mathrm{C}_6}}{M_{\mathrm{C}_6\mathrm{H}_{10}\mathrm{O}_5}} \tag{5.33}$$

式中，NEP 为净生态系统生产力，g C/(m²·a)；NPP 为净生态系统初级生产力，为干物质量，g C/(m²·a)；RS 为土壤呼吸消耗碳量，g C/(m²·a)；α 为 NEP 与 NPP 的转换系数；β 为干物质量转换为碳的系数，森林、灌丛取 0.5，草地取 0.45。

（6）生态服务价值。

采用谢高地等[17, 18]提出的生态系统服务价值测算方法，并根据太行山区、横断山区、黔桂喀斯特山区的生态系统特征，对生态系统服务价值当量修正方法进行修正。从表 5-12

可以看出，由于三个典型山区的生态系统及其生态过程不同，它们的生态系统服务价值当量相差非常大，以水田为例，黔桂喀斯特山区水田的生态服务价值是太行山区的3.8倍。

表 5-12　三大典型山区生态系统服务价值当量

土地利用分类		生态系统服务价值当量		
一级分类	二级分类	太行山区	横断山区	黔桂喀斯特山区
耕地	水田	2.73	10.09	10.51
	旱地	2.68	3.88	5.02
林地	有林地	21.87	29.55	26.82
	灌木林地	14.87	21.05	19.42
	疏林地	14.43	25.71	21.99
	其他林地	12.47	17.73	19.04
草地	高覆盖度草地	17.52	22.53	30.74
	中覆盖度草地	16.05	19.34	30.74
	低覆盖度草地	14.57	14.20	30.74
水域	河渠	125.61	180.88	180.88
	湖泊	125.61	180.88	180.88
	水库、坑塘	125.61	180.88	180.88
	冰川和永久积雪地	12.09	16.74	16.74
	海涂	32.92	45.86	48.92
	滩地	26.55	38.78	41.84
建设用地	城镇用地	−17.89	−17.89	−17.89
	农村居民点用地	0.24	0.24	0.24
	工交建设用地	−27.83	−27.83	−27.83
未利用地	沙地	1.42	1.65	1.65
	戈壁	1.42	1.65	1.65
	盐碱地	1.42	1.65	1.65
	沼泽地	60.84	78.03	78.03
	裸土地	0.27	0.30	0.30
	裸岩石砾地	0.27	0.30	0.30
	其他	0.27	0.30	0.30

（7）核心生态区比例。

核心生态区数据来源于全球变化科学研究数据出版系统发布的《中国核心生态区类型及土地利用数据集》，中国 6 种生态核心区包括水源涵养区、土壤保持区、防风固沙带、洪水调蓄区、河岸防护带和生物多样性保护区。

$$CEZAR = \frac{CEZA}{A_0} \times 100\% \qquad (5.34)$$

式中，CEZAR 为县域核心生态区比例，%；CEZA 为县域核心生态区面积，km^2；A_0 为县域土地总面积，km^2。

（8）生态功能定位。

生态功能定位指标根据各县域单元国家级主体功能区、省级主体功能区、生态功能区类型确定，赋值方法详见表 5-13。

表 5-13　生态功能定位指标赋值

序号	主体功能区、生态功能区	生态功能定位
1	国家级限制开发区（重点生态功能区），同时是重点生态功能区	100
2	国家级限制开发区（农产品主产区），同时是重点生态功能区	80
3	省级限制开发区（重点生态功能区），同时是重点生态功能区	60
4	重点生态功能区 省级限制开发区（重点生态功能区） 省级限制开发区（农产品主产区），同时是重点生态功能区	40
5	国家级限制开发区（农产品主产区） 省级限制开发区（农产品主产区） 省级重点开发区，同时是重点生态功能区	20
6	国家级重点开发区 国家级重点开发区，同时是重点生态功能区 省级重点开发区 无	0

5.3　评价结果

5.3.1　太行山区

1. 农业生产空间功能适宜性

总体上，太行山区农业生产空间功能适宜性高的地区主要分布在太行山地东麓的山前平原、上党盆地以及汾河谷地等区域，而太岳山、太行山中段、五台山、恒山、太行山与燕山接合部等区域农村空间功能适宜性等级较低。农业生产空间功能适宜性指数排在前10 位的县（市、区）依次为孟州市、曲沃县、元氏县、沁阳市、焦作市马村区、卫辉市、博爱县、洛阳市孟津区、安阳市文峰区、鹤壁市山城区；农业生产空间功能适宜性指数排在后 10 位的县（市、区）依次为阜平县、五台县、盂县、阳泉市城区、左权县、繁峙县、灵丘县、沁源县、阳曲县、阳泉市郊区，排在第一位的河南省孟州市农业生产空间功能适宜性指数是排在最后一位的河北省阜平县的 5.7 倍。南太行漳河流域农业生产空间功能适宜性指数明显高于太行山区其他地区，涉及的行政区包括山西省长治市、晋城市，河南省安阳市、鹤壁市，河北省邯郸市，而这些地区同时都受到缺水问题困扰，综合权衡该区域的国土空间功能与水资源可持续利用性是太行山区发展的瓶颈。

　　从图 5-7 可以看出，地理环境对太行山区农业生产空间功能适宜性指数具有显著性影响，其中山地比例、海拔、坡度与农业空间功能适宜性指数负相关，人口密度与农业空间功能适宜性指数正相关。山地比例每增加 10%，则县域农业生产空间功能适宜性平均下降 5.9，而人口密度每增加 100 人/km²，农业生产空间功能适宜性平均增加 7.5。

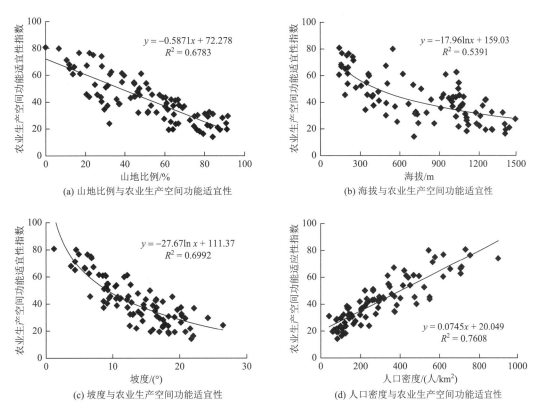

图 5-7　太行山区地理环境对农业生产空间功能适宜性的影响

　　从图 5-8 可以看出，土壤侵蚀模数越低，农业生产空间功能适宜性越高。由此可见，

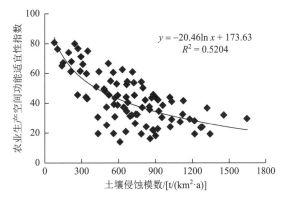

图 5-8　太行山区土壤侵蚀对农业生产空间功能适宜性的影响

太行山区土壤侵蚀（水土流失）对农村空间功能适宜性具有一定的限制性作用，其中在土壤侵蚀模数≤600t/(km²·a)时，农业生产空间功能适宜性随土壤侵蚀模数升高而下降的速度最快。

2. 城镇空间功能适宜性

总体上，太行山区城镇空间功能适宜性等级高的区域主要分布在太行山地山前平原、山间盆地和汾河谷地等空间，其中以石家庄—阳泉—太原一线和邯郸—长治一线适宜性等级最高，而中条山、太行山中脊、太行山与燕山接合部等区域城镇空间功能适宜性较低。城镇空间功能适宜性指数排在前 10 位的县（市、区）依次为阳泉市城区、长治市城区、晋城市城区、焦作市解放区、邢台市襄都区、焦作市山阳区、邢台市信都区、阳泉市矿区、安阳市文峰区、安阳市北关区；城镇空间功能适宜性指数排在后 10 位的县（市、区）依次为平陆县、夏县、定襄县、绛县、垣曲县、井陉县、涉县、霍州市、平顺县、易县，排在第一位的阳泉市城区的城镇空间功能适宜性指数是排在最后一位的平陆县的 4.1 倍。

从图 5-9 可以看出，人口密度对城镇空间功能适宜具有显著性影响，山地比例、坡度与城镇空间功能适宜性负相关，但相关系数较小，海拔与城镇空间功能适宜性指数统计上未达到显著性等级。

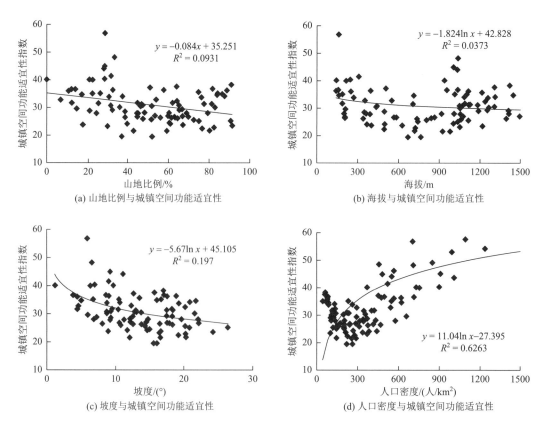

图 5-9　太行山区地理环境对城镇空间功能适宜性的影响

3. 生态空间功能适宜性

总体上，恒山、五台山、太行山与燕山接合部、太行山中脊、太岳山、中条山等区域生态空间功能适宜性指数高，五台山地区生态空间功能适宜性最高。太行山山前平原、上党盆地、汾河谷地等区域的生态空间功能适宜性指数较低。生态空间功能适宜性指数排在前 10 位的县（市、区）依次为北京市门头沟区、五台县、左权县、阜平县、平顺县、涞源县、沁源县、和顺县、北京市延庆区、涞水县；生态空间功能适宜性指数排在后 10 位的县（市、区）依次为安阳市文峰区、安阳市龙安区、鹤壁市山城区、孟州市、安阳市北关区、邢台市襄都区、安阳市殷都区、焦作市马村区、邢台市信都区、洛阳市孟津区，排在第一位的北京市门头沟区的生态空间功能适宜性指数是排在最后一位的安阳市文峰区的 6.7 倍。

4. 国土空间功能类型划分

将太行山区县域的农业生产空间功能适宜性指数、城镇空间功能适宜性指数和生态空间功能适宜性指数整合到一张表中，根据三种国土空间功能适宜性的相对大小和比重确定县域的国土空间功能类型。图 5-10 给出了太行山区国土空间功能类型划分成果，包括国土空间功能类型、最重要国土空间功能、主体功能区、重点生态功能区。从图 5-10（b）中可以看出，太行山山前平原、上党盆地、汾河谷地等区域以农业生产空间功能、城镇空间功能为主，其他地区以生态空间功能为主。

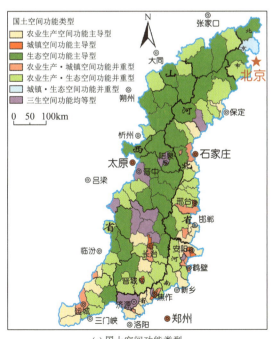

(a) 国土空间功能类型

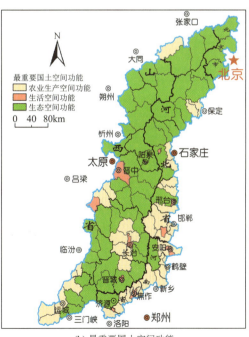

(b) 最重要国土空间功能

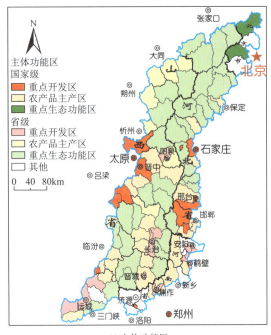

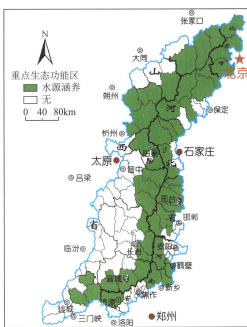

(c) 主体功能区　　　　　　　　　　　(d) 重点生态功能区

图 5-10　太行山区国土空间功能类型划分图

　　利用《河南省统计年鉴 2011》《河北省统计年鉴 2011》《北京市统计年鉴 2011》《山西省统计年鉴 2011》和 2010 年第六次全国人口普查资料，统计太行山区各种国土空间功能类型的县域数量、比例及总人口和关键社会经济指标等参数（表 5-14）。

表 5-14　太行山区国土空间功能类型划分成果

国土空间功能类型	县域数量及比例	主要社会经济指标
农业生产空间功能主导型	河北省行唐县、元氏县、磁县、满城县（现保定市满城区）；山西省屯留县（现长治市屯留区）、高平市、闻喜县、芮城县、永济市、曲沃县；河南省孟津县（现洛阳市孟津区）、安阳县、卫辉市、博爱县、沁阳市、孟州市，共 16 个县（市、区），总面积 13863.55km²，总人口 714.94 万（2010 年第六次全国人口普查）	按 2010 年统计资料，该功能区 GDP 总量 1974.89 亿元，人均 GDP 27623 元，耕地总面积 947.10 万亩，粮食总产量 404.84 万 t，农民人均纯收入 6245 元
城镇空间功能主导型	河北省邢台市桥东区（现襄都区）、桥西区（现信都区）；山西省阳泉市城区、矿区，长治市城区、晋城市城区；河南省安阳市文峰区、北关区、殷都区，焦作市解放区、山阳区，共 11 个县（市、区），总面积 827.42km²，总人口 361.90 万（2010 年第六次全国人口普查）	按 2010 年统计资料，该功能区 GDP 总量 1001.57 亿元，人均 GDP 27675 元，耕地总面积 43.84 万亩，粮食总产量 30.62 万 t，农民人均纯收入 7660 元
生态空间功能主导型	北京市门头沟区、延庆县（现延庆区）；河北省井陉县、平山县、涉县、涞水县、阜平县、涞源县、蔚县、涿鹿县；山西省阳曲县、灵丘县、浑源县、平定县、盂县、平顺县、黎城县、沁源县、沁水县、榆社县、左权县、和顺县、昔阳县、寿阳县、垣曲县、五台县、代县、繁峙县、古县、安泽县，共 30 个县（市、区），总面积 61790.67km²，总人口 744.29 万（2010 年第六次全国人口普查）	按 2010 年统计资料，该功能区 GDP 总量 1658.43 亿元，人均 GDP 22282 元，耕地总面积 1283.83 万亩，粮食总产量 457.42 万 t，农民人均纯收入 4369 元

续表

国土空间功能类型	县域数量及比例	主要社会经济指标
农业生产·城镇空间功能并重型	河北省石家庄市井陉矿区、鹿泉区，邯郸市峰峰矿区、沙河市；山西省长治市郊区、长治县（现上党区），运城市盐湖区、侯马市；河南省洛阳市吉利区，安阳市龙安区、鹤壁市山城区、淇滨区，焦作市马村区，共 13 个县（市、区），总面积 4999.427922km²，总人口 399.9015 万人（2010 年第六次人口普查）	按 2010 年统计资料，该功能区 GDP 总量 1297.21 亿元，人均 GDP 32438 元，耕地总面积 331.06 万亩，粮食总产量 149.92 万 t，农民人均纯收入 7139 元
农业生产·生态空间功能并重型	北京市房山区；河北省灵寿县、赞皇县、武安市、邢台县、临城县、内丘县、唐县、易县、顺平县、阳原县、怀来县；山西省广灵县、壶关县、长子县、阳城县、陵川县、泽州县、应县、太谷县（现晋中市太谷区）、祁县、平遥县、绛县、夏县、平陆县、定襄县、翼城县、浮山县、霍州市；河南省林州市、淇县、辉县市、修武县，共 33 个县（市、区），总面积 43482.04km²，总人口 1249.81 万人（2010 年第六次人口普查）	按 2010 年统计资料，该功能区 GDP 总量 2984.53 亿元，人均 GDP 23880 元，耕地总面积 1685.41 万亩，粮食总产量 776.29 万 t，农民人均纯收入 5557 元
城镇·生态空间功能并重型	北京市昌平区，共 1 个县（市、区），总面积 1342.51km²，总人口 166.05 万（2010 年第六次全国人口普查）	按 2010 年统计资料，该功能区 GDP 总量 383.40 亿元，人均 GDP 23089 元，耕地总面积 17.66 万亩，粮食总产量 31.66 万 t，农民人均纯收入 12548 元
"三生空间"功能均等型	河北省曲阳县；山西省阳泉市郊区、襄垣县、武乡县、沁县、长治市潞城区、晋中市榆次区、介休市；河南省鹤壁市鹤山区、焦作市中站区，济源市，共 11 个县（市、区），总面积 10643.41km²，总人口 368.19 万（2010 年第六次全国人口普查）	按 2010 年统计资料，该功能区 GDP 总量 1175.93 亿元，人均 GDP 31938 元，耕地总面积 474.35 万亩，粮食总产量 169.93 万 t，农民人均纯收入 5408 元

5.3.2　横断山区

1. 农业生产空间功能适宜性

总体上，横断山区东南部农业生产空间功能适宜性指数高，西部、西北部、北部农业生产空间功能适宜性指数较低，显示出地貌对横断山区农业生产空间功能的约束性作用。利用自然断点法（natural breaks）将农业生产空间功能适宜性分为高度适宜、中等适宜、一般适宜三级。其中，高度适宜、中等适宜两级全部为横断山区的东南部，即横断山区宏观地貌区划中的云南高原部分，其中高度适宜等级的县域主要分布于云南高原较大的坝子和安宁河谷等区域，如嵩明、祥云、宾川等县域属于典型的云南高原坝子农业，西昌、德昌、米易属于安宁河谷农业，会理、会东、宁南、元谋等县域属于干热河谷农业，这些区域水资源条件相对较好，农业生产功能突出，农业生产空间功能适宜性较高。横断山区西部、西北部地区农业生产空间功能适宜性等级全部为一般适宜，以怒江、澜沧江、金沙江为代表的高山深谷区域农业生产空间功能适宜性最低。统计表明，横断山区农业生产空间功能适宜性指数排在前 10 位的县（市、区）依次为嵩明县、西昌市、宾川县、祥云县、牟定县、富民县、大理市、弥渡县、禄丰县、会东县；农村生产空间功能适宜性指数排在后 10 位的县（市、区）依次为白玉县、色达县、德格县、江达县、巴塘县、察雅县、新龙县、芒康县、雅江县、贡觉县。排在第一位的云南省嵩明县的农村生产空间功能适宜性指数是排在最后一位的四川省白玉县的 8.6 倍，这一差距明显大于太行山区和黔桂喀斯特山区，显示出横断山区内部农业生产空间功能适宜性差异更大，如何实现农村生产空间功能均衡发展是横断山区全面建成小康社会需要解决的重要问题。

从图 5-11 可以看出，在横断山区县域尺度上四个指标与农业生产空间功能适宜性指数均呈现显著相关关系，山地比例、海拔、坡度与农业生产空间功能适宜性指数显著负相关，人口密度与农业生产空间功能适宜性指数显著正相关。由此可见，人口的时空格局是决定横断山区农业生产空间功能的最关键因素，随着人口的变化，山区的农业生产空间功能适宜性也发生变化。自然地理环境对农业生产空间功能格局同样具有重要的控制作用，在横断山区海拔对农业生产空间功能适宜性的控制作用大于坡度，海拔控制宏观格局，坡度控制微观格局。在山区国土空间功能研究中还要高度重视人口的时空变化问题，近年来山区农村人口大量迁出对山区农业生产空间功能已经产生了影响。

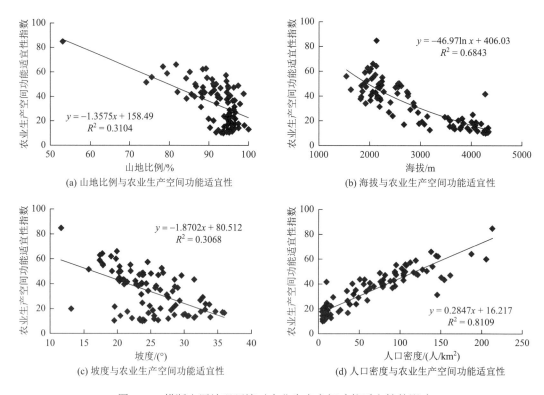

图 5-11　横断山区地理环境对农业生产空间功能适宜性的影响

通过分析横断山区县域平均土壤侵蚀模数与农业生产空间功能适宜性指数之间的相关关系，发现两者呈显著的正相关关系，土壤侵蚀模数越高，农业生产空间功能适宜性指数越大，这种特征与太行山区、黔桂喀斯特山区截然不同（图 5-12）。很显然，土壤侵蚀越严重农业生产空间功能越适宜显然不成立，而是农业生产空间功能指数越高的地区土地垦殖率往往也较高，而受横断山区地貌条件限制，势必造成严重的坡地垦殖问题，进而造成严重的土壤侵蚀，这是由横断山区的宏观地貌特征与微观地面形态共同决定的。

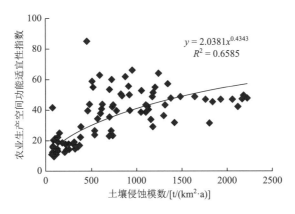

图 5-12　横断山区土壤侵蚀模数对农业生产空间功能适宜性的影响

2. 城镇空间功能适宜性

横断山区的城镇空间功能适宜性格局与农业生产空间功能适宜性格局基本上一致，即呈现东南部适宜性指数较高，西部、西北部和北部地区适宜性指数较低的空间分布特征。使用自然断点法将城镇空间功能适宜性分为高度适宜、中等适宜、一般适宜三级，且高度适宜、中等适宜区域分布较为离散，而高度适宜的县域主要分布于几个地级行政区的驻地，这显示出横断山区的城镇布局尚未形成体系，城镇与城镇之间的空间协同不够。城镇空间功能适宜性指数排在前 10 位的县（市、区）依次为嵩明县、大理市、丽江市古城区、攀枝花市西区、西昌市、攀枝花市东区、攀枝花市仁和区、祥云县、寻甸回族彝族自治县、盐源县；城镇空间功能适宜性指数排在后 10 位的县（市、区）依次为江达县、察雅县、美姑县、贡觉县、德格县、喜德县、芒康县、泸定县、巴塘县、九寨沟县，排在第一位的云南省嵩明县的城镇空间功能适宜性指数是排在最后一位的西藏自治区江达县的 5.3 倍，这一差距也大于太行山区。

从图 5-13 可以看出，自然地理环境参量（山地比例、海拔、坡度）与人文地理环境参量对城镇空间功能适宜性都具有显著性影响，其中人口密度和山地比例两项指标对县域城镇空间功能适宜性的影响最大。山地比例对城镇空间功能适宜性影响显著高于海拔和坡度指标，显示出城镇空间功能适宜性受宏观地貌类型的影响更加显著。

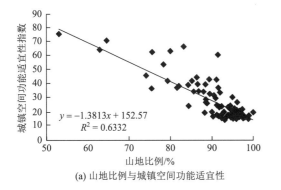

(a) 山地比例与城镇空间功能适宜性

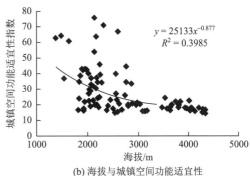

(b) 海拔与城镇空间功能适宜性

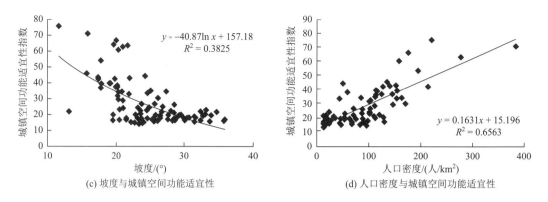

(c) 坡度与城镇空间功能适宜性　　　　　　　(d) 人口密度与城镇空间功能适宜性

图 5-13　横断山区地理环境对城镇空间功能适宜性的影响

3. 生态空间功能适宜性

总体上，横断山区大部分区域生态空间功能适宜性等级较高，其中位于横断山区向四川盆地、云南高原的过渡带生态空间功能适宜性指数最高，如汶川县、理县、九龙县、木里藏族自治县、维西傈僳族自治县、贡山独龙族怒族自治县、福贡县等县域。云南高原的坝子、安宁河谷等区域生态空间功能适宜性指数较低，这为社会经济的发展提供了必要的空间。

4. 国土空间功能类型划分

综合横断山区县域尺度的农业生产空间功能适宜性指数、城镇空间功能适宜性指数和生态空间功能适宜性指数，将县域国土空间功能类型划分为农业生产空间功能主导型（农村空间功能主导型）、城镇空间功能主导型、生态空间功能主导型、农业生产·城镇空间功能并重型（农村·城镇空间功能并重型）、农业生产·生态空间功能并重型（农村·生态空间功能并重型）、城镇·生态空间功能并重型、"三生空间"功能均等型七种类型，并筛选出县域尺度上最重要的国土空间功能类型（或称主体功能）。从图 5-14 可以看出，横断山区东南部农业生产空间功能、城镇空间功能比重较大，县域国土空间功能类型以农业·生态空间功能并重型为主，显示出横断山区农业生产空间功能与生态空间功能复合程度较高，农业生产空间侵占生态空间现象较为严重。在城镇化率较高的地方，国土空间功能类型一般为城镇空间功能主导型、农业生产·城镇空间功能并重型、"三生空间"功能均等型。对比图 5-14（b）和（c）发现，现行主体功能区与最重要的国土空间功能基本一致，但部分县域国土空间功能定位存在较大差异，如会理、会东、宁南、元谋等县（市），这些地方是横断山区最重要的农产品生产基地之一，如会理的石榴、宁南的桑蚕、元谋的蔬菜，从全面建成小康社会的角度出发，应充分发挥该区域的特色农产品生产优势，促进大、小凉山地区脱贫后稳定致富。

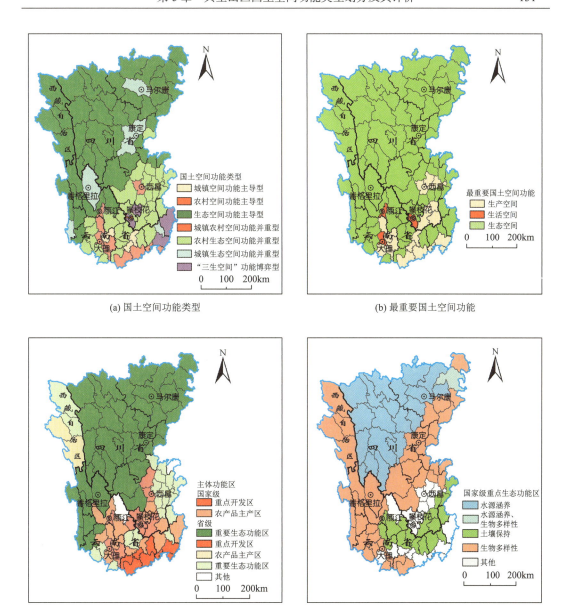

(a) 国土空间功能类型

(b) 最重要国土空间功能

(c) 主体功能区划

(d) 重点生态功能区

图 5-14 横断山区国土空间功能类型划分图

表 5-15 给出了横断山区各类国土空间功能的县域数量、土地总面积、总人口及 GDP、粮食总产量等统计指标。横断山区生态空间功能主导型有 44 个县（市、区），农业生产·生态空间功能并重型有 31 个县（市、区），城镇·生态空间功能并重型有 5 个县（市、区），三者合计占到横断山区县域总量的 80.8%，而土地总面积占到横断山区的 90.7%，可见生态空间功能在横断山区国土空间功能中占据绝对主要地位。由此可见，保护生态环境是横断山区国土空间功能优化调控的首要任务，权衡农业生产空间功能与生态空间功能、城镇空间功能与生态空间功能是横断山区国土空间功能优化调控的主要着力点。

表 5-15 横断山区国土空间功能类型划分成果

国土空间功能类型	县域数量及比例	主要社会经济指标
农业生产空间功能主导型	云南省牟定县、元谋县、宾川县，共 3 个县（市、区），总面积 6008.92km²，总人口 77.33 万（2010 年第六次全国人口普查）	按 2010 年统计资料，该功能区 GDP 总量 90.24 亿元，人均 GDP 11670 元，耕地总面积 75.80 万亩，粮食总产量 34.29 万 t，农民人均纯收入 4008 元
城镇空间功能主导型	四川省攀枝花市东区、西区，共 2 个县（市、区），总面积 287.89km²，总人口 52.69 万（2010 年第六次全国人口普查）	按 2010 年统计资料，该功能区 GDP 总量 301.98 亿元，人均 GDP 57313 元，耕地总面积 0.89 万亩，粮食总产量 0.99 万 t，农民人均纯收入 8116 元
生态空间功能主导型	四川省峨边彝族自治县、石棉县、宝兴县、汶川县、理县、茂县、松潘县、九寨沟县、金川县、小金县、黑水县、壤塘县、阿坝县、红原县、泸定县、丹巴县、九龙县、雅江县、道孚县、炉霍县、甘孜县、新龙县、德格县、白玉县、色达县、理塘县、巴塘县、乡城县、稻城县、得荣县、木里藏族自治县、甘洛县；云南省玉龙纳西族自治县、宁蒗彝族自治县、云龙县、福贡县、贡山独龙族怒族自治县、兰坪白族普米族自治县、德钦县、维西傈僳族自治县；西藏自治区江达县、贡觉县、察雅县、芒康县，共 44 个县（市、区），总面积 284493.78km²，总人口 379.7 万（2010 年第六次全国人口普查）	按 2010 年统计资料，该功能区 GDP 总量 452.87 亿元，人均 GDP 11927 元，耕地总面积 459.26 万亩，粮食总产量 199.01 万 t，农民人均纯收入 3037 元
农业生产·城镇空间功能并重型	四川省西昌市；云南省富民县、嵩明县，丽江市古城区、楚雄市、禄丰市、大理市、祥云县、弥渡县、鹤庆县，共 10 个县（市、区），总面积 22305.03km²，总人口 404.38 万（2010 年第六次全国人口普查）	按 2010 年统计资料，该功能区 GDP 总量 889.71 亿元，人均 GDP 22002 元，耕地总面积 267.04 万亩，粮食总产量 126.84 万 t，农民人均纯收入 4610 元
农业生产·生态空间功能并重型	四川省盐边县、天全县、盐源县、德昌县、会理县、会东县、宁南县、普格县、布拖县、金阳县、昭觉县、喜德县、冕宁县、越西县、美姑县、雷波县；云南省禄劝彝族苗族自治县、巧家县、永胜县、华坪县、南华县、姚安县、大姚县、永仁县、武定县、漾濞彝族自治县、南涧彝族自治县、巍山彝族回族自治县、永平县、洱源县、剑川县，共 31 个县（市、区），总面积 88841.89km²，总人口 762.82 万（2010 年第六次全国人口普查）	按 2010 年统计资料，该功能区 GDP 总量 945.78 亿元，人均 GDP 12398 元，耕地总面积 847.41 万亩，粮食总产量 368.78 万 t，农民人均纯收入 3797 元
城镇·生态空间功能并重型	四川省马尔康市、康定市；云南省昆明市东川区、泸水市、香格里拉市，共 5 个县（市、区），总面积 34594.68km²，总人口 81.83 万（2010 年第六次全国人口普查）	按 2010 年统计资料，该功能区 GDP 总量 158.34 亿元，人均 GDP 19350 元。耕地总面积 70.54 万亩，粮食总产量 32.57 万 t，农民人均纯收入 3079 元
三生空间功能均等型	四川省攀枝花市仁和区、米易县；云南省寻甸回族彝族自治县、会泽县，共 4 个县（市、区），总面积 13308.59km²，总人口 184.49 万（2010 年第六次全国人口普查）	按 2010 年统计资料，该功能区 GDP 总量 293.08 亿元，人均 GDP 15886 元。耕地总面积 147.72 万亩，粮食总产量 56.40 万 t，农民人均纯收入 3757 元

5.3.3 黔桂喀斯特山区

1. 农业生产空间功能适宜性

总体上，黔桂喀斯特山区农业生产空间功能适宜性指数呈现南北高，中间低的分布特征，即南部的广西盆地和北部的贵州高原农业生产空间功能适宜性指数较高，而广西盆地向贵州高原过渡的黔桂斜坡带农业生产空间功能适宜性指数低，农业生产受自然条件的限制作用明显。其中，高度适宜等级全部分布在广西盆地，中等适宜等级分布在贵州高原中部，一般适宜等级分布在黔桂斜坡带和贵州高原的西部及东部。

从图 5-15（a）～（c）中可以看出，黔桂喀斯特山区的自然地理特征参量对农业生产空间功能适宜性都具有显著性影响，其中坡度对农业生产空间功能适宜性影响最大，"峰丛洼地"型喀斯特地貌对该地区的农业生产空间功能产生重要影响。图 5-15（e）和（f）分别给出了喀斯特地貌比例、"峰丛洼地"型喀斯特地貌比例与农业生产空间功能适宜性

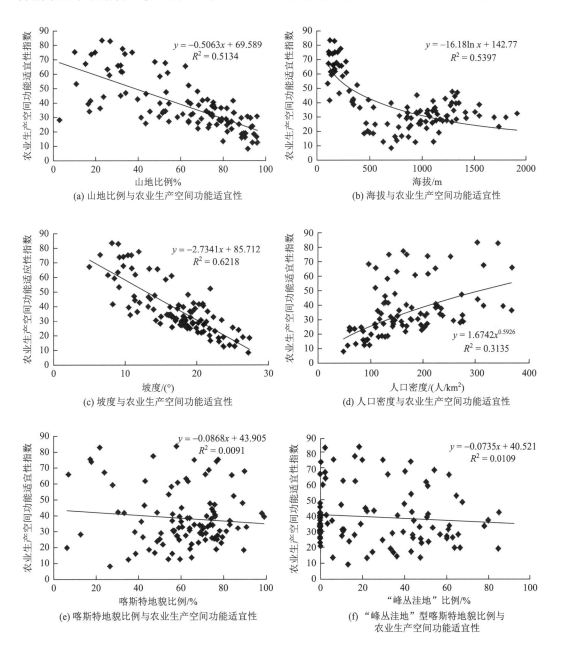

(a) 山地比例与农业生产空间功能适宜性

(b) 海拔与农业生产空间功能适宜性

(c) 坡度与农业生产空间功能适宜性

(d) 人口密度与农业生产空间功能适宜性

(e) 喀斯特地貌比例与农业生产空间功能适宜性

(f) "峰丛洼地"型喀斯特地貌比例与
农业生产空间功能适宜性

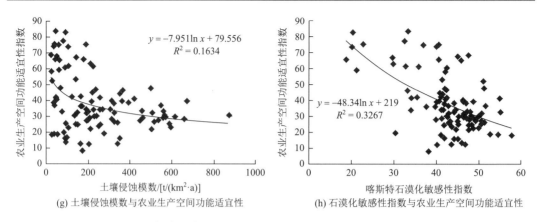

(g) 土壤侵蚀模数与农业生产空间功能适宜性　　　(h) 石漠化敏感性指数与农业生产空间功能适宜性

图 5-15　黔桂喀斯特山区地理环境对农业生产空间功能适宜性的影响

的统计散点图,从图中可以看出,宏观上喀斯特地貌并不会对农业生产空间功能适宜性产生决定性影响,决定农业生产空间功能适宜性指数的关键是坡度和土壤厚度。土壤侵蚀模数、喀斯特石漠化会降低农村生产空间功能的适宜性,从图 5-15(g)和(h)可以看出,喀斯特石漠化敏感性指数对农业生产空间功能适宜性的影响高于土壤侵蚀模数,即喀斯特区石漠化对农业生产空间功能适宜性的限制更加突出。

2. 城镇空间功能适宜性

分析可知,黔桂喀斯特山区城镇空间功能适宜性高的区域主要分布在贵阳、安顺、遵义、南宁、来宾、柳州、贵港等城市周边,并呈现出黔中城市群遵义—贵阳—安顺主发展轴和贵阳—凯里、贵阳—都匀等次级发展轴,以及柳州—来宾—南宁—崇左发展轴。总体上可以看出,兴义、六盘水、百色、河池、都匀、凯里等区域的城镇空间功能适宜性相对较低,未形成有效的城镇经济辐射功能。贵港是珠江重要的内河港口,柳州是传统的工业基地,这两个城市的发展应得到重视,尤其是促进南宁、柳州、贵港的协同发展。

通过分析山地比例、海拔、坡度、人口密度等地理环境参量与城镇空间功能适宜性的关系(图 5-16 和图 5-17),可知黔桂喀斯特山区地理环境对城镇空间功能适宜性具有显著性影响,对比图 5-16(a)~(d)可以发现,以人口密度为代表的人文地理环境参量对城

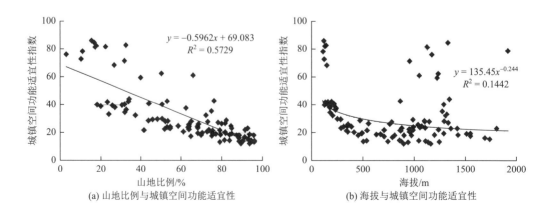

(a) 山地比例与城镇空间功能适宜性　　　　　　(b) 海拔与城镇空间功能适宜性

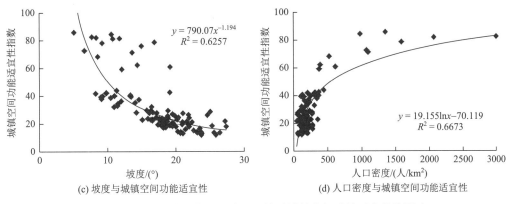

(c) 坡度与城镇空间功能适宜性　　　　　　(d) 人口密度与城镇空间功能适宜性

图 5-16　黔桂喀斯特山区地理环境对城镇空间功能适宜性的影响

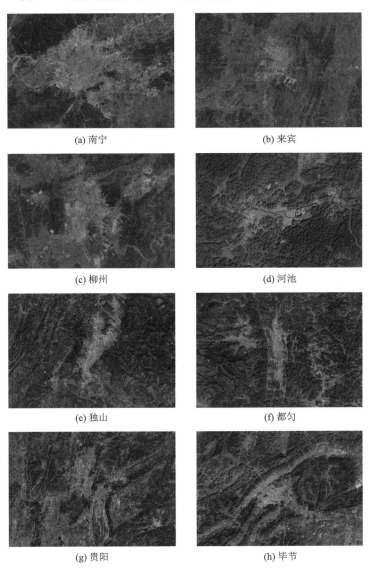

(a) 南宁

(b) 来宾

(c) 柳州

(d) 河池

(e) 独山

(f) 都匀

(g) 贵阳

(h) 毕节

图 5-17　黔桂喀斯特山区典型城镇空间特征

镇空间功能适宜性的影响明显高于以山地比例、海拔、坡度为代表的自然地理环境参量对城镇空间功能适宜性的影响；在自然地理环境参量中，坡度、山地比例对城镇空间功能适宜性的影响明显高于海拔对城镇空间功能适宜性的影响，表明宏观地貌特征与微观坡面形态共同决定了黔桂喀斯特山区的城镇空间功能适宜性。

3. 生态空间功能适宜性

利用多因子综合评价模型评估黔桂喀斯特山区县域尺度的生态空间功能适宜性及其等级。总体上，黔桂喀斯特山区中部、西部生态空间功能适宜性高，南部的广西盆地和北部的贵州高原部分城镇空间、农业生产空间功能适宜性高，生态空间功能适宜性较低。生态空间功能高度适宜的区域几乎全部位于黔桂斜坡带，该区域同时也是黔桂"高峰丛、深洼地"喀斯特地貌最为发育的地区，表明宏观地貌特征与微观坡面形态不仅决定了黔桂喀斯特山区的城镇空间功能适宜性、农业生产空间功能适宜性，也决定了生态空间功能的适宜性。

4. 国土空间功能类型划分

综合农村生产空间功能适宜性、城镇空间功能适宜性和生态空间功能适宜性评价成果，确定黔桂喀斯特山区县域尺度的国土空间功能类型（图 5-18）。从图 5-18（a）可以看出，农业生产空间功能主导型主要分布在广西盆地的南宁、来宾、柳州、贵港等城市周边地区；城镇空间功能主导型分布在柳州、贵阳、遵义、六盘水等城市城区，贵阳和柳州是黔桂喀斯特山区城镇空间功能最重要的分布区；生态空间功能主导型分布在黔桂喀斯特山区中部、西部的黔桂斜坡带等区域，广西大化县的"七百弄"地区是黔桂喀斯特山区生态空间功能主导型的空间中心（图 5-19）。在农业生产空间功能主导型、城镇空间功能主导型、生态空间功能主导型周围存在农业生产·城镇空间功能并重型（农村·城镇空间功能并重型）、农业生产·生态空间功能并重型（农村·生态空间功能并重型）、城镇·生态空间功能并重型、"三生空间"功能均等型等类型。对比图 5-18（b）～（d）可以发现，部分县域的主体功能区划和重点生态功能区划类型与该县域的最重要国土空间功能并不符，如柳州是华南地区仅次于广州的第二大汽车制造基地，作为省级重点开发区略显定位不足；还有乌江干流区域生态空间功能突出，在长江经济带"大保护"的格局下应提升其生态功能区地位。

表 5-16 给出了黔桂喀斯特山区各种国土空间功能类型的县域数量、土地总面积及人口、GDP、耕地总面积、粮食总产量、农民人均纯收入等统计数据。从县域数量上看，农业生产·生态空间功能并重型达 35 个县（市、区），而生态空间功能主导型有 29 个县（市、区），由此可见黔桂喀斯特山区生态空间功能十分突出，农业生产空间功能与生态空间功能重叠、功能复合，农业生产空间侵占生态空间也比较严重，权衡农业生产空间功能与生态空间功能是黔桂喀斯特山区国土空间功能优化调控的重要着力点；从人口数量上看，农业生产·生态空间功能并重型总人口 1498.71 万，生态空间功能主导型总人口 739.90 万，二者合计总人口达 2238.61 万，占黔桂喀斯特山区总人口的 52.61%，黔桂喀斯特山区生态空间内人口数量多，生态压力大，这也是该区域喀斯特石漠化的重要诱因，但近

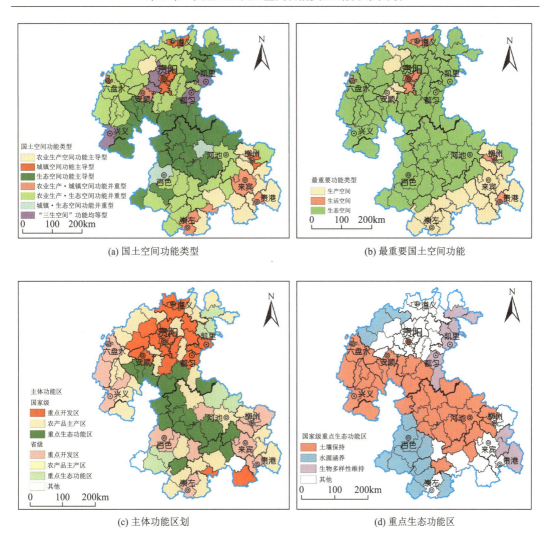

(a) 国土空间功能类型

(b) 最重要国土空间功能

(c) 主体功能区划

(d) 重点生态功能区

图 5-18　黔桂喀斯特山区国土空间功能类型划分图

(a) "七百弄" 地区影像

(b) 典型 "弄"

图 5-19　"七百弄" 地区典型遥感影像

年来农村人口大量迁出，整体生态环境质量已得到极大提升；在 GDP 总量方面，农业生产·生态空间功能并重型 GDP 总量 1977.73 亿元，高于城镇空间功能主导型的 GDP 总量 1617.71 亿元。在黔桂喀斯特山区生态空间内，不但人口数量多，工矿业也比较多，尤其是一些金属采矿业对珠江流域的水质造成重要威胁，这是黔桂喀斯特山区生态文明建设面临的重要问题。

表 5-16　黔桂喀斯特山区国土空间功能类型划分成果

国土空间功能类型	县域数量及比例	主要社会经济指标
农业生产空间功能主导型	广西壮族自治区武鸣县（现南宁市武鸣区）、宾阳县、横县（现横州市）、柳江县（现柳州市柳江区）、柳城县、贵港市覃塘区、桂平市、象州县、武宣县、扶绥县；贵州省黔西市，共 11 个县（市、区），总面积 28228.95km²，总人口 672.39 万（2010 年第六次全国人口普查）	按 2010 年统计资料，该功能区 GDP 总量 1077.07 亿元，人均 GDP 16019 元，耕地总面积 1453.79 万亩，粮食总产量 271.69 万 t，农民人均纯收入 5098 元
城镇空间功能主导型	广西壮族自治区柳州市城中区、鱼峰区、柳南区、柳北区；贵州省贵阳市南明区、云岩区、花溪区、乌当区、白云区、小河区（现经济技术开发区），六盘水市钟山区，遵义市红花岗区，共 12 个县（市、区），总面积 4056.96km²，总人口 574.42 万（2010 年第六次全国人口普查）	按 2010 年统计资料，该功能区 GDP 总量 1617.71 亿元，人均 GDP 28163 元，耕地总面积 70.69 万亩，粮食总产量 31.02 万 t，农民人均纯收入 6137 元
生态空间功能主导型	广西壮族自治区德保县、那坡县、凌云县、乐业县、隆林各族自治县、南丹县、天峨县、凤山县、东兰县、罗城仫佬族自治县、环江毛南族自治县、巴马瑶族自治县、都安瑶族自治县、大化瑶族自治县；贵州省余庆县、镇宁布依族苗族自治县、关岭布依族苗族自治县、紫云苗族布依族自治县、石阡县、贞丰县、安龙县、黄平县、施秉县、岑巩县、福泉市、荔波县、独山县、平塘县、罗甸县，共 29 个县（市、区），总面积 70331.04km²，总人口 739.90 万（2010 年第六次全国人口普查）	按 2010 年统计资料，该功能区 GDP 总量 772.99 亿元，人均 GDP 10447 元，耕地总面积 966.21 万亩，粮食总产量 332.09 万 t，农民人均纯收入 3302 元
农业生产·城镇空间功能并重型	广西壮族自治区南宁市西乡塘区、贵港市港北区、来宾市兴宾区、合山市、崇左市江州区；贵州省安顺市西秀区，共 6 个县（市、区），总面积 11588.91km²，总人口 383.86 万（2010 年第六次全国人口普查）	按 2010 年统计资料，该功能区 GDP 总量 623.57 亿元，人均 GDP 16245 元，耕地总面积 614.20 万亩，粮食总产量 115.88 万 t，农民人均纯收入 5023 元
农业生产·生态空间功能并重型	广西壮族自治区隆安县、马山县、上林县、鹿寨县、田阳县（现百色市田阳区）、田东县、平果市、靖西市、宜州市（现河池市宜州区）、忻城县、龙州县、大新县、天等县；贵州省开阳县、息烽县、六盘水市六枝特区、水城县（现六盘水市水城区）、盘县（现盘州市）、遵义县（现遵义市播州区）、湄潭县、普定县、思南县、兴仁县（现兴仁市）、普安县、晴隆县、大方县、金沙县、织金县、纳雍县、麻江县、贵定县、瓮安县、长顺县、龙里县、惠水县，共 35 个县（市、区），总面积 82413.21km²，总人口 1498.71 万（2010 年第六次全国人口普查）	按 2010 年统计资料，该功能区 GDP 总量 1977.73 亿元，人均 GDP 13196 元，耕地总面积 2053.75 万亩，粮食总产量 616.73 万 t，农民人均纯收入 3850 元
城镇·生态空间功能并重型	广西壮族自治区百色市右江区、河池市金城江区；贵州省遵义市汇川区，共 3 个县（市、区），总面积 6773.13km²，总人口 114.12 万（2010 年第六次全国人口普查）	按 2010 年统计资料，该功能区 GDP 总量 326.34 亿元，人均 GDP 28596 元，耕地总面积 95.98 万亩，粮食总产量 21.94 万 t，农民人均纯收入 4936 元
三生空间功能均等型	贵州省修文县、清镇市、安顺市平坝区、兴义市、凯里市、都匀市，共 6 个县（市、区），总面积 10052.26km²，总人口 272.06 万（2010 年第六次全国人口普查）	该按 2010 年统计资料，功能区 GDP 总量 476.85 亿元，人均 GDP 17527 元，耕地总面积 159.52 万亩，粮食总产量 79.12 万 t，农民人均纯收入 4653 元

5.4　典型山区国土空间功能重要性评价

5.4.1　国土空间功能重要性评价方法

从山区国土空间的多功能性出发，分别提出了针对国土"三生空间"功能重要性评估的方法，实现了对国土空间功能重要性的定量化标定。农业生产空间功能重要性评估从山区农户生计安全、全面脱贫和小康社会建设出发，以山区合理人口承载力为遵循，评估"一方水土能否养好一方人"，解决具体的农业生产空间功能存在的问题，以及应该保护的问题。城镇空间功能重要性评估从山区新型城镇化建设角度出发，评估山区水土要素时空耦合下的城镇化潜力，解决哪些区域适宜大规模城镇化发展，以及如何防范与化解城镇化过程中的国土空间开发风险；生态空间功能重要性评估从山区生态安全及水土资源远程耦合的角度出发，以生态系统服务功能为抓手，评估山区生态服务价值及生态重要性，并给出典型山区生态保护的红线方案，为生态文明建设和"美丽中国"提供参考（图 5-20）。

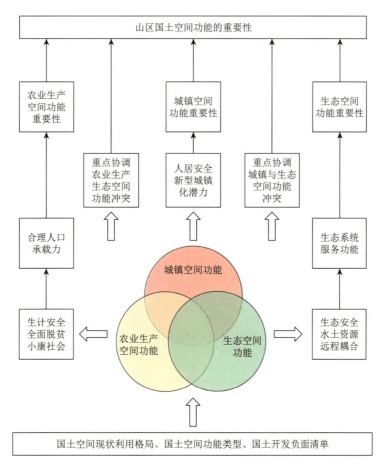

图 5-20　山区国土空间功能重要性评估思路

　　山区农业生产空间功能重要性评价需要从适耕土地、合理粮食产能、人口承载力等角度进行分析，其技术路线详见图 5-21。其中，合理的粮食产能是评估山区农业生产空间功能重要性的关键，合理粮食产能的评估必须建立在土地适耕性评价的基础上，而土地适耕性评价需要建立在对山地地貌、土壤侵蚀、石漠化等综合评价的基础上，于是根据适耕土地资源测算出合理的粮食产能进而得到合理的土地人口承载力。

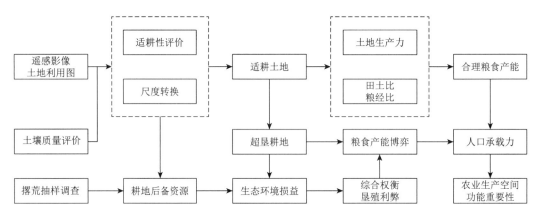

图 5-21　农业生产空间功能重要性评价技术路线

　　根据太行山区、横断山区、黔桂喀斯特山区县域的农业生产空间功能特征，制定了县域农业生产空间功能重要性等级评价标准（表 5-17）。在实际评估中主要依据合理的粮食产能指标进行评估，并同时参考适耕土地资源面积、优良耕地比例、吨粮侵蚀量、粮食盈余量等指标。

表 5-17　山区县域农业生产空间功能重要性等级

重要性等级	判定标准
极高	适耕土地总面积超过 50 万亩，有"十万亩大坝"，是吨粮县，最大合理粮食产能超过 50 万 t（10 亿斤），优良耕地比例>90%，吨粮侵蚀量<0.1，粮食盈余>20 万 t，国家级产粮大县或农产品主产区，粮食生产基本不受水土要素限制
高	适耕土地总面积 20 万~50 万亩，有"万亩大坝"数个，坝区亩产可达吨粮，最大合理粮食产能超过 15 万 t（3 亿斤），优良耕地比例>80%，吨粮侵蚀量<1，粮食盈余>5 万 t，传统的粮油经果重要产区，拥有相关称号或保护标志，粮食生产基本不受水土要素限制
较高	适耕土地总面积 10 万~20 万亩，有"万亩大坝"，最大合理粮食产能超过 5 万 t（1 亿斤），优良耕地比例 50%~80%，吨粮侵蚀量 1 左右，粮食略有盈余，一些特色农产品的产区，粮食生产受水土要素限制
一般	适耕土地总面积 3 万~10 万亩，无"万亩大坝"，最大合理粮食产能不足 5 万 t，优良耕地比例 30%~50%，吨粮侵蚀量>1，粮食无盈余，粮食生产受水土要素限制较为突出
较低	适耕土地总面积<3 万亩，无"千亩大坝"，最大合理粮食产能 1 万 t，优良耕地比例不足 30%，吨粮侵蚀量>2，粮食无盈余甚至需要调入粮食，粮食生产受水土要素限制极为突出

　　山区城镇空间开发受到地形条件的严重制约，因而山区城镇空间功能重要性评价需要从可开发建设土地资源分析开始，并测算可开发建设土地能够承载的城镇人口潜力，即可

开发建设土地是山区城镇空间功能适宜性评价和城镇空间功能重要性评价的关键。山区城镇空间功能重要性评价的技术路线详见图 5-22。

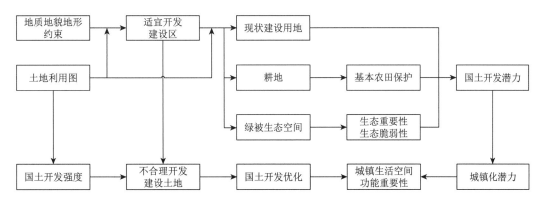

图 5-22　城镇空间功能重要性评价技术路线

　　根据太行山区、横断山区、黔桂喀斯特山区县域的城镇空间功能特征，制定了县域城镇空间功能重要性等级评价标准（表 5-18），主要依据县域尺度的水土资源条件及城镇化动力最大可承载的城镇规模确定城镇空间功能重要性。

表 5-18　县域城镇空间功能重要性等级

重要性等级	判定标准
极高	国家中心城市或城市群中心城市的辖区，现状城镇常住人口>20 万，城镇用地面积>20km²，国土开发强度>19.96%，集中连片分布可开发建设土地总面积超过 25km²，水土资源条件及城镇化动力最大可承载中等城市、Ⅰ型小城市（镇区常住人口 20 万～100 万人）
高	大、中城市的辖区或大的县城，现状城镇常住人口>10 万人，城镇用地面积>10km²，国土开发强度>6.86%，集中连片分布可开发建设土地总面积在 10～25km²，水土资源条件及城镇化动力最大可承载Ⅱ型小城市、Ⅰ型特大镇（镇区常住人口 10 万～20 万人）
较高	地级行政中心或较大的县城，现状城镇常住人口>5 万人，城镇用地面积>5km²，集中连片分布可开发建设土地总面积在 5～10km²，水土资源条件及城镇化动力最大可承载Ⅱ型特大镇（镇区常住人口 5 万～10 万人）
一般	一般的县城，现状城镇常住人口>3 万人，城镇用地面积>3km²，集中连片分布可开发建设土地总面积不足 5km²，水土资源条件及城镇化动力最大可承载大型镇（镇区常住人口 3 万～5 万人）
较低	小和极小的县城，现状城镇常住人口不足 1 万人，城镇用地面积不足 1km²，集中连片分布可开发建设土地总面积不足 3km²，水土资源条件及城镇化动力最大可承载中、小型镇（镇区常住人口<3 万人）

　　从山地生态系统的水资源供给功能、水源涵养功能、土壤保持功能、生物多样性维持功能、固碳功能等核心生态系统服务功能出发，综合评估生态重要性，测算生态系统服务价值，最后确定生态保护红线，实现生态空间功能重要性评价（图 5-23）。

　　科学划定生态保护红线是生态文明建设的重要抓手。环境保护部 2015 年 5 月印发了《生态保护红线划定技术指南》，这是目前划定生态保护红线的主要参考标准。但是在具体操作中还是存在无法定量化、图形化、信息化等问题，不少区域划定生态保护红线还是采用生态保护面积指标分解的做法，导致生态保护红线管控难以落地。综合分析目前国内生

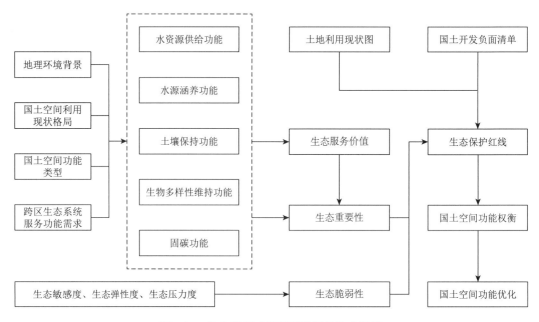

图 5-23　生态空间功能重要性评价技术路线

态保护红线划定的研究成果,提出了基于国土空间功能类型划分及重要性评估成果,综合考虑生态重要性、生态脆弱性和国土开发负面清单,定量划定生态保护红线的技术方法(表5-19)。

表 5-19　生态保护红线控制指标

国土空间功能类型	生态保护红线控制指标
农业生产空间功能主导型	生态重要区和生态脆弱区得到良好保护,现状生态空间保护率>75%,生态服务价值保护率>75%,25°以上绿被生态空间、水被生态空间、其他生态空间纳入生态保护红线
城镇空间功能主导型	生态重要区和生态脆弱区得到良好保护,现状生态空间保护率>75%,生态服务价值保护率>75%,25°以上绿被生态空间、水被生态空间、其他生态空间纳入生态保护红线
生态空间功能主导型	生态重要区和生态脆弱区得到良好保护,现状生态空间保护率>85%,生态服务价值保护率>90%,25°以上坡面、15°以上的绿被生态空间、水被生态空间、其他生态空间纳入生态保护红线
农业生产·城镇空间功能并重型	生态重要区和生态脆弱区得到良好保护,现状生态空间保护率>75%,生态服务价值保护率>75%,25°以上绿被生态空间、水被生态空间、其他生态空间纳入生态保护红线
农业生产·生态空间功能并重型	生态重要区和生态脆弱区得到良好保护,现状生态空间保护率>80%,生态服务价值保护率>85%,25°以上坡面、15°以上的绿被生态空间、水被生态空间、其他生态空间纳入生态保护红线,逐步实施25°以上耕地退耕,建设生态田园
城镇·生态空间功能并重型	生态重要区和生态脆弱区得到良好保护,现状生态空间保护率>80%,生态服务价值保护率>85%,25°以上坡面、15°以上的绿被生态空间、水被生态空间、其他生态空间纳入生态保护红线
"三生空间"功能均等型	生态重要区和生态脆弱区得到良好保护,现状生态空间保护率>80%,生态服务价值保护率>85%,25°以上坡面、15°以上的绿被生态空间、水被生态空间、其他生态空间纳入生态保护红线

为了合理管控生态空间,研究认为应将生态保护区划分为红线、黄线、绿线三类保护区,分别对应于重点生态功能区、一般生态功能区和其他生态功能区。红线保护区是区域生态安全的底线,应严格管控,生态重要区和生态脆弱区应划入红线保护区;黄线保护区

是生态保护红线的缓冲区，生态重要性或生态脆弱性等级高，应加大保护力度，确实要占用该类生态空间时应从生态安全的全局权衡生态服务价值与国土开发经济收益，切实执行国土开发负面清单有关规定；绿线保护区是生态保护红线的边界区，部分区域已经开发或有可能开发为生产空间、生活空间，此类区域应按照国土开发负面清单有关规定，采取工程技术等有关措施，降低生态环境损害，在土地垦殖率较高的区域应逐步实施25°以上耕地退耕，建设生态田园系统，整体提升生态服务价值。

5.4.2　太行山区国土空间功能重要性

1. 农业生产空间功能重要性

1）适宜耕作土地资源

总体上，太行山区适宜耕作的土地资源较多，说明其农业生产空间功能比重大，重要性高，在相当长的一段时间内该区域仍是我国北方农业生产与粮食安全的重要保障区。

统计表明，太行山区的适宜耕作土地总面积高达 4388.08 万亩，占太行山区耕地总面积的 91.74%，这一比例远远大于横断山区与黔桂喀斯特山区。太行山区适宜耕作土地面积超过 50 万亩的县域有 34 个，分别是河北省石家庄市行唐县、元氏县，邯郸市磁县、武安市，邢台市邢台县，保定市易县、曲阳县，张家口市蔚县、阳原县；山西省大同市浑源县，长治市襄垣县、屯留区、长子县、武乡县、沁县，晋城市泽州县、高平市，朔州市应县，晋中市榆次区、寿阳县、平遥县，运城市盐湖区、闻喜县、夏县、芮城县、永济市、忻州市、繁峙县；河南省洛阳市孟津县，安阳市安阳县、林州市；新乡市卫辉市、辉县市，济源市。这些县（市、区）在太行山区农业生产空间功能中占据重要地位。

2）耕地水资源安全

水资源短缺是制约太行山区农业生产空间功能发挥的重要因素，也是太行山区农业生产空间功能与城镇空间功能冲突的核心。太行山区地表水资源总量约为 169.56 亿 m^3，折合亩水资源量为 $60.41m^3$，这远远低于华北地区耕地亩需水量 $174.39m^3$ 的农作物生态需水量标准。因此，提升太行山区农业生产空间功能的核心是整体提高农业节水技术，极大地降低农业耗水，化解农业生产空间功能与城镇空间功能之间的水供给矛盾。

3）粮食产能

分析表明，太行山区 2010 年的粮食总产量为 1481.58 万 t，合理的粮食产能约为 1853.73 万 t，不考虑水土流失等生态环境问题和农作物主体为粮食作物情况下，太行山区的最大粮食产能可达 2020.68 万 t。根据《财政部关于印发〈产粮（油）大县奖励资金管理暂行办法〉的通知》（财建〔2018〕413 号），常规产粮大县标准为近五年平均粮食产量大于 4 亿斤。根据这一标准，太行山区有 38 个县（市、区）合理粮食产能达到产粮大县标准，它们分别是北京市房山区、昌平区、延庆区；河北省石家庄市行唐县、平山县、元氏县，邯郸市磁县、武安市，邢台市邢台县、临城县、内丘县、沙河市，保定市唐县、易县，张家口市蔚县、阳原县、怀来县；山西省长治市屯留县、长子县，晋城市沁水县、阳城县、泽州县、高平市，朔州市应县，晋中市榆次区、平遥，运城市盐湖区、闻喜县、夏县、芮城县、永济市；河南省洛阳市孟津区，安阳市安阳县、林州市，新乡市卫辉市、辉县市，焦作市沁阳市，济源市。

4）人口承载力

根据第六次全国人口普查结果，2010 年太行山区农村总人口为 2177.02 万，利用合理粮食产能并按照小康社会人均 400kg 的粮食需求量，本书估算太行山区合理的人口承载量为 4634.34 万，太行山区的农业生产空间功能除为本地的 2177.02 万农村人口提供食物外，还可为本地的城镇人口或域外的 2503.54 万人提供食物。从这一点上看，太行山区的农业生产空间功能显著高于横断山区和黔桂喀斯特山区。对县域尺度的合理承载人口数量估算表明，太行山区有 38 个县（市、区）的合理承载人口数量超过 50 万，其中邢台市邢台县、安阳市安阳县、新乡市辉县市 3 个县（市、区）合理承载人口数量超过 100 万（表 5-20）。

表 5-20　太行山区典型县（市、区）人口承载力评价　　　（单位：万人）

所在市	县（市、区）	农村总人口	合理承载人口	剩余承载人口
北京市	房山区	30.96	84.41	53.45
北京市	昌平区	34.99	77.06	42.07
北京市	延庆区	16.30	55.67	39.37
石家庄市	行唐县	32.34	72.47	40.13
石家庄市	平山县	30.19	55.34	25.15
石家庄市	元氏县	31.78	57.62	25.84
邯郸市	磁县	42.36	76.36	34.00
邯郸市	武安市	52.58	82.95	30.37
邢台市	邢台县	28.55	119.55	91.00
邢台市	临城县	14.07	52.43	38.36
邢台市	内丘县	18.22	55.46	37.24
邢台市	沙河市	27.95	67.44	39.49
保定市	唐县	40.59	50.96	10.37
保定市	易县	41.13	94.80	53.67
张家口市	蔚县	30.40	99.32	68.92
张家口市	阳原县	17.51	76.89	59.38
张家口市	怀来县	21.55	53.80	32.25
长治市	屯留区	18.93	63.25	44.32
长治市	长子县	27.71	56.72	29.01
晋城市	沁水县	14.27	53.91	39.64
晋城市	阳城县	24.08	50.08	26.00
晋城市	泽州县	30.33	72.60	42.27
晋城市	高平市	27.14	56.29	29.15
朔州市	应县	23.69	67.43	43.74

续表

所在市	县（市、区）	农村总人口	合理承载人口	剩余承载人口
晋中市	榆次区	19.16	52.77	33.61
晋中市	平遥县	33.07	50.56	17.49
运城市	盐湖区	24.75	86.32	61.57
运城市	闻喜县	24.82	62.50	37.68
运城市	夏县	27.41	57.80	30.39
运城市	芮城县	24.33	70.73	46.40
运城市	永济市	26.57	87.19	60.62
洛阳市	孟津区	27.17	56.25	29.08
安阳市	安阳县	55.52	101.67	46.15
安阳市	林州市	46.79	83.43	36.64
新乡市	卫辉市	32.83	71.01	38.18
新乡市	辉县市	47.87	101.82	53.95
焦作市	沁阳市	22.41	52.44	30.03
河南省直辖	济源市	34.11	88.52	54.41

2. 城镇空间功能重要性

1）可开发建设土地

总体上，太行山区的可开发建设用地范围与适宜耕作土地范围基本一致，主要是太行山区山前平原（华北平原）、汾河谷地、上党盆地、阳泉盆地、滹沱河谷地、桑干河谷地等区域，其中以山前平原（华北平原）和上党盆地部分最为集中连片，相对适合大规模的城镇化，也是未来乡村振兴中发展中小城镇的重点区域，凸显城乡融合发展的空间重要性。

2）人口承载力

以人均建设用地面积 120m² 的标准，估算太行山区可开发建设土地的人口承载力及城镇化潜力。评估表明，太行山区可开发建设土地能够承载的城镇人口总量约为 3621.49 万。考虑太行山区人口可能向京津冀城市群、中原城市群、山东半岛城市群、关中城市群、太原城市群等方向迁移，太行山区的可开发建设土地完全可满足本区域的城镇化对土地资源的需求。同时测算表明，太行山区有 12 个县域城镇人口处于超载状态，即北京市门头沟区、昌平区；河北省邢台市襄都区、信都区；山西省阳泉市城区、矿区，长治市城区，晋城市城区；河南省安阳市北关区、殷都区，焦作市解放区、山阳区。对于这些区域应加强空间疏解，并妥善处理传统工业城市带来的生态环境污染问题。对于阳泉市、北京市门头沟区及其他的山区县，还应注意山地灾害风险等可能对人口承载力的影响。

3）城镇空间功能重要性

评估结果表明，太行山区城镇空间功能极高、高、较高、一般的县域数量分别为 28 个、71 个、12 个、4 个，无城镇空间功能较低的县（表 5-21）。

表 5-21 太行山区县域城镇空间功能重要性等级评价

国土空间 功能类型	县域数量及比例
极高	北京市房山区、昌平区；河北省邯郸市峰峰矿区、磁县、武安市，邢台市襄都区、信都区，保定市唐县、易县、曲阳县；山西省晋中市榆次区、平遥县，运城市盐湖区；河南省安阳市文峰区、北关区、殷都区、龙安区、安阳县、林州市，鹤壁市鹤山区、山城区、淇滨区，新乡市辉县市，焦作市解放区、中站区、马村区、山阳区，济源市，共 28 个县（市、区），总面积 23773.86km²，总人口 1445.1795 万（2010 年第六次全国人口普查）
高	北京市延庆区；河北省石家庄市井陉县、行唐县、灵寿县、赞皇县、平山县、元氏县、鹿泉区，邯郸市涉县，邢台市邢台县、临城县、内丘县、沙河市，保定市满城区、涞水县、阜平县、涞源县、顺平县，张家口市蔚县、阳原县、怀来县、涿鹿县；山西省大同市灵丘县、浑源县，阳泉市城区、矿区、郊区、盂县，长治市城区、郊区、上党区、襄垣县、屯留县、壶关县、长子县、潞城区，晋城市城区、沁水县、阳城县、陵川县、泽州县、高平市，朔州市应县，晋中市昔阳县、寿阳县、太谷区、祁县、介休市，运城市闻喜县、绛县、垣曲县、夏县、平陆县、芮城县、永济市，忻州市定襄县、五台县、代县、繁峙县，临汾市曲沃县、翼城县、侯马市、霍州市；河南省洛阳市吉利区、孟津区，鹤壁市淇县，新乡市卫辉市，焦作市修武县、博爱县、沁阳市、孟州市，共 71 个县（市、区），总面积 88861.06km²，总人口 2301.05 万（2010 年第六次全国人口普查）
较高	山西省太原市阳曲县，大同市广灵县，阳泉市平定县，长治市平顺县、黎城县、武乡县、沁县、沁源县，晋中市榆社县、左权县、和顺县，临汾市浮山县，共 12 个县（市、区），总面积 19643.21km²，总人口 202.90 万（2010 年第六次全国人口普查）
一般	北京市门头沟区；河北省石家庄市井陉矿区；山西省临汾市古县、安泽县，共 4 个县（市、区），总面积 4670.89km²，总人口 55.95 万（2010 年第六次全国人口普查）
较低	无

3. 生态空间功能重要性

从图 5-24 可以看出，太行山、太岳山、中条山、系舟山、五台山、恒山、军都山等区域生态重要性等级高，太行山地的山前平原（华北平原）、汾河谷地、上党盆地、滹沱河谷地、桑干河谷地等区域生态重要性等级较低。

总体上，太行山区生态红线范围与生态重要性区范围基本一致，其中以军都山、五台山、系舟山、中条山等区域最为集中，这些区域正处于永定河、白洋淀流域（雄安新区）、滹沱河、漳河、沁河的上游，对于维系京津冀的水资源安全具有重要意义。

统计表明，太行山区的生态红线面积约为 6.17 万 km²，约占太行山区土地总面积的 45.08%。生态红线面积比例超过 50% 的县域有 29 个，具体为北京市门头沟区、房山区、延庆区；河北省石家庄市井陉县、平山县，邯郸市涉县，保定市涞水县、阜平县、涞源县，张家口市涿鹿县，山西省大同市灵丘县，阳泉市平定县、盂县，长治市平顺县、黎城县、沁源县，晋城市沁水县、阳城县、陵川县，晋中市左权县、和顺县、昔阳县，运城市绛县、垣曲县，忻州市五台县、代县、繁峙县，临汾市古县、安泽县。

5.4.3 横断山区国土空间功能重要性

1. 农业生产空间功能

1）适宜耕作土地资源

总体上，横断山区适宜耕作的土地总量较小，主要分布在云南高原的坝子、安宁河谷、

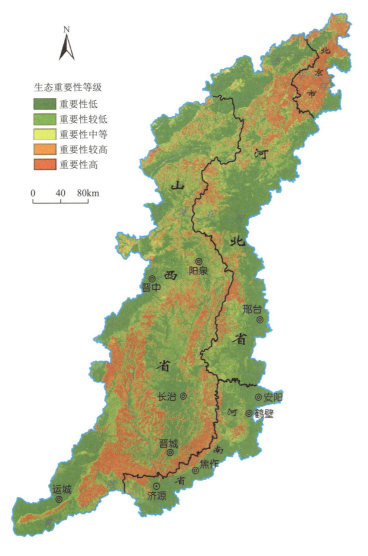

图 5-24　太行山区生态重要性评价图

　　盐源盆地等地，而不适宜耕作的土地广泛分布于大凉山、小凉山、金沙江下游、云南高原、岷江和大渡河流域等地。横断山区适宜耕作土地资源的这种分布特征与横断山区的地形特征密切相关，横断山区东南部有大量相对平坦的小盆底、坝子或河谷，这些区域土地平坦，土层厚，光热资源充足，从而成为高质量耕地的集中分布区。

　　统计表明，横断山区的适宜耕作土地总面积约为 1166.23 万亩，约占耕地总面积的62.41%，目前横断山区尚有不适宜耕作土地 702.50 万亩，约占耕地总面积的 37.59%。不同县（市、区）之间适宜耕作的土地比例相差很大，以宝兴县、普格县和昆明市东川区三个典型县（市、区）为例，其适宜耕作土地面积比例分别为 32.45%、58.38% 和53.34%（表 5-22）。根据遥感解译及 GIS 空间分析，横断山区不适宜耕作土地面积比例超过 50% 的有 31 个县（市、区），分别为四川省乐山市峨边彝族自治县，雅安市石棉县、天全县、宝兴县，阿坝藏族羌族自治州（简称阿坝州）汶川县、理县、茂县、松潘县、九寨沟县、金川县、小金县、黑水县、马尔康市、红原县，甘孜藏族自治州（简称甘孜州）泸定县、丹巴县、九龙县、雅江县、白玉县、巴塘县、得荣县，凉山彝族自治州木里藏族自治县、金阳县、雷波县；云南省昭通市巧家县，怒江傈僳族自治州泸水市、福贡县、贡山独龙族怒族自治县、兰坪白族普米族自治县，迪庆藏族自治州德钦县、维西傈僳族自治县。

表 5-22　横断山区典型县（市、区）适宜耕作土地资源统计表

典型县（市、区）	面积/万亩		比例/%	
	适宜耕作	不适宜耕作	适宜耕作	不适宜耕作
宝兴县	1.22	2.53	32.45	67.55
普格县	11.93	8.50	58.38	41.62
昆明市东川区	7.33	6.41	53.34	46.66
横断山区	1166.23	702.50	62.41	37.59

注：耕地中的比例指耕地面积占县域土地总面积的比例，即土地垦殖率；适宜耕作土地、不适宜耕作土地中的比例为适宜耕作土地面积与不适宜耕作土地面积占耕地总面积的比例。

2）土壤侵蚀

从图 5-25 可以看出，横断山区的土壤侵蚀集中分布于横断山区东南部的金沙江下游、安宁河流域、城河流域、黑水河流域、昭觉河流域、美姑河流域、小江流域、牛栏江流域、普渡河流域、龙川江流域、漾濞江流域、澜沧江迪庆以下段、大渡河泸定至金口河段等地。横断山区西北部大部分区域土壤侵蚀（水力侵蚀）轻微，土壤侵蚀类型以冻融侵蚀为主。汶川地震灾区、芦山地震灾区、鲁甸地震灾区等地受地震影响，部分坡面土壤侵蚀十分严重。

表 5-23～表 5-26 分别给出了横断山区、耕地、坡耕地、25°以上坡耕地的土壤侵蚀背景值，即土壤侵蚀模数、土壤侵蚀比例、土壤保持模数三个基本土壤侵蚀参量。

3）粮食产能

总体上，横断山区的主要产粮区域集中于横断山区东南部的昆明周边坝子、龙川江流域、大理周边坝子、丽江周边坝子、安宁河谷地、尼日河、盐源盆地等地，金沙江下游、大凉山、小凉山地区土地垦殖率高，但粮食产能较低。

统计表明，横断山区的现状粮食产能为 719.75 万 t，合理的粮食产能仅为 509.05 万 t，表明横断山区相当大一部分粮食产能是不合理的。在不考虑水土流失等生态环境问题，并以粮食为主进行农业生产时，横断山区的最大粮食产能约为 818.88 万 t（表 5-27）。宝兴县、普格县、昆明市东川区三个典型县（市、区）的粮食产能也处于超产状态，昆明市东川区的现状粮食产能是合理粮食产能的 2.4 倍，极高的人口压力导致高强度坡地垦殖活动是横断山区土壤侵蚀、水源涵养、生物多样性保护、山地灾害等生态环境与灾害问题的重要诱因。横断山区县域尺度上合理粮食产量超过 10 万 t 的县域包括四川省凉山彝族自治

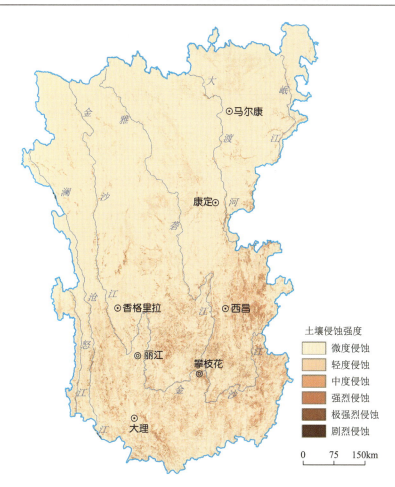

图 5-25　横断山区土壤侵蚀强度图

表 5-23　横断山区典型县（区）土壤侵蚀背景值

典型县（区）	土壤侵蚀模数/[t/(km²·a)]	土壤侵蚀比例/%	土壤保持模数/[t/(km²·a)]
宝兴县	388.43	13.21	38849.70
普格县	1766.68	45.25	53529.20
昆明市东川区	1803.88	46.61	41788.80
横断山区	515.86	17.58	31256.51

注：土壤侵蚀比例＝土壤侵蚀面积×100/土地总面积；土壤侵蚀面积＝SUM（轻度侵蚀、中度侵蚀、强烈侵蚀、极强烈侵蚀、剧烈侵蚀）；土壤保持模数即生态系统的土壤保持功能，土壤保持模数＝潜在土壤侵蚀模数–土壤侵蚀模数。

表 5-24　横断山区典型县（区）耕地土壤侵蚀背景值

典型县（区）	土壤侵蚀模数/[t/(km²·a)]	土壤侵蚀比例/%	土壤保持模数/[t/(km²·a)]
宝兴县	3622.48	58.56	59040.60
普格县	4429.49	72.09	46363.00
昆明市东川区	4206.23	63.22	30237.60
横断山区	2909.24	49.74	36910.73

表 5-25　横断山区典型县（区）坡耕地土壤侵蚀背景值

典型县（区）	土壤侵蚀模数/[t/(km²·a)]	土壤侵蚀比例/%	土壤保持模数/[t/(km²·a)]
宝兴县	4075.60	63.21	62330.60
普格县	5340.41	85.54	51357.50
昆明市东川区	5043.88	74.40	34829.40
横断山区	4115.81	68.70	46113.99

表 5-26　横断山区典型县（区）25°以上坡耕地土壤侵蚀背景值

典型县（区）	土壤侵蚀模数/[t/(km²·a)]	土壤侵蚀比例/%	土壤保持模数/[t/(km²·a)]
宝兴县	5086.32	63.96	72208.30
普格县	8905.67	89.13	76886.40
昆明市东川区	7773.27	77.37	47016.00
横断山区	6404.47	70.74	68324.46

州西昌市、盐源县、会理县、冕宁县；云南省昆明市寻甸回族彝族自治县，曲靖市会泽县，丽江市玉龙纳西族自治县、永胜县，楚雄彝族自治州楚雄市、禄丰市，大理白族自治州祥云县、宾川县12个县（市、区），这些区域是横断山区农业生产空间功能优先、重点保护的区域。

表 5-27　横断山区典型县（区）粮食产能评价表

典型县（区）	粮食产能/万 t		
	现状粮食产能	合理粮食产能	最大粮食产能
宝兴县	2.03	1.39	4.29
普格县	7.25	5.55	9.51
昆明市东川区	7.20	3.03	7.20
横断山区	719.75	509.05	818.88

注：现状粮食产能为 2010 年的粮食总产量，合理粮食产能为适宜耕作土地资源部分实现的 2010 年粮食总产量，最大粮食产能为合理粮食产能＋后备耕地可能的粮食产能＋牧草、秸秆等效的粮食产能。

4）人口承载力

从表 5-28 可以看出，横断山区 2010 年总人口为 1943.23 万，其中农村总人口为 1356.52 万，而估算的合理承载人口数量约为 1272.63 万，横断山区人口处于超载状态。对人口超载县的超载人口累加统计表明，横断山区超载总人口约为 248.84 万，人口超载率约为 18.34%。横断山区超载人口超过 5 万的县域包括四川省阿坝藏族羌族自治州小金县，凉山彝族自治州会东县，云南省金阳县、甘洛县、美姑县、雷波县；云南省昆明市东川区、禄劝彝族苗族自治县，曲靖市会泽县，昭通市巧家县，大理白族自治州大理市、弥渡县、南涧彝族自治县，怒江傈僳族自治州泸水市、福贡县、兰坪白族普米族自治县，迪庆藏族自治州维西傈僳族自治县 17 个县（市、区）。

表 5-28　横断山区典型县（区）人口承载力评价

典型县（区）	总人口/万人	农村总人口/万人	合理承载人口/万人	超载人口/万人	人口超载率/%
宝兴县	5.61	4.04	3.48	0.56	14.00
普格县	15.57	13.83	13.88	0.00	0.00
昆明市东川区	27.19	15.83	7.57	8.26	52.18
横断山区	1943.23	1356.52	1272.63	248.84	18.34

注：土地承载总人口为最大粮食产能按小康生活标准换算的承载人口量。

2. 城镇空间功能重要性

1）可开发建设土地

总体上，横断山区的可开发建设土地非常狭小，仅分布于云南高原的主要坝子、安宁河谷、盐源盆地及红原-若尔盖高原等有限的河谷平坝中。从可开发建设土地的分布可以看出，横断山区只有昆明、西昌、大理、丽江等有限的几个城市具有较高的城镇化潜力。随着川藏铁路、汶马高速等重大交通基础设施建设，康定、理塘、白玉、江达、马尔康、阿坝、香格里拉等县（市、区）的城镇空间功能都将得到扩展，可开发建设土地将成为这些区域城镇空间功能的关键限制因素。

统计表明，横断山区的可开发建设土地总面积约为 9424.83km^2，人均可开发建设土地面积约为 485.01m^2。根据 2010 年遥感解译结果，横断山区在可开发建设土地范围已开发建设用地 870.18km^2。从数据上看，横断山区的剩余可开发建设土地面积仍然较大，但实际上横断山区的可开发建设土地比较零散，集中连片的开发建设空间十分匮乏。

2）国土开发风险

空间分析表明，2010 年横断山区超限建设用地（超出可开发建设土地范围的建设用地）约为 454.02km^2，约占建设用地总面积的 34.29%，也就是说，约 1/3 的建设用地在不适宜开发建设的空间范围内。对 1990～2010 年的超限建设用地进行动态分析表明，1990 年横断山区的超限建设用地总面积约为 236.59km^2，20 年超限建设用地增加了 91.90%，相当于翻了一倍。1990 年时横断山区的超限建设用地比例约为 29.33%，1990～2010 年横断山区的超限建设用地比例呈扩大趋势，这极大提高了横断山区的国土空间开发风险。对县域可开发建设土地统计表明，超限建设用地面积占建设用地面积比例超过 80% 的县域有 21 个，均为山地灾害高危险区（图 5-26），它们是横断山区防范与化解重大国土空间开发风险的关键区域。

3）人口承载力

以人均建设用地面积 120m^2 的标准，估算了横断山区可开发建设土地的人口承载力及城镇化潜力。评估表明，横断山区可开发建设土地能够承载的城镇人口总量约为 1217.25 万人，2010 年横断山区的总人口为 1943.23 万人，估算横断山区的城镇化潜力为 62.64%。也就是说，横断山区的可开发建设土地最大能够承载的城镇化率约为 60%，国土空间规划和有关政策制定时应重视这些，不要盲目提高城镇化率目标。

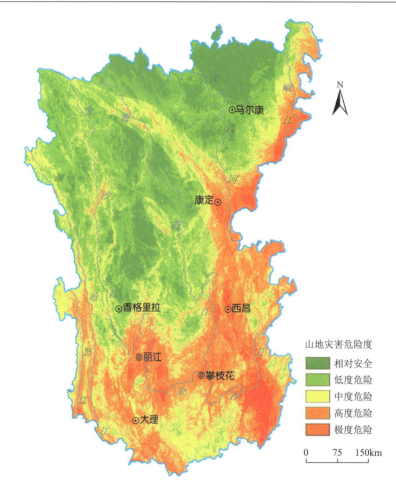

图 5-26　横断山区灾害危险性评价图

4）城镇空间功能重要性

评估结果表明，横断山区城镇空间功能极高、高、较高、一般、较低的县域数量分别为 23 个、16 个、12 个、7 个、41 个（表 5-29）。

表 5-29　横断山区县域城镇空间功能重要性等级评价

国土空间功能类型	县域数量及比例
极高	四川省攀枝花市东区、西区、仁和区，凉山彝族自治州西昌市、盐源县、会理县、冕宁县；云南省昆明市嵩明县、寻甸回族彝族自治县，曲靖市会泽县，丽江市古城区、永胜县，楚雄彝族自治州楚雄市、牟定县、南华县、元谋县、武定县、禄丰市，大理白族自治州大理市、祥云县、宾川县、弥渡县、鹤庆县，共 23 个县（市、区），总面积 66294.93km²，总人口 885.56 万（2010 年第六次全国人口普查）
高	四川省攀枝花市米易县，凉山彝族自治州德昌县、昭觉县、越西县；云南省昆明市富民县、禄劝彝族苗族自治县，丽江市玉龙纳西族自治县、华坪县、宁蒗彝族自治县，楚雄彝族自治州姚安县、大姚县、永仁县，大理白族自治州巍山彝族回族自治县、洱源县、剑川县，迪庆藏族自治州香格里拉市，共 16 个县（市、区），总面积 55208.45km²，总人口 363.49 万（2010 年第六次全国人口普查）

国土空间功能类型	县域数量及比例
较高	四川省攀枝花市盐边县，雅安市天全县，阿坝藏族羌族自治州阿坝县，甘孜藏族自治州康定市、道孚县、甘孜县，凉山彝族自治州会东县、布拖县、喜德县；云南省昆明市东川区，昭通市巧家县、大理白族自治州永平县，共 12 个县（市、区），总面积 56252.83km²，总人口 232.08 万（2010 年第六次全国人口普查）
一般	四川省甘孜藏族自治州炉霍县，凉山彝族自治州宁南县、普格县、雷波县；云南省大理白族自治州漾濞彝族自治县、云龙县，迪庆藏族自治州维西傈僳族自治县，共 7 个县（市、区），总面积 21596.32km²，总人口 105.96 万（2010 年第六次全国人口普查）
较低	四川省乐山市峨边彝族自治县，雅安市石棉县、宝兴县，阿坝藏族羌族自治州汶川县、理县、茂县、松潘县、九寨沟县、金川县、小金县、黑水县、马尔康市、壤塘县、红原县，甘孜藏族自治州泸定县、丹巴县、九龙县、雅江县、新龙县、德格县、白玉县、色达县、理塘县、巴塘县、乡城县、稻城县、得荣县，凉山彝族自治州木里藏族自治县、金阳县、甘洛县、美姑县；云南省大理白族自治州南涧彝族自治县，怒江傈僳族自治州泸水市、福贡县、贡山独龙族怒族自治县、兰坪白族普米族自治县，迪庆藏族自治州德钦县；西藏自治区昌都地区江达县、贡觉县、察雅县、芒康县，共 41 个县（市、区），总面积 250488.24km²，总人口 356.14 万（2010 年第六次全国人口普查）

3. 生态空间功能重要性

生态重要性是对生态系统的土壤保持功能、水源涵养能力、生物多样性维持功能、固碳功能等进行的综合评估[19]，横断山区特殊的山地环境特征决定了该区域的生态系统土壤保持功能、水源涵养能力重要性远超过太行山区与黔桂喀斯特山区，从水土要素耦合研究角度应提高土壤保持功能、水源涵养能力权重。从图 5-27 可以看出，青藏高原与云南高原的过渡带生态重要性极高，即我国地势第一级阶梯向第二级阶梯过渡的区域，以三江（金沙江、澜沧江、怒江）中段、金沙江香格里拉至攀枝花段、锦屏山、大相岭、小相岭、邛崃山东段等区域生态重要性等级最高。横断山区地处青藏高原与云南高原、四川盆地的接合部，地势梯度大，生态重要性等级整体极高，是国家级生态功能区最密集的区域之一，图 5-27 中横断山区西北部地区只是生态重要性稍低于中南部，其绝对生态重要性地位在全国仍属于生态重要性高等级区域。

总体上，横断山区生态红线范围非常广泛，仅有云南高原、大小凉山和青藏高原东南缘部分地势平坦、城镇空间与农业生产空间比重较大的区域未划入生态红线。统计表明，横断山区生态红线面积为 388568.80km²，占横断山区土地总面积的 86.38%。横断山区生态红线面积比例超过 90% 的县域有 34 个，云南省怒江傈僳族自治州贡山独龙族怒族自治县是横断山区生态红线保护区比例最大的县域，生态红线比例高达 99.17%。

横断山区生态红线范围内的生态系统服务价值约为 20409.67 亿元，约占横断山区生态系统服务总价值的 93.17%。可见，保护好红线范围的生态环境就保护了横断山区绝大部分的生态系统服务功能。

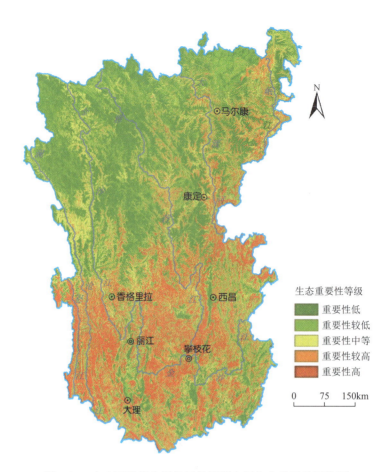

图 5-27　水土要素耦合视角下的横断山区生态重要性评价图

5.4.4　黔桂喀斯特山区国土空间功能重要性

1. 农业生产空间功能重要性

1）适宜耕作土地资源

总体上，广西盆地的南宁、来宾、柳州、贵港、崇左以及贵州高原的贵阳、遵义等地的土地适宜耕作性较好，贵州高原的毕节、安顺、六盘水、黔西南布依族苗族自治州、黔南布依族苗族自治州、黔东南苗族侗族自治州以及黔桂斜坡带的百色、河池等地的土地适宜耕作性较差。

统计表明，黔桂喀斯特山区的适宜耕作土地总面积为 4349.85 万亩，约占耕地总面积的 80.34%（表 5-30）。从表 5-31 可以看出，黔桂喀斯特山区碳酸盐岩出露区不适宜耕作土地的比例达到 23.54%，而非碳酸盐岩出露区不适宜耕作土地的比例为 12.77%。

表 5-30　黔桂喀斯特山区适宜耕作土地资源统计表

典型县	面积/万亩		比例/%	
	适宜耕作	不适宜耕作	适宜耕作	不适宜耕作
普定县	17.21	7.80	68.81	31.19
环江毛南族自治县	61.02	27.69	68.78	31.22
黔桂喀斯特山区	4349.85	1064.29	80.34	19.66

注：适宜耕作土地、不适宜耕作土地中的比例为适宜耕作土地面积与不适宜耕作土地面积占耕地总面积的比例。

表 5-31　黔桂喀斯特山区碳酸盐岩出露区适宜耕作土地资源统计表

典型县	面积/hm²		比例/%	
	适宜耕地	不适宜耕地	适宜耕地	不适宜耕地
普定县	12.06	6.36	65.46	34.54
环江毛南族自治县	48.11	22.17	68.45	31.55
黔桂喀斯特山区	2646.73	815.01	76.46	23.54

2）喀斯特石漠化

从图 5-28 可以看出黔桂斜坡带、贵州高原西部石漠化敏感性高，贵州高原大部分地区石漠化敏感性中等，广西盆地石漠化敏感性等级较低。

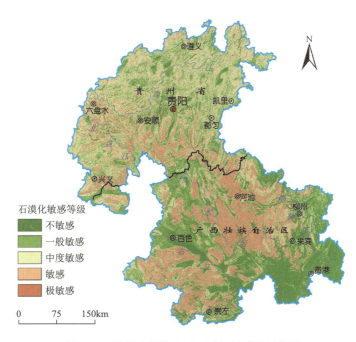

图 5-28　黔桂喀斯特山区石漠化敏感性评价图

统计表明，黔桂喀斯特山区石漠化高敏感区的总面积约为 50609.21km²，占黔桂喀斯特山区土地总面积的 23.71%（表 5-32）。按石漠化敏感性等级划分，轻度敏感、中度敏感、高度敏感、极度敏感区的面积分别为 52814.48km^2、44388.08km^2、31076.15km^2、19533.06km^2（表 5-32），其耕地石漠化敏感性等级统计见表 5-33。

表 5-32　黔桂喀斯特山区石漠化敏感性等级统计　　　　　　（单位：km^2）

典型县	不敏感	轻度敏感	中度敏感	高度敏感	极度敏感
普定县	168.95	270.79	303.02	250.79	86.44
环江毛南族自治县	1052.06	1050.81	980.72	815.88	653.46
黔桂喀斯特山区	65632.70	52814.48	44388.08	31076.15	19533.06

表 5-33　黔桂喀斯特山区耕地石漠化敏感性等级统计　　　　（单位：km^2）

典型县	不敏感	轻度敏感	中度敏感	高度敏感	极度敏感
普定县	88.76	120.01	98.54	61.45	18.73
环江毛南族自治县	230.02	178.95	181.88	105.15	29.29
黔桂喀斯特山区	25426.18	13511.04	9400.63	4776.36	2213.22

3）粮食产能

统计表明（表 5-34），黔桂喀斯特山区的合理粮食产能约为 1179.79 万 t，而根据 2010 年统计的现状粮食产能为 1354.48 万 t，也就是说，黔桂喀斯特山区的粮食生产已经处于超负荷状态。

表 5-34　黔桂喀斯特山区典型县域粮食产能评价　　　　　　（单位：万 t）

典型县	现状粮食产能	合理粮食产能	最大粮食产能
普定县	12.70	6.93	12.70
环江毛南族自治县	11.73	14.16	20.59
黔桂喀斯特山区	1354.48	1179.79	1468.46

注：现状粮食产能为 2010 年的粮食总产量，合理粮食产能为适宜耕作土地资源部分实现的 2010 年粮食总产量，最大粮食产能为合理粮食产能＋后备耕地可能的粮食产能＋牧草、秸秆等效的粮食产能。

4）人口承载力

按小康社会人均粮食需求量 400kg 标准，计算合理粮食产能下的土地人口承载力（表 5-35）。从表 5-35 可以看出，黔桂喀斯特山区耕地能够合理承载的人口数量约为 2949.49 万，按 2010 年第六次全国人口普查数据，黔桂喀斯特山区的人口已经超载，超载总人口约为 394.14 万，人口超载率为 15.08%。

表 5-35　黔桂喀斯特山区人口承载力评价表

典型县	总人口/万人	农村总人口/万人	合理承载人口/万人	超载人口/万人	人口超载率/%
普定县	37.85	30.74	17.33	13.41	43.62
环江毛南族自治县	27.23	20.50	35.40	0.00	0.00
黔桂喀斯特山区	4255.44	2612.92	2949.49	394.14	15.08

注：土地承载总人口为合理粮食产能按小康生活标准（400kg/人）换算的承载人口量。

2. 城镇空间功能重要性

1）可开发建设土地

总体上，黔桂喀斯特山区的可开发建设土地空间分布呈现南北两端多，中间少的特征，这正好与黔桂喀斯特山区的地貌格局一致。

统计表明，黔桂喀斯特山区的可开发建设土地总面积约为 47306.12km^2，人均可开发建设土地面积约为 1111.66m^2。整体而言，黔桂喀斯特山区的可开发建设土地资源非常丰富，城镇化建设潜力是高的，且黔桂喀斯特山区地处成渝城市群、滇中城市群与粤港澳大湾区、长江中游城市群的连接地带，提升该区域的城镇空间功能对于完善西南地区城市群和全面建成小康社会具有十分重要的意义。

2）人口承载力

利用可开发建设土地对人口承载力的评估表明，黔桂喀斯特山区可开发建设土地能够承载的城镇人口总量约为 3571.16 万，2010 年黔桂喀斯特山区的总人口为 4255.44 万，估算黔桂喀斯特山区的城镇化潜力为 83.92%，也就是说，黔桂喀斯特山区的可开发建设土地资源基本能够满足本地区的城镇化需求。

3）城镇空间功能重要性

评估结果表明，黔桂喀斯特山区城镇空间功能极高、高、较高、一般的县域数量分别为 29 个、48 个、21 个、4 个（表 5-36），无城镇空间功能较低的县域。

表 5-36　黔桂喀斯特山区县域城镇空间功能重要性等级评价表

国土空间 功能类型	县域数量及比例
极高	广西壮族自治区南宁市西乡塘区、武鸣区、宾阳县、横州市，柳州市城中区、鱼峰区、柳南区、柳北区、柳江区，贵港市港北区、覃塘区、桂平市，河池市宜州区，来宾市兴宾区；贵州省贵阳市南明区、云岩区、花溪区、乌当区、白云区、经济技术开发区，六盘水市盘州市，遵义市红花岗区、汇川区、播州区，安顺市西秀区，黔西南布依族苗族自治州兴义市，毕节市大方县、黔西市、织金县，共 29 个县（市、区），总面积 53599.78km^2，总人口 1920.65 万（2010 年第六次全国人口普查）
高	广西壮族自治区南宁市隆安县、马山县、上林县，柳州市柳城县、鹿寨县，百色市右江区、田阳区、田东县、平果市、德保县、靖西市，河池市金城江区、罗城仫佬族自治县、环江毛南族自治县、都安瑶族自治县、大化瑶族自治县，来宾市忻城县、象州县、武宣县，崇左市江州区、扶绥县、龙州县、大新县、天等县；贵阳市开阳县、息烽县、修文县、清镇市，六盘水市钟山区、水城区，遵义市湄潭县，安顺市平坝区、普定县、镇宁布依族苗族自治县，铜仁市石阡县、思南县，黔西南布依族苗族自治州兴仁市、安龙县，毕节市金沙县，黔东南苗族侗族自治州凯里市、黄平县，黔南布依族苗族自治州都匀市、福泉市、瓮安县、独山县、平塘县、罗甸县、惠水县，共 48 个县（市、区），总面积 110608.18km^2，总人口 1738.62 万（2010 年第六次全国人口普查）
较高	百色市凌云县、乐业县，河池市南丹县、凤山县、东兰县、巴马瑶族自治县，来宾市合山市；六盘水市六枝特区，遵义市余庆县，安顺市关岭布依族苗族自治县、紫云苗族布依族自治县，黔西南布依族苗族自治州普安县、贞丰县，毕节市纳雍县，黔东南苗族侗族自治州施秉县、岑巩县、麻江县，黔南布依族苗族自治州荔波县、贵定县、长顺县、龙里县，共 21 个县（市、区），总面积 39002.28km^2，总人口 506.49 万（2010 年第六次全国人口普查）
一般	百色市那坡县、隆林各族自治县，河池市天峨县；黔西南布依族苗族自治州晴隆县，共 4 个县（市、区），总面积 10234.22km^2，总人口 89.69 万（2010 年第六次全国人口普查）
较低	—

3. 生态空间功能重要性

1）生态重要性

从图 5-29 可以看出，黔桂喀斯特山区中部的黔桂斜坡带生态重要性等级整体较高，贵州高原的生态重要性高于广西盆地。

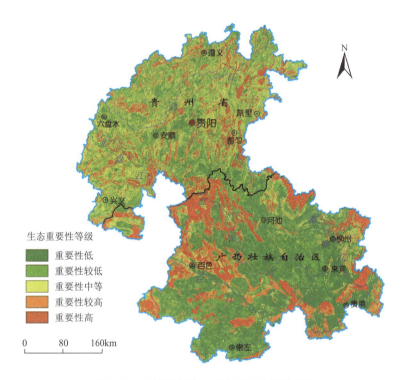

图 5-29　黔桂喀斯特山区生态重要性等级图

2）生态红线

总体上，黔桂喀斯特山区生态红线主要分布于黔桂斜坡带、贵州高原的西部（南北盘江）和东部、百色和崇左等地。

统计表明，黔桂喀斯特山区的生态红线面积为 6.87 万 km^2，约占黔桂喀斯特山区土地总面积的 32.22%。生态红线面积比例超过 50%的县域有 9 个，具体为广西壮族自治区百色市那坡县，河池市金城江区、南丹县、天峨县、东兰县、都安瑶族自治县、大化瑶族自治县；贵州省安顺市紫云苗族布依族自治县，黔南布依族苗族自治州罗甸县。

参 考 文 献

[1]　李莉，周宏飞，包安明. 中亚地区气候生产潜力时空变化特征[J]. 自然资源学报，2014，29（2）：285-294.

[2]　郭小芹，刘明春. 河西走廊近 40a 气候生产潜力特征研究[J]. 中国沙漠，2011，31（5）：1323-1329.

[3]　罗永忠，成自勇，郭小芹. 近 40a 甘肃省气候生产潜力时空变化特征[J]. 生态学报，2011，31（1）：221-229.

[4]　Veettil A V，Mishra A K. Potential influence of climate and anthropogenic variables on water security using blue and green water scarcity，Falkenmark index，and freshwater provision indicator[J]. Journal of Environmental Management，2018，

228（DEC.15）：346-362.

[5]　Falkenmark M，Lundqvist J，Widstrand C. Macro-scale water scarcity requires micro-scale approaches. Aspects of vulnerability in semi-arid development[J]. Natural Resources Forum，1989，13（4）：258-267.

[6]　刘斌涛，陶和平，刘邵权，等. 山区交通通达度测度模型与实证研究[J]. 地理科学进展，2011，30（6）：733-738.

[7]　张路，肖燚，郑华，等. 2010 年中国生态系统服务空间数据集[J]. 中国科学数据（中英文网络版），2018，3（4）：142-154.

[8]　章文波，付金生. 不同类型雨量资料估算降雨侵蚀力[J]. 资源科学，2003，25（1）：35-41.

[9]　刘斌涛，陶和平，史展，等. 青藏高原土壤可蚀性 K 值的空间分布特征[J]. 水土保持通报，2014，34（4）：11-16.

[10]　刘斌涛，宋春风，史展，等. 西南土石山区土壤流失方程坡度因子修正算法研究[J]. 中国水土保持，2015，（8）：49-51.

[11]　汪松，解焱. 中国物种红色名录[M]. 北京：高等教育出版社，2004.

[12]　国家林业局. 中国野生动物保护名录[M]. 北京：国家林业局，2010.

[13]　国家林业局. 中国重要野生植物保护名录[M]. 北京：国家林业局，2010.

[14]　IUCN. The IUCN Red List of Threatened Species[Z/OL]. 2004. http://www.iucnredlist.org/.

[15]　谢焱，张爽，王伟. 中国生物多样性地理图集[M]. 长沙：湖南教育出版社，2009.

[16]　浙江省市场监督管理局. 生态系统生产总值（GEP）核算技术规范 陆域生态系统（DB33/T 2274—2020）[S]. 2020.

[17]　谢高地，张彩霞，张雷明，等. 基于单位面积价值当量因子的生态系统服务价值化方法改进[J]. 自然资源学报，2015，30（8）：1243-1254.

[18]　谢高地，张彩霞，张昌顺，等. 中国生态系统服务的价值[J]. 资源科学，2015，37（9）：1740-1746.

[19]　杨世凡，安裕伦，王培彬，等. 贵州赤水河流域生态红线区划分研究[J]. 长江流域资源与环境，2015，24（8）：1405-1411.

第6章 基于水土耦合的典型山区国土空间承载力

6.1 承载力概念与内涵

6.1.1 承载力的概念

"承载力"一词最早来源于生态学，其表示在某一特定的环境条件下，某种生物个体可能存活的最大数量[1, 2]，也就是说，理想状态（物种生长的空间、实物和其他有机体等都没有限制性影响时）下的物种会呈无限繁殖状态，表现为"J"形增长曲线［图 6-1（a）］，此时的增长率称为内禀增长率。可以用数学公式表示为

$$dN / dt = rN \tag{6.1}$$

$$N_t = N_0 \times e^{rt} \tag{6.2}$$

式中，r 为物种在无限制环境下的增长率；N 为物种数量，N_0 为起始年的物种数量；N_t 为第 t 年的物种数量。

但在现实生活中，由于资源环境的限制，物种不可能永远以无限增长的方式繁殖下去，否则会威胁到整个宇宙的安全。通常情况下，物种在初始阶段是以类似指数曲线的形状增长，而当资源环境条件开始对增长有所限制时，物种个体和数目的增长趋势会逐渐减慢，最后物种数量大小接近其上限时达到平衡水平，此时物种会停止增长，并长时间维持这种状态。整体而言，物种增长在受资源环境制约时，会呈现"S"形曲线［图 6-1（b）］。用数学式表示为

$$dN / dt = rN(1 - N / K) \tag{6.3}$$

$$N_t = K \left/ \left[1 + \left(\frac{K}{N_0} - 1 \right) e^{-rt} \right] \right. \tag{6.4}$$

式中，K 为物种增长的最高水平，当超过此水平物种将不再增长，因而又称为资源环境负载量或承载量。

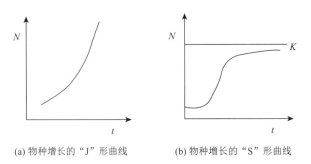

(a) 物种增长的"J"形曲线   (b) 物种增长的"S"形曲线

图 6-1 物种增长曲线

可以说，在地球进化史上，所有生物的发展都遵循这一规律。也许在资源环境条件较好时，物种往往会生长过头，但这种状态不会一直持续；待物种数量达到一定值而较大地超过其承载量后，物种会出现大批死亡而导致物种数量骤然下降。然后再重新回到新的平衡，即回到 K 值所允许的范围。

6.1.2 承载力的内涵与发展

马尔萨斯在其著作《人口原理》中，提出人口与粮食关系的假设，即食物是限制人口增长的唯一因素，而人口呈指数增长，食物呈线性增长，由此提出承载力研究的基本框架——根据限制因子的状况分析研究对象的极限数量。这一思想逐渐被引入生态学、经济学、地理学、人口学等学科。承载力最初的研究领域主要集中在经济学和人口学。弗赫斯特（Verhulst）将马尔萨斯的人口增长模型数值化，提出逻辑曲线方程[3]。后来，珀尔（Pearl）将模型加以改进，Verhulst 模型被广泛应用于人口预测[4]。但是模型的假设条件相对苛刻，只适用于人口的短期预测，而且由于模型对人口增长的其他因素欠缺考虑，因此对全球人口承载力的预测值误差很大。

尽管承载力的相关研究很早就已经开始，但承载力的概念直到 1921 年才被人类生态学家帕克和伯吉斯明确提出，即"某一特定环境条件下（主要指生存空间、营养物质、阳光等生态因子的组合），某种个体存在数量的最高极限"，认为区域人口数量可根据某一地区的食物资源确定，由此带动土地资源承载力的研究[5]。后来，随着工业化进程的推进，世界经济取得了飞速发展。由于当时经济的发展很大程度上依赖于资源的利用，人们对自然资源的需求量也越来越大，资源危机逐渐凸显，人类开始意识到自然资源是有限的。特别是"石油危机"的出现，进一步加深了人们的这种认识。资源承载力的概念也应运而生。其中，最早关于资源承载力的概念来源于生态学，当时，联合国教育科学及文化组织（United Nations Educational, Scientific and Cultural Organization, UNESO）指出一个国家或地区的资源承载力是指在可预见的时期内，利用本地资源及其他自然资源和智力、技术等条件，在保护符合其社会文化准则的物质生活水平下所持续供养的人口数量[6]，并得到了广泛接纳。随后，Cohen[7]对资源承载力进行了更为完整的阐述，指出资源承载力是在不损害自然、生态和社会环境的情况下，在可以预见的未来能供养的人口数量。由于资源对国家和地区发展很重要，很多学者和机构对不同类型资源的承载力也分别进行了归纳，提出了土地资源承载力、水资源承载力、森林资源承载力以及矿产资源承载力等概念，并对这些承载力进行了较为系统的研究。土地资源和水资源作为人类生产、生活以及生态保持的重要成分，无疑成为资源承载力研究的重点对象。

人类社会系统只是生态系统的一部分,其结构和功能的好坏取决于生态系统的结构和功能，仅仅关注其中的资源和环境单因素并不足以解除人类所面临的生存危机，因此，承载力的研究重点逐渐转移到对诸要素的综合研究上，区域承载力、城市承载力、人类（社会）承载力的概念也就相继出现。区域承载力是以区域资源环境为对象，研究它同人类的经济社会活动之间的相互关系。其中，由美国麻省理工学院的梅多斯等学者组成的"罗马俱乐部"，利用系统动力学模型对世界范围内的资源环境与人的关系进行评价，构建了著名的"世界模型",深入分析了人口增长、经济发展（工业化）同资源过度消耗、环境恶化和粮食生产的关系,并预测到21世纪中叶全球经济增长将达到极限。同时,英国的史勒瑟（Slesser）也提出将 ECCO 模型作为新的资源环境承载力的计算方法,该模型综合考虑人口-资源-环境-发展之间的相互关系,建立系统动力学模型,模拟不同发展策略下,人口与资源环境承载力之间的弹性关系,从而确定以长远发展为目标的区域发展优选方案。这两个模型为国内外区域承载力研究提供了重要参考。

随着承载力研究与应用范围的不断扩展,其已由生态学逐渐延伸到其他学科。决定承载力的变量也不再是单纯的生态环境因素,社会消费模式、社会价值观念、社会制度安排、技术发展状况等经济社会因素的重要性日渐凸显,由此形成了不同类型的承载力,主要有人类生态系统的资源承载力（土地承载力、水资源承载力等）、环境承载力（水环境承载力、大气环境承载力等）、生态系统综合承载力等。

6.1.3　中国资源环境承载力的研究

国内对资源环境承载力的研究稍晚于国外,由于资源匮乏、环境破坏等诸多问题亟待解决,资源环境承载力开始成为国内众多领域专家学者的研究重点之一。从20世纪80年代开始,我国逐步开始展开对资源环境承载力的相关研究,多集中在人口、土地、粮食等资源方面[8-10]。随后,国内又相继开展了关于大气环境承载力、旅游环境承载力等各方面的研究[11, 12],并且不再片面地研究某一单要素承载力,转而开始进行资源环境综合承载力的研究[13, 14]。

进入21世纪,作为描述发展限制的一个常用概念,资源环境承载力的社会意义越来越受到重视。2006年颁布的《中华人民共和国国民经济和社会发展第十一个五年规划纲要》第20章即提出"推进形成主体功能区:根据资源环境承载能力、现有开发密度和发展潜力,统筹考虑未来我国人口分布、经济布局、国土利用和城镇化格局,将国土空间划分为优化开发、重点开发、限制开发和禁止开发四类主体功能区"。2013年党的十八届三中全会通过的《中共中央关于全面深化改革若干重大问题的决定》第52条再次明确提出"建立资源环境承载能力监测预警机制,对水土资源、环境容量和海洋资源超载区域实行限制性措施"。2015年7月,环境保护部、国家发展和改革委员会印发了《关于贯彻实施国家主体功能区环境政策的若干意见》,在"坚持分类差异化管理"基本原则中,明确指出"立足各类主体功能定位,把握不同区域生态环境的特征、承载力及突出问题,科学划分环境功能区"。2017年9月,中共中央办公厅、国务院办公厅印发《关于建立资源环境承载能力监测预警长效机制的若干意见》,旨在深入贯彻落实党中央、国务院关于深化生态文明体制改革的战略部署,推动实现资源环境承载能力监测预警规范化、常态化、制度化,引导和约束各地严格按照资源环境承载能力谋划经济社会发展。由此可见,资源环境承载力研究已成为国家生态文明建设中一项重要的基础性工作,而且也是推进中国新型城镇化建设、促进区域可持续发展的重大科学需求所在。

在实践领域,资源环境承载力作为国家主体功能区规划的科学基础和核心指标已实际应用于国家或地区的国土规划、人口规划等。主体功能区规划基于不同区域的资源环境承载能力、现有开发强度和未来发展潜力,以是否适宜或如何进行大规模高强度工业化城镇化开发为基准划分了优化开发区域、重点开发区域、限制开发区域和禁止开发区域，成为一切部门规划和地方规划的基础平台[15, 16]。主体功能区规划对空间结构和开发强度的控制及其指标的逐级落实，保证了区域资源环境的可持续性，实现了国家上位规划的约束功能。同时，资源环境承载力为汶川地震等重大自然灾害的灾后重建规划提供了重要的科学基础[17]。由中国科学院牵头完成的资源环境承载力评价，是国家在汶川地震灾后恢复重建规划中一项重要的工作，其在充分认识地震灾害发生前后规划区资源环境承载能力变化的基础上，按照重建条件适宜性的内涵界定，对整个规划区的差异性进行了科学识别并予以表达，为重建规划提供了强有力的支撑[18]，对提高规划、决策的科学性起到了至关重要的作用（图 6-2）。随后，其他学者跟进并丰富了地震灾区的资源环境承载力评价研究。其中，中国科学院水利部成都山地灾害与环境研究所对 4·20 芦山地震、4·25 尼泊尔地震、8·8 九寨沟地震、8·13 清平特大泥石流等的资源环境承载力进行了探讨，为灾区灾后重建提供了重要的参考价值。

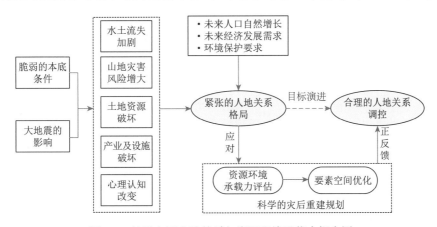

图 6-2　地震灾区人地关系与资源环境承载力概念图

　　资源环境承载力研究的核心内容之一是构建评价指标体系。科学、合理的资源环境承载力评价指标体系，不但可以涵盖经济社会环境系统中诸多要素的相对情况，而且可以在时间和空间维度上进行比较，反映区域环境承载力的变化状况，为决策提供建议。目前，国内学者针对资源环境承载力的要素类型、目标、研究领域以及研究区域的不同，也建立了不同的评价指标体系[19-21]。其中，最具影响力的指标体系为联合国环境规划署（United Nations Environment Programme，UNEP）的驱动力—压力—状态—影响—响应（drive、pressure、state impact and response，DPSIR）概念框架。DPSIR 模型包括驱动力、压力、状态、影响和响应五个部分。每部分为同一类型的指标，下面又分为若干指标项。模型从系统分析的角度看待人和环境系统的相互作用，涉及经济、社会、环境、政策诸多要素，既反映社会、经济发展和人类行为对环境的影响，又体现人类行为及其最终导致的环境状态对社会的反作用。社会为应对环境状态的变化以及由此造成的对人类生存环境的不利影响，必须采取各种应对措施。总体来看，资源环境承载力评价指标涉及资源、环境、生态、社会经济等诸多系统，不同系统的评价指标之间相互影响、相互制约。在建立指标体系后，一个很重要的环节就是确定评价模型和具体方法。不同学者基于不同研究目标，在资源环境承载力评价中往往选取不同的方法。目前，国内常用的资源环境承载力评价方法主要包括联合国粮食及农业组织

（Food and Agriculture Organization of the United Nations，FAO）的农业生态区域（agro-ecological zones，AEZ）法、系统动力学法、生态足迹（ecological footprint，EF）法、主成分分析法以及能值分析法。截至目前，资源环境承载力评价的方法种类较多，也较成熟。

综上可知，资源环境承载力的研究趋势由封闭系统走向开放系统，由静态研究走向动态预测，由单一指标向综合指标体系系统描述或阐述，从考虑自然资源单一要素系统扩展至整个自然-社会-经济的人-地一体化资源系统，并由最初的土地资源承载力发展到资源承载力、环境承载力、资源环境承载力等综合研究。

6.2　资源环境承载力逻辑与要素解析

6.2.1　理论与逻辑建构

1. 不同理论视角的解读

1）从经济增长的资源阻尼效应的视角解读

20 世纪 80 年代末 90 年代初，因资源粗放利用、环境问题恶化、资源紧缺问题日益显现，经济增长是否能够在新形势下持续增长引起质疑，经济学界重点关注资源环境约束对经济增长的影响。一些经济学家开始将自然资源、环境污染等因素同资本、劳力一样作为经济增长要素纳入经济增长模型中，研究资源环境约束下经济增长问题。1992 年，Nordhaus 考虑自然资源，分别建立了一个有资源约束和一个无资源约束的新古典经济增长模型，并将两个模型得到稳态的人均产出增长率之差定义为自然资源的"增长阻尼效应"[22]。"增长阻尼效应"认为经济具有无限增长的趋势，而自然资源是有限的，经济增长必然受到自然资源的约束（图 6-3）。因此，其反映的是当某种要素受到约束时，其对经济发展的制约程度。阻尼效应中假设土地资源数量不变及可耗竭性资源随着时间在减少，这些假设条件构成了承载力理论的基本要素和前提，后来的承载力研究都是基于这样一些假设条件而展开的，因此，其为承载力的起源和研究提供了坚实基础。

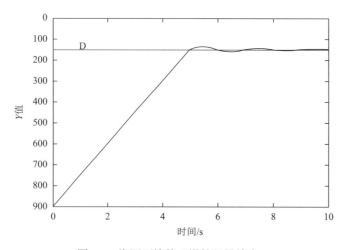

图 6-3　资源环境的"增长阻尼效应"

目前我国正处于工业化和城市化快速发展阶段，这一阶段也是能源消耗、资源利用加剧时期。我国资源丰富，但人均占有量偏低，尤其是人们生产、生活的载体——土地和水。如果缺乏有效的技术创新和合理的资源保护与利用，就可能出现经济负的稳态增长率。如果不进行基于资源环境承载力的优化，就会放大阻尼效应，导致地区间资源利用的低效率，进而影响区域的整体发展。

2）从环境库兹涅茨曲线的视角解读

环境库兹涅茨曲线（environmental Kuznets curve，EKC）是 1991 年美国经济学家 Grossman 和 Krueger 提出的用以研究环境污染程度与人均收入之间关系的曲线。该曲线表明环境污染程度开始随着收入增加而加剧，收入水平上升到一定程度后，环境污染程度随收入增加而降低，即环境污染程度与收入为倒"U"形关系（图 6-4）。环境库兹涅茨曲线的影响因素包括规模效应、技术效应和结构效应等。①规模效应。经济增长从两方面对环境质量产生负面影响：一方面经济增长要增加投入，进而增加资源的使用；另一方面更多产出也会带来污染物排放的增加。②技术效应。高收入水平与更好的环保技术、高效率技术紧密相连。在一国经济增长过程中，研发支出上升，对技术发展产生两方面的影响：一是其他不变时，技术进步提高生产率，改善资源的使用效率，降低单位产出的要素投入，削弱生产对自然环境的影响；二是清洁技术不断开发和取代落后技术，并有效地循环利用资源，降低单位产出的污染排放。③结构效应。随着收入水平提高，产出结构和投入结构发生变化。在早期阶段，经济结构从农业向能源密集型重工业转变，增加了污染排放，随后经济转向低污染的服务业和知识密集型产业，投入结构变化，单位产出的排放水平下降，环境质量改善。

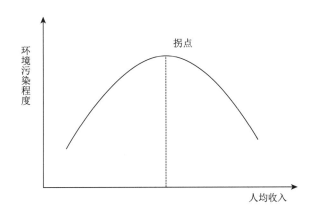

图 6-4　环境库兹涅茨曲线

环境库兹涅茨曲线的实质是研究经济发展对环境质量或资源消耗的影响，资源环境承载力评价作为连接我国经济部门与环境部门的科学工具之一，是分析经济发展与环境保护之间关系的重要方法。通过优化资源环境要素配置，扭转经济与环境之间低效、无序的状态，实现区域动态均衡发展。

3）从环境外部性视角解读

外部性问题是由马歇尔在其《经济学原理》中首先提出的（当时被称为"外部经济"），后来，庇古在其《福利经济学》中对之加以充实和完善，最终形成了外部性理论[23, 24]。外部性问题大体都具有下列性质：①某个经济主体的经济行为对外部造成影响；②"外部"可以是另一个经济主体，也可以是整个宏观环境；③这种影响可以是积极的（正外部性），也可以是消极的（负外部性）；④影响的结果造成私人（企业或个人）成本与社会成本、私人收益与社会收益相偏离。

环境外部性问题是伴随人类社会经济发展出现的，是人类社会经济发展到一定阶段的产物。自有人类起，人类需要的食物、空气、水，都取自周围的环境，这些"原料"在人体内发生化学反应，变成二氧化碳和其他废物后又被排放到周围环境中。严格说，这些都构成了自然环境的"污染"，但并不构成环境外部性问题，环境外部性问题是与工业化进程相关的。工业革命的发生极大地提高了人类改造自然的能力，同时也极大地提高了人类破坏自然环境的能力，以至于超过了环境资源再生的能力，造成了自然环境的恶化。随着可持续发展观念和理论认识的加强，环境外部性问题受到越来越多的关注。结合前面对外部性的分析，可以得出这样的结论：①环境外部性是负外部性；②环境外部性既是一种代内外部性，又是一种典型的代际外部性；③环境外部性具有公共外部性的特征；④环境外部性通常是复杂外部性。

解决环境外部性，主要还得依靠"内部化"措施，包括"直接管制"和"环境经济手段"。资源环境承载力评价及调控实质是通过"内部化"解决外部性的手段之一，目标是使资源占用和环境影响在总系统层面的综合收益最高。

2. 逻辑解析

在实践层面，资源环境承载力评价的逻辑首先为确定评价的目的，如是服务区域规划还是灾后重建、移民安置等。其次，根据区域主体功能划分，确定其主导功能类型。然后，观察区域实际情况并借鉴国际国内权威相关指标确定此次评价的指标体系。最后是评价过程，具体为对指标进行计算，得到区域资源环境承载力要素评价结果；在单项指标评价的基础上，进行指标要素集成，得到区域国土空间适宜性分级评价结果；结合国家和区域主体功能区规划以及开发和限制类的主导因素（关键指标），进行区域类型划分，得到适宜人口居住和城乡建设的范围；结合承载力要素评价和区域类型划分，进行人口合理规模测算；根据要素评价、要素综合集成和人口合理规模测算结果，得出资源环境承载力评价的主要结论及相关建议。资源环境承载力评价逻辑框图如图6-5所示。

6.2.2 要素系统解析

从地域资源环境系统来看，资源环境承载力要素可以分为物化要素（显要素）和建构要素（隐喻要素）两种类型。其中，物化要素（显要素）包括水资源、土地资源、矿产资源、旅游资源、土壤水、植被在内的资源要素以及水环境、大气环境、土壤环境、地质环

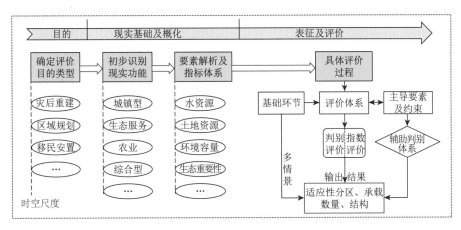

图 6-5　资源环境承载力评价逻辑框图

境在内的环境要素。各要素的含义和细化类型如表 6-1 所示。建构要素（隐喻要素）指的是根据不同的目标将其他要素融合形成一个新的要素，如生态重要性、生态脆弱性等指标（图 6-6）。它是基于学术理论的二次构建，并直接或间接服务于人类。

表 6-1　资源环境承载力要素类型划分

	承载力要素	承载力内涵	细化方面
资源环境承载力（物化要素集）	资源承载力		
	土地资源	一定时期内，一定区域的社会、经济、生态环境条件下，土地资源所能承载的人类活动规模和强度	建设用地承载力、耕地承载力等
	水资源	在一定经济社会和科技发展水平条件下，以生态、经济和社会可持续发展协调为前提，区域水资源能够支撑的可持续发展的合理规模	湿地承载力、地下水承载力
	矿产资源	在一个可预见的时期内，在当时的科学技术、自然环境和社会经济条件下，矿产资源可采储量对社会经济发展的承载能力	矿产资源人口承载力、矿产资源安全承载力
	旅游资源	一定时期内，在可持续发展的标准下，生态旅游目的地的自然环境、人文环境和生态旅游资源对开展生态旅游活动的容纳或支持能力	自然保护区生态承载力、旅游资源空间承载力
	土壤水	在土壤中水、肥、气、热相互协调的前提下，一个地区土壤水资源供需协调的综合能力	土壤水承载力、耕地水资源承载力
	植被	某一区域的某种植物在生命期的一至多年内，在现有的条件下，以维护水分生态良性循环和可持续发展为前提，当地土壤水分中雨水的补给量可支撑的植物群落健康生产或生长的最大数量	植被碳承载力
	环境承载力		
	水环境	某一区域某一时期内，特定社会生产条件及经济发展水平下，以水为核心的资源环境有机整体在自身结构、功能不受破坏的前提下所能提供的承载人类社会活动的能力	河湖环境承载力、水产养殖环境承载力
	大气环境	在某一时期、某一区域，环境对人类活动所排放大气污染物的最大可能负荷的支撑阈值	大气环境容量、大气环境安全承载力
	土壤环境	在维持土壤环境系统功能结构不发生变化的前提下，其所能承受的人类作用在规模、强度和速度上的限值	土壤环境容量、畜牧业环境承载力
	地质环境	一定条件下地质环境所能承受人类活动影响与改变的最大支持能力	生态地质环境承载力、山地环境承载力

图 6-6　资源环境承载力的建构要素

要素具有不同的组合类型，从要素组合的角度对资源环境承载力类型进行划分。一般而言，主要存在资源供给型、环境服务型、系统需求型等组合。其中，资源供给型包括水资源、土地资源、矿产资源等要素，环境服务型包括大气环境、水环境、地质环境等资源要素，系统需求型包括生态系统重要性、生态系统脆弱性等组合要素。同时，不同要素组合类型之间、不同要素之间部分存在着相互影响的关系（表 6-2）。

表 6-2　资源环境承载力要素组合类型

要素组合类型	要素集
资源供给型	水资源、土地资源、矿产资源…
环境服务型	大气环境、水环境、地质环境…
系统需求型	生态系统重要性、生态系统脆弱性…
…	…

此外，要素自身也具有不同的空间形态、时间动态性和恢复力特征（表 6-3），资源环境承载力评价也就是在特定维度上集成不同单要素特征的转化过程。

表 6-3　资源环境承载力要素特征

项目	水资源	土地资源	矿产资源	大气资源	生态脆弱性	…
空间形态	水系 + 点位	斑块 + 条带	点位	系统包裹	局域性	…
时间动态性	快	缓慢	—	一般	缓慢	…
恢复力	强	弱	—	一般	弱	…

随着研究尺度的变化，要素自身特征也会发生变化。如图 6-7 所示，在水资源评价中，流域属于大尺度、敏感性低、恢复时间长的研究对象，水系、河流、河段、断面的空间尺度、敏感性和恢复时间也差异明显，在点位研究尺度时，其空间尺度较小、敏感性较高、恢复时间较短。

整体来看，水、土是资源环境承载力的基础要素，后续资源环境承载力研究的实质就是在水、土资源承载力研究基础上叠加了环境容量部分，试图通过评价包括环境容量资源在内的资源观，探讨人类活动与环境之间的协调程度。

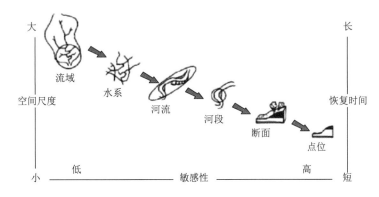

图 6-7　不同研究尺度的要素特征

6.3　典型山区水土耦合对经济增长的阻尼分析

6.3.1　问题的提出与理论基础

水土资源是最基本的自然资源,其丰裕程度不仅决定了区域生态环境质量和人口承载数量,还影响区域经济增长速度。山区是我国经济发展的重要载体,也是自然资源的主要供给来源。丰富的自然资源并没有让山区经济发展"踏上快车",落后的经济状况仍十分突出,我国整体的经济格局呈现"东高西低"的局面。近些年国家大力推进城镇化进程,倡导提高城镇化质量,山区就是实现这一目标的关键所在。城镇化是经济发展到一定阶段的标志,随着山区城镇化和工业化的快速推进,土地和水资源的需求同步快速上升,资源和经济发展之间的不匹配性矛盾越加明显。山区经济增长以大量的资源消耗为代价,以资源外延式扩张的粗放利用的传统模式为依托。水土资源的合理配置已成为山区经济可持续发展面临的重要问题。水土资源是最根本的自然禀赋,是促进经济发展最重要的自然因素和保护生态环境的屏障,其对山区发展所起的主导作用较其他平原地区更为凸显,因此水土资源与山区经济发展密切相关。自然资源对经济发展有深刻的影响,测算在水土资源约束的情况下经济增长受到的影响程度是极其严重的。

以马尔萨斯和李嘉图为代表的古典经济学派认为土地资源的有限性是制约经济增长的因素之一。随着工业革命对部分西方国家产生深刻影响,索洛发现在这些先行国家中并没有出现马尔萨斯和李嘉图等预测的消极经济状况,于是在 1956 年其提出了没有将自然资源纳入生产函数的新古典增长模型,同时假设对于资本和劳动而言生产函数规模报酬不变,根据这些条件得出经济的长期增长得益于科学技术的发展,而不是内生因素,新古典增长模型认为自然资源的约束可以近似忽略[25]。20 世纪 70 年代,两次资源危机使工业化国家经济增速出现持续显著降低状况,让经济学家开始思考自然资源与经济增长之间的关系。根据索洛模型,经济的长期增长速度和劳动力的增长率相等,但受自然资源的稀缺性影响,经济增速会相较于没有资源约束的情况下降低,这种现象被 Romer 称为"增长阻尼"[26]。该概念主要用于定量衡量自然资源对经济增长的制约程度。基于此,研究选取横断山区、喀斯特山区、太行山区进行对比研究,分析经济增长是否受到相对稀缺的水资源或者土地资源的影响，进而提出经济结构转型路径建议。

6.3.2　基于水土耦合的增长阻尼模型的推导

"增长阻尼"是基于拓展的柯布-道格拉斯生产函数得来的，因此本节将从柯布-道格拉斯生产函数的构建出发进行水资源和土地资源的阻尼模型推导。柯布-道格拉斯生产函数最开始是由美国数学家柯布（C.W.Cobb）和美国经济学家保罗·道格拉斯（Paul H.Douglas）在探索投入产出关系时所构建的生产函数，主要通过各要素在总产出中的占比来反映要素替代弹性，仅需简单变形即可对参数进行估计，相对于其他生产函数能更好地避免误设而产生的估计误差[27]。这种优越性使得后来的很多学者以此为基础开展自己的研究。Romer[25]提出经济的长期增长受到自然资源的限制，并基于柯布-道格拉斯生产函数考察了自然资源对经济增长的约束，建立了增长阻尼方程：

$$Y(t) = K(t)^\alpha T(t)^\beta S(t)^\gamma [A(t)L(t)]^{1-\alpha-\beta-\gamma} \qquad (\alpha,\beta,\gamma > 0, \ 1-\alpha-\beta-\gamma > 0) \qquad (6.5)$$

式中，$Y(t)$为总产出；$K(t)$为资本投入；$T(t)$为土地资源；$S(t)$为水资源；$A(t)$为技术进步；$L(t)$为劳动投入；t为时间；α、β、γ分别为资本生产弹性、土地生产弹性、水资源生产弹性。

1. 稳态产出增长率推导

自然资源的约束会导致劳动力平均资源利用量下降，"增长阻尼"即是在不受资源限制的情况下经济增长率与受约束的经济增长率的差值。对本书而言，其值等于不存在水土资源限制的增长速度与存在水土资源限制的增长速度之间的差额。在受自然资源约束的情况下，水土资源的增长率方程推导如下。

将式（6.5）进行变形，两边取对数：

$$\ln Y(t) = \alpha \ln K(t) + \beta \ln T(t) + \gamma \ln S(t) + (1-\alpha-\beta-\gamma) \ln A(t)L(t) \qquad (6.6)$$

在经济学中变量对时间求导得到变量的增长率，式（6.6）两边变量同时对时间求导数，可以得到Y、K、T、S、A、L的增长率，分别用$g_Y(t)$、$g_K(t)$、$g_T(t)$、$g_S(t)$、$g_A(t)$、$g_L(t)$表示，推得经济增长率方程：

$$g_Y(t) = \alpha g_K(t) + \beta g_T(t) + \gamma g_S(t) + (1-\alpha-\beta-\gamma)[g_A(t) + g_L(t)] \qquad (6.7)$$

资本累积方程$\Delta K_t = sY_{t-1} - (1-\delta)K_{t-1}$，要使$K$的增长率$\Delta K_t / \Delta K_{t-1}$不变，则等于$Y_{t-1}/K_{t-1}$，假定经济保持均衡增长，在平衡的增长路径上有$g_Y(t)$等于$g_K(t)$，移项得出总产出增长率：

$$g_Y(t) = \frac{(1-\alpha-\beta-\gamma)[g_L(t) + g_A(t)] + \beta g_T(t) + \gamma g_S(t)}{1-\alpha} \qquad (6.8)$$

在不受自然资源约束的情况下，经济的稳态增长率等于劳动增长率n，同样土地资源、水资源的增长率等于n，式（6.8）可以化简为

$$g_Y(t) = \frac{(1-\alpha-\beta-\gamma)[n + g_A(t)] + (\beta+\gamma)n}{1-\alpha} \qquad (6.9)$$

2. 水土资源增长阻尼推导

区域内未利用土地会随着人类活动和经济发展的需要而发生变化,由此该区域的经济也会随之发生变化。这时,土地资源的增长速率不再和劳动力的增长同步变化。假定其他资源均不受约束,土地资源对总产出的阻尼系数为

$$
\begin{aligned}
\mathrm{Drag}_T &= g_{\mathrm{UY}}(t) - g_{\mathrm{CY}}(t) \\
&= \frac{(1-\alpha-\beta-\gamma)[n+g_A(t)]+(\beta+\gamma)n}{1-\alpha} - \frac{(1-\alpha-\beta-\gamma)[n+g_A(t)]+\beta g_T(t)+\gamma n}{1-\alpha} \\
&= \frac{\beta[n-g_T(t)]}{1-\alpha}
\end{aligned}
$$

(6.10)

水资源作为一种资源禀赋,主要依靠自然循环,这导致不同地区的水资源数量会有较为明显的差异,从而影响不同地区的经济增长。根据式(6.10),同理可推得水资源对经济的阻尼系数:

$$
\mathrm{Drag}_S = \frac{\gamma[n-g_s(t)]}{1-\alpha}
$$

(6.11)

观察土地资源和水资源的阻尼系数公式 [式(6.10)和式(6.11)],两式的系数在经济长期发展处于稳态时都是动态变化的,原因是随着技术进步,自然资源的阻尼系数会相对降低。

6.3.3　研究数据及指标选取

针对柯布-道格拉斯生产函数,本节将劳动力(L)、资本(K)、水资源(S)、土地资源(T)作为基本投入指标,经济产值(Y)作为产出指标(表 6-4)。借鉴其他学者的指标选取和处理方式,选取国内生产总值(GDP)作为经济增长的表征,即按三次产业分地区生产总值;劳动采用社会从业人员数据,即按三次产业分就业人员;资本采用永续盘存法估算,即固定资产投入额。相关的经济数据主要来源于 2000~2015 年《中国城市统计年鉴》《四川统计年鉴》《西藏统计年鉴》《云南统计年鉴》《贵州统计年鉴》《广西统计年鉴》《山西统计年鉴》《河北统计年鉴》《河南统计年鉴》《北京统计年鉴》等。水资源数据来自历年相关省区市水资源公报,土地数据来自相关市州历年的土地利用变更调查数据以及 "973" 项目(典型山地水土要素时空耦合特征、效应及其调控)生产的数据。

表 6-4　数据及指标选取

指标	来源
经济产值(Y)	数据来源于各地区统计年鉴,根据价格指数进行调整
资本(K)	永续盘存法进行估算: $K_t = K_{t-1}(1-\delta)+(I_t+I_{t-1}+I_{t-2})/3$
	估算初始资本存量: $K_0 = I_0'\left(\dfrac{1+g}{g+\delta}\right)$, g 为不变价投资; I' 为平均增长率

指标	来源
水资源（S）	数据来源于《中国城市统计年鉴》，包括工业用水、农业用水、生活用水和环境用水
土地资源（T）	选取建设用地和农用地表征土地资源量，数据来源同水资源
劳动力（L）	以各地区统计年鉴中按三次产业分就业人员数据确定，同时假定技术进步 A 附着在 L 上

在水资源指标选取上，学术界基于不同的研究目的和数据可得性，选取口径上有所区别，杨杨[28]直接使用《中国统计年鉴》中的水资源总量数据；阿依吐尔逊·沙木西等[29]在研究新疆地区干旱问题对城镇化影响时选取了工业用水、农业用水、生活用水三者之和代替水资源总量；万永坤等[30]在研究北京地区的增长阻尼时加上了生态用水。基于本书研究目的和数据可操作性，考虑部分少数民族地区生态用水统计缺失，并且生态用水在总的用水量中占比极低，故选取工业用水、农业用水、生活用水的三者之和衡量横断山区水资源总量。在土地资源指标选取上，由于我国地形地貌差异极其显著，学术界在研究指标方面差异更大，比较具有代表性的是薛俊波等[31]、谢书玲等[32]在计算增长阻尼时，将耕地面积、林业用地面积以及可利用的草地面积这三种土地类型面积的加和作为土地资源总量的表征。而笔者认为这种选取没有考虑建设用地对第二、第三产业的增长贡献，本书结合横断山区的实际情况使用建设用地与耕地面积二者之和来表示土地资源总量。

由于本书数据主要来源于各省区市统计年鉴，而统计年鉴数据均是按照当年价格计算，为了排除物价水平变化带来的误差，更准确地反映 GDP 实际的变化，本书按统计年鉴中提供的价格指数进行调整（下述固定资本存量价格按相同方法处理），以各地 2000 年实际价格进行衡量。

由于固定资本存量 K 在各统计年鉴中并无数据，本书采用 Goldsmith 提出的永续盘存法进行估算。柯善咨和向娟[33]结合我国实际情况确定了永续盘存法所依赖的四个关键因素：固定资产投资建设周期、固定资产价格加权指数、加权折旧年限和初始资本存量，并根据不同折旧年限计算得到的两组资本存量序列数据作为我国城市资本存量数据的上下限，认为固定资产投资建设周期大约是 3 年，和叶裕民[34]在索洛经济增长核算模型的基础上对全要素生产率进行测算时的假定一致。本书采取同样的假定，以 2000 年不变价格计算 I_t，假定固定资本折旧率 δ 为 0.05。同时，本书采取 Marshall 提出的估算初始资本存量 K_0 的方法进行初始资本存量估算[35, 36]。

6.3.4　典型山区计量结果与对比

太行山区是典型的土石山区，土壤贫瘠，降水变率大，水分调蓄能力差、胁迫强；横断山区地形切割剧烈（高山峡谷），新构造运动活跃（地震），山地灾害活跃，地形和气候梯度影响显著，水土作用缓慢过程与突变过程交织，生态和灾害风险并重；黔桂喀斯特山区土层浅薄、裂隙渗漏性强，水文过程变化大，地表缺水少土，脆弱性强。

根据表 6-5 得出，三大山区的资本（K）、水资源（S）、土地资源（T）和劳动力（L）均在 0.01 水平上对地区经济产值（Y）影响显著。横断山区的土地资源阻尼大于水资源阻尼（表 6-6），横断山区经济增长受水资源的约束最小，这符合一般认识。黔桂喀斯特山区经济增长受到土地资源的约束最大，这与黔桂喀斯特山区特殊的地貌条件密不可分。太行山区经济增长受水资源的约束大于土地资源的约束。

表 6-5　三大山区全面 FGLS 回归结果

变量	横断山区			黔桂喀斯特山区			太行山区		
	Coef.	Z 值	P 值	Coef.	Z 值	P 值	Coef.	Z 值	P 值
$\ln K$	0.6062	54.48	0.01	0.6016	53.79	0.01	0.6010	53.02	0.01
$\ln T$	0.1336	6.45	0.01	0.1588	7.02	0.01	0.1390	6.45	0.01
$\ln S$	0.0754	7.98	0.01	0.0730	7055	0.01	0.0782	8.08	0.01
$\ln L$	0.0972	8.77	0.01	0.1023	8.87	0.01	0.0986	9.18	0.01

表 6-6　三大山区土地资源和水资源增长阻尼

变量	横断山区	黔桂喀斯特山区	太行山区
Drag_T	0.0022	0.0076	0.0018
Drag_S	0.0012	0.0023	0.0026

水土资源对三大山区的经济增长构成了较为明显的约束。对比薛俊波等[31]、谢书玲等[32]对全国尺度的研究结果，三大山区的水土资源阻尼基本上都超过全国尺度的结果。从发展经济学的视角来看，科学合理配置山区水土资源的利用，不但具有生态效益，而且具有明显降低经济增长阻尼的效果。

山区的经济增长研究不能忽视其重要的生态地位，三大山区在国家主体功能区规划中，相当大一部分县（区）被定位为国家重点生态功能区。因此，一方面，山区承担着为国家提供战略性生态系统服务的角色；另一方面，其内部也存在自身社会经济发展的强烈内在需求。对于山区而言，水资源和土地资源不仅是生态系统的重要组分，同时是经济系统的重要投入要素。实质上，对经济系统中水土要素的投入进行优化，通过引导产业转型和产业集聚提高水土资源的利用效率，既能促进经济增长，又能提升国家重点生态功能区的生态保护效果与可持续性。在国家城镇化大背景下，山区的城镇化进程为资源利用、资本投入、劳动力就业提供了新机遇。重视合理的山区城镇化带来的经济增长及链式影响，对于区域的经济增长具有重要意义。城镇化将农村剩余劳动力带入城镇，使劳动力、资源等生产要素在城镇聚集，逐步形成区域增长极，并将信息、资本等向农村转移，这种扩散和回流最终形成区域经济的整体发展。因此，三大山区的经济增长、生态保护等问题，都离不开城镇化这一背景的综合考虑。三大山区未来经济增长仍然可以从资源利用和优化中获得更大的驱动力。针对城乡聚落用地应该提升集约化程度，通过新村综合体和重点城镇建设，提高产业用地的单位产出，吸引环境友好型的投资项目，提升集聚经济的效益。

在当前我国自然资源管理改革的大背景下，资源管理注重"公平效率"、强调"永续利用"、融合"三资一体"、构建"有效市场"。水土资源在重塑自然资源管理新格局中起着核心作用，其中使资源利用在经济系统中达到帕累托最优是区域资源管理和经济增长共同的目标。同时，该地区的发展仍然可以依靠资本和劳动力的投入带来的增长红利。在资本投入方面，需要国家重大项目的投入和民间资本的双轮驱动。值得关注的是，由于三大山区拥有大量的国家重点生态功能区，目前针对国家重点生态功能区的大量财政转移支付项目，可以适当扩展调整项目的性质和范围，将生态保护与相关产业连接起来，推动生态产业的打造，提升地方政府和利益相关方的经济收益。未来本区域仍然需要大量的劳动力投入，这里不仅需要重视数量的投入，还需要重视教育和技能培训带来的劳动力质量提升，从多方面提升劳动生产率。

需要再次强调的是，由于三大山区重要的生态地位，其经济社会发展布局需要在生态文明建设的指导下，以国家主体功能区定位为导向，在"三线一单"（生态保护红线、环境质量底线、资源利用上线和环境准入负面清单）的严格控制下，科学地利用自然资源和国土空间，遵循市场原则，健全资源环境有偿使用和生态补偿机制，实现经济发展和生态保护的合理权衡。一方面避免对生态环境的破坏，另一方面实现经济增长的涓滴化，推动区域贫困问题的缓解（图 6-8）。

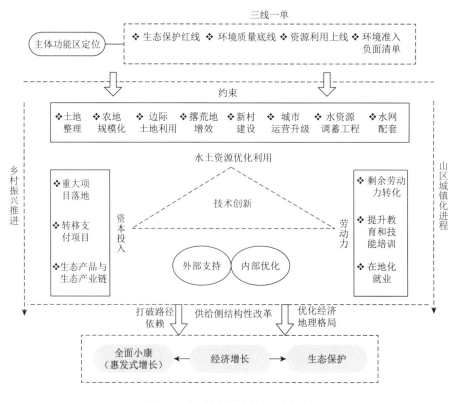

图 6-8　山区经济发展的驱动机制

虽然尝试从理论和实证两方面分析水土资源对山区经济发展的影响,但还存在一定的不足之处:①研究假定技术进步是不变的,没有考虑技术进步的持续提高会动态改变水土资源的利用效率;②水土资源调控机制有待进一步深化,不同产业的耗水量和土地资源需求量差异很大,而产业结构更多地受到当地资源禀赋的影响,并不能完全依靠改变产业结构来提升水土资源的利用效率。这些问题都值得进一步探讨。

6.4 基于水土耦合的空间承载力评价及预警方法

6.4.1 整体思路与框架

水土资源限制除了对经济发展有影响外,还可能导致生态风险增加、社会可持续降低等问题,空间承载力监测预警是对水土资源和环境容量识别、调控的有效手段之一。中共中央办公厅、国务院办公厅在《关于建立资源环境承载能力监测预警长效机制的若干意见》中明确提出,建立资源环境承载能力监测预警长效机制,要坚定不移实施主体功能区战略和制度,坚持定期评估与实时监测相结合,开展资源环境承载能力评价,有效规范空间开发秩序,合理控制空间开发强度。农业开发、城镇化、工业化、资源开发、生态建设等人类活动既是不同的国土利用方式,又是国土消耗的过程。基于对土地资源、水资源等资源承载能力的预警,建立国土空间优化导向。临界超载是指可能发生惯性逼近超载的状态,或治理与调控的成本激增的拐点;超载是指承载体难以满足承载对象压力增长需要或承载体将出现恶化的状态;不可逆则是指采取任何干扰措施均无法恢复承载体的原有状态。因此,水土资源承载力预警既要对相应状态进行预警,同时又要对阈值之间的变化过程进行诊断并预警。

6.4.2 空间承载力评价及预警方法体系

以"水土资源压力 + 资源损耗过程"为框架,建立山区水土资源承载力即空间承载力评价及预警方法体系,同时体现"态"和"势"的两维特征。通过集成评价,将超载类型划分为集成指标遴选、超载类型确定和超载类型校验。集成指标遴选来源于土地资源和水资源,计算其压力指数,分为压力大、压力中等和压力小三个等级。超载类型通过"短板效应"来确定,集成指标中任意 1 个压力大或 2 个压力中等,确定为超载;任意 1 个压力中等,确定为临界超载;其余为不超载。技术路线如图 6-9 所示。

最后根据资源环境损耗指数的加剧与趋缓态势,划分红色预警、橙色预警、黄色预警、蓝色预警、绿色预警 5 级预警区。红色与橙色为预警超载区,黄色与蓝色为预警临界超载区,绿色为预警不超载区(图 6-10)。

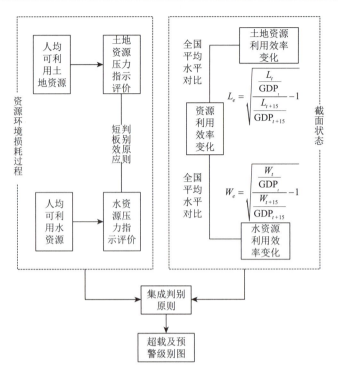

图 6-9　技术路线

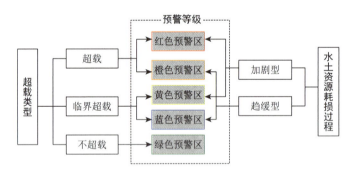

图 6-10　承载力预警集成判识规则

6.4.3　参数与数据说明

　　资源环境损耗过程评价是反映水土资源承载状况变化及可持续性的重要指标,是趋势性的反映。通过过去一段时间的过程评价,可以得出空间承载力的预警级别。土地资源利用效率变化计算公式如下:

$$L_e = \sqrt[15]{\dfrac{\dfrac{L_t}{\mathrm{GDP}_t}}{\dfrac{L_{t+15}}{\mathrm{GDP}_{t+15}}}} - 1 \tag{6.12}$$

式中，L_e 为年均土地资源利用效率增速；t 为基准年；L_t 为基准年行政区域内建设用地面积；GDP_t 为基准年 GDP；L_{t+15} 为基准年后第 15 年行政区域内建设用地面积；GDP_{t+15} 为基准年后第 15 年 GDP。

水资源利用效率变化计算公式如下：

$$W_e = \sqrt[15]{\dfrac{\dfrac{W_t}{GDP_t}}{\dfrac{W_{t+15}}{GDP_{t+15}}}} - 1 \tag{6.13}$$

式中，W_e 为年均水资源利用效率增速；t 为基准年；W_t 为基准年行政区域内用水量；GDP_t 为基准年 GDP；W_{t+15} 为基准年后第 15 年行政区域内用水量；GDP_{t+15} 为基准年后第 15 年 GDP。

6.5　典型山区国土空间承载力评价及预警

6.5.1　太行山区

单要素的土地资源与水资源压力指数评价显示，太行山区水资源面临更大的压力。从压力大和压力中等级别的县区市统计来看，水资源压力中等以上的县区市明显多于土地资源压力中等以上的县区，主要分布在太行山区的东北部、中部以及南部，呈现条带状分布。昌平区、房山区、阳泉市市辖区、平遥县、介休市、永济市、孟州市等既是水资源压力大又是土地资源压力大的县区市。

太行山区的水土资源压力整体情况较差（表 6-7）。53%以上面积的区域压力指数评价结果为压力大，水土资源压力大的县区市超过 67%（图 6-11）。压力大和压力中等的县区市主要位于太行山区的东、西侧边界处以及南部，呈带状分布。

表 6-7　太行山区水土资源压力指数评价结果

等级	区域（县区市）
压力大	延庆区、昌平区、门头沟区、房山区、涞水县、易县、唐县、行唐县、灵寿县、满城区、顺平县、曲阳县、定襄县、阳曲县、阳泉市辖区、晋中辖区、寿阳县、和顺县、昔阳县、平定县、广灵县、浑源县、应县、代县、鹿泉区、元氏县、赞皇县、内丘县、太谷区、祁县、霍州市、古县、浮山县、翼城县、曲沃县、侯马市、绛县、沙河市、武乡县、沁县、襄垣县、屯留区、长子县、高平市、泽州县、平遥县、介休市、邢台市辖区、闻喜县、运城市辖区、永济市、芮城县、夏县、孟津区、孟州市、沁阳市、博爱县、焦作市辖区、修武县、晋城市辖区、潞城区、长治市辖区、上党区、邯郸市辖区、淇县、卫辉市、安阳市辖区、鹤壁市辖区
压力中等	怀来县、涿鹿县、阳原县、蔚县、涞源县、阜平县、井陉县、临城县、邢台县、磁县、林州市、安阳县、辉县市、济源市
压力小	繁峙县、灵丘县、五台县、平山县、孟州市、榆社县、左权县、武安市、涉县、黎城县、平顺县、壶关县、陵川县、沁源县、安泽县、沁水县、阳城县、平陆县、垣曲县

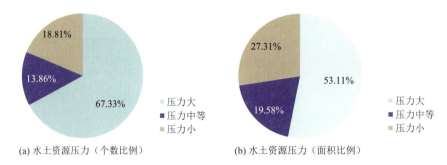

(a) 水土资源压力（个数比例）　　　　　　(b) 水土资源压力（面积比例）

图 6-11　太行山区水土资源压力指数统计

　　整个区域 60% 以上的县区市土地资源利用效率和水资源利用效率都较低，并且多数县同时属于水资源利用低效率和土地资源利用低效率。水土资源利用高效率的县区市有易县、浑源县、定襄县、平山县、邢台县、涉县、闻喜县和陵川县等。太行山区近 15 年水土资源损耗加剧型的县区市占到了 51% 以上（表 6-8）。

表 6-8　太行山区水土资源损耗过程评价结果

类型	区域（县区市）
水土资源损耗加剧型	门头沟区、涿鹿县、阳原县、涞水县、应县、代县、繁峙县、涞源县、唐县、灵寿县、孟州市、顺平县、阳泉市辖区、寿阳县、和顺县、昔阳县、平定县、赞皇县、临城县、武乡县、襄垣县、屯留县、长子县、平遥县、邢台市辖区、左权县、安阳县、林州市、辉县市、沁源县、安泽县、沁水县、邯郸市市辖区、古县、浮山县、翼城县、曲沃县、淇县、鹤壁市辖区、永济市、芮城县、夏县、平陆县、孟津区、孟州市、沁阳市、博爱县、修武县、济源市
水土资源损耗趋缓型（绿）	延庆区、昌平区、房山区、怀来县、易县、满城区、蔚县、广灵县、浑源县、灵丘县、阜平县、曲阳县、行唐县、五台县、定襄县、阳曲县、平山县、鹿泉区、井陉县、元氏县、内丘县、邢台县、沙河市、武安市、磁县、涉县、黎城县、潞城区、长治市辖区、阳城县、平顺县、上党区、壶关县、高平市、陵川县、晋城市辖区、泽州县、垣曲县、绛县、闻喜县、运城市辖区、晋中市辖区、太谷区、祁县、沁县、介休市、榆社县、霍州市、侯马市、卫辉市、安阳市辖区、焦作市辖区

　　承载力预警结果表明（表 6-9）：红色预警区和橙色预警区的面积分别占到了 27.14% 和 25.97%，绿色无预警区面积仅占到 27.31%（表 6-10）。太行山区水土资源的承载能力较低，未来需要对红色预警区及橙色预警区予以关注和调控。具体而言，由于资源本身的稀缺性及蕴藏状态难以改变，最好从资源损耗过程入手，尤其要通过多种手段优化水土资源的利用效率，降低预警级别。从空间上看，尤其需要重点关注几个盆地聚集区的水土利用问题，从区域尺度和结构性方面进行权衡。

表 6-9　太行山区水土资源承载力预警结果

等级	区域（县区市）
红色	门头沟区、涞水县、应县、代县、唐县、顺平县、灵寿县、寿阳县、和顺县、昔阳县、平定县、阳泉市辖区、平遥县、武乡县、襄垣县、屯留区、长子县、古县、浮山县、翼城县、曲沃县、夏县、永济市、芮城县、鹤壁市辖区、淇县、修武县、孟州市、沁阳市、邢台市辖区、邯郸市辖区、焦作市辖区、赞皇县、博爱县
橙色	延庆区、昌平区、房山区、广灵县、浑源县、易县、行唐县、满城区、曲阳县、定襄县、阳曲县、晋中市辖区、鹿泉区、元氏县、内丘县、太谷区、祁县、沙河市、沁县、高平市、泽州县、介休市、潞城区、长治市辖区、上党区、霍州市、侯马市、绛县、卫辉市、安阳市辖区、闻喜县、运城市辖区、晋城市辖区

续表

等级	区域（县区市）
黄色	涿鹿县、阳原县、涞源县、临城县、安阳县、林州市、辉县市、济源市
蓝色	怀来县、蔚县、阜平县、井陉县、邢台县、磁县
绿色	繁峙县、灵丘县、五台县、平山县、孟州市、沁源县、安泽县、沁水县、阳城县、垣曲县、平陆县、榆社县、左权县、武安市、涉县、黎城县、平顺县、壶关县、陵川县

表 6-10 水土资源承载力不同预警区比例

等级	面积比例	县区市个数
红色预警区	27.14%	35
橙色预警区	25.97%	33
黄色预警区	10.89%	8
蓝色预警区	8.69%	6
绿色无预警区	27.31%	19

6.5.2 横断山区

单要素的土地资源与水资源压力指数评价显示，横断山区土地资源面临更大的压力，土地资源压力大和压力中等的县区市明显多于水资源压力大和压力中等的县区市。土地资源压力大或压力中等的县区市主要分布在整个区域的东北部、西部和南部。水资源压力大或压力中等的县区市分布在南部。中部和北部有大片水资源压力小的县区市。不存在水资源和土地资源同时压力大的县区市。

横断山区的水土资源压力整体情况较差（表 6-11）。由表 6-11 可知，水土资源压力大的县区市超过 28%（面积比例），压力小的县区市仅占 19.39%（个数比例）（图 6-12）。压力大的县区市主要位于横断山区的南部，压力中等的县区市位于该区域北部。

表 6-11 横断山区水土资源压力指数评价结果

压力等级	区域（县区市）
压力大	九寨沟县、炉霍县、金川县、丹巴县、小金县、德钦县、贡山独龙族怒族自治县、越西县、昭觉县、喜德县、金阳县、布拖县、普格县、福贡县、剑川县、鹤庆县、永胜县、华坪县、攀枝花市辖区、巧家县、会泽县、昆明市东川区、禄劝彝族苗族自治县、嵩明县、富民县、武定县、禄丰市、元谋县、牟定县、永仁县、大姚县、姚安县、南华县、南涧彝族自治县、弥渡县、祥云县、宾川县、大理市、巍山彝族回族自治县、漾濞彝族自治县、永平县、洱源县、泸水市
压力中等	红原县、阿坝县、黑水县、茂县、理县、马尔康市、壤塘县、色达县、甘孜县、德格县、察雅县、贡觉县、白玉县、新龙县、道孚县、汶川县、泸定县、康定市、雅江县、巴塘县、乡城县、得荣县、九龙县、石棉县、甘洛县、冕宁县、美姑县、西昌市、宁蒗彝族自治县、维西傈僳族自治县、兰坪白族普米族自治县、宁南县、寻甸回族彝族自治县、云龙县
压力小	松潘县、江达县、宝兴县、天全县、理塘县、芒康县、香格里拉市、稻城县、木里藏族自治县、峨边彝族自治县、雷波县、德昌县、盐源县、玉龙县、盐边县、米易县、攀枝花市仁和区、会理县、会东县

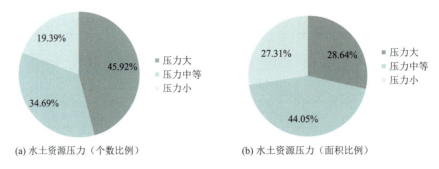

图 6-12　横断山区水土资源压力指数统计

　　整个区域的土地资源利用效率较低，水资源利用效率较高。水资源利用效率低的县区市普遍土地资源利用效率也低。水土资源利用效率高的县区市有江达县、白玉县、金川县、雅江县、木里藏族自治县、香格里拉市、大姚县等。对横断山区的研究结果表明（表 6-12），近 15 年水土资源损耗加剧型的县区市约占 14%，主要分布在横断山区东部和中部（图 6-13）。

表 6-12　横断山区水土资源损耗过程评价结果

类型	区域（县区市）
水土资源损耗加剧型	松潘县、茂县、理县、贡觉县、汶川县、理塘县、乡城县、稻城县、昭觉县、金阳县、宁蒗彝族自治县、玉龙县、维西傈僳族自治县、巧家县
水土资源损耗趋缓型	九寨沟县、红原县、阿坝县、黑水县、马尔康市、壤塘县、色达县、甘孜县、德格县、江达县、察雅县、白玉县、新龙县、炉霍县、道孚县、金川县、丹巴县、小金县、宝兴县、天全县、泸定县、康定市、雅江县、巴塘县、得荣县、芒康县、德钦县、贡山独龙族怒族自治县、香格里拉市、木里藏族自治县、九龙县、石棉县、甘洛县、峨边彝族自治县、冕宁县、越西县、美姑县、雷波县、喜德县、西昌市、布拖县、普格县、德昌县、盐源县、福贡县、兰坪白族普米族自治县、剑川县、鹤庆县、永胜县、华坪县、盐边县、米易县、攀枝花市辖区、攀枝花市仁和区、会理县、宁南县、会东县、会泽县、昆明市东川区、禄劝彝族苗族自治县、寻甸回族彝族自治县、嵩明县、富民县、武定县、禄丰市、元谋县、牟定县、永仁县、大姚县、姚安县、南华县、楚雄市、南涧彝族自治县、弥渡县、祥云县、宾川县、大理市、巍山彝族回族自治县、漾濞彝族自治县、永平县、洱源县、云龙县、泸水市

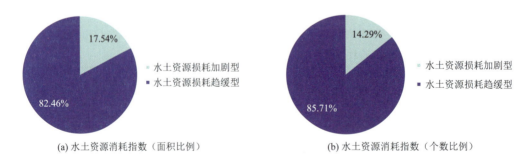

图 6-13　横断山区水土资源损耗过程评价结果

　　承载力的评价结果表明（表 6-13）：红色预警区和橙色预警区的面积分别占到了 1.66% 和 26.98%，绿色无预警区的面积占到 27.31%（表 6-14）。分布趋势从南到北依次为橙色预警区、绿色预警区以及蓝色预警区。黄色预警区和红色预警区较少，且呈分散分布。

横断山区整体水土资源的承载能力较高，红色预警区较少，有一半以上的县属于未超载县区市。

表 6-13　横断山区水土资源承载力预警结果

类型	区域（县区市）
红色	昭觉县、金阳县、巧家县
橙色	九寨沟县、炉霍县、金川县、丹巴县、小金县、德钦县、贡山独龙族怒族自治县、越西县、喜德县、布拖县、普格县、福贡县、剑川县、鹤庆县、永胜县、华坪县、攀枝花市辖区、会泽县、昆明市东川区、禄劝彝族苗族自治县、嵩明县、富民县、武定县、禄丰市、元谋县、牟定县、永仁县、大姚县、姚安县、南华县、楚雄市、南涧彝族自治县、弥渡县、祥云县、宾川县、大理市、巍山彝族回族自治县、漾濞彝族自治县、永平县、洱源县、泸水市
黄色	茂县、理县、贡觉县、汶川县、乡城县、宁蒗彝族自治县、维西傈僳族自治县
蓝色	松潘县、江达县、宝兴县、天全县、理塘县、芒康县、香格里拉市、稻城县、木里藏族自治县、峨边彝族自治县、雷波县、德昌县、盐源县、玉龙县、盐边县、米易县、攀枝花市仁和区、会理县、会东县
绿色	红原县、阿坝县、黑水县、马尔康市、壤塘县、色达县、甘孜县、德格县、察雅县、白玉县、新龙县、道孚县、泸定县、康定市、雅江县、巴塘县、得荣县、九龙县、石棉县、甘洛县、冕宁县、美姑县、西昌市、兰坪白族普米族自治县、宁南县、寻甸回族彝族自治县、云龙县

表 6-14　水土资源承载力不同预警区比例

等级	面积比例	县区市个数
红色预警区	1.66%	3
橙色预警区	26.98%	41
黄色预警区	7.56%	7
蓝色预警区	36.49%	19
绿色无警区	27.31%	27

6.5.3　黔桂喀斯特山区

单要素的土地资源与水资源压力指数评价显示，黔桂喀斯特山区的水资源和土地资源压力较低。土地资源总的来说面临更大的压力，土地资源压力大和压力中等的县区市要多于水资源压力大和压力中等的县区市。水资源压力大的县区市主要分布在整个区域的北部。西秀区、红花岗、白云区、乌当区、云岩既是水资源压力大，又是土地资源压力大的县区市。

黔桂喀斯特山区的水土资源压力整体状况较好（表 6-15）。仅 12%面积的区域压力指数评价结果为压力大，水土资源压力大的县区市占 20%（图 6-14）。压力大和压力中等的县区市分布在喀斯特山区的西北部和西南部。

表 6-15　黔桂喀斯特山区水土资源压力指数评价结果

等级	区域（县区市）
压力大	红花岗区、湄潭县、余庆县、凯里市、乌当区、云岩区、南明区、白云区、乐业县、凤山县、凌云县、大化瑶族自治县、柳州市辖区、合山市、上林县、那坡县、天等县、西秀区

等级	区域（县区市）
压力中等	思南县、石阡县、施秉县、黄平县、福泉市、麻江县、都匀市、金沙县、大方县、息烽县、清镇市、平坝区、花溪区、龙里县、惠水县、普定县、六枝特区、盘州市、安龙县、隆林各族自治县、东兰县、巴马县、都安瑶族自治县、田阳区、德保县、靖西市、武鸣区、宾阳县
压力小	岑巩县、播州区、瓮安县、开阳县、黔西市、修文县、贵定县、织金县、纳雍县、水城区、长顺县、紫云苗族布依族自治县、镇宁布依族苗族自治县、关岭布依族苗族自治县、晴隆县、普安县、兴仁市、贞丰县、兴义市、罗甸县、平塘县、独山县、荔波县、南丹县、天峨县、环江毛南族自治县、罗城仫佬族自治县、宜州区、柳城县、柳江区、忻城县、鹿寨县、象州县、兴宾区、武宣县、桂平市、港北区、横州市、马山县、平果市、隆安县、南宁市辖区、扶绥县、江州区、龙州县、大新县、田东县、右江区、金城江区

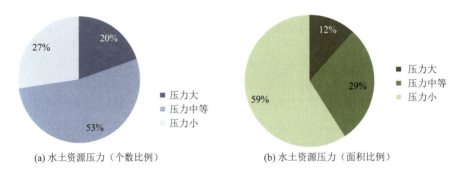

(a) 水土资源压力（个数比例）　　　　　　　　(b) 水土资源压力（面积比例）

图 6-14　黔桂喀斯特山区水土资源压力指数评价结果

　　整个区域水资源利用效率高的县区市多于土地资源利用效率高的县区市。1/5 左右的县区市同时属于水资源利用低效率和土地资源利用低效率。水土资源利用高效率的县区市主要分布在喀斯特山区的南部和西北部（表 6-16）。图 6-15 表明喀斯特山区近 15 年水土资源损耗加剧型的县区市占到了 32% 以上，呈现一定的聚集分布，分布在研究区北部、中部和南部。

表 6-16　黔桂喀斯特山区水土资源损耗过程评价结果

损耗类型	区域（县区市）
水土资源损耗加剧型	凯里市、麻江县、施秉县、湄潭县、余庆县、遵义市红花岗区、播州区、石阡县、大方县、纳雍县、黔西市、织金县、贵阳市白云区、贵定县、福泉市、瓮安县、罗甸县、巴马瑶族自治县、大化瑶族自治县、都安瑶族自治县、贵港市港北区、环江毛南族自治县、江州区、金城江区、鹿寨县、罗城仫佬族自治县、南丹县、南宁市辖区、武宣县、兴宾区、宜州区
水土资源损耗趋缓型	西秀区、平坝区、普定县、关岭布依族苗族自治县、镇宁布依族苗族自治县、紫云苗族布依族自治县、六盘水市六枝特区、盘州市、水城区、安龙县、普安县、兴仁市、晴隆县、兴义市、贞丰县、岑巩县、黄平县、思南县、金沙县、息烽县、修文县、清镇市、贵阳市花溪区、贵阳市南明区、贵阳市乌当区、贵阳经济技术开发区、贵阳市云岩区、开阳县、龙里县、都匀市、惠水县、长顺县、平塘县、独山县、荔波县、宾阳县、大新县、德保县、东兰县、凤山县、扶绥县、桂平市、合山市、横州市、靖西市、乐业县、凌云县、柳城县、柳江区、柳州市辖区、龙州县、隆安县、隆林各族自治县、马山县、那坡县、平果市、上林县、天等县、天峨县、田东县、田阳区、武鸣区、象州县、忻城县、右江区

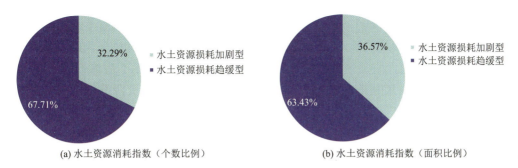

(a) 水土资源消耗指数（个数比例）　　　　(b) 水土资源消耗指数（面积比例）

图 6-15　黔桂喀斯特山区水土资源损耗统计

承载力评价结果表明：红色预警区和橙色预警区面积分别占到了 4.03% 和 7.70%（表 6-17和表 6-18），绿色无预警区的面积占到 59.00%，空间上呈现"S"形分布。黔桂喀斯特山区整体水土资源的承载能力高，红色预警区较少，有 80% 以上的县区市属于未超载县。

表 6-17　黔桂喀斯特山区水土资源承载力预警结果

类型	区域（县区市）
红色	凯里市、湄潭县、余庆县、遵义市红花岗区、贵阳市白云区、大化瑶族自治县
橙色	西秀区、贵阳市南明区、贵阳市乌当区、贵阳市经济技术开发区、贵阳市云岩区、凤山县、合山市、乐业县、凌云县、柳州市市辖区、那坡县、上林县、天等县
黄色	麻江县、施秉县、石阡县、大方县、福泉市、巴马瑶族自治县、都安瑶族自治县
蓝色	平坝区、普定县、六盘水市六枝特区、盘州市、安龙县、黄平县、思南县、金沙县、息烽县、清镇市、贵阳市花溪区、龙里县、都匀市、宾阳县、德保县、东兰县、靖西市、隆林各族自治县、田阳区、武鸣区
绿色	关岭布依族苗族自治县、镇宁布依族苗族自治县、紫云苗族布依族自治县、水城区、普安县、兴仁市、晴隆县、兴义市、贞丰县、岑巩县、播州区、纳雍县、黔西市、织金县、修文县、开阳县、贵定县、瓮安县、长顺县、平塘县、罗甸县、独山县、荔波县、大新县、扶绥县、贵港市港北区、桂平市、横州市、环江毛南族自治县、江州区、金城江区、柳城县、柳江区、龙州县、隆安县、鹿寨县、罗城仫佬族自治县、马山县、南丹县、南宁市市辖区、平果市、天峨县、田东县、武宣县、象州县、忻城县、兴宾区、宜州区、右江区

表 6-18　水土资源承载力不同预警区比例

等级	面积比例	县区市个数
红色预警区	4.03%	6
橙色预警区	7.70%	13
黄色预警区	7.60%	7
蓝色预警区	21.67%	20
绿色无预警区	59.00%	49

6.5.4　典型山区国土空间承载力对比及优化对策

红色预警区、橙色预警区是未来需要关注水土资源利用的问题，进行山区国土空间优化的优先区，太行山区的红色预警区、橙色预警区比例远高于横断山区和黔桂喀斯特山区（图6-16），太行山区水土资源承载力状态更加严峻，当然由于同时考虑了截面和动态过程两个视角，它反映的是过去一段时间的综合状态，而不是单一的当前状态。红橙预警区主要与发展超前的区域大体一致，侧面说明了环境资源系统的一体性和耦合性。

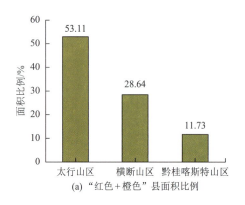
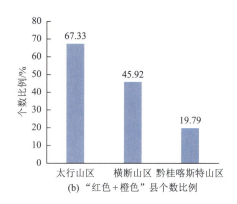

图 6-16　三大山区"红色＋橙色"预警区比例

太行山区属于北方土石山区，水少土薄，农业生产力水平低下，而且由于调蓄能力低，洪水季暴雨山洪灾害频发，加之水土资源及其他资源的粗放利用，整体土地利用效率较低。作为京津冀的生态屏障，太行山区面临着提供战略生态系统服务和自身内部经济发展的双重压力，但这也是转型发展的契机。

黔桂喀斯特山区的红色预警区、橙色预警区面积比例最小，相对而言，在三大山区中黔桂喀斯特山区的水土耦合及利用程度最好，但是这并不代表其水土资源承载力很大。总体上，喀斯特山区多水少土，但是水分下渗比例大，工程性缺水普遍。由于喀斯特山区内部的地形地貌与岩性带来的下垫面差异，内部土地功能差异也很明显。

横断山区是国家重要的生态屏障，地形急变，生态和灾害风险并重，在水土耦合方面表现为局部地区陡坡开垦，水土流失严重。另外，由于横断山区面积大，横跨多个自然地理亚类分区，内部差异在三大山区中最大。因此，内部的水土资源利用调控、国土空间功能的优化需要以更加差异化的手段和思维来开展。

在优化利用方面，未来应该根据主体功能区的类型不同，采用不同手段优化不同类型的水土资源承载力。重点开发区侧重降低水土资源对经济的阻尼、提高技术效率和要素生产力。国家重点生态功能区则突出水土耦合下生态质量的提升。未来应遵循以"服务"为类型目标控制，基于现实"格局"，调控未来的水土利用"过程"。在具体技术方面，太行山区应该基于水土要素耦合对农林结构开展优化配置，通过模拟土地利用/覆被和气候变化下的径流量，量化太行山对京津冀的水资源贡献，以确定太行山区国土空间优化利用的结构；横断山区应该针对部分干旱/干热河谷区域开展节水型农业建设，针对高灾害风险区域开展灾害监测预警和部分治理工程，对于坡耕地实施水土流失治理措施，尤其是总结低成本、在地化的传统耕作提升技术；黔桂喀斯特山区应该根据生态系统保水固土功能和表层岩溶带水文调节功能,定位于植被与水土要素的协同演变,再通过人口有序引导(如生态移民)、蓄水工程、种植结构等环节,适应多水少土的自然规律,并通过一系列治理工程(如石漠化治理等)对局部区域开展人为优化,研发石漠化垂直分带治理技术。

参 考 文 献

[1]　俞孔坚. 可持续环境与发展规划的途径及其有效性[J]. 自然资源学报, 1998, 13 (1): 8.

[2]　崔凤军. 环境承载力论初探[J]. 中国人口·资源与环境, 1995, 5 (1): 76-79.

[3]　Verhulst P F. Notice sur la loi que la population suit dans son accroissement[J]. Corresp Math Phys, 1838, 10: 113-121.

[4]　Pearl R, Reed L J. On the rate of growth of the population of the United States since 1790 and its mathematical representation[J]. Proceedings of the National Academy of Science, 1920, 6 (6): 275-288.

[5]　Park R E, Burgess E W. Introduction to the Science of Sociology[M]. Chicago: The University of Chicago Press, 1921.

[6]　UNESCO, FAO. Carrying Capacity Assessment with a Pilot Study of Ken Ya: A Resources Accounting Methodology for Exploring National Options for Sustainable Development[R]. Paris and Rome, 1985.

[7]　Cohen J H. Population growth and earth's human carrying capacity[J]. Science, 1995, 269 (21): 341-346.

[8]　杨子生. 攀西地区土地资源生产能力及人口承载力的初步分析[J]. 国土与自然资源研究, 1988, 3 (6): 21-26.

[9]　陈百明. 我国的土地资源承载能力研究——以黄淮海平原为例[J]. 自然资源, 1989, (1): 1-8.

[10]　杨昌达, 李明刚. 贵州粮食生产潜力及土地人口承载力初步研究[J]. 耕作与栽培, 1992, (5): 61-65.

[11]　韩蕾, 曹国良, 王静晞, 等. 关中地区大气环境承载力分析[J]. 环境工程, 2014, (9): 147-151.

[12]　李偲, 海米提·依米提, 熊黑钢. 喀纳斯风景区旅游环境承载力研究[J]. 干旱区地理, 2007, 30 (3): 450-454.

[13]　宋艳春, 余敦. 鄱阳湖生态经济区资源环境综合承载力评价[J]. 应用生态学报, 2014, 25 (10): 2975-2984.

[14]　汪自书, 苑魁魁, 吕春英, 等. 基于资源环境禀赋与压力的城市综合承载力研究——以大连市为例[J]. 干旱区资源与环境, 2015, 29 (8): 64-69.

[15]　樊杰. 中国主体功能区划方案[J]. 地理学报, 2015, 70 (2): 186-201.

[16]　樊杰. 主体功能区战略与优化国土空间开发格局[J]. 中国科学院院刊, 2013, 28 (2): 193-206.

[17]　樊杰, 陶岸君, 陈田, 等. 资源环境承载能力评价在汶川地震灾后恢复重建规划中的基础性作用[J]. 中国科学院院刊, 2008, 23 (5): 387-392.

[18]　邓伟, 刘邵权, 孔纪名, 等. 地震灾后重建规划: 资源环境承载力评价[M]. 成都: 四川科学技术出版社, 2015.

[19]　曾维华, 杨月梅, 陈荣昌. 环境承载力理论在区域规划环境影响评价中的应用[J]. 中国人口·资源与环境, 2007, 17 (6): 27-31.

[20]　熊建新, 陈端吕, 谢雪梅. 基于状态空间法的洞庭湖区生态承载力综合评价研究[J]. 经济地理, 2012, 32 (11): 138-142.

[21]　狄乾斌, 张洁, 吴佳璐. 基于生态系统健康的辽宁省海洋生态承载力评价[J]. 自然资源学报, 2014, 29 (2): 256-264.

[22]　Nordhaus W D. Lethal Model 2: The limits to growth revisited[J]. Bookings Paper on Economic Activity, 1992, (2): 1.

[23]　向昀, 任健. 西方经济学界外部性理论研究介评[J]. 经济评论, 2002 (3): 58-62.

[24]　沈满洪, 何灵巧. 外部性的分类及外部性理论的演变[J]. 浙江大学学报 (人文社会科学版), 2002, 32 (1): 152-158.

[25]　王磊, 王国臣. 几个经典经济增长模型的比较分析[J]. 现代管理科学, 2016 (11): 36-38.

[26]　Romer D. Advanced Macroeconomics[M]. 2nd ed. Shanghai: Shanghai University of Finance & Economics Press, 2001.

[27]　董晓花, 王欣, 陈利. 柯布-道格拉斯生产函数理论研究综述[J]. 生产力研究, 2008, (3): 154-156.

[28]　杨杨. 土地资源对中国经济的"增长阻尼"研究[D]. 杭州: 浙江大学, 2008.

[29]　阿依吐尔逊·沙木西, 金晓斌, 曹雪, 等. 自然资源对干旱区经济发展和城市化的增长阻尼——以新疆库尔勒市为例[J]. 南京大学学报 (自然科学), 2011, 47 (6): 751-756.

[30]　万永坤, 董锁成, 王隽妮, 等. 北京市水土资源对经济增长的阻尼效应研究[J]. 资源科学, 2012, 34 (3): 475-480.

[31] 薛俊波，王铮，朱建武，等. 中国经济增长的"尾效"分析[J]. 财经研究，2004，（9）：5-14.

[32] 谢书玲，王铮，薛俊波. 中国经济发展中水土资源的"增长尾效"分析[J]. 管理世界，2005，（7）：22-25，54.

[33] 柯善咨，向娟. 1996—2009 年中国城市固定资本存量估算[J]. 统计研究，2012，29（7）：19-24.

[34] 叶裕民. 全国及各省区市全要素生产率的计算和分析[J]. 经济学家，2002，3（3）：115-121.

[35] Marshall R，Mariam C. Measurement of capital stocks，consumption of fixed capital，and capital sevrices[R]. Report on a Presentation to the central American Ad Hoc Group on National Accounts，2005.

[36] 王维，陈杰，毛盛勇. 基于十大分类的中国资本存量重估：1978～2016 年[J]. 数量经济技术经济研究，2017，34（10）：60-77.

第7章 典型山区水土资源利用冲突分析

7.1 水土资源利用冲突分析框架

7.1.1 水土资源利用冲突定义

水土资源冲突源于资源相对有限性和人类需求无限性之间的矛盾。随着人口快速增长、城镇化加速推进和环境恶化,水土资源有效供给和需求矛盾日益突出。水土资源利用冲突是指在一定社会经济、技术条件下某一区域水、土资源系统具有的一种或多种数量上供需不平衡、时空错配、质量降低甚至失去功能或资源生态环境恶化等特征的资源利用状态。

综合现有研究和野外调研,三大山区水土资源利用冲突事件主要有三种类型(表7-1):一是农业水土资源冲突;二是矿业开采驱动的水土资源冲突;三是城镇扩张驱动的水土资源冲突。农业水土资源冲突表现为干旱、泥石流、洪水冲毁耕地等。矿业开采驱动的水土资源冲突包含土地塌陷、土地和水体重金属污染等。城镇扩张驱动的水土资源冲突包括两大类:一类是城镇自然灾害类(城镇洪灾、城镇滑坡、城镇崩塌);另一类是城镇建设非法侵占类[非法侵占林地、非法侵占耕地、非法侵占水域(含湿地)]。三大山区水土资源利用冲突事件是水土资源冲突爆发的集中表现。此外,在山地国土开发适宜性评价的基础上,根据国土空间适宜性评价结果与国土空间利用现状进行分析,评估得到三大典型山区国土空间功能的冲突强度;同时采用基于"压力-状态-响应"(press-state-response,PSR)模型的土地利用冲突强度评价方法,测算三大山区土地利用冲突指数,并对1990~2015年三大山区土地利用冲突演变态势进行定量评估。水土资源要素作为陆地表层生态系统的重要组成部分,其利用冲突实质上反映了生态系统服务功能之间此消彼长的权衡和彼此增益的协同关系,因此,对三大山区生态系统服务的权衡时空格局进行分析讨论。

表 7-1 三大山区水土资源利用冲突类型

冲突类型	冲突亚类	冲突特点	主要限制因素	分布范围	典型区域
农业水土资源冲突:干旱、泥石流、洪水冲毁耕地等	太行山区水资源量与农业需水量不匹配	年降水量小,水资源呈"散而少"的特点:年均降水量400~600mm,降水分布不均,雨季(7~9月)降水占全年67%,年蒸发量高,年际变化大,连丰连枯特点显著;地下水以裂隙水(太行山中段片麻岩区)和岩溶水(太行山北段和南段石灰岩区)的形式存在,其存在形式受地形、岩性、地质构造的综合影响,与平原区比,山区地下水资源相对匮乏,在传统灌溉用水模式下很难持续开发 农业灌溉用水需求量大:为满足农业灌溉需要,应对雨水向三水(地表水、地下水、土壤水)转化进行人工调节,提高地表水和地下水的转化率,降低土壤水的转化率,将"散而少"的"泉水、潜水、雨水"积少成多,探索建立高效的水资源利用模式	太行山区年降水量小,年蒸发量大,"干旱缺水"是该区农业水土资源开发的限制因素	太行山区广大灌溉农业区	河南省林州市、河北省易县

冲突类型	冲突亚类	冲突特点	主要限制因素	分布范围	典型区域
农业水土资源冲突：干旱、泥石流、洪水冲毁耕地等	深切地貌主导的横断山区水土资源冲突	水资源量丰沛，水土资源格局空间错位突出：山高谷深，地形起伏大，水热垂直分异大，部分河谷受干旱威胁大，有效灌溉率较低（灌溉指数约0.5） 土地质量整体差，规模大：以高寒土地（横断山北部）和旱坡地（中南部高山峡谷）为主，全区约50%的土地超过25°（少量宜农土地资源主要分布在河谷或山间盆地），这限制了宜农土地资源数量及其生产潜力，也是该区水土流失严重，泥石流、滑坡等水土失衡灾害频发的重要原因	横断山区山高谷深，地貌深切，"水土失衡"是该区农业水土资源开发的重要问题	横断山区峡谷地带、干热或干旱河谷	云南省昆明市东川区、四川省普格县等
	黔桂喀斯特山区地质因素主导的农业水土资源不匹配	工程性缺水严重：降水丰富，喀斯特地表、地下二元结构典型，地下形态以溶隙、溶洞和地下河为主，并与碳酸盐岩构成双重含水介质，赋存着丰富的地下水，但地表径流少，工程性缺水。 土地物质组成特殊，石多土少：洼地、盆地、谷地等负地形土层较厚，厚者达20m之多，一般在2m，但广布的峰丛山地和石峰坡面上土层，除溶沟、溶槽、凹坡山麓等地貌部位的土层较厚外，一般在40cm左右，且基岩裸露。大于25°的坡地，裸岩率为15%~70%，土层分布零星且不连续	黔桂喀斯特山区碳酸盐分布广，"缺水少土"是该区农业水土资源开发的关键问题	黔桂广大喀斯特山区，尤其是峰丛洼地、峰林等典型岩溶地貌山区	浅碟形峰丛洼地典型地区贵州省普定县；峰丛洼地典型区广西壮族自治区环江毛南族自治县
矿业开采驱动的水土资源冲突	煤炭开采主导型	土地塌陷； 土地和水体重金属污染	煤矿产区	煤矿分布集中区	广西壮族自治区环江毛南族自治县、广西壮族自治区南丹县、贵州省瓮安县、贵州省盘州市等
	横断山区多金属矿产资源开采主导型	我国极为重要的多金属成矿带：大量的矿床都伴有黑色金属、有色金属、贵金属、稀有分散元素和特种非金属矿产等，它们都具有工业意义，也是资源最丰富的地区。该区所有矿产都具有复合矿的优势，尤以钒钛磁铁矿、有色金属矿以及稀有元素矿床最为突出。 水域、土地污染与环境保护问题突出：复合矿开采过程中都是单一资源开采，矿产开采工艺落后，尤以有色金属矿开采最为突出，贵金属、稀有分散元素回收率低，对尾矿也未妥善处理，不仅造成资源大量流失，还对矿区周边水域及土地造成污染	横断山区有色金属等多金属矿产资源丰富，该区多金属矿产资源开采引发的水土资源冲突亟待关注	横断山区多金属矿产区	无
	有色金属、煤炭开采主导型	土地塌陷； 土地和水体重金属污染	煤炭、磷矿、有色金属等矿产开发	矿产资源大县	无
城镇扩张驱动的水土资源冲突	城镇扩张驱动的水土资源冲突	城镇建设非法侵占类：非法侵占耕地、非法侵占林地、非法侵占水域（含湿地）； 城镇自然灾害类：城镇洪灾、城镇崩塌、城镇滑坡等	山-坝系统平地少	黔中城市群、滇中城市群、太行山盆地地区与山前城镇带	贵州省普定县、云南省昆明市东川区、河南省林州市等

7.1.2 水土资源利用冲突分析方法与逻辑框架

首先，采用文献资料法与实地调研相结合的方法，分析三大山区水土资源利用冲突事件发生的时空分布状况；其次，根据国土空间适宜性评价结果与国土空间利用现状进行分析，评估得到了三大典型山区国土空间功能的冲突强度，同时采用基于"压力-状态-响应"模型的土地利用冲突强度评价方法，对三大山区土地利用冲突演变态势进行定量评估；最后，对三大山区生态系统服务的权衡时空格局进行探讨，并提出水土资源利用调控对策（图 7-1）。

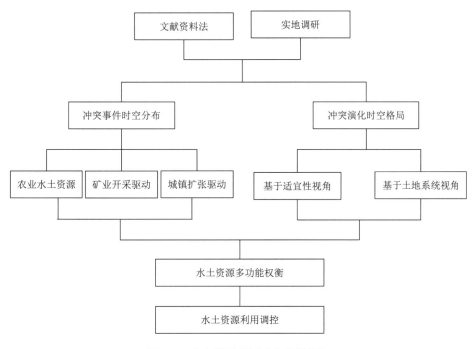

图 7-1 水土资源利用冲突分析框架

7.2 典型山区水土资源利用冲突类型分析

以 1990～2015 年中国学术期刊网、维普网、百度网上的案例为研究基础，充分检索因特网（Internet）的信息，建立中国三大山区 1990 年以来水土资源冲突的数据库。数据库主要记录冲突出现的地点（省、市、县、乡镇、村组）、时间（年月）、冲突类型与程度及数据源的附加信息（如作者、论文题目、发表期刊、发表时间等）。同一案例（指冲突类型、时间和地点相同）出现在不同文献、报道中，指视为一个案例。尽管这些数据并不能完全地表明三大山区水土资源的冲突情况，但大体趋势是对的。将 1990～2015 年分为三个阶段分析：1990～2000 年、2001～2010 年、2011～2015 年。各类灾害导致的受灾面积、灾害等级等程度数据缺乏，用 1990～2015 年发生的频次代替。冲突发生频率分为 1 次、2 次、3 次、4 次、5 次等不同的等级。

7.2.1　典型山区农业水土资源冲突时空特征

1. 冲突发生范围的时空特征

1）农业干旱时空分布

据有关数据统计分析可知，太行山区在 1990～2015 年基本没有发生农业干旱。其中，1990～2000 年没有发生干旱情况；2001～2010 年，北部地区个别县区市发生农业干旱灾害，其他地区没有发生；2011～2015 年，只有南部地区较少县区市发生干旱情况。横断山区在 1990～2015 年农业干旱发生范围明显小于黔桂喀斯特山区，干旱主要集中在该山区的南部，但发生的范围呈现扩大的趋势。黔桂喀斯特山区农业干旱在 1990～2015 年总体呈现上升的趋势，分布范围广，覆盖该区域大部分县区市，其中，1990～2000 年基本上没有发生农业干旱；2001～2010 年，农业干旱发生范围大幅度扩大，其中，主要分布在中部和南部地区；2011～2015 年，农业干旱发生范围较为分散，主要分布在贵州大部分和广西西北部。

三大山区中，黔桂喀斯特山区农业干旱灾害发生次数最多、范围最广，太行山区是三大山区中农业干旱灾害发生次数最少、范围最小的山地。总体上看，三大山区干旱灾害发生范围正在以不同的速度增加，都呈现扩大趋势。

2）洪水冲毁耕地时空分布

据有关数据统计分析可知，三大山区在 1990～2015 年，洪水灾害在黔桂喀斯特山区发生次数、范围大于横断山区，横断山区大于太行山区。太行山区在 1990～2000 年没有发生洪涝灾害情况，2001～2015 年只有北部和南部较少县域发生洪涝灾害。横断山区洪涝灾害发生范围扩大，增加趋势较明显，主要发生在该山区中部和东部地区。黔桂喀斯特山区洪水灾害覆盖大部分县域，1990～2000 年基本上没有发生洪涝灾害；2001～2010 年，一半以上的县域发生洪涝灾害，覆盖范围广，主要分布在中部地区；2011～2015 年，洪涝灾害发生范围依然很大，集中分布在北部、南部地区。

3）泥石流冲毁耕地时空分布

据有关数据统计分析可知，太行山区发生泥石流灾害低于黔桂喀斯特山区和横断山区，发生泥石流冲毁耕地灾害的县域相对较少。相比之下，横断山区泥石流灾害发生范围更广，次数更多，中部和东部最为频繁，发生范围扩大趋势较明显。1990～2015 年黔桂喀斯特山区泥石流灾害发生次数与横断山区相比较少、范围较小，但仍然呈扩大趋势。

2. 冲突强度的时空特征

1）农业干旱强度的时空特征

从时间特征上看（图 7-2），1990～2015 年三大山区农业干旱黔桂喀斯特山区发生频率最高，其中 2010 年最为严重，发生次数达到 24 次；其次是横断山区，发生频率最低的是太行山区。总体上看，三大山区农业干旱灾害发生频率都呈上升趋势，2006 年是一个分水岭。2006 年之前三大山区灾害发生频率都比较低，2006 年之后，灾害上升频率加快。

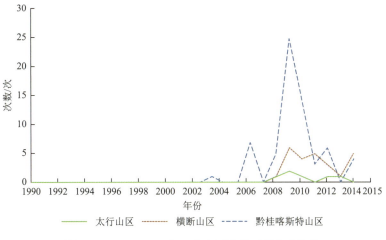

图 7-2　1990～2015 年三大山区农业干旱灾害次数

　　从空间特征上看，1990～2015 年三大山区农业干旱灾害冲突发生范围最广的是黔桂喀斯特山区，遍及该山区 2/3 以上区域，其中，中部和西部区域灾害次数较多，频率相对较高；其次是横断山区，集中发生在该山区南部地区；最后是太行山区，仅仅在南部和北部山区有少数区域发生灾害，且频率较低。

　　2）洪水冲毁耕地强度及时空特征

　　从时间特征上看（图 7-3），1990～2015 年三大山区中发生频率最低的是太行山区，其 2010 年灾害发生次数缓慢增长；其次是横断山区，发生灾害频率高于太行山区，2000～2008 年每年发生洪水冲毁耕地灾害没有变化，2008 年以后，灾害上升频率加快；黔桂喀斯特山区洪水冲毁耕地发生频率最高，自 2006 年开始，洪水冲毁耕地灾害逐渐增加，上升速度快。总体上看，三大山区洪水冲毁耕地灾害发生频率都呈上升趋势，但因为各个山区情况不同，年份和增速有所差异。

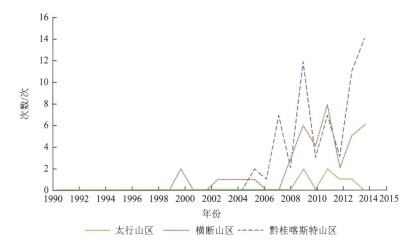

图 7-3　1990～2015 年三大山区洪水冲毁耕地灾害次数

从空间特征上看,1990～2015 年三大山区洪水冲毁耕地灾害冲突发生范围最小的是太行山区,在南部地区较容易发生洪水冲毁耕地灾害,北部山区有少数区域发生灾害,且频率都较低;其次是横断山区,主要分布在中部和东部地区,个别地区灾害发生频率高;范围最广的是黔桂喀斯特山区,中部和东部区域灾害次数较多,频率相对较高。

3)泥石流冲毁耕地的时空特征

从时间特征上看(图 7-4),1990～2015 年三大山区中横断山区泥石流冲毁耕地发生频率高于黔桂喀斯特山区和太行山区,泥石流冲毁耕地增加速度是横断山区最高,其次是黔桂喀斯特山区,太行山区最低。

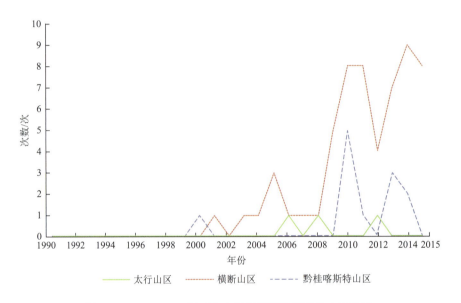

图 7-4 1990～2015 年三大山区泥石流冲毁耕地灾害次数

从空间特征上看,太行山区泥石流冲毁耕地灾害发生频率最低,面积最小;横断山区发生频率最为频繁,大多分布在中部地区和东部地区,东部地区较为严重,发生频次最高;黔桂喀斯特山区泥石流冲毁耕地灾害发生频率不高,发生灾害地区比较分散。

7.2.2 典型山区矿业开采驱动的水土资源冲突分析

1. 冲突发生范围的时空特征

1)土地塌陷冲突时空分布

根据有关数据统计分析,三大山区在 1990～2015 年,随着矿业开采的持续进行,地表塌陷范围在不断扩大,且呈递增趋势,黔桂喀斯特山区土地塌陷主要发生在贵州西部和广西北部地区;横断山区土地塌陷主要发生在南部云南高原地区;太行山区土地塌陷主要发生在西部的山西和东部的太行山前平原地区。比较来看,太行山区发生土地塌陷冲突涉及范围最广，呈现连片分布的趋势，范围大于其余两个山区；其次为黔桂喀斯特山区，呈现显著的点状分布特征；横断山区土地塌陷冲突涉及范围最小。1990～2000 年、2001～2010 年两个阶段，三大山区土地塌陷冲突发生范围较小，2011～2015 年三大山区土地塌陷冲突发生数量较之前两个阶段来说，增速加快、范围更广。

2）土地重金属污染冲突时空分布

1990～2015 年三大山区土地重金属污染在地理空间上呈点状分布，其污染的县域空间范围与矿产资源富集地区存在一定的相关关系。黔桂喀斯特山区土地重金属污染涉及的区域最广，其次为太行山区、横断山区。黔桂喀斯特山区土地重金属污染存在大分散小集中的特点；横断山区土地重金属污染冲突发生空间范围最小；太行山区土地重金属污染冲突主要集中在资源富集区。总的来看，土地重金属污染发生后对土地系统粮食生产能力影响大，在严格的环境保护政策作用下，三大山区中土地重金属污染总体上范围较小，维持在相对稳定的状态。

3）水体重金属污染冲突的时空特征分布

1990～2015 年三大山区水体重金属污染区与土地重金属污染区重合度较高，为点状分布，分布范围总体呈扩大趋势。1990～2015 年水体重金属污染冲突发生范围最大的为太行山区，其次为黔桂喀斯特山区、横断山区。黔桂喀斯特山区水体重金属污染分布在资源富集区，太行山区水体重金属污染涉及县区市最多、涉及的区域较大，范围呈扩大趋势，主要集中在太行山区东部资源产区；横断山区水体重金属污染冲突发生空间范围最小。总之，黔桂喀斯特山区和太行山区水体重金属污染冲突尤为突出。

2. 冲突强度的时空特征

1）土地塌陷冲突强度的时空特征

在时间上（图 7-5），1990～2015 年三大山区土地塌陷冲突发生频率总体上升，太行山区增势最大，其次为黔桂喀斯特山区、横断山区。分阶段看，三大山区土地塌陷冲突在1990～2000 年无相关数据；2001～2010 年发生频次增加，增势较缓；2011～2015 年随着

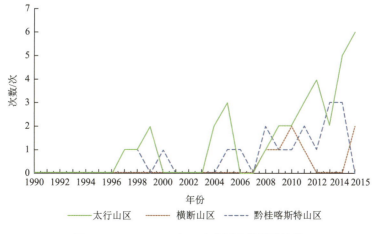

图 7-5　1990～2015 年三大山区土地塌陷次数

人们环保意识加强，对土地重金属污染越来越重视，相关研究增多，问题曝光度增加，发生频次持续升高。总之，太行山区土地塌陷冲突强度高于其余两个山区；其次为黔桂喀斯特山区，强度居中；横断山区土地塌陷冲突强度最低。

在空间上，1990～2015 年三大山区中土地塌陷呈增速趋势，塌陷范围不断扩大，黔桂喀斯特山区土地塌陷主要发生在山区周边地区资源型县域，空间分布分散；横断山区土地塌陷主要发生在中东部云南高原资源富集区；太行山区土地塌陷主要发生在北部和东部地区资源产区，涉及范围最广，覆盖太行山区大部分区域，冲突强度最大，呈现连片分布的趋势，强度高于其余两个山区；其次为黔桂喀斯特山区，呈现显著的点状分散分布特征，强度居中；横断山区土地塌陷冲突涉及范围最小，强度最低。

2）土地重金属污染冲突强度的时空特征

在时间上（图 7-6），1990～2015 年三大山区土地重金属冲突发生频率总体上升且趋势较缓。三大山区土地重金属污染冲突在 1990～2005 年无相关数据，2006～2013 年发生频次增加，增势较缓，2014～2015 年发生频次持续升高。

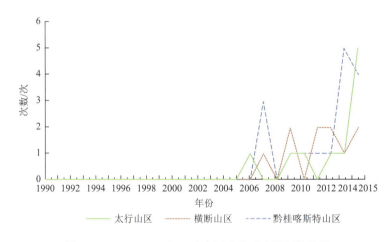

图 7-6　1990～2015 年三大山区土地重金属污染次数

在空间上，1990～2015 年三大山区中土地重金属污染总体上增速较缓，维持在相对稳定的状态，黔桂喀斯特山区土地重金属污染涉及的区域最广，其次为太行山区、横断山区。太行山区土地重金属污染冲突主要集中在矿产资源开采区；横断山区冲突空间范围主要在云南高原区域。

3）水体重金属污染冲突强度时空特征

在时间上（图 7-7），1990～2015 年三大山区水体重金属污染冲突发生频率总体呈上升趋势，太行山区增势最大，其次为黔桂喀斯特山区、横断山区；三大山区水体重金属污染冲突在 1990～2000 年无相关数据，2001～2010 年发生频次增加，但增势较缓，2011～2015 年发生频次快速增多；水体重金属污染大部分伴随着土地重金属污染，相关性较强。

在空间上，1990～2015 年三大山区中水体重金属污染区与土地重金属污染区重合度较高，均为点状分布，黔桂喀斯特山区水体重金属污染分布在山区矿产资源大县，太行山区水体重金属污染集中于太行山区的资源富集区，横断山区个别县域存在水体重金属污染。

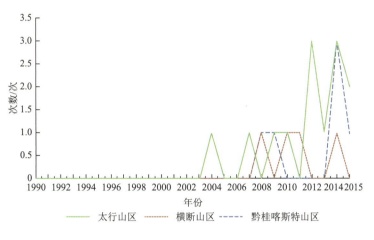

图 7-7　1990～2015 年三大山区水体重金属污染次数

7.2.3　典型山区城镇扩张驱动的水土资源冲突分析

1. 冲突发生范围的时空特征

1）城镇自然灾害类冲突时空分布

据有关数据统计分析可知，太行山区在 1990～2015 年，城镇自然灾害类冲突呈缓慢扩大趋势，主要发生在西部和东部地区；横断山区在 1990～2015 年，城镇自然灾害类冲突呈递增趋势，逐步向横断山区东部地区扩张；黔桂喀斯特山区在 1990～2015 年，城镇自然灾害类冲突呈递增趋势，分布范围扩大，主要发生在贵州西南部、东部地区和广西北部地区。1990～2000 年，三大山区中横断山区城镇自然灾害类冲突发生区域比另两个山区广；2001～2010 年和 2011～2015 年，黔桂喀斯特山区城镇自然灾害类冲突发生范围最广。

总体来说，黔桂喀斯特山区城镇自然灾害类冲突发生范围最广，主要是该山区地表崎岖，水土流失严重，降水集中，多暴雨，易发泥石流、洪涝等灾害；加之近年来西部大开发经济社会发展迅速，城镇扩张迅速，一方面人类扰动导致地表疏松，另一方面山体植被破坏加剧了滑坡、崩塌等城镇自然灾害的发生。

2）城镇建设非法侵占类冲突时空分布

据有关数据统计分析可知，1990～2015 年，太行山区、横断山区和黔桂喀斯特山区城镇建设非法侵占类冲突都呈递增趋势，涉及区域持续扩大，这与近年来中国城镇化高速发展密不可分，城镇化发展过程中对土地资源的巨大需求导致非法侵占耕地、林草地等现象发生。太行山区主要发生在南部、东部的低山丘陵区城镇带，该区域经济水平较高、人口密度大、城镇和工业企业密集；黔桂喀斯特山区主要发生在北部地区的黔中城市群；横断山区主要发生在南部地区的滇中城市群。1990～2000 年、2001～2010 年、2011～2015 年三个时段，太行山区城镇建设非法侵占类冲突发生范围都广于其他两个山区，缘于太行山区社会经济发展水平高于另外两大山区，是我国华北平原重要的城市化地区之一。

2. 冲突强度的时空特征

1）城镇自然灾害类冲突强度的时空特征

从时间上看（图 7-8），1990～2015 年三大山区城镇自然灾害类冲突总体上黔桂喀斯特山区发生频率最高，其次是横断山区，发生频率最低的是太行山区。1990～2015 年三大山区城镇自然灾害类冲突发生频率总体呈上升趋势，2008 年是一个分水岭，2008 年前，三大山区城镇自然灾害类冲突发生频率很低，2008 年后，城镇自然灾害类冲突增长较快。一方面，以前网络不发达，类似的文献、报道较少；另一方面，随着城市化进程的加快，毁林开荒，开山采石、采矿、侵占自然山体等现象严重，造成严重的水土流失，城镇自然灾害发生加剧。

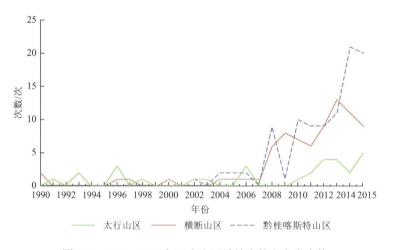

图 7-8　1990～2015 年三大山区城镇自然灾害类次数

从空间差异看，1990～2015 年三大山区城镇自然灾害类冲突发生范围最广、强度较大的是黔桂喀斯特山区，其次是横断山区，最后是太行山区。其中贵州西南部最突出，云南东北部次之。

2）城镇建设非法侵占类冲突强度的时空特征

从时间上来看（图 7-9），1990～2015 年三大山区城镇建设非法侵占类灾害发生频率总体上呈增长趋势，黔桂喀斯特山区和太行山区尤为突出。发生频率最高的是太行山区，其次是黔桂喀斯特山区，最后是横断山区。太行山区比横断山区和黔桂喀斯特山区发展迅速，城镇扩张用地需求也逐渐增多，部分单位或个人为了自身利益最大化，宁愿接受处罚也要未批先占,导致城镇建设中非法侵占林地、非法侵占耕地、非法侵占水域等事件层出不穷。

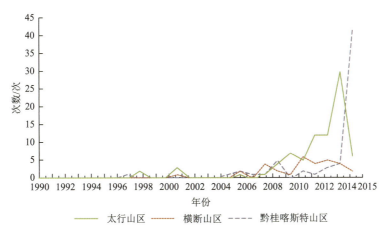

图 7-9　1990~2015 年三大山区城镇建设非法侵占类次数

从空间差异来看,1990~2015 年三大山区城镇建设非法侵占类冲突发生范围最广、强度较大的是太行山区,其次是黔桂喀斯特山区和横断山区。其中,太行山区城镇带强度较大,贵州黔中城市群强度较大。

7.3　典型山区国土开发利用冲突演化时空格局

7.3.1　基于适宜性的国土空间功能冲突格局

根据国土空间适宜性评价结果与国土空间利用现状,评估得到三大典型山区国土空间功能的冲突强度,同时运用冷热点空间分析技术提取三大典型山区国土空间功能冲突的冷热点分布范围。

太行山区国土空间功能冲突的集聚性相对较差,比较典型的冲突热点分布在太行山西段、太岳山北部的武乡县、襄垣县、沁源县、沁县、屯留区等一带(图 7-10 和图 7-11)。

横断山区北部属青藏高原部分的国土空间功能冲突指数较低,但是云南高原部分人地矛盾问题突出,国土空间功能冲突较严重(图 7-12),尤其是大凉山、小凉山地区,其是横断山区国土空间功能冲突的热点(图 7-13)。

黔桂喀斯特山区国土空间功能冲突严重的区域主要集中在贵州高原部分(图 7-14),国土空间功能冲突热点涉及贵州西部毕节市、黔西南布依族苗族自治州峰丛洼地区,以北盘江流域的晴隆、普安、兴仁和贵州西部的大方、金沙、黔西一带的国土空间功能冲突最为严重(图 7-15),该区域是黔桂喀斯特山区土壤侵蚀、石漠化、自然灾害最严重的地区,也是我国先前贫困的区域之一。

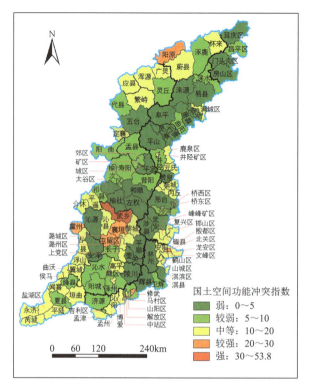

图 7-10 太行山区国土空间功能冲突指数

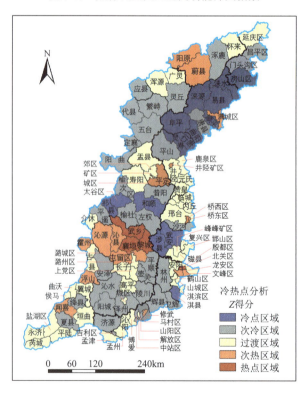

图 7-11 太行山区国土空间功能冲突热点

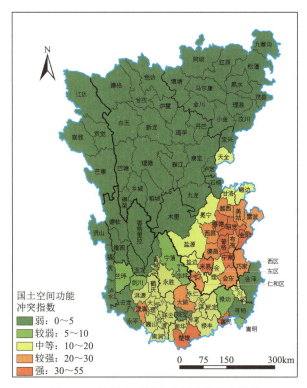

图 7-12　横断山区国土空间功能冲突指数

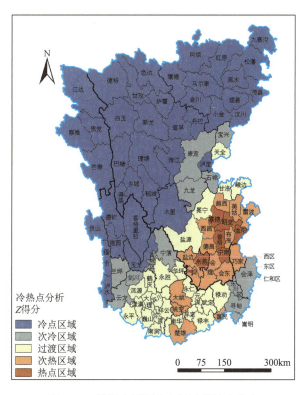

图 7-13　横断山区国土空间功能冲突热点

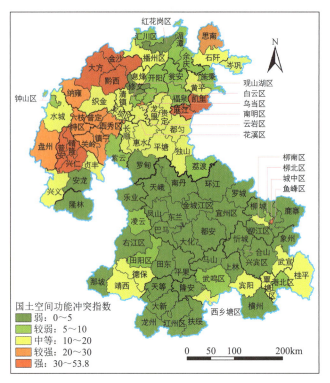

图 7-14　黔桂喀斯特山区国土空间功能冲突指数

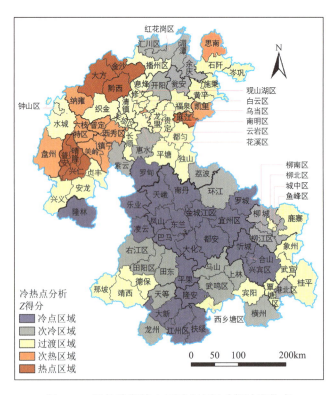

图 7-15　黔桂喀斯特山区国土空间功能冲突热点

7.3.2　基于土地系统的国土开发利用冲突格局

1. 研究方法

采用基于"压力-状态-响应"模型的土地利用冲突强度评价方法，测算三大山区土地利用冲突指数，并对 1990～2015 年三大山区土地利用冲突演变态势进行定量评估，运用探索性空间数据分析法（exploratory spatial data analysis，ESDA）分析三大山区县域土地利用冲突的空间分异特征，并进行可视化表达获得三大山区土地利用冲突变化的热点区演化图，旨在厘清三大山区土地利用冲突的演变及其空间分异规律，以期为三大山区土地资源冲突的缓解和可持续利用提供参考。

1）数据来源与处理

1990 年、2000 年、2010 年、2015 年四期三大山区的土地利用数据，由国家重点基础研究 973 项目"山区国土空间功能优化与调控对策"课题组通过遥感影像解译获得，解译总精度达到 80%以上；县级行政单元边界等基础地理信息数据，来源于中国科学院山地表生过程与生态调控重点实验室。研究涉及的农业机械总动力、人均收入、灌溉面积等农业统计数据来源于中国科学院资源环境科学与数据中心。使用 ArcGIS、GeoDa 等软件进行矢量数据处理和空间关联性分析。

2）土地利用冲突强度测度方法

（1）土地利用冲突综合指数。

土地利用冲突综合指数（land use conflict index，LUCI），代表区域土地利用冲突的发展程度和整体冲突水平，是测度区域土地系统承受的经济社会发展压力、土地利用状况水平和土地保护响应水平的量化指标，具体包括土地利用冲突压力指数（T_P）、土地利用冲突状态指数（T_S）和土地利用冲突响应指数（T_R）。土地利用冲突综合指数（LUCI）[1-2]的公式为

$$\text{LUCI} = r_1 T_P + r_2 T_S + r_3 T_R \tag{7.1}$$

其中，土地利用冲突压力指数（T_P）、土地利用冲突状态指数（T_S）和土地利用冲突响应指数（T_R）的公式分别为

$$T_P = \sum_{i=1}^{n} U(X_i) \cdot w_i \tag{7.2}$$

$$T_S = \sum_{j=n+1}^{m} U(X_j) \cdot w_j \tag{7.3}$$

$$T_R = \sum_{k=j+1}^{q} U(X_k) \cdot w_k \tag{7.4}$$

式中，r 和 w 分别为每类因素组和单个因素相对应的权重；$U(X)$ 为单个因素 X 值的标准化值；i、j 和 k 为因素的序号。

（2）指标遴选、标准化与权重。

土地利用冲突强度评价指标遴选遵循的原则：厘清三类指标类型的内在逻辑联系；明

确各指标的功能定位、作用方向，指标表达的内涵不重叠；坚持突出问题导向与指标体系完整性相结合；较短时期内区域土地利用变化及其引发的土地利用冲突，更多地受经济发展、人类活动等人文因素驱动。根据土地利用冲突研究的压力-状态-响应模型内在逻辑的关联，参考已有的土地利用冲突强度评价指标，紧扣山区土地利用过程、格局与土地生态保护的关键现实问题和主要驱动因素，逐一对农业开发、城镇建设、人口规模、土地保育等相关因素进行评价和筛选，构建测度山区土地利用冲突强度的指标体系（表 7-2）。

表 7-2　山区土地利用冲突强度评价的指标体系

目标层	准则层	指标名称	单位	权重
土地利用冲突强度	压力指标 0.5413	耕地复种指数 X_1	—	0.1651
		农业机械总动力 X_2	kW	0.0424
		水果面积占种植业比重 X_3	%	0.0681
		大牲畜年末存栏数 X_4	头	0.0973
		乡村劳动力总量 X_5	人	0.1163
		农民年人均收入 X_6	元	0.0521
	状态指标 0.3245	垦殖系数 X_7	%	0.0618
		建设用地比例 X_8	%	0.0695
		劳均耕地面积 X_9	hm^2	0.0717
		未利用地面积比值 X_{10}	%	0.0442
		土地利用综合程度指数 X_{11}	—	0.0773
	响应指标 0.1342	灌溉面积占耕地比例 X_{12}	%	0.0594
		化肥投入水平 X_{13}	kg/hm^2	0.0427
		林草地比例 X_{14}	%	0.0321

具体来说，土地利用冲突压力-状态-响应指标依次反映了人类活动对土地系统的利用过程和胁迫强度、利用格局和集约程度、利用措施和保育对策等方面的状况。因山地地形影响，山区土地资源少，人地关系紧张，生态环境脆弱，山区土地系统承受压力主要源于农牧业发展、人口增长、经济建设占用耕地与农民增收等方面，据此选取耕地复种指数、农业机械总动力、水果面积占种植业比重、大牲畜年末存栏数、乡村劳动力总量、农民年人均收入为土地利用冲突压力指标。土地利用冲突状态指标体现区域土地利用结构和功能、土地资源集约利用水平和效益等因素情况，包括垦殖系数、建设用地比例、劳均耕地面积、未利用地面积比值和土地利用综合程度指数。土地利用冲突响应指标反映了土地所有制、使用者、政府部门等利益相关者为改善土地系统利用条件、保护土地生态系统、促进土地可持续利用采取的工程技术手段、经营管理和政策措施等方面的情况，包括灌溉面积占耕地比例、化肥投入水平、林草地比例。

上述指标类型多样、量纲不一，且指标对土地利用冲突强度的影响存在正向、负向两

个作用方向,需分别对不同作用方向的指标原始值进行标准化处理。标准化公式如下:

$$U(X) = \begin{cases} \dfrac{X - X_{\min}}{X_{\max} - X_{\min}} & X为正作用指标 \\[2mm] \dfrac{X_{\max} - X}{X_{\max} - X_{\min}} & X为负作用指标 \end{cases} \tag{7.5}$$

式中,$X_{\max}$ 和 $X_{\min}$ 为每个指标 X 所有年份原始值中的最大值和最小值。

在计算指标标准化值的基础上,通过专家问卷调查方式,采用德尔菲法确定各指标对区域土地利用冲突指数的贡献率,即指标的权重[3]。

指标体系中的土地利用程度综合指数计算公式[4]如下:

$$L_a = \sum_{i=1}^{n} A_i \times C_i \times 100 \tag{7.6}$$

$$L_a \in 100,400$$

式中,L_a 为土地利用程度综合指数;A_i 为第 i 级的土地利用程度分级指数;C_i 为第 i 级土地利用程度分级面积百分比。土地利用程度分级指数是根据区域土地利用强度赋值的(表 7-3)。

表 7-3　土地利用程度分级赋值表

土地利用级	未利用土地级	林、草、水用地级	农业用地级	城镇聚落用地级
土地利用/类型	未利用地	林地、草地、水域	耕地	城镇、居民点、工矿等建设用地
分级指数	1	2	3	4

(3)空间关联分析。

空间关联分析是指定量地测度地理现象之间的空间关联和异质性。空间关联分析包括空间相邻矩阵构建、空间自相关的度量和检验。研究采用 GeoDa 软件计算黔桂喀斯特山区的空间相邻矩阵。空间自相关包括全局空间自相关和局域空间自相关。全局空间自相关可以描述区域单元某种地理现象的整体分布状况,以判断该现象在空间上是否存在集聚性,而局域空间自相关刻画的是属性相似聚集区的空间分布位置。本书采用常用的 Global Moran's I 和 Getis-Ord G_i^* 指数来测度全局空间自相关和局域空间自相关程度[5-7]。

Global Moran's I 指数计算公式为

$$I = \frac{\sum_{i=1}^{n} \sum_{j \neq 1}^{n} W_{ij}(X_i - \bar{X})(X_j - \bar{X})}{S^2 \sum_{i=1}^{n} \sum_{j \neq 1}^{n} W_{ij}} \tag{7.7}$$

$$S^2 = \frac{1}{n} \sum_{i=1}^{n} (X_i - \bar{X})^2 \tag{7.8}$$

$$\overline{X} = \frac{1}{n}\sum_{i=1}^{n}X_i \tag{7.9}$$

式中，X_i 为研究单元 i 的地理属性观测值；$\overline{X}$ 为区域变量的平均值；S^2 为均方差；W_{ij} 为空间权重矩阵 $W_{(n\times n)}$，可由空间距离与空间拓扑实现。标准化 Z_{Score} 常用于检验 Global Moran's I 的显著性水平：

$$Z_{\text{Score}} = \frac{1-E(I)}{\sqrt{\text{Var}(I)}} \tag{7.10}$$

式中，$E(I)$ 与 $\text{Var}(I)$ 分别为 Global Moran's I 的期望值与方差。当 $|Z_{\text{Score}}| > 1.96$（$\alpha = 0.05$）时，可以拒绝零假设 H_0（n 个空间对象属性值不存在空间自相关），变量在空间上存在显著的空间自相关。I 的取值范围为[-1, 1]，$I > 0$，说明全局空间自相关是正相关；$I < 0$，表明负相关关系，其绝对值越大，相关程度越大；$I = 0$，则呈随机分布，不存在空间自相关。

Getis-Ord G_i^* 指数计算公式为

$$G_i^*(d)^2 = \frac{\sum_{j=1}^{n}W_{ij}(d)X_j}{\sum_{j=1}^{n}X_j} \tag{7.11}$$

为便于比较分析，对 $G_i^*(d)$ 进行标准化处理：$Z(G_i^*)^2 = \frac{[G_i^* - E(G_i^*)]}{\sqrt{\text{Var}(G_i^*)}}$，$E(G_i^*)$ 为数学期望值，$\text{Var}(G_i^*)$ 为变异系数。当 $Z(G_i^*)$ 正显著时，表示高值空间集聚，即热点区；当 $Z(G_i^*)$ 负显著时，表示低值空间集聚，即冷点区。

2. 太行山区土地利用冲突

1）土地利用冲突指数变化态势

根据各土地利用冲突指数公式，计算得出研究时段内太行山区土地利用冲突强度指数的量化值（图 7-16）。从压力指数来看，1990～2015 年该指数呈倒 "U" 形变化态势，1990～2010 年从 0.287 缓慢上升至 0.434，上升幅度为 51.22%，年均增加 2.1%，而 2015 年大幅跌至 0.211，较 2010 年降低 51.38%，年均降幅达 10.28%，前 20 年增长缓慢，后 5 年下降快速，土地系统压力有所缓解；从状态指数来看，其变化态势呈 "N" 形上下波动，1990～2000 年从 0.160 缓慢上升至 0.208，至 2010 年大幅降至 0.129，反映出 1990～2010 年该时段内土地利用结构有较大调整，区域建设用地增长显著，耕地及草地大量减少（图 7-17），至 2015 年该指数又缓慢增至 0.147，呈平稳上升趋势，这可能与近年来经济社会的快速发展导致区域用地需求增长有关；从响应指数来看，1990～2000 年变化较稳定，2001～2015 年呈缓慢下降趋势，反映了区域应对土地利用状况的措施及行为正在减少，土地生态环境进一步改善，这是与国家开展土地用途管制、生态文明建设及农业综合开发等因素有关。

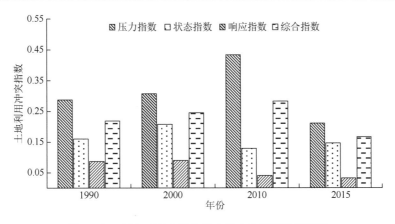

图 7-16　1990～2015 年太行山区土地利用冲突指数

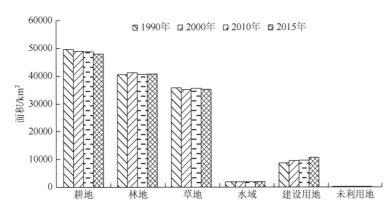

图 7-17　1990～2015 年太行山区土地利用结构图

总体而言，太行山区的土地利用冲突综合指数呈下降趋势，用地冲突及矛盾有所缓解。具体来看，1990～2010 年该指数呈缓慢上升趋势，由 0.219 上升至 0.282，增幅 28.77%，年均增加 1.44%，表明区域土地系统利用冲突逐渐上升，2010 年后该指数快速降至 2015 年的 0.166，降幅达 41.13%，年均降低 8.23%，土地利用冲突状况大幅缓解。由此可见，研究时段内太行山区土地利用冲突综合指数呈"上升—降低"的变化趋势，前 20 年受区域经济社会开发土地利用冲突积累上升，后 5 年可能受国家宏观政策调控及土地可持续性利用认识的影响，在区域土地生态保护措施、产业空间布局、土地用途管制、城乡人口重心迁移等因素的作用下，土地系统利用矛盾持续向好转变。

2）土地利用冲突指数的总体空间变化

借助 GeoDa 软件及 ArcGIS 空间分析工具，以县级行政单元为基础，对太行山区 1990～2015 年的土地利用冲突压力指数、土地利用冲突状态指数、土地利用冲突响应指数及土地利用冲突综合指数进行空间关联性及演变态势分析。为更清晰辨识各指数的时空变化趋势及突出比较优势，将研究划分为 4 个时段，即 1990～2000 年为时段Ⅰ，2001～2010 年为时段Ⅱ，2011～2015 年为时段Ⅲ，1990～2015 年为时段Ⅳ。其中，时段Ⅳ为太行山区的总体演变特征。

利用 GeoDa 软件分别计算太行山区土地利用冲突各指数的 Global Moran's I 值，如表 7-4 所示。按显著性水平 95%（$\alpha = 0.05$）的判断标准对各指数 Global Moran's I 值进行检验，其值在理论上均达到数理统计意义的显著水平，可知各指数均具有空间集聚性。总体而言，1990～2015 年压力指数、状态指数、响应指数、综合指数的 Global Moran's I 值分别为 0.3059、0.1739、0.0969、0.2811，可见压力指数空间集聚特征最为显著，响应指数空间集聚性较小。具体来看，压力指数的 Global Moran's I 值从时段 I 的 0.2677 上升至时段 II 的 0.3202，增加了 0.0525，表明区域土地系统利用压力空间集聚趋势正逐渐增强，而时段III该指数的 Global Moran's I 值反降至 0.1344，减少 0.1858，减幅 58.03%，空间集聚性大幅减弱；状态指数的 Global Moran's I 值由时段 I 的 0.3058 减少至时段 II 的 0.2388，减少 0.067，空间集聚性小幅降低，时段III进一步快速减至 0.0049，相比时段 II 减少 0.2339，降幅达 97.95%，说明状态指数空间集聚性正随时间的推移趋于向异质性转变，反映区域土地利用结构空间分异越发显著；响应指数的 Global Moran's I 值由时段 I 的 0.2275 减少至时段 II 的 0.1519，时段III再减至 0.0023，同样说明该指数空间集聚趋势在减弱。

表 7-4　太行山区土地利用冲突指数动态变化的 Global Moran's I 值

土地利用冲突指数类型	时段	时期	Global Moran's I 指数（I）	Global Moran's I 指数 E（I）	检验统计量 Z_{Score}	阈值（$\alpha = 0.05$）
压力指数	时段 I	1990～2000 年	0.2677	−0.01	4.0497	1.96
	时段 II	2001～2010 年	0.3202	−0.01	4.6092	1.96
	时段III	2011～2015 年	0.1344	−0.01	2.2359	1.96
	时段IV	1990～2015 年	0.3059	−0.01	4.7579	1.96
状态指数	时段 I	1990～2000 年	0.3058	−0.01	4.9608	1.96
	时段 II	2001～2010 年	0.2388	−0.01	3.7267	1.96
	时段III	2011～2015 年	0.0049	−0.01	3.1878	1.96
	时段IV	1990～2015 年	0.1739	−0.01	2.8386	1.96
响应指数	时段 I	1990～2000 年	0.2275	−0.01	3.5429	1.96
	时段 II	2001～2010 年	0.1519	−0.01	2.3501	1.96
	时段III	2011～2015 年	0.0023	−0.01	3.1192	1.96
	时段IV	1990～2015 年	0.0969	−0.01	2.1255	1.96
综合指数	时段 I	1990～2000 年	0.2591	−0.01	4.1105	1.96
	时段 II	2001～2010 年	0.2929	−0.01	4.3959	1.96
	时段III	2011～2015 年	0.1767	−0.01	2.8307	1.96
	时段IV	1990～2015 年	0.2811	−0.01	4.1137	1.96

总的来看，太行山区土地利用冲突综合指数在空间分布上呈集聚趋势，但该趋势随着时间的推移而逐渐减弱。其动态变化过程呈先增后减的路径，时段 I、时段 II、时段III的 Global Moran's I 值分别为 0.2591、0.2929、0.1767，时段 I 至时段 II 缓慢增加，增加 0.0338，至时段III减少 0.1162，且时段 II 至时段III降幅快速，说明 1990～2010 年太行山区经济社

会发展受资源型产业影响，其"先城后矿"模式导致工业化与城镇化建设过程中的土地利用冲突加剧，而 2011～2015 年由于资源型城市转型发展及产业结构调整，加之国家土地用途管制措施大力实施，区域土地利用冲突强度有所减缓，随着生态社会建设进一步加速，未来太行山区的土地利用冲突可能会进一步缓解。

3）土地利用冲突指数的局部空间变化

利用 ArcGIS 软件中热点分析（Getis-Ord G_i^*）工具，对太行山区县级行政单元的土地利用冲突压力指数、土地利用冲突状态指数、土地利用冲突响应指数及土地利用冲突综合指数的空间分异特征进行分析。为使各县级行政单元的演化路径易于对比和可视化表达，将 1990～2000 年、2001～2010 年、2011～2015 年 3 个时段的各指数局域 G_i^* 值采用自然间断法划分为 5 个层级，即热点区域、次热区域、过渡区域、次冷区域、冷点区域。

图 7-18 为太行山土地利用冲突压力指数变化的冷、热点区演化。由图可知，热点区总体呈"山西—河南—河北"的迁移走势，说明山西省的土地系统承载压力有所缓解，河北省的土地系统承载压力正在逐步增加。具体来看，1990～2000 年，太行山区的土地利用冲突压力指数热点区主要集聚于山西省长治盆地及其周边，这与该时期区域的资源型经济发展有关，长治地区矿产资源丰富、资源型城市众多，驱使城镇建设及经济发展快速，土地系统利用压力增大；2001～2010 年，太行山区土地利用冲突压力指数热点区逐渐迁移到山西、河南两省交界的黄河经济带，在工业经济建设的引导下，区域钢铁、化工、冶金等主导优势产业驱动城市化、工业化快速发展，土地系统压力上升显著；2011～2015 年，太行山区土地利用冲突压力指数热点区进一步迁移至河北省中南部地区，以石家庄及其周边县域最为显著，这与京津地区产业转移及人口疏解有关。随着京津冀协同发展战略进一步推进，区域时空距离拉近，交通流、人口流、物质流等各种流交汇加速，产业发展承载用地及居住用地需求旺盛，各业用地矛盾加剧。冷点区趋于分散，主要集聚于太行山区

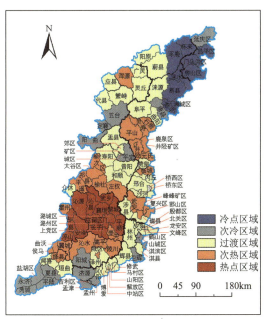

(a) 1990～2000 年

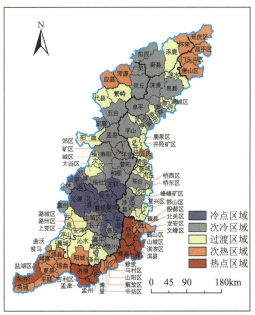

(b) 2001～2010 年

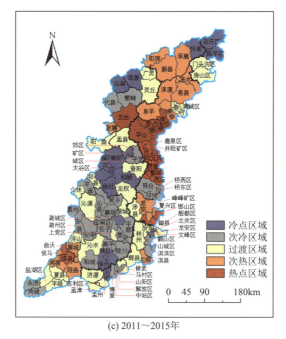

(c) 2011～2015年

图7-18　太行山区土地利用冲突压力指数变化的冷、热点区演化

地形崎岖且经济发展落后的县域，这可能与自身经济发展后劲不足、域外城镇化吸引山区人口外迁有关。

图7-19为太行山区土地利用冲突状态指数变化的冷、热点区演化。可以看出，1990～2000年、2001～2010年的冷、热点区趋于集中，呈河北邯郸、邢台、石家庄、保定、张家口等地级市所辖县域向山西长治、运城、阳泉等地级市所辖县域迁移。冷点区的迁移

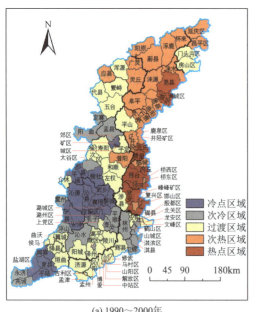

(a) 1990～2000年

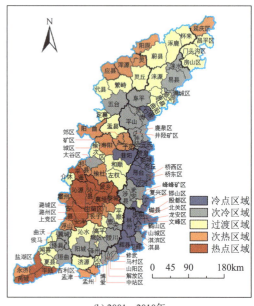

(b) 2001～2010年

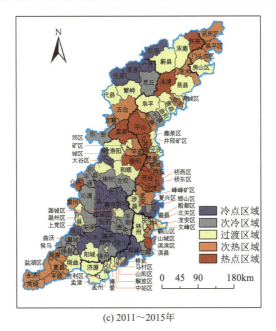

(c) 2011～2015年

图 7-19　太行山区土地利用冲突状态指数变化的冷、热点区演化

趋势与热点区相反,呈山西长治、运城、阳泉等地级市所辖县域向河北邯郸、邢台、石家庄、保定及河南安阳、鹤壁、新乡、洛阳等地级市所辖县域迁移,河北、山西两省的土地系统状态变化较为剧烈。2011～2015 年,区域土地利用冲突状态指数冷、热点区趋于分散,热点区主要分布于石家庄及邢台部分县域,而冷点区主要分布在长治盆地的周边县域。

图 7-20 为太行山区土地利用冲突响应指数变化的冷、热点区演化。从热点区来看,1990～2000 年该区域主要集聚于山西阳泉、忻州、大同及运城等所辖县域,2001～2010 年

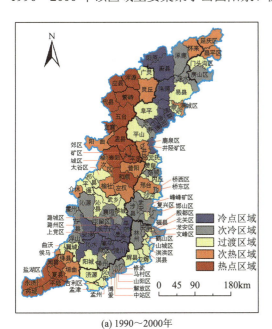

(a) 1990～2000年　　　　　　　　　　　　　　　(b) 2001～2010年

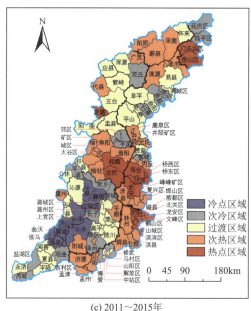

(c) 2011～2015年

图 7-20　太行山区土地利用冲突响应指数变化的冷、热点区演化

逐渐迁移至河北张家口、河南新乡地区，2011～2015 年热点区分布范围有所缩小，以邢台、晋中、安阳所辖县域较为集中。冷点区趋于分散，其范围主要集中在山西境内，以山地区县域为主。

总的来说，太行山区土地利用冲突强度综合指数的热点区、次热区趋于向京津冀地区迁移，冷点区、次冷区趋于向山西广大区域转移（图 7-21）。具体来看，1990～2000 年土地系统利用综合指数热点区主要集中分布在长治地区及其周边区域,这与区域资源经济建

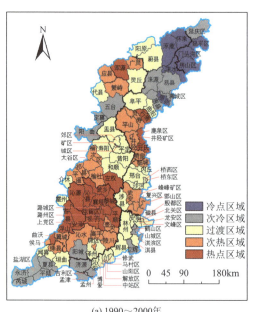

(a) 1990～2000年

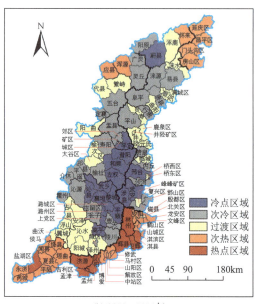

(b) 2001～2010年

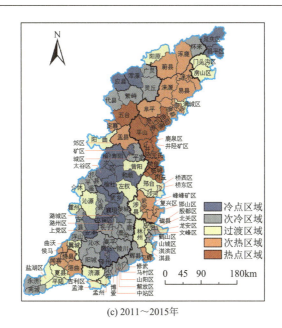

(c) 2011～2015年

图 7-21　太行山区土地利用冲突综合指数变化的冷、热点区演化

设有关；随着产业改革和政策导向指引，2001～2010 年热点区逐渐迁移至晋豫两省交界的运城、洛阳、安阳、鹤壁、新乡、焦作等所辖区域；2011～2015 年进一步迁移至石家庄及其与京津相邻的区域，这与京津冀协同发展战略背景下的工业建设及人口集聚驱动土地需求增加有关。

3. 横断山区土地利用冲突

1）土地利用冲突指数变化态势

依据压力-状态-响应模型分别计算横断山区 1990 年、2000 年、2010 年、2015 年四个时期土地利用冲突压力指数、土地利用冲突状态指数、土地利用冲突响应指数和土地利用冲突综合指数（图 7-22）。从横断山区土地利用冲突压力指数变化情况来看，1990 年压力指数为 0.08，土地利用系统压力小，2000 年压力指数较 1990 年快速上升至 0.28，10 年间上升幅度达 250%，2010 年压力指数为 0.43，较 2000 年上升 0.15，上升幅度为 53.57%，2015 年压力指数下降至 0.25，土地利用系统压力较 2010 年有所缓解，下降幅度为 41.86%。从横断山区土地利用冲突状态指数变化情况来看，1990 年状态指数为 0.14，2000 年状态指数为 0.07，下降幅度为 50.00%，2010 年状态较 2000 年又有所增长，达到 0.13，上升幅度为 85.71%，2015 年状态指数为 0.25，较 2010 年上升 0.12，上升幅度为 92.31%，反映了 2011～2015 年土地利用结构变动显著，其间除未利用地面积减少之外其余各用地类型面积均增加（图 7-23）。从横断山区土地利用冲突响应指数变化情况来看，1990～2015 年响应指数整体呈下降趋势，反映了化肥投入、有效灌溉增加等土地保育恢复水平呈上升趋势，其中 1990 年响应指数为 0.11，2000 年响应指数较 1990 年快速下降至 0.05，下降幅度为 54.55%，2010 年响应指数较 2000 年缓慢下降至 0.04，下降幅度为 20.00%，2015 年响应指数较 2010 年下降至 0.03，下降幅度为 25.00%，这与政府相关部门加强对区域生态保育进行资金技术投入等因素有关。

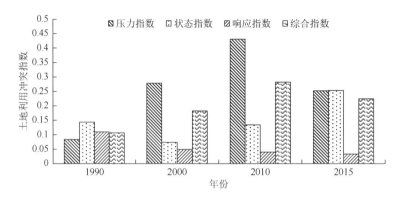

图 7-22　1990～2015 年横断山区土地利用冲突指数

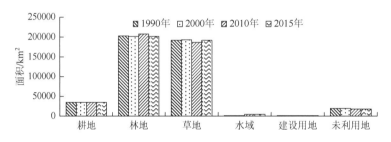

图 7-23　1990～2015 年横断山区土地利用结构图

总体而言，横断山区 1990～2015 年土地利用冲突综合指数呈上升趋势。从时间格局来看，1990 年土地利用冲突综合指数为 0.11，2000 年土地利用冲突综合指数上升至 0.18，上升幅度为 63.64%，2010 年土地利用冲突综合指数增长到 0.28，与 2000 年相比上升幅度为 55.6%，后 10 年上升幅度低于前 10 年，反映了区域土地利用冲突程度上升趋势变缓，2015 年土地利用冲突综合指数为 0.22，与 2010 年相比下降幅度为 21.43%，据此未来横断山区土地利用冲突可能有所缓解。

2）土地利用冲突指数的总体空间变化

以横断山区土地利用冲突各指数的变化量为计量基础，对 1990～2000 年、2001～2010 年、2011～2015 年、1990～2015 年四个时段数据开展分析。

运用 GeoDa 软件计算 1990～2015 年土地利用冲突压力指数、土地利用冲突状态指数、土地利用冲突响应指数、土地利用冲突综合指数变化量的 Global Moran's I 指数，分别为 0.3712、−0.0104、0.0841、0.2763（表 7-5），分析横断山区土地利用冲突指数动态变化的整体特征，除状态指数外，其余均通过 $\alpha = 0.05$ 显著性水平检验，表明横断山区县域土地利用冲突压力指数、土地利用冲突响应指数、土地利用冲突综合指数变化区域分布具有显著的空间集聚性，即土地利用冲突指数变化快的地区周边区域变化也快，土地利用冲突指数变化慢的地区周边区域变化也慢。将 1990～2015 年整个时段具体细分为 1990～2000 年、

2001～2010 年、2011～2015 年三个子时段Ⅰ、Ⅱ、Ⅲ用以更好地反映土地利用冲突指数变化的空间差异特征。压力指数 Global Moran's I 值时段Ⅰ为 0.4925，时段Ⅱ为 0.1277，表明从时段Ⅰ到时段Ⅱ横断山区压力指数变化量在空间分布上集聚程度降低,时段Ⅲ增至 0.2861，从时段Ⅱ到时段Ⅲ区域压力指数变化量在空间分布上集聚程度提升。响应指数 Global Moran's I 值时段Ⅰ为 0.2380，时段Ⅱ为 0.2031，从时段Ⅰ到时段Ⅱ横断山区土地利用冲突响应指数变化量在空间分布上集聚程度缓慢降低,时段Ⅲ降为 0.0678，从时段Ⅱ到时段Ⅲ区域响应指数变化量在空间分布上集聚程度降低。综合指数 Global Moran's I 值时段Ⅰ为 0.4733，时段Ⅱ为 0.1295，从时段Ⅰ到时段Ⅱ横断山区土地利用冲突综合指数变化量在空间分布上集聚程度降低,时段Ⅲ增至 0.3058，从时段Ⅱ到时段Ⅲ区域综合指数变化量在空间分布上集聚程度提升。

表 7-5　横断山区土地利用冲突指数动态变化的 Global Moran's I 值

土地利用冲突指数类型	时段	时期	Global Moran's I 指数（I）	Global Moran's I 指数 E（I）	检验统计量 Z_{Score}	阈值（$\alpha = 0.05$）
压力指数	时段Ⅰ	1990～2000 年	0.4925	−0.0102	7.5947	1.96
	时段Ⅱ	2001～2010 年	0.1277	−0.0102	2.1334	1.96
	时段Ⅲ	2011～2015 年	0.2861	−0.0102	4.5396	1.96
	时段Ⅳ	1990～2015 年	0.3712	−0.0102	5.8617	1.96
状态指数	时段Ⅰ	1990～2000 年	−0.0631	−0.0102	−0.7593	1.96
	时段Ⅱ	2001～2010 年	0.1450	−0.0102	2.3739	1.96
	时段Ⅲ	2011～2015 年	0.2611	−0.0102	4.0850	1.96
	时段Ⅳ	1990～2015 年	−0.0104	−0.0102	0.0029	1.96
响应指数	时段Ⅰ	1990～2000 年	0.2380	−0.0102	3.8385	1.96
	时段Ⅱ	2001～2010 年	0.2031	−0.0102	3.2682	1.96
	时段Ⅲ	2011～2015 年	0.0678	−0.0102	1.2931	1.96
	时段Ⅳ	1990～2015 年	0.0841	−0.0102	1.4797	1.96
综合指数	时段Ⅰ	1990～2000 年	0.4733	−0.0102	6.9190	1.96
	时段Ⅱ	2001～2010 年	0.1295	−0.0102	2.1024	1.96
	时段Ⅲ	2011～2015 年	0.3058	−0.0102	4.8889	1.96
	时段Ⅳ	1990～2015 年	0.2763	−0.0102	4.4118	1.96

3）土地利用冲突指数的局部空间变化

分析横断山区土地利用冲突指数变化的时空演化特征，分别对 1990～2000 年、2001～2010 年、2011～2015 年三个时段县域土地利用冲突指数变化的 Getis-Ord G_i^* 进行运算，在 ArcGIS 中采用自然断点法将三个时段压力指数、状态指数、响应指数、综合指数变化量的局域 G_i^* 划分为 5 种类型，具体为热点区域、次热点区域、过渡区域、次冷区域、冷点区域。

从横断山区土地利用冲突压力指数变化的冷、热点区时空演化分析来看（图 7-24），热点区由西南高山峡谷区、大小凉山区向西北高寒区方向迁移，表明西南高山峡谷区、大

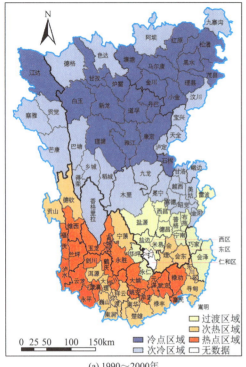

(a) 1990～2000年

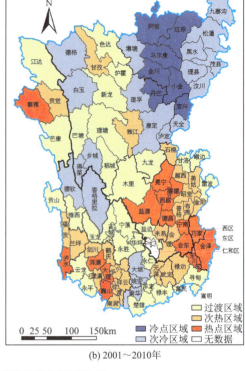

(b) 2001～2010年

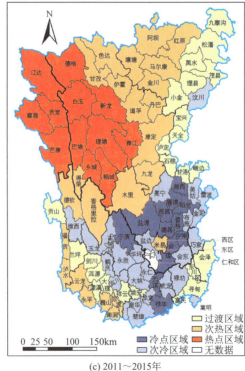

(c) 2011～2015年

图 7-24　横断山区土地利用冲突压力指数变化的冷、热点区演化

小凉山区土地利用冲突压力缓解，西北高寒区土地利用冲突压力上升。时间格局具体分析如下，1990～2000 年土地利用冲突压力指数变化量的热点区集中分布在西南高山峡谷区，区域对比该片区经济发展速度快、用地需求大、人口增长快，土地利用冲突压力增加快；2001～2010 年土地利用冲突压力指数变化量的热点区集中分布在大小凉山区，西南高山峡谷区转变为土地利用冲突变化量的次热区域，大小凉山区同周边地区人口往来、经济交流加强，封闭自给开始逐渐打破，土地利用冲突压力增加快；2011～2015 年土地利用冲突压力指数变化量的热点区集中分布在西北高寒区，区域均衡发展施策对该片区资金、技术的大力投入，城镇化发展，粮食需求量高，土地利用冲突压力增加快。

从横断山区土地利用冲突状态指数变化的冷、热点区演化分析来看（图 7-25），热点区分布分散，冷点区分布集中。时间格局具体分析如下，1990～2000 年土地利用冲突状态指数变化量的热点区主要分布在四川阿坝州的红原、黑水、理县，甘孜州的康定、天全以及凉山州的宁南、普格等地；2001～2010 年土地利用冲突状态指数变化量的热点区主要分布在四川阿坝州红原、九寨沟，甘孜州的康定、天全以及凉山州的木里、盐源、会泽等地所辖县域，较 1990～2000 年状态指数变化量的热点区分布范围大，集中在横断山区的东部；2011～2015 年土地利用冲突状态指数变化量的热点区主要分布在四川甘孜州的巴塘、得荣，云南迪庆州的德钦、维西，大理市的洱源、云龙、鹤庆等地，集中在横断山区的西部，较 2001～2010 年状态指数变化量冷点区分布范围差异不明显。

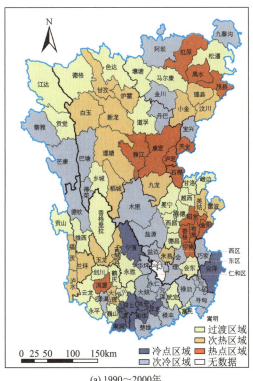

(a) 1990～2000 年

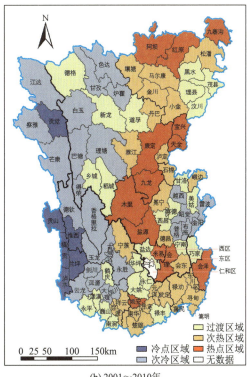

(b) 2001～2010 年

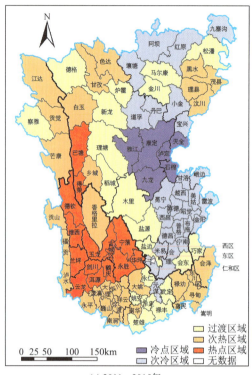

(c) 2011~2015年

图 7-25　横断山区土地利用冲突状态指数变化的冷、热点区演化

　　从横断山区土地利用冲突响应指数变化的冷、热点区演化分析来看（图 7-26），热点区、次热区分布集中连片，冷点区分布也较为集中。时间格局具体分析如下，1990~2000 年土地利用冲突响应指数变化量的热点区、次热区集中分布在西北高寒区，该片区环境恶劣、生态保护形势严峻，冷点区、次冷区集中分布在西南高山峡谷区，该片区土地可持续利用态势良好；2001~2010 年土地利用冲突响应指数变化量的热点区集中分布在四川阿坝州所辖县域，凉山州有盐源、德昌等少量县域分布，冷点区、次冷区主要分布在西北高寒区，该片区生态严峻形势有所缓解；2011~2015 年土地利用冲突响应指数变化量的热点区分布范围缩小，集中分布在四川甘孜州的稻城、新龙、木里、盐源等地所辖县域，云南、西藏等地分布有少量县域，土地利用冲突有所缓解，生态保护形势良好。

　　综上，从横断山区土地利用冲突综合指数变化的冷、热点区演化分析来看（图 7-27），热点区、次热区分布集中，热点区由西南高山峡谷区向大小凉山区、西北高寒区方向演化迁移。时间格局具体分析如下，1990~2000 年土地利用冲突综合指数变化量的热点区、次热区集中分布在西南高山峡谷区，冷点区、次冷区集中分布在四川阿坝州、甘孜州等地所辖县域；2001~2010 年土地利用冲突综合指数变化量的热点区集中分布在大小凉山区，随着交通条件的改善、城镇化的发展，大小凉山区同周边地区人口、经济往来联系加强，土地利用冲突强度变化大；2011~2015 年土地利用冲突综合指数变化量的热点区、次热区集中分布在西北高寒区，该片区经济发展加速，农牧业发展，粮食需求量大，建设用地占用耕地面积，土地利用综合指数变化快，土地利用冲突加剧。

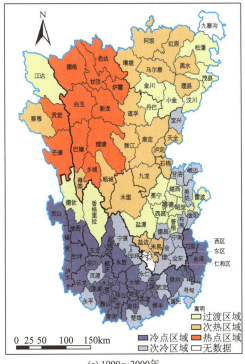

(a) 1990～2000年

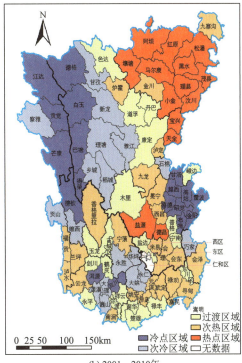

(b) 2001～2010年

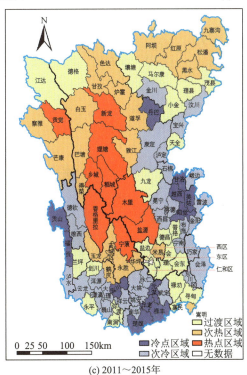

(c) 2011～2015年

图 7-26　横断山区土地利用冲突响应指数变化的冷、热点区演化

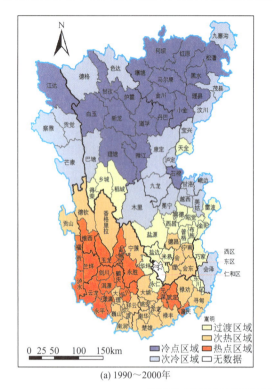

(a) 1990～2000年

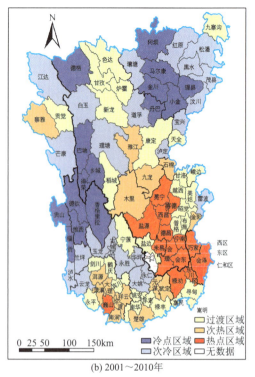

(b) 2001～2010年

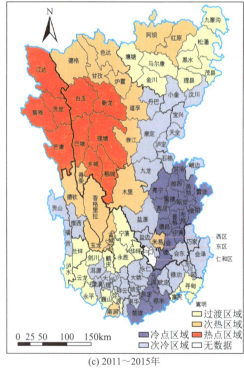

(c) 2011～2015年

图 7-27　横断山区土地利用冲突综合指数变化的冷、热点区演化

4. 黔桂喀斯特山区土地利用冲突

1) 土地利用冲突指数变化态势

根据土地利用冲突强度的评价方法, 计算了 1990 年、2000 年、2010 年、2015 年四个时间点黔桂喀斯特山区土地利用冲突压力指数、土地利用冲突状态指数、土地利用冲突响应指数和土地利用冲突综合指数 (图 7-28)。从黔桂喀斯特山区土地利用冲突压力指数变化看, 1990 年土地系统压力较小, 压力指数为 0.11, 2000 年该区域压力指数快速上升至 0.34, 10 年间增加幅度为 209.09%, 年均增加 20.91 个百分点; 2010 年该区域压力指数缓慢下降到 0.27, 土地利用系统压力较 2000 年有所缓解, 10 年间降低幅度为 20.59%; 2015 年, 压力指数进一步降低至 0.25, 土地系统压力逐一步缓解。从黔桂喀斯特山区土地利用冲突状态指数变化看, 1990~2000 年缓慢增加, 反映了前 10 年该区域土地系统结构变化较小; 而 2010 年状态指数呈现快速增长, 达到 0.33, 10 年间增加幅度为 73.68%, 年均增加 7.37 个百分点; 2015 年状态指数快速增至 0.52, 较 2010 年增幅达 57.58%, 反映了土地利用结构变动显著, 其间, 黔桂喀斯特山区建设用地、林地大幅增加, 而耕地、草地减少 (图 7-29)。从黔桂喀斯特山区土地利用冲突响应指数变化来看, 1990~2000 年较

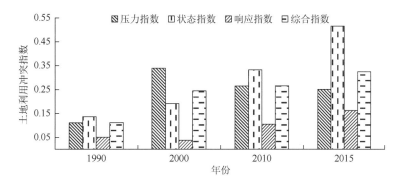

图 7-28　1990~2015 年黔桂喀斯特山区土地利用冲突指数

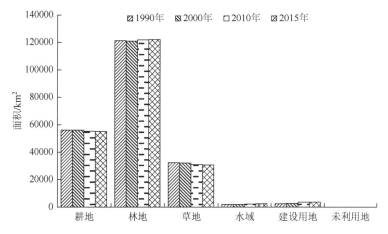

图 7-29　1990~2015 年黔桂喀斯特山区土地利用结构图

稳定，2001~2015 年该指数有较小幅度增加，反映了山区农地灌溉、肥料投入等土地保育响应有下降趋势，这可能与快速城镇化背景下山区人口迁出和农户生计转型过程中农地经济功能下降等因素有关。

总的来看，1990~2015 年黔桂喀斯特山区土地利用冲突综合指数呈增加趋势。从时间格局看，综合指数前 10 年增幅远大于后 15 年增幅，1990~2000 年综合指数从 0.11 迅速增长到 0.24，增幅达到 118.18%，年均增加 11.82 个百分点，表明该山区土地系统冲突明显增强；2001~2015 年综合指数从 0.24 缓慢增长到 0.33，增幅为 37.50%，年均增加 2.50 个百分点，土地利用冲突强度增加趋势变缓。分析表明，黔桂喀斯特山区 25 年间土地利用冲突综合指数呈上升趋势，但受域外城镇化、土地保护制度、生态保护政策等因素影响，该区土地利用冲突强度变化趋势有可能逐步缓解。

2）土地利用冲突指数的总体空间变化

以各类型土地利用冲突指数变化量作为统计变量，以县区市为基础单元，对 1990~2000 年、2001~2010 年、2011~2015 年和 1990~2015 年四个时段开展研究。

为分析黔桂喀斯特山区县域土地利用冲突指数动态变化的整体空间分布特征，运用 GeoDa 软件，计算 1990~2015 年县域土地利用冲突压力指数、土地利用冲突状态指数、土地利用冲突响应指数和土地利用冲突综合指数动态变化的 Global Moran's I 为 0.3602、0.1024、0.2790 和 0.2697（表 7-6），除状态指数外，其余均通过 $\alpha=0.05$ 显著性水平检验，表明黔桂喀斯特山区压力指数、响应指数和综合指数等土地利用冲突指数数量变化的区域分布具有较显著的空间集聚特征，即土地利用冲突指数变化快的地区其周边区域变化也快，反之亦然。为了更好地反映土地利用冲突指数变化空间差异的演变特征，把整个时段进一步划分为三个子时段Ⅰ、Ⅱ、Ⅲ。压力指数 Global Moran's I 值由时段Ⅰ的 0.0574 增加至时段Ⅲ的 0.2670，增加了 0.2096，表明黔桂喀斯特山区压力指数数量变化在空间分布上集聚的趋势在增强。响应指数 Global Moran's I 值由时段Ⅰ的 0.2237 增加至时段Ⅲ的 0.2652，增加了 0.0415，表明黔桂喀斯特山区响应指数数量变化在空间分布上集聚的趋势在增强。综合指数 Global Moran's I 值由时段Ⅰ的–0.0069 增加至时段Ⅲ的 0.2192，增加了 0.2261，同样说明黔桂喀斯特山区土地利用冲突综合指数数量变化在空间分布上集聚的趋势在增强，这是由于在城市工业化和城镇化进程中，主要以经济发展位居前列的贵阳、南宁等市为中心，用地需求增长和人口增长的同时，粮食需求随之增长，因此土地利用冲突综合指数数量变化在空间分布上集聚的趋势在增强。

表 7-6　黔桂喀斯特山区县域土地利用冲突指数动态变化的 Global Moran's I 值

土地利用冲突指数类型	时段	时期	Global Moran's I 指数（I）	Global Moran's I 指数 $E(I)$	检验统计量 Z_{Score}	阈值（$\alpha=0.05$）
压力指数	时段Ⅰ	1990~2000 年	0.0574	−0.0115	1.9667	1.96
	时段Ⅱ	2001~2010 年	0.1981	−0.0115	2.9321	1.96
	时段Ⅲ	2011~2015 年	0.2670	−0.0115	3.7918	1.96
	时段Ⅳ	1990~2015 年	0.3602	−0.0115	5.1588	1.96

续表

土地利用冲突 指数类型	时段	时期	Global Moran's I 指数（I）	Global Moran's I 指数 E（I）	检验统计量 Z_{Score}	阈值（α = 0.05）
状态指数	时段 I	1990~2000 年	−0.0126	−0.0115	−0.0217	1.96
	时段 II	2001~2010 年	0.0687	−0.0115	1.0915	1.96
	时段III	2011~2015 年	0.0770	−0.0115	1.1997	1.96
	时段IV	1990~2015 年	0.1024	−0.0115	1.5834	1.96
响应指数	时段 I	1990~2000 年	0.2237	−0.0115	3.3216	1.96
	时段 II	2001~2010 年	0.2977	−0.0115	4.2826	1.96
	时段III	2011~2015 年	0.2652	−0.0115	3.1618	1.96
	时段IV	1990~2015 年	0.2790	−0.0115	3.9848	1.96
综合指数	时段 I	1990~2000 年	−0.0069	−0.0115	2.0791	1.96
	时段 II	2001~2010 年	0.2227	−0.0115	3.3472	1.96
	时段III	2011~2015 年	0.2192	−0.0115	3.2116	1.96
	时段IV	1990~2015 年	0.2697	−0.0115	3.8585	1.96

3）土地利用冲突指数的局部空间变化

为分析黔桂喀斯特山区县域土地利用冲突指数变化的空间分异特征，对 1990~2000 年、2001~2010 年、2011~2015 年三个时段县域土地利用冲突指数变化的 Getis-Ord G_i^* 进行运算并进行可视化表达，采用自然断点法将三个时段县域四个指数变化量的局域 G_i^* 划分为热点区域、次热区域、过渡区域、次冷区域和冷点区域 5 种类型。

从黔桂喀斯特山区土地利用冲突压力指数变化的冷、热点区演化变迁来看（图 7-30），热点区由黔桂峰丛洼地山区向黔桂中心城市及其周边迁移，表明黔桂峰丛洼地山区土地系统压力有所缓解，而贵阳、南宁及其周边区域土地系统开发利用压力增强。从时间格局看，1990~2000 年土地系统压力指数变化量的热点区主要集中连片分布在黔桂交界的黔南、黔西南、百色、河池所辖县域的岩溶峰丛洼地山区，人多地少，该区土地系统压力增加快；2001~2010 年，随着西部大开发等区域均衡发展政策的实施，黔桂喀斯特山区城镇化、工业化加快，贵阳、南宁及其周边区域经济社会快速发展对农牧产品需求增大，成为土地系统压力指数变化的热点区，而黔南、桂北峰丛洼地等偏远山区转变为土地系统压力指数变化的冷点区域，这可能与域外城镇化吸引山区人口外迁有关，有利于偏远山区生态恢复[27]；2011~2015 年，热点区进一步迁移至黔东南、黔南、黔西南峰丛洼地区，冷点区逐渐向南宁、百色、河池周边区域集聚，土地系统压力指数变化量呈"北热南冷"的空间格局特征，这可能受黔桂两省区经济发展影响较大，黔东南、黔南、黔西南经济发展快速，土地资源有限，土地系统压力上升显著，南宁、河池、百色周边区域可能受土地可持续利用水平提高等因素影响，土地系统压力有所缓解。

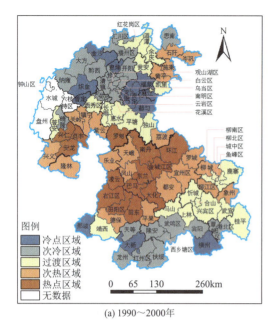

(a) 1990～2000年

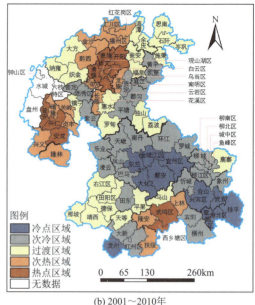

(b) 2001～2010年

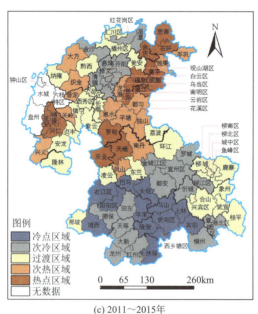

(c) 2011～2015年

图 7-30　黔桂喀斯特山区土地利用冲突压力指数变化的冷、热点区演化

　　从黔桂喀斯特山区土地利用冲突状态指数变化的冷、热点区演化变迁来看（图 7-31），热点区趋于分散，冷点区趋于集中。具体来说，1990～2000 年土地系统状态指数变化量的热点区主要分布在广西的南宁、贵港及贵州的黔东南、黔南等所辖县域；2001～2010 年，土地系统状态指数变化的热点区主要分布在广西的柳州、崇左及贵州遵义、毕节等县域，而土地系统状态指数变化量的冷点区主要分布在广西的河池、百色及贵州的黔西南所辖县域，空间分布范围较为集聚，主要位于黔桂交界地区。2011～2015 年，土地系统状态指

数变化的热点区主要分布在贵阳周边区域及南宁—百色—河池经济带部分县域,土地系统状态指数变化量的冷点区主要分布在广西柳州、崇左及贵州毕节、黔西南所辖县域。

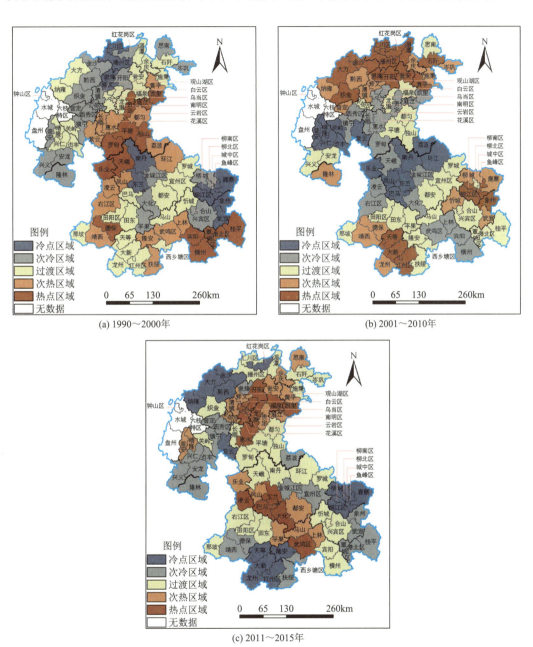

(a) 1990～2000年

(b) 2001～2010年

(c) 2011～2015年

图 7-31 黔桂喀斯特山区土地利用冲突状态指数变化的冷、热点区演化

从黔桂喀斯特山区土地利用冲突响应指数变化的冷、热点区演化变迁来看（图 7-32），冷热点区均趋于集中。具体来说，1990～2000 年土地系统响应指数变化量的热点区、次热区主要分布在贵州黔南、黔东南、黔西南、贵阳、遵义等部分县域，广西柳州有少量县

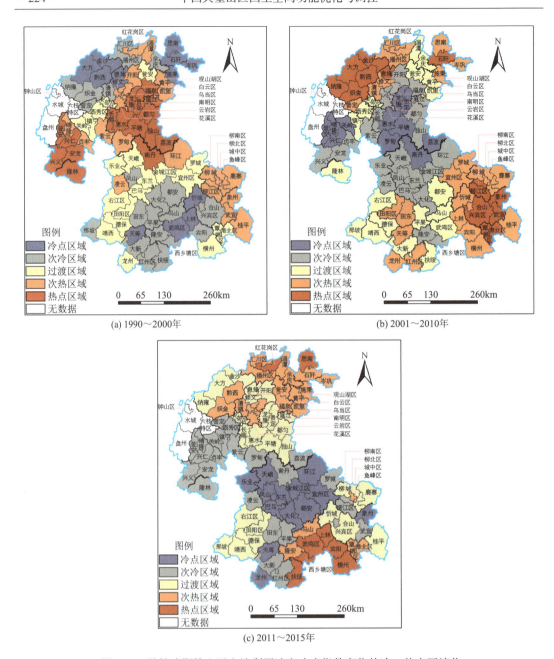

(a) 1990~2000年

(b) 2001~2010年

(c) 2011~2015年

图 7-32　黔桂喀斯特山区土地利用冲突响应指数变化的冷、热点区演化

域分布，反映了该区土地生态保护形势不容乐观，土地系统可持续利用措施仍有待加强；
2001~2010 年，土地系统响应指数变化的热点区、次热区分布范围大幅缩小，主要分布
在贵州毕节、广西柳州所辖县域，表明黔桂喀斯特山区土地系统生态保护压力有所缓解，
土地可持续利用水平提高，而冷点区、次冷区域主要分布在黔桂交界地区，说明峰丛洼地
区的生态保护、土地保育水平提高，土地可持续利用性加强；2011~2015 年，土地系统
响应指数变化的热点区、次热区逐渐迁移至南宁市及贵州遵义、铜仁周边区域，冷点区、

次冷区域持续向黔桂两省区交界的峰丛洼地区集聚，且冷点区分布范围扩大，表明黔桂峰丛洼地区的土地可持续利用水平有所提高。

总之，从黔桂喀斯特山区土地利用冲突综合指数变化的冷、热点区演化变迁来看（图 7-33），热点区、次热区进一步迁移到以贵阳市为龙头的黔中城市群、黔西南州、南宁市及其周边区域，冷点区、次冷区连片分布于黔桂峰丛洼地山区及其周边广大区域。具

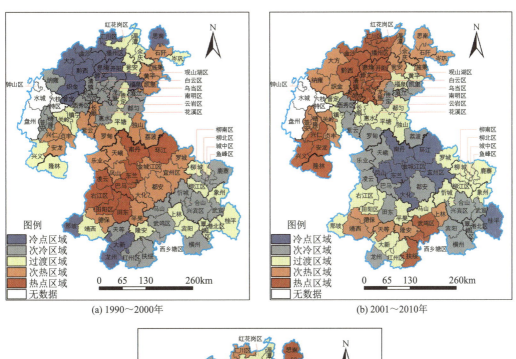

(a) 1990～2000年　　　　　　　　　　　(b) 2001～2010年

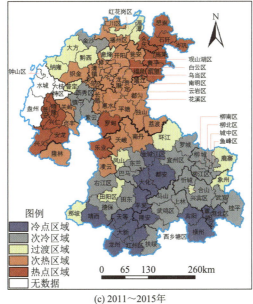

(c) 2011～2015年

图 7-33　黔桂喀斯特山区土地利用冲突综合指数变化的冷、热点区演化

体来看，1990~2000 年土地系统综合指数变化量的热点区分散在贵州西南部、黔桂交界、广西百色、河池等所辖区域；2001~2010 年，随着黔桂城镇化、工业化进程进入加速阶段，黔中城市群、南宁及其周边区域经济社会快速发展对土地资源需求急剧增加，是土地系统综合指数变化的热点区；2011~2015 年，土地系统综合指数变化的热点区逐渐向贵州县域集聚，主要分布在黔西南、黔东南及黔南范围，桂北地区有少量县域分布；土地系统综合指数变化的冷点区和次冷区从分散分布于黔桂两省区转变为集中连片分布于黔桂交界峰丛洼地山区、河池市及其周边县城、百色市及其所辖区域等，原因可能是区域经济发展速度相对滞后、建设用地需求相对不足。

7.4　水土资源多功能权衡

7.4.1　功能权衡表现形式与方法

1. 权衡的表现形式

为促进山区水土资源高效利用与生态系统多种功能协同提升，需开展山区生态系统服务权衡的时空分异研究。生态系统服务是指人类从生态系统获得的各种惠益，包括生态系统的供给、调节、支持和文化景观等多种服务，学界对多尺度时空范围生态系统服务类型及其价值评估理论与方法开展了大量案例研究，但多种生态系统服务权衡与协同关系研究仍然比较薄弱，对生态系统服务权衡与协同关系的忽视可能造成区域生态系统服务总值的下降，更有甚者影响区域生态系统的结构和功能的稳定性和持续性。因此，加强区域多种生态系统服务间权衡与协同的研究，对实现区域生态系统综合效益最大化具有一定的理论意义，同时也将促进区域生态系统服务有效管理和可持续供给实践。协同是指多种生态系统服务间彼此增益的促进关系；而权衡是指多种生态系统服务间此消彼长的约束关系。

2. 权衡研究方法

1）生态系统服务价值量测评

（1）净初级生产力价值量。

净初级生产力（net primary productivity，NPP）是指陆地表层绿色植物通过光合作用在单位时间和单位面积上能够生产的有机干物质且扣除自养呼吸消耗后的总量，反映植被对水土等资源环境的利用能力[8, 9]。其单位为 g C/(m²·a)。

采用标煤法模型测定 NPP 价值量，即把 NPP 物质量转换为价值量[10]。计算公式如下：

$$V_{\text{NPP}} = \frac{AQ_1}{BQ_2} \times C \tag{7.12}$$

式中，V_{NPP} 为 NPP 的价值量，元；A 为 NPP 的物质量，tC/(hm²·a)；B 为标准煤系数，取值 1；Q_1 为 NPP 的物质量折合的热量值，6.7kJ/g；Q_2 为标准煤产生的热量值，10kJ/g；C 为单位标准煤价格。

（2）水文调节价值量。

山区水文调节功能体现在生态系统水源涵养和保水服务，水源涵养量与降水量、蒸散发、地表径流量和植被覆盖类型等因素有关。因此，采用水量平衡法计算区域水源涵养量和表征水文调节功能大小。水量平衡法是将区域生态系统视为一个整体，从水量平衡的角度，计算水量的各类输入量和输出量。水文调节物质量即水源涵养量为区域降水量减去地表径流量和蒸散发等消耗量[11]。计算公式如下：

$$TQ = \sum_{i=1}^{j} (P_i - R_i - ET_i) \times M_i \tag{7.13}$$

式中，TQ 为区域总水源涵养量，m^3；P_i 为降水量，mm；R_i 为地表径流量，mm；ET_i 为蒸散发，mm；M_i 为第 i 类土地利用类型或生态系统的面积；i 为第 i 类土地利用类型或生态系统；j 为区域土地利用类型或生态系统类型数量。地表径流量 R_i 是地表径流系数乘以降水量之积，太行山区、横断山区和黔桂喀斯特山区地表径流系数通过查阅已有文献资料[12-17]取每种土地利用类型或生态系统地表径流实测数据。

采用工程替代法计算保水服务价值量[18]，公式如下：

$$V_{tq} = \frac{TQ}{Q_g} \times V_g \times L \tag{7.14}$$

式中，V_{tq} 为保水服务价值量；TQ 为区域总水源涵养量，m^3；Q_g 为替代生态系统的水利工程蓄水量；V_g 为 Q_g 水利工程的造价；L 为发展阶段系数。

（3）农产品供给价值量。

农产品供给是生态系统服务中一种重要的类型，也是支撑人类社会可持续发展的物质基础[19]。采用空间化的土地利用数据，结合经济社会统计年鉴数据，计算三大山区耕地、草地等各类土地产出的农产品供给价值量。农产品供给价值量计算公式如下：

$$G_i = M_i \times N_i \tag{7.15}$$

式中，G_i 为区域单个栅格土地供给的农产品 i 的总产值，元；M_i 为生产农产品 i 的土地面积，km^2；N_i 为农产品 i 的地均产值，元/km^2。N_i 计算公式如下：

$$N_i = \frac{F_i}{S_i} \tag{7.16}$$

式中，F_i 为区域生产农产品 i 的总产值，元；S_i 为区域生产农产品 i 的土地总面积，km^2，即生产农产品 i 的各类土地利用类型面积。

2）生态系统服务变化趋势分析

采用线性回归分析方法，逐栅格计算 1990~2015 年三大山区各类生态系统服务变化趋势图，趋势斜率表征各类生态系统服务变化方向和速率[20, 21]，公式为

$$\theta = \frac{\sum_{i=1}^{N} x_i t_i - \frac{1}{N} \sum_{i=1}^{N} x_i \sum_{i=1}^{N} t_i}{\sum_{i=1}^{N} t_i^2 - \frac{1}{N} \left(\sum_{i=1}^{N} t_i \right)} \tag{7.17}$$

式中，θ 为回归趋势斜率；x_i 为年份 i 的各类生态系统服务值；t_i 为年份。若变化趋势栅格图中 $\theta > 0$，说明研究期间生态系统服务呈增加趋势，反之为减少趋势。

采用 F 检验法检验各类生态系统服务变化趋势的显著性。F 检验公式为

$$F = \frac{\sum_{i=1}^{N}(\hat{x}_i - \bar{x})^2}{\sum_{i=1}^{N}(x_i - \hat{x}_i)/(N-2)} \quad (7.18)$$

式中，$\hat{x}_i$ 为第 i 年生态系统服务的回归值；$\bar{x}$ 为多年生态系统服务的平均值；x_i 为第 i 年生态系统服务的实际值。采用 IDL 编程实现 F 值计算，分为 3 个等级：极显著变化（$F<0.01$）、显著变化（$0.01 \leq F \leq 0.05$）、变化不显著（$F>0.05$）。

3）权衡与协同关系的分析方法

采用相关分析方法探讨基于像元的典型山区不同生态系统服务之间权衡和协同关系，分析 NPP 与水文调节价值量、NPP 与农产品供给价值量之间的相关系数。相关系数为[22]

$$R_{xy} = \frac{\sum_{i=1}^{N}(x_i - \bar{x})(y_i - \bar{y})}{\sqrt{\sum_{i=1}^{N}(x_i - \bar{x})^2 \sum_{i=1}^{N}(y_i - \bar{y})^2}} \quad (7.19)$$

式中，R_{xy} 为变量 x、y 的相关系数；x_i、y_i 为两变量第 i 年值；$\bar{x}$、$\bar{y}$ 为两变量多年均值；N 为年数。

7.4.2 典型山区现状多功能权衡分析

1. 典型山区生态系统服务价值的变化态势

根据上述公式，获得 1990 年、2000 年、2010 年和 2015 年四个研究时间点太行山区、横断山区和黔桂喀斯特山区 NPP 价值量、水文调节价值量和农产品供给价值量。同时，依据式（7.17）计算出三大山区生态系统服务价值变化趋势图（图 7-34）。从 1990~2015 年三大山区 NPP 价值量的变化趋势来看［图 7-34（a）~（c）］，三大山区 NPP 价值量均呈现不同程度的增加趋势，但增加速率的空间差异较大。其中，黔桂喀斯特山区峰丛洼地区、横断山区云南高原、太行山区西南部地区 NPP 价值量增长最为迅速，而黔桂喀斯特山区黔中城市群、广西丘陵区耕地分布较多区域、太行山区北段 NPP 价值量增长较为缓慢。从 1990~2015 年三大山区水文调节价值量的变化趋势来看［图 7-34（d）~（f）］，三大山区水文调节价值量也呈增加趋势，增加较大的区域有黔桂喀斯特山区峰丛洼地区和广西丘陵区、横断山区大小凉山等中部地区以及太行山区东南部低山丘陵区。从 1990~2015 年三大山区农产品供给价值量的变化趋势来看［图 7-34（g）~（i）］，黔桂喀斯特山区和横断山区农产品供给价值量均呈增加态势，其中，广西北部岩溶山区、横断山区北部山区农产品供给价值量增长最为迅速；而太行山区农产品供给价值量呈减少态势，以城镇化、工业化水平较高的太行山前低山丘陵区和盆地区较为突出，但太行山

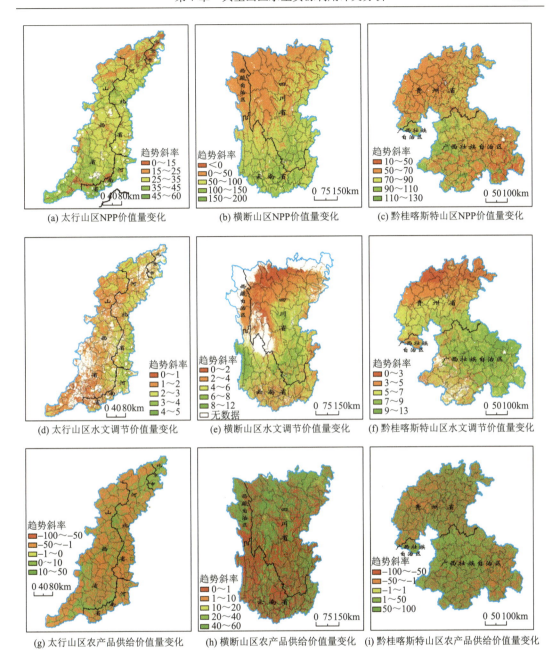

(a) 太行山区NPP价值量变化　(b) 横断山区NPP价值量变化　(c) 黔桂喀斯特山区NPP价值量变化

(d) 太行山区水文调节价值量变化　(e) 横断山区水文调节价值量变化　(f) 黔桂喀斯特山区水文调节价值量变化

(g) 太行山区农产品供给价值量变化　(h) 横断山区农产品供给价值量变化　(i) 黔桂喀斯特山区农产品供给价值量变化

图 7-34　1990～2015 年典型山区生态系统服务价值变化趋势

区北段北京西部山区、中段和南部部分山区农产品供给量呈增加趋势。采用 F 检验法检验上述三类生态系统服务变化的显著性发现，三大山区大部分地区 NPP 价值量、水文调节价值量和农产品供给价值量变化都未达到显著水平，少数地区 NPP 价值量、水文调节价值量和农产品供给价值量变化达到极显著或显著变化，如横断山区北部部分地区 NPP 价值量显著升高，黔桂喀斯特山区贵州高原部分地区、广西西部、黔桂交界峰丛洼地区、太行山区北京、河北部分县区水文调节价值量极显著升高，三大山区农产品供给价值量显著变化的区域零星分布，表明三大山区农业生产服务相对下降，NPP 和水文调节等支持和调节服务提升更为显著。

2. 典型山区生态系统服务权衡与协同关系

为分析三大山区 1990～2015 年生态系统服务权衡与协同关系，首先计算了 1990～2015 年 NPP 价值量、水文调节价值量和农产品供给价值量的多年平均值。再根据式(7.19)，采用 ArcGIS 空间分析模块计算三大山区 NPP 价值量与水文调节价值量、NPP 价值量与农产品供给价值量之间的相关系数（表 7-7）。

表 7-7　1990～2015 年典型山区三种生态系统服务价值量均值的相关系数

山区名称	生态服务类型	NPP 价值量	水文调节价值量	农产品供给价值量
太行山区	NPP 价值量	1	0.19587[**]	−0.19029[**]
	水文调节价值量		1	−0.0767[**]
	农产品供给价值量			1
横断山区	NPP 价值量	1	0.28832[**]	−0.34052[**]
	水文调节价值量		1	−0.13174[**]
	农产品供给价值量			1
黔桂喀斯特山区	NPP 价值量	1	0.15125[**]	−0.28456[**]
	水文调节价值量		1	−0.04425[**]
	农产品供给价值量			1

注：** 表示在 0.01 水平（双侧）上显著相关。

从表 7-7 可以发现：三大山区 NPP 价值量与水文调节价值量两种支持和调节服务之间都存在正相关关系，且均通过显著性检验，表明三大山区 NPP 与水文调节两种服务间存在彼此增益的协同关系；三大山区 NPP 价值量、水文调节价值量均与农产品供给价值量存在显著负相关关系，意味着三大山区 NPP、水文调节服务与农产品供给服务存在此消彼长的权衡关系。从三大山区生态系统服务权衡与协同关系的差异看，横断山区 NPP 与水文调节服务协同关系最强，黔桂喀斯特山区 NPP 与水文调节服务协同关系最弱；横断山区 NPP、水文调节服务与农产品供给服务之间权衡关系最强。

3. 典型山区生态系统服务权衡与协同的时间变化

为判断三大山区生态系统服务权衡与协同关系强弱程度的动态变化趋势和空间差异，采用 ArcGIS 空间分析模块计算 1990 年、2000 年、2010 年、2015 年 4 个时间节点 NPP 与水文调节、NPP 与农产品供给服务间的相关系数，均通过显著性检验，标准差能反映一组数据集的离散程度（表 7-8），线性回归的斜率反映了变化的趋势和速率（图 7-35）。

表 7-8　1990～2015 年典型山区三种生态系统服务相关系数的统计结果

相关系数	山区名称	1990 年	2000 年	2010 年	2015 年	最小值	最大值	标准差
NPP 与水文调节	太行山区	0.24	0.05	0.14	0.11	0.05	0.24	0.08
	横断山区	0.37	0.34	0.23	0.28	0.23	0.37	0.06
	黔桂喀斯特山区	0.01	0.28	0.16	0.25	0.01	0.28	0.12
NPP 与农产品供给	太行山区	−0.13	−0.13	−0.21	−0.18	−0.21	−0.13	0.04
	横断山区	−0.28	−0.28	−0.29	−0.30	−0.30	−0.28	0.01
	黔桂喀斯特山区	−0.26	−0.26	−0.22	−0.18	−0.26	−0.18	0.04

从 1990～2015 年三大山区 NPP 与水文调节服务相关系数的标准差来看（表 7-8），黔桂喀斯特山区相关系数标准差最大，太行山区相关系数标准差居于第二位，横断山区相关系数标准差最小，反映了黔桂喀斯特山区 4 个时间点 NPP 与水文调节服务相关系数离散程度最大，空间协同关系最不稳定。从 1990～2015 年 NPP 与水文调节服务相关系数线性

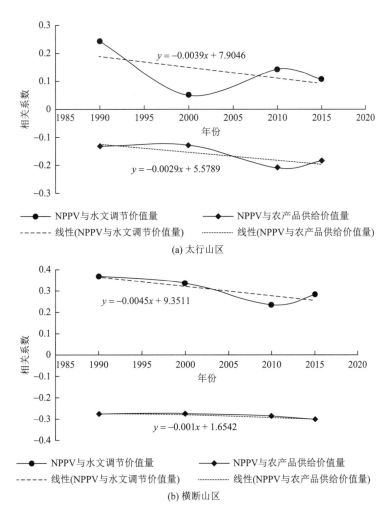

(a) 太行山区

(b) 横断山区

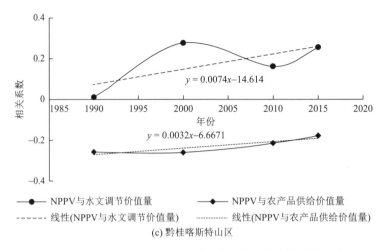

（c）黔桂喀斯特山区

图 7-35　　1990～2015 年典型山区三种生态系统服务相关系数动态变化

回归的变化斜率来看（图 7-35），太行山区、横断山区和黔桂喀斯特山区变化斜率分别为 −0.0039、−0.0045 和 0.0074，表明黔桂喀斯特山区 NPP 与水文调节服务空间协同关系波动变强，而横断山区和太行山区 NPP 与水文调节服务空间协同关系波动变弱，且横断山区变弱的程度更大。

　　从 1990～2015 年三大山区 NPP 与农产品供给服务相关系数的标准差来看（表 7-8），太行山区和黔桂喀斯特山区相关系数标准差最大，均为 0.04，横断山区相关系数标准差最小，反映了太行山区和黔桂喀斯特山区 4 个时间点 NPP 与农产品供给服务相关系数离散程度最大，空间协同关系最不稳定；从 1990～2015 年 NPP 与农产品供给服务相关系数线性回归的变化斜率来看（图 7-35），太行山区、横断山区和黔桂喀斯特山区变化斜率分别为−0.0029、−0.001 和 0.0032，表明黔桂喀斯特山区 NPP 与农产品供给服务空间权衡关系波动变弱，而横断山区和太行山区 NPP 与农产品供给服务空间权衡关系波动变强，且太行山区变强的程度更大。

　　4. 典型山区生态系统服务权衡与协同的空间分异

　　1）NPP 与水文调节服务协同的空间分异

　　采用 ArcGIS 空间分析模块，计算了基于像元的 1990～2015 年三大山区 NPP 与水文调节服务、NPP 与农产品供给服务之间权衡与协同关系的空间分异特征，各像元相关系数反映了其权衡与协同关系的强弱状况。

　　1990～2015 年三大山区 NPP 与水文调节服务总体呈现彼此增益的空间协同关系，但各山地内部两者间的协同关系存在较大空间差异（图 7-36）。其中，太行山区 NPP 与水文调节服务彼此增益的协同关系在太行山南段和北段北京、河北部分区域较强，在太行山中段较弱，该区域受到区域经济发展与京津冀生态服务需求的双重压力，人地矛盾仍然较为突出，煤炭等矿产资源开采破坏了区域植被，水源涵养能力进一步降低，导致 NPP 与水文调节服务协同关系弱［图 7-36（a）］。横断山区 NPP 与水文调节服务彼此增益的协同关系在横断山区西北部、云南高原中东部较强，而在横断山区大小凉山等中部区域较弱，该区是横断山区人地矛盾较为突出，地形起伏大、气候温凉，坡耕地较多且土地单产较低，垦殖活动影响植被恢复，坡地保水能力差导致 NPP 与水文调节协同程度低［图 7-36（b）］。黔桂喀斯特山区 NPP 与水文调节服务彼此增益的协同关系在贵州高原中南部、广西丘陵东南部较强，而贵州高原西部和广西西北部 NPP 与水文调节服务协同关系较弱，后者石漠化分布较广，也是乌蒙山、滇桂黔石漠化集中地区，受喀斯特山区土壤贫瘠的影响，植被 NPP 增长缓慢且不显著，保水功能增长同样缓慢，因此该区 NPP 与水文调节服务协同关系较弱［图 7-36（c）］。

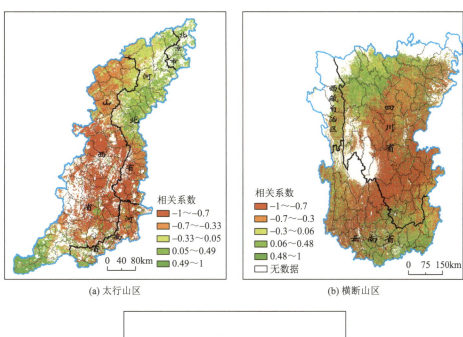

(a) 太行山区　　　　　　　　　　　　(b) 横断山区

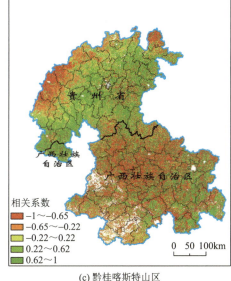

(c) 黔桂喀斯特山区

图 7-36　1990～2015 年典型山区 NPP 与水文调节服务协同关系的空间差异

2) NPP 与农产品供给服务权衡的空间分异

1990～2015 年三大山区 NPP 与农产品供给服务总体呈现彼此增益的空间权衡关系，但各山地内部两者间的权衡关系同样存在较大空间分异特征（图 7-37）。其中，太行山区 NPP 与农产品供给服务权衡关系在太行山北段山西、河北部分区域较强，该区域受到区域农业发展与生态保护的双重压力，农业生产过程中环境问题仍然较为突出。在京津冀协同发展的背景下，NPP 与农产品供给服务权衡关系强度仍然保持较高状态［图 7-37（a）］。横断山区 NPP 与农产品供给服务权衡关系在横断山区东北部、大小凉山等部分区域较强，该区是横断山区，垦殖率较高，自然生态仍然受到土地开发的影响，农业生产活动与 NPP 此消彼长权衡关系突出［图 7-37（b）］。黔桂喀斯特山区 NPP 与农产品供给服务

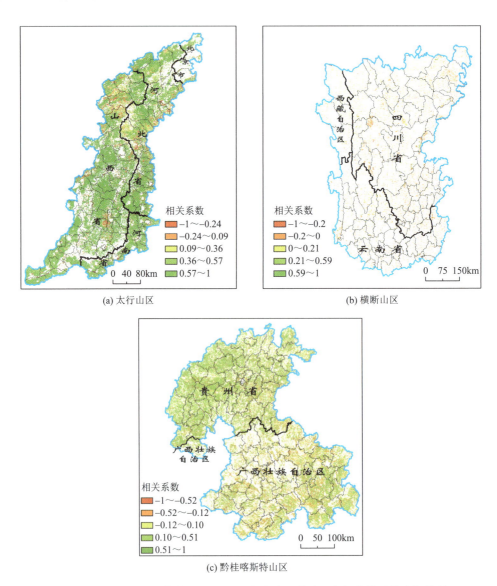

(a) 太行山区　　　　　　　　　　　　　　　(b) 横断山区

(c) 黔桂喀斯特山区

图 7-37　1990～2015 年典型山区 NPP 与农产品供给服务权衡关系的空间差异

此消彼长的权衡关系在贵州南部峰丛洼地山区、广西西北部喀斯特山区较强，而贵州高原中西部和广西东南部等地势平坦区域 NPP 与农产品供给服务协同关系较弱，前者石漠化分布较广，地表崎岖、坡耕地多，也是贫困面很广、程度很深的山区，土地开发活动频繁，生态环境极端脆弱，NPP 与农产品供给服务此消彼长的权衡关系尤为突出 [图 7-37（c）]。

　　总而言之，三大山区农产品供给服务相对下降，NPP 和水文调节等支持和调节服务提升更为显著；三大山区 NPP 与水文调节服务存在彼此增益的协同关系，黔桂喀斯特山区协同关系增强，而横断山区和太行山区变弱，且前者变弱的程度更大；三大山区 NPP、水文调节服务与农产品供给服务存在此消彼长的权衡关系，其中黔桂喀斯特山区 NPP 与农产品供给服务权衡关系变弱，而横断山区和太行山区权衡关系增强，且后者变强的程度更大；三大山区生态系统服务权衡与协同关系存在显著的空间分异。

参 考 文 献

[1]　杨永芳，安乾，朱连奇. 基于 PSR 模型的农区土地利用冲突强度的诊断[J]. 地理科学进展，2012，31（11）：1552-1560.

[2]　周炳中，杨浩，包浩生，等. PSR 模型及在土地可持续利用评价中的应用[J]. 自然资源学报，2002，17（5）：541-548.

[3]　姚予龙. 基于 PSR 模型的我国资源安全演化轨迹模拟与成因分析[J]. 中国农业资源与区划，2010，31（6）：37-43.

[4]　庄大方，刘纪远. 中国土地利用程度的区域分异模型研究[J]. 自然资源学报，1997，12（2）：105-111.

[5]　Zhao Y，Li X. Spatial correlation between type of mountain area and land use degree in Guizhou Province，China[J]. Sustainability，2016，8（9）：849.

[6]　王铮，吴静. 计算地理学[M]. 北京：科学出版社，2011.

[7]　Cressie N，Kang E L. Hot enough for you? A spatial exploratory and inferential analysis of North American climate-change projections[J]. Mathematical Geosciences，2016，48（2）：107-121.

[8]　孙艺杰，任志远，赵胜男，等. 陕西河谷盆地生态系统服务协同与权衡时空差异分析[J]. 地理学报，2017，72（3）：521-532.

[9]　陶波，李克让，邵雪梅，等. 中国陆地净初级生产力时空特征模拟[J]. 地理学报，2003，58（3）：372-380.

[10]　任志远，刘焱序. 西北地区植被净初级生产力估算模型对比与其生态价值评价[J]. 中国生态农业学报，2013，21（4）：494-502.

[11]　龚诗涵，肖洋，郑华，等. 中国生态系统水源涵养空间特征及其影响因素[J]. 生态学报，2017，37（7）：2455-2462.

[12]　陈洪松，杨静，傅伟，等. 桂西北喀斯特峰丛不同土地利用方式坡面产流产沙特征[J]. 农业工程学报，2012，28（16）：121-126.

[13]　彭韬，王世杰，张信宝，等. 喀斯特坡地地表径流系数监测初报[J]. 地球与环境，2008，36（2）：125-129.

[14]　张喜，薛建辉，许效天，等. 黔中喀斯特山地不同森林类型的地表径流及影响因素[J]. 热带亚热带植物学报，2007，15（6）：527-537.

[15]　肖登攀，杨永辉，韩淑敏，等. 太行山花岗片麻岩区坡面产流的影响因素分析[J]. 水土保持通报，2010，30（2）：114-118.

[16]　顾新庆，张金香. 太行山片麻岩低山区水土流失规律研究[J]. 林业工程学报，2005，19（4）：29-32.

[17]　文明菊. 云南坡耕地治理水土保持监测方法探索研究[J]. 水资源研究，2017，6（2）：187-195.

[18]　李金昌. 生态价值论[M]. 重庆：重庆大学出版社，1999.

[19]　张义升. 基于 Logistic 模型的食物供给情况模拟分析[D]. 泰安：山东农业大学，2014.

[20]　李晓荣，高会，韩立朴，等. 太行山区植被 NPP 时空变化特征及其驱动力分析[J]. 中国生态农业学报，2017，25（4）：498-508.

[21]　吴珊珊，姚治君，姜丽光，等. 基于 MODIS 的长江源植被 NPP 时空变化特征及其水文效应[J]. 自然资源学报，2016，31（1）：39-51.

[22]　穆少杰，李建龙，周伟，等. 2001～2010 年内蒙古植被净初级生产力的时空格局及其与气候的关系[J]. 生态学报，2013，33（12）：3752-3764.

第8章 典型山区国土空间功能优化的实证

8.1 山区国土空间功能优化的目的与路径

山区国土空间是生态服务富集地，拥有绝对数量的自然保护地和生物多样性热点区。同时，在中低山和丘陵区分布有大量的村镇，全国有山区县 1651 个，占全国县的 57.93%，山区县面积占陆地面积的 72%，在人类活动强度不断加强的趋势下，人-山系统存在诸多矛盾，凸显保护与发展调控的复杂性。

根据国家生态文明建设的战略目标，深度考虑美丽中国建设和国家的可持续发展，山区国土空间功能优化的目的是：全面把握山区国土空间的重要性和关键性，统筹山地和平原国土空间功能的依存关系，从国家生态安全、空间效率、经济社会可持续发展层面，优化山区"三生空间"功能关系与科学布局，达到结构合理、效率从优、内外协调、空间有序、机制完善，真正建立山区经济社会可持续发展的系统和治理体系，全面迈向国土空间高质量发展的新时代。

山区国土空间功能优化的路径：一是科学把握山区国土空间特性；二是坚持生态文明建设的主线；三是守住"三线三区"的底线；四是坚定建设美丽中国的导向；五是坚定国土空间高质量发展的定位；六是依据"双评价"准则；七是秉持因地制宜哲理；八是依靠有效政策工具。

8.2 典型山区国土空间功能价值核算

8.2.1 国土空间功能价值核算概念

国土空间功能价值是国土空间服务功能的货币化表现，是表征国土空间功能重要性的定量化指标。国土空间同时具有生态功能、生产功能和生活功能，其中生态功能是国土空间在生态系统支撑下，为满足人类社会的需求所要承担的功能。生态功能是国土空间生产功能、生活功能得以维持与稳定的基础；生产功能与生活功能主要包含了国土空间第一、二性的生产功能，土地的仓储功能与承载功能，是人类有形的消费功能，是人类生产和发展的基础，也是在生态环境支撑下的土地系统最重要的功能[1]。生态调节服务和生态支持服务属于生态空间功能范畴。由于国土空间具有多功能性和功能复合性，一处空间往往具有多种服务，而各服务之间可能会以重叠和交叉的形式呈现[2]。因此，国土空间功能价值也是复合的、重叠的和交叉的。

目前，国内外学者对生态系统服务价值的研究已渐趋成熟，并提出了众多生态系统服务价值的测算方法。在国内，谢高地等[3]通过对中国 700 位具有生态学背景的专业人员进行问卷调查,得出了生态系统服务评估单价体系,这一评估体系在国内得到广泛应用。2015 年,谢高地等[4, 5]将原生态系统服务评估单价体系进行了修订,提出了新的单位面积生态系统服务价值当量表,该当量表包括 11 类生态系统服务的单位面积价值当量。欧阳志云等[6]通过"全国生态环境十年(2000~2010 年)变化遥感调查评估"项目系统性评估了中国生态系统提供食物生产、土壤保持、水源涵养、防风固沙、生物多样性、碳固定 6 种功能的空间分布,为我国的生态补偿、生态功能区划、生态红线等国家尺度生态保护政策的设计和实施提供了充分的科学依据。

8.2.2　国土空间功能价值核算

通过借鉴谢高地、欧阳志云、方创琳、刘文平等在生态系统服务与国土空间功能服务领域的研究成果,以太行山区、横断山区、黔桂喀斯特山区的生态系统服务测算成果为基础,核算三大典型山区的国土空间功能价值。太行山区、横断山区、黔桂喀斯特山区的国土空间功能价值当量见表 8-1~表 8-3,表中数据为国土空间功能价值的当量因子,即一个标准单位国土空间功能价值当量因子的价值量等于一个标准单位生态系统服务价值当量因子的价值量,具体指 $1hm^2$ 全国平均产量的农田每年自然粮食产量的经济价值[5]。

表 8-1　太行山区国土空间功能价值当量表

土地利用分类		生产空间	生活空间	生态空间	合计
一级分类	二级分类	合计	合计	合计	
耕地	水田	−1.72	0.31	4.39	2.98
	旱地	0.78	0.49	1.85	3.12
林地	有林地	1.27	1.05	19.56	21.88
	灌木林地	0.82	0.67	13.38	14.87
	疏林地	0.84	0.69	12.91	14.44
	其他林地	0.72	0.60	11.15	12.47
草地	高覆盖度草地	1.09	0.95	15.48	17.52
	中覆盖度草地	1.00	0.87	14.18	16.05
	低覆盖度草地	0.91	0.79	12.87	14.57
水域	河渠	9.32	1.89	114.40	125.61
	湖泊	9.32	1.89	114.40	125.61
	水库、坑塘	9.32	1.89	114.40	125.61
	冰川和永久积雪地	2.16	0.91	9.02	12.09
	海涂	0.14	6.39	26.40	32.93
	滩地	0.14	0.02	26.40	26.56
建设用地	城镇用地	366.78	2125.55	−18.35	2473.98
	农村居民点用地	17.06	257.94	2.42	277.42
	工交建设用地	423.66	383.18	−24.47	782.37

土地利用分类		生产空间	生活空间	生态空间	合计
一级分类	二级分类	合计	合计	合计	
未利用地	沙地	0.07	0.08	1.28	1.43
	戈壁	0.07	0.08	1.28	1.43
	盐碱地	0.07	0.08	1.28	1.43
	沼泽地	3.95	6.39	50.50	60.84
	裸土地	0.00	0.02	0.26	0.28
	裸岩石砾地	0.00	0.02	0.26	0.28
	其他	0.00	0.02	0.26	0.28

表 8-2　横断山区国土空间功能价值当量表

土地利用分类		生产空间	生活空间	生态空间	合计
一级分类	二级分类	合计	合计	合计	
耕地	水田	1.65	0.57	8.34	10.56
	旱地	1.46	0.64	2.36	4.46
林地	有林地	1.50	1.13	26.92	29.55
	灌木林地	1.01	0.75	19.29	21.05
	疏林地	1.31	0.98	23.42	25.71
	其他林地	0.90	0.68	16.15	17.73
草地	高覆盖度草地	1.37	1.05	20.11	22.53
	中覆盖度草地	1.17	0.90	17.27	19.34
	低覆盖度草地	0.86	0.66	12.68	14.20
水域	河渠	13.47	1.89	165.52	180.88
	湖泊	13.47	1.89	165.52	180.88
	水库、坑塘	13.47	1.89	165.52	180.88
	冰川和永久积雪地	3.24	0.91	12.59	16.74
	海涂	0.21	7.10	38.55	45.86
	滩地	0.21	0.02	38.55	38.78
建设用地	城镇用地	508.21	3304.37	−18.35	3794.23
	农村居民点用地	22.50	339.03	2.42	363.95
	工交建设用地	481.20	465.64	−24.47	922.37
未利用地	沙地	0.09	0.08	1.49	1.66
	戈壁	0.09	0.08	1.49	1.66
	盐碱地	0.09	0.08	1.49	1.66
	沼泽地	5.40	7.10	65.54	78.04
	裸土地	0.00	0.02	0.29	0.31
	裸岩石砾地	0.00	0.02	0.29	0.31
	其他	0.00	0.02	0.29	0.31

表 8-3　黔桂喀斯特山区国土空间功能价值当量表

土地利用分类		生产空间	生活空间	生态空间	合计
一级分类	二级分类	合计	合计	合计	
耕地	水田	2.22	1.39	8.78	12.39
	旱地	2.28	1.05	3.19	6.52
林地	有林地	1.39	2.01	23.41	26.81
	灌木林地	0.95	1.38	17.09	19.42
	疏林地	1.14	1.65	19.19	21.98
	其他林地	0.99	1.43	16.62	19.04
草地	高覆盖度草地	1.88	1.44	27.42	30.74
	中覆盖度草地	1.88	1.44	27.42	30.74
	低覆盖度草地	1.88	1.44	27.42	30.74
水域	河渠	13.47	1.89	165.52	180.88
	湖泊	13.47	1.89	165.52	180.88
	水库、坑塘	13.47	1.89	165.52	180.88
	冰川和永久积雪地	3.24	0.91	12.59	16.74
	海涂	0.47	7.10	41.36	48.93
	滩地	0.47	0.02	41.36	41.85
建设用地	城镇用地	345.39	2014.01	−18.35	2341.05
	农村居民点用地	12.01	191.14	2.42	205.57
	工交建设用地	255.43	232.22	−24.47	463.18
未利用地	沙地	0.09	0.08	1.49	1.66
	戈壁	0.09	0.08	1.49	1.66
	盐碱地	0.09	0.08	1.49	1.66
	沼泽地	5.40	7.10	65.54	78.04
	裸土地	0.00	0.02	0.29	0.31
	裸岩石砾地	0.00	0.02	0.29	0.31
	其他	0.00	0.02	0.29	0.31

8.2.3　典型山区国土空间功能价值空间特征

1. 太行山区国土空间功能价值

测算表明,太行山区的平均国土空间功能价值密度为 2524.50 万元/(km²·a),提供的国土空间功能总价值密度为 34572.80 万元/(km²·a),人均国土空间功能价值密度为 8.63 万元/(km²·a)。在国土"三生空间"中,生产空间、生活空间、生态空间提供的国土空间功能价值密度分别为 6267.94 万元/(km²·a)、23722.12 万元/(km²·a)、4582.73 万元/(km²·a),分别占国土空间功能总价值密度的 18.13%、68.61%、13.26%，生活空间提供的国土空间功能价值居于绝对主要地位，其空间功能价值构成见图 8-1。

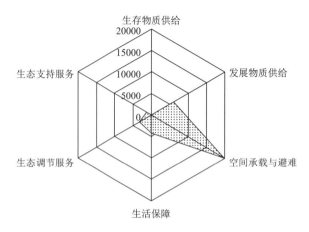

图 8-1　太行山区国土空间功能价值构成图（单位：亿元/a）

1990~2010 年的 20 年，太行山区的国土空间功能价值呈不断上升的态势，1990 年太行山区的国土空间功能总价值密度为 30386.11 万元/(km²·a)，到 2010 年增加到 34572.80 万元/(km²·a)，20 年间增加了 13.78%。按国土"三生空间"统计，生产空间、生活空间的国土空间功能价值增加比例分别为 15.47%、17.52%，而生态空间的国土空间功能价值下降了 3.98%，生产空间、生活空间的拓展压缩了生态空间，并导致生态系统服务价值下降。

国土空间功能价值与土地利用类型密切相关，太行山区国土空间功能价值的高值区主要分布在太行山区山前平原、汾河谷地、上党盆地以及其他山间小盆地区域，这些区域地势平坦，农业与城镇发展条件优越，土地利用强度高，国土空间功能价值密度大。

随着地形起伏度增加，国土空间功能价值密度显著下降，丘陵的国土空间功能价值密度约为平原的 1/3，山地的国土空间功能价值密度约为丘陵的 1/3。从 1990~2010 年 20 年来国土空间功能价值密度的动态变化情况来看，台地的国土空间功能价值密度增加最快，这显示出随着城镇的快速发展，平原城镇化的空间向台地、丘陵区域拓展（表 8-4）。此外，海拔、坡度与国土空间功能价值也有一定的相关性（表 8-5 和表 8-6）。

表 8-4　太行山区不同地貌类型的国土空间功能价值密度　　[单位：万元/(km²·a)]

地貌类型	1990 年	2000 年	2010 年	1990~2010 年变化
平原	6820.10	7716.88	7739.60	919.50
台地	5394.71	6323.50	6687.83	1293.12
丘陵	2027.46	2296.41	2359.90	332.44
小起伏山地	892.61	925.19	939.34	46.73
中起伏山地	777.16	783.29	793.88	16.72
大起伏山地	880.17	880.17	880.17	0.00

表 8-5　太行山区不同海拔梯度的国土空间功能价值密度　　[单位：万元/(km²·a)]

海拔/m	1990 年	2000 年	2010 年	1990～2010 年变化
<200	6648.29	7456.56	7341.04	692.75
200～500	2331.76	2680.54	2664.08	332.32
500～1000	2112.95	2415.41	2571.89	458.94
1000～1500	871.83	938.04	968.08	96.25
1500～2000	780.26	816.66	820.56	40.30
2000～2500	814.49	816.65	814.88	0.39

表 8-6　太行山区不同坡度的国土空间功能价值密度　　[单位：万元/(km²·a)]

坡度/(°)	1990 年	2000 年	2010 年	1990～2010 年变化
<3	4989.31	5725.36	5823.68	834.37
3～8	1990.82	2295.67	2334.78	343.96
8～15	1145.97	1240.76	1267.60	121.63
15～25	843.87	876.40	887.14	43.27
25～35	778.18	794.13	801.64	23.46
35～55	746.98	757.20	765.60	18.62
>55	728.97	730.37	734.61	5.64

2. 横断山区国土空间功能价值

测算表明，横断山区的平均国土空间功能价值密度为 874.42 万元/(km²·a)，提供的国土空间功能总价值密度为 39335.05 万元/(km²·a)，人均享受的国土空间功能价值密度为 20.24 万元/(km²·a)。在国土"三生空间"中，生产空间、生活空间、生态空间提供的国土空间功能价值密度分别为 3060.14 万元/(km²·a)、6243.73 万元/(km²·a)、30031.18 万元/(km²·a)，分别占国土空间功能总价值的 7.78%、15.87%、76.35%，生态空间提供的国土空间功能价值居于绝对主要地位，表明生态调节服务是横断山区最重要的国土空间服务功能（图 8-2）。

1990～2010 年的 20 年间，横断山区的国土空间功能价值呈不断上升的态势，1990 年横断山区的国土空间功能总价值密度为 35924.93 万元/(km²·a)，到 2010 年增加到 39335.05 万元/(km²·a)，20 年间增加了 9.49%。按国土"三生空间"统计，生产空间、生活空间、生态空间国土空间功能价值密度增加的比例分别为 29.37%、66.66%、0.73%，生产空间、生活空间的国土空间功能价值快速增加，生态空间的国土空间功能价值则基本保持稳定。1990～2010 年 20 年来，横断山区生活空间的国土空间功能价值快速增加，1990 年生活空间的国土空间功能价值密度占总价值密度的 10.43%，到 2010 年该比例增长到 15.87%，而同期生态空间的国土空间功能价值密度由 82.99%下降到 76.35%。

横断山区的国土空间功能价值随着地形起伏度升高呈现先降低后升高的特点。从平原到小起伏山地国土空间功能价值密度降低主要受国土空间利用与开发强度降低的影响，而

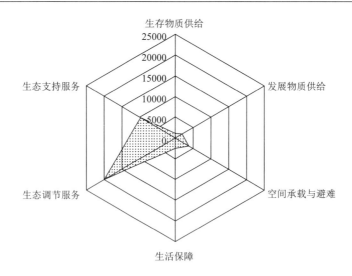

图 8-2　横断山区国土空间功能价值构成图（单位：亿元/a）

从小起伏山地到极大起伏山地国土空间功能价值密度升高主要受生态系统服务功能提升影响。从 1990～2010 年的国土空间功能价值的动态变化来看，地形起伏度越大，国土空间功能价值提升幅度越小，而小起伏山地、中起伏山地的国土空间功能价值提升主要受到该区域生态系统服务功能恢复和提升的影响（表 8-7）。

表 8-7　横断山区不同地貌类型的国土空间功能价值密度　　[单位：万元/(km²·a)]

地貌类型	1990 年	2000 年	2010 年	1990～2010 年变化
平原	1404.80	1404.24	1593.22	188.42
台地	1212.67	1286.16	1484.60	271.93
丘陵	883.24	904.08	1008.83	125.59
小起伏山地	722.66	718.93	747.09	24.43
中起伏山地	747.36	746.57	760.38	13.02
大起伏山地	793.31	791.76	798.80	5.49
极大起伏山地	1006.63	1006.63	1006.63	0.00

横断山区的国土空间功能价值密度随海拔梯度的变化基本保持稳定，海拔超过 3500m 国土空间功能价值密度才开始明显降低。同样，横断山区的国土空间功能价值密度随坡度的变化不大，2010 年坡度<3°范围内的平均国土空间功能价值密度为 1267.60 万元/(km²·a)，而 3°以上区域的平均国土空间功能价值密度相差不大。1990～2010 年的 20 年，坡度<3°范围内国土空间功能价值密度增加幅度最大，3°～8°坡度范围 20 年间国土空间功能价值密度增加了 69.74 万元/(km²·a)，显示出横断山区国土空间开发正从平坡向缓坡、斜坡过渡，也就是说，横断山区国土空间开发的风险不断增加（表 8-8 和表 8-9）。

表 8-8　横断山区不同海拔梯度的国土空间功能价值密度　　[单位：万元/(km²·a)]

海拔/m	1990 年	2000 年	2010 年	1990~2010 年变化
<1000	881.37	896.71	1144.74	263.37
1000~1500	814.41	839.45	953.95	139.54
1500~2000	837.65	819.61	891.46	53.81
2000~2500	800.71	780.92	804.75	4.04
2500~3000	805.49	801.86	818.93	13.44
3000~3500	831.16	842.01	861.63	30.47
3500~4000	798.14	805.20	825.16	27.02
4000~4500	730.61	732.76	743.56	12.95
4500~5000	517.15	523.73	531.40	14.25
>5000	301.81	305.85	326.55	24.74

表 8-9　横断山区不同坡度的国土空间功能价值密度　　[单位：万元/(km²·a)]

坡度/(°)	1990 年	2000 年	2010 年	1990~2010 年变化
<3	1115.83	1142.37	1267.60	151.77
3~8	738.82	744.78	808.56	69.74
8~15	704.14	701.75	738.39	34.25
15~25	718.77	716.77	737.28	18.51
25~35	748.23	746.21	760.58	12.35
35~55	778.42	775.19	787.12	8.70
>55	772.41	771.40	783.09	10.68

3. 黔桂喀斯特山区国土空间功能价值

测算表明，黔桂喀斯特山区的平均国土空间功能价值密度为 1153.14 万元/(km²·a)，即黔桂喀斯特山区 21.34 万 km² 的国土空间每年提供的国土空间功能总价值为 24613.22 亿元，人均享受的国土空间功能价值密度为 5.78 万元/(km²·a)。在国土"三生空间"中，生产空间、生活空间、生态空间提供的国土空间功能价值分别为 2892.80 亿元/a、8670.98 亿元/a、13049.44 亿元/a，分别占国土空间功能总价值的 11.75%、35.23%、53.02%，生态空间提供的国土空间功能价值居于主要地位（图 8-3）。

1990~2010 年黔桂喀斯特山区的国土空间功能价值呈不断上升的态势，1990 年黔桂喀斯特山区的国土空间功能总价值为 20303.72 亿元/a，到 2010 年增加到 24613.22 亿元/a，20 年间增加了 21.23%。按国土"三生空间"统计，生产空间、生活空间、生态空间国土空间功能价值增加的比例分别为 50.93%、60.71%、0.44%，生产空间、生活空间的国土空间功能价值快速增加，生态空间的国土空间功能价值则基本保持稳定。1990~2010 年 20 年来，黔桂喀斯特山区生活空间的国土空间功能价值快速增加，1990 年生活空间的国土空间功能价值占总价值的 26.57%，到 2010 年该比例增长到 35.23%。近年来，黔桂喀

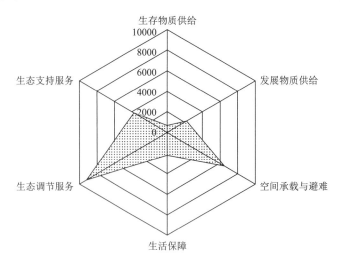

图 8-3　黔桂喀斯特山区国土空间功能价值构成图（单位：亿元/a）

斯特山区高速的城镇化发展促进了生活空间的国土空间功能价值快速提升，并通过对农村人口的引力效应促进了喀斯特地区的生态恢复，同步提升了该区域的生态系统服务价值。

不同喀斯特地貌类型的国土空间功能价值密度存在差异。峰林平原区的国土空间功能价值密度明显高于其他喀斯特地貌类型区，1990～2010 年的 20 年峰林平原区的国土空间功能价值增加幅度也最大。同时，1990～2010 年峰林平原区、岩溶高原区、岩溶峡谷区的国土空间功能价值密度分别增加了 32.36%、30.46%、32.78%，岩溶高原和岩溶峡谷地区的国土空间功能价值呈加速追赶趋势，但差异也在增加（表 8-10）。

表 8-10　黔桂喀斯特山区不同地貌区的国土空间功能价值密度　　[单位：万元/(km²·a)]

分区	1990 年	2000 年	2010 年	1990～2010 年变化
断陷盆地区	723.95	723.48	799.50	75.55
峰丛洼地区	946.06	996.82	1073.07	127.01
峰林平原区	1279.77	1443.25	1693.89	414.12
岩溶槽谷区	804.44	806.20	951.30	146.86
岩溶高原区	896.01	924.51	1168.96	272.95
岩溶峡谷区	821.14	813.41	1090.27	269.13

总体上，海拔低于 200m 时国土空间功能价值密度较高，而且 200m 以上国土空间功能价值密度差异不大。国土开发方面，海拔 2500m 以下对国土开发的限制性作用不明显，但坡度对黔桂喀斯特山区国土空间功能价值密度的限制性作用十分突出，随着坡度增加，国土空间功能价值密度逐渐降低，3°～15°是国土空间功能价值密度急剧下降的坡度带，当坡度超过 15°之后国土空间功能价值密度相对比较稳定。1990 年以来，8°以下的区域国土空间功能价值密度增加幅度最大，即 1990～2010 年 20 年来平原、丘陵、山地三种地貌之间的社会经济发展差距进一步拉大（表 8-11 和表 8-12）。

表 8-11　黔桂喀斯特山区不同海拔梯度的国土空间功能价值密度　　[单位：万元/(km²·a)]

海拔/m	1990 年	2000 年	2010 年	1990~2010 年变化
≤200	1604.82	1849.17	2124.07	519.25
200~500	826.014	832.741	876.765	50.751
500~1000	798.694	814.503	923.768	125.074
1000~1500	863.824	881.548	1061.79	197.966
1500~2000	754.866	755.245	955.069	200.203
>2000	749.862	749.933	792.809	42.947

表 8-12　黔桂喀斯特山区不同坡度的国土空间功能价值密度　　[单位：万元/(km²·a)]

坡度/(°)	1990 年	2000 年	2010 年	1990~2010 年变化
<3	1453.29	1653.10	2034.45	581.16
3~8	1052.22	1113.24	1406.64	354.42
8~15	832.96	848.30	987.45	154.49
15~25	788.81	794.67	853.77	64.96
25~35	785.71	788.77	821.67	35.96
35~55	756.32	757.90	779.46	23.14
>55	726.57	726.24	741.85	15.28

8.3　典型山区国土空间功能优化

8.3.1　基于国土空间功能类型及重要性的调控

国土空间功能优化的主要任务是调整国土空间功能的结构，优化国土"三生空间"布局，防范和化解国土开发风险，提升国上空间功能价值，从而促进社会经济健康发展，为全面建成小康社会和实现"两个一百年"目标提供资源环境保障。本书从国土空间利用与开发趋势模拟、未来国土空间功能预估、防范和化解国土开发风险的角度探讨了太行山区、横断山区、黔桂喀斯特山区的国土空间功能优化调控问题。

基于国土空间功能类型及重要性的国土空间功能优化调控技术路线如图 8-4 所示，具体包括：①国土空间利用与开发趋势模拟；②国土空间开发风险评价；③国土空间利用与开发宏观干预；④国土空间功能优化调控；⑤优化人口与经济布局；⑥优化调控的国土空间功能价值核算。其中未来国土空间利用与开发趋势模拟是关键。

研究选用了清华大学地球系统科学系①开发的 30m 分辨率土地利用模拟数据对太行山区、横断山区、黔桂喀斯特山区未来的国土空间利用与开发趋势进行模拟，该数据模拟了 RCP2.6、RCP4.5、RCP6.0、RCP8.5 四种气候情景下 2010~2100 年的土地利用数据，每

---

① 清华大学地球科学与土地利用数据。

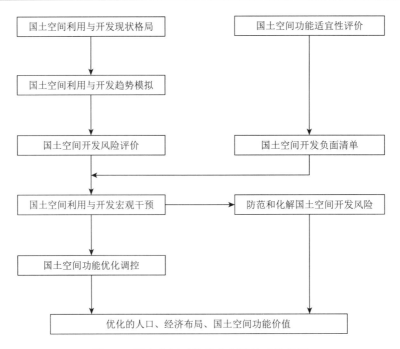

图 8-4　国土空间功能优化调控技术路线图

10 年一期。在四种气候情景中，RCP6.0 代表中高速发展情景，最接近中国实际情况，故本书选用 RCP6.0 情景下 2010～2100 年的土地利用模拟数据模拟太行山区、横断山区、黔桂喀斯特山区未来的国土空间利用与开发状态。通过土地利用类型与国土空间利用类型转换标准，将土地利用模拟数据转换为国土空间利用类型模拟数据，然后将国土空间利用类型模拟数据与适宜耕作土地资源、可开发建设土地等数据进行空间交运算，将超出适宜耕作土地资源范围的农村空间（耕地）和超出可开发建设土地范围的城镇空间（建设用地）移入生态空间，得到最终的国土空间功能模拟数据。这种操作有助于对未来国土空间利用与开发预测分析过程模拟实现宏观干预，防范和化解未来农村空间与城镇空间的国土空间开发风险，实现国土空间功能优化调控的目的。

1. 太行山区

模拟表明，太行山区未来 100 年农村空间功能呈现逐渐降低的趋势，城镇空间功能逐步上升，生态空间功能略有下降（图 8-5）。2010 年太行山区的农村空间功能、城镇空间功能、生态空间功能占比分别为 30.05%、9.49%、60.46%，到 2050 年农村空间功能、城镇空间功能、生态空间功能占比分别为 27.48%、12.60%、59.91%，到 2100 年农村空间功能、城镇空间功能、生态空间功能占比调整为 26.25%、14.08%、59.67%。从统计数据可以看出，从现在到 2050 年太行山区国土空间功能的变化趋势主要为农村空间功能和生态空间功能向城镇空间功能转化，以保证社会经济的中高速发展，而 2050 年以后国土"三生空间"功能的调整幅度明显减小，生态空间功能在 2050～2100 年的 50 年间基本保持稳定。

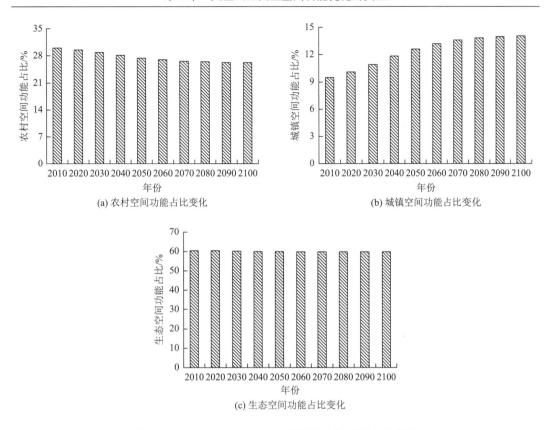

图 8-5 太行山区 2010～2100 年国土空间功能占比变化

总体上，未来太行山区的山前平原、上党盆地、汾河谷地及阳泉盆地等区域城镇空间功能呈明显增加趋势，同时伴随着农村空间功能萎缩。从目前模拟结果来看，北京市辖区、石家庄市辖区、上党盆地的长治与晋城、河南安阳至河北邢台、济源至焦作、阳泉市辖区等区域城镇空间功能增加幅度加大。水资源短缺问题是太行山区面临的严重问题，随着城镇空间功能的扩展，生活用水量与生产用水量预计将继续增加，像漳河流域、沁河流域、永定河流域的水资源供需矛盾将更加突出，尤其是长治与漳河下游的安阳、邯郸之间的水资源矛盾。因此，解决水资源问题是防范和化解漳河流域国土空间开发风险的关键着力点，一方面要平衡水资源供需矛盾，另一方面要大力治理水环境污染问题。

2. 横断山区

模拟表明，未来 100 年横断山区的国土空间功能基本稳定，其中农村空间功能略有下降，城镇空间功能略有上升，生态空间功能基本不变（图 8-6）。这是因为横断山区的地形条件限定了适耕土地资源范围及可开发建设土地范围，从而刚性约束了城镇空间功能的拓展。从图 8-6（b）可以看出，横断山区城镇空间功能在 2010～2070 年呈缓慢上升趋势，2070 年之后城镇空间功能的变化趋缓。

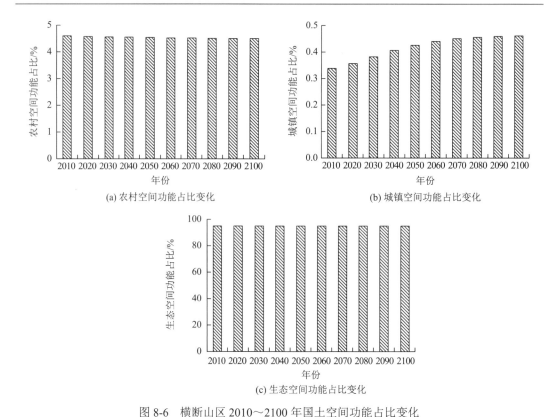

(a) 农村空间功能占比变化　　　　　　　(b) 城镇空间功能占比变化

(c) 生态空间功能占比变化

图 8-6　横断山区 2010~2100 年国土空间功能占比变化

横断山区是我国重要的生态安全屏障，对全国的水土资源安全起着重要的生态调控作用。横断山区的生态空间功能占比达到 95.07%，到 2050 年生态空间功能占比仍然高达 95.04%。生态空间功能占比大且非常稳定，而城镇空间功能、农村空间功能占比相对较小，城镇空间功能比例略有上升，但增幅也不大。这表明随着横断山区城镇建设用地的不断扩展，国土空间开发的风险不断增加，防范和化解国土开发风险压力非常大。下一步从防范和化解国土开发风险的角度出发：一是要转变城镇开发建设侵占生态空间；二是要将防灾减灾重点由城镇向建制镇（场镇）生活空间、聚居性乡村生活空间、旅游景区（包括未开发的户外旅游景区）、交通廊道方向转移，尤其是近年来实施的移民搬迁安置小区。

在空间格局上，昆明城市群与安宁河谷的西昌市的城镇空间功能扩展速度较快，西昌市有可能发展成为攀西地区重要的中心城市，而攀西地区传统的工业城市攀枝花的发展受到的限制将会大大增加。随着川藏铁路等重大交通基础设施的建设，康定市的城镇空间功能也会有较大幅度扩展。

3. 黔桂喀斯特山区

从图 8-7 可以看出，2010~2100 年黔桂喀斯特山区的农村空间功能不断下降，城镇空间功能不断上升，生态空间功能基本保持稳定。未来，黔桂喀斯特山区的国土空间功能变化主要表现为农村空间功能小幅度地转化为城镇空间功能,受黔桂喀斯特山区的地质地貌特征控制,生态空间功能变化不大。

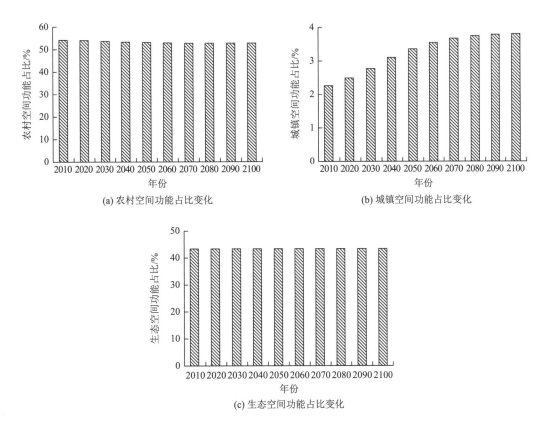

图 8-7　黔桂喀斯特山区 2010～2100 年国土空间功能占比变化

从面积比例上看,农村空间功能、生态空间功能是黔桂喀斯特山区国土空间功能的主体功能,城镇空间功能从 2010 年的 2.26%增加到 2050 年的 3.36%,40 年增加了 1.10 个百分点,增幅高于横断山区,但小于太行山区。

总体上,未来 100 年黔桂喀斯特山区的国土空间功能调整主要出现在都市圈周边地区,其中以贵阳、遵义、南宁周边最为明显,尤其是贵阳—遵义一线。从 2000～2015 年的动态监测分析来看,贵阳、遵义、南宁的城市扩展速度最快,城镇空间功能提升幅度最大,而六盘水、兴义、百色、河池等城市发展较缓,尤其是百色市虽然已经有了广州至昆明客专、南宁至昆明铁路、高速公路等系列重要交通设施,但城镇空间功能的提升仍然十分缓慢,而作为传统工业基地的柳州,其城市扩展速率也显著慢于南宁和贵阳。统计分析表明,未来 100 年黔桂喀斯特山区的农村空间功能下降 1.50%,变化幅度不大。但是 SSPs情景预测的人口数据表明,2010～2050 年黔桂喀斯特山区的农村人口预计减少 2300 万,减少比例达到 60%。由此可以推断,未来黔桂喀斯特山区的农村空间功能比例虽然基本保持稳定,但耕地的垦殖强度将快速下降,并促进喀斯特石漠化地区的生态恢复。

8.3.2　太行山区国土空间功能优化与提升

基于人地关系地域系统理论，根据太行山区所处的特殊区位，围绕北方土石山区、环京津冀生态脆弱区制约发展的瓶颈，以问题为导向，通过国土空间承载力和适宜性评价、水土资源平衡性、植被变化的农户感知、乡镇人口变化、国土空间利用水平来表征具体问题，并将其汇总为国土空间格局冲突和国土空间功能利用冲突。据此，分别从多情景模拟、水土资源利用效率、城乡国土空间利用、乡镇基本公共服务均等化、农村居民生活水平 5 个方面论述其功能提升的路径，最终实现太行山区国土空间开发格局的优化（图 8-8）。

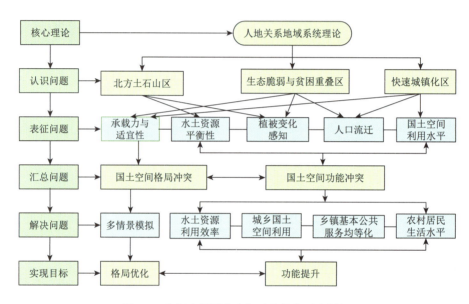

图 8-8　太行山区国土空间功能优化研究框架

1. 数据来源与研究方法

1）数据来源
本书使用数据分为自然要素数据和社会经济要素数据，具体详见表 8-13。

表 8-13　研究区自然要素数据和社会经济要素数据

	2000 年和 2015 年降水量、气温、蒸散量、太阳辐射	国家气象科学数据中心（中国气象数据网）
自然要素	30m 分辨率 DEM、地貌类型	地理空间数据云
	地质灾害点	中国科学院资源环境科学与数据中心
	地表覆盖因子、物种生境因子系数	第一次全国地理国情普查

自然要素	2000 年和 2015 年降水量、气温、蒸散量、太阳辐射	国家气象科学数据中心（中国气象数据网）
	河流数据	1∶25 万全国基础地理信息资源目录服务系统
	2015 年 250m 分辨率 NDVI	美国国家航空航天局
	2010 年 1km 分辨率 NPP	中国科学院资源环境科学与数据中心
	土壤质地、土壤类型	中国科学院资源环境科学与数据中心
社会经济要素	1980~2015 年 30m 土地利用数据	中国科学院资源环境科学与数据中心
	2017 年 10m 分辨率土地利用数据	清华大学 2017 年 10m 分辨率的 FROM-GLC10 产品
	1985~2015 年 30m 分辨率城镇建设用地	全球 30m 分辨率（1985~2015 年）城市用地动态扩张和返绿数据集
	2010~2016 年地级市土地利用类型面积	自然资源部土地调查成果共享应用服务平台
	土壤肥力综合质量	国家地球系统科学数据中心
	粮食播种面积、总播种面积、粮食总产量、化肥施用量、农业机械总动力	2016 年河北省统计年鉴、山西省统计年鉴、河南省统计年鉴、北京市统计年鉴
	POI 兴趣点（科教文化服务、医疗保健服务、生活服务）	高德地图
	2018 年太行山植被变化及其原因农户问卷调研表	太行山区水土耦合格局变化及其生态效应（2015CB452705）
	交通道路网、农村居民点	1∶25 万全国基础地理数据库
	2000 年、2015 年、2017 年县域人口	研究区省（区、市）统计年鉴
	2030 年太行山区人口预测参数设置	《中国 2010 年人口普查分县资料》
	太行山区 2010~2100 年城镇化预测分析表	山区国土空间功能优化与调控对策（2015CB452706）
	2010 年和 2017 年太行山区乡镇/街道人口	《中国 2010 年人口普查分乡、镇、街道资料》《2018 年中国县域统计年鉴（乡镇卷）》
	地区生产总值、三产业产值、固定资产投资额、城镇居民人均可支配收入	研究区省（市）统计年鉴（2001 年、2016 年）
	时间可达性	百度 API 实时时间
	2015 年县域水资源量 2015 年 1km 分辨率用水数据集	多尺度山地水文过程与水资源效应（2015CB452701）

2）自然要素数据

（1）地形地貌数据，包括 90m 分辨率 DEM 和 1∶100 万地貌类型图，分别来源于地理空间数据云（Geospatial Data Cloud）（http://www.gscloud.cn/），中国 100 万地貌类型空间分布数据（http://www.resdc.cn/）。

（2）气象数据，包括 2000 年和 2015 年降水量、气温、蒸散量、太阳辐射，来源于国家气象科学数据中心（中国气象数据网）（http://www.nmic.cn/）。

（3）河流数据来源于 1∶25 万全国地理信息资源目录服务系统（http://www.webmap.cn/）。

（4）地质灾害点数据，包括崩塌、塌陷、泥石流、地面沉降、地裂缝、滑坡、斜坡 7 类，来源于中国科学院资源环境科学与数据中心（http://www.resdc.cn/Default.aspx）。

（5）地表覆盖因子和物种生境因子系数来源于第一次全国地理国情普查。

（6）1∶100 万土壤质地和土壤类型，来源于中国科学院资源环境科学与数据中心（http://www.resdc.cn/Default.aspx）。

（7）2010 年 1km 分辨率 NPP（净初级生产力）来源于中国科学院资源环境科学与数据中心（http://www.resdc.cn/Default.aspx）。

（8）2015 年 250m 分辨率归一化植被指数（normalized difference vegetation index，NDVI）来源于美国国家航空航天局。

3）社会经济要素数据

（1）土地利用数据，1980 年、1990 年、1995 年、2000 年、2005 年、2008 年、2010 年和 2015 年 8 期 1∶10 万的土地利用数据来源于中国科学院资源环境科学与数据中心（http://www.resdc.cn），森林面积提取于 2000 年和 2015 年土地利用类型中的有林地；1985～2015 年太行山区县域城镇面积扩张的数据，来源于全球 30m 分辨率城市用地动态扩张数据集（https://doi.org/10.6084/m9.figshare.11513178.v1）；2000 年和 2017 年太行山区县域城镇建设空间变化的数据，来源于清华大学全球土地覆盖的精细分辨率观测和监测（http://data.ess.tsinghua.edu.cn/）；用于模拟 2030 年土地利用变化的基期数据，来源于清华大学 2017 年 10m 分辨率的 FROM-GLC10 产品，因其由 2015 年收集的 30m 分辨率样本集转移过来，所以研究中将其时间作为 2015 年，然后将其同清华大学 2015 年 30m 城市不透水面进行叠加，从中区分出农村建设用地。用于计算 2010～2016 年太行山区主要地级市土地利用类型经济效益和生态效益的土地利用数据来源于自然资源部土地调查成果共享应用服务平台。

（2）农业生产数据，粮食播种面积、总播种面积、粮食总产量、化肥施用量、农业机械总动力，来源于 2016 年河北省统计年鉴、山西省统计年鉴、河南省统计年鉴、北京市统计年鉴。

（3）POI（兴趣点）和人口数据，POI 包括科教文化服务、医疗保健服务、生活服务，利用高德地图爬取。人口数据包括 2000 年、2015 年、2017 年县域常住人口、城镇化人口，来源于 2001 年、2016 年、2018 年河北省统计年鉴、山西省统计年鉴、河南省统计年鉴、北京市统计年鉴；2010 年和 2017 年太行山区乡镇、街道人口数据，分别来源于《中国 2010 年人口普查分乡、镇、街道资料》、《2018 年中国县域统计年鉴（乡镇卷）》；用于预测 2030 年太行山区人口预测参数设置的数据，来源于《中国 2010 年人口普查分县资料》；太行山区 2010～2100 年城镇化预测分析表，来源于国家重点基础研究发展计划项目课题“山区国土空间功能优化与调控对策（2015CB452706）”。

（4）社会经济数据，包括 2000 年和 2015 年地区生产总值，第一、二、三产业产值，固定资产投资额，城镇居民人均可支配收入，来源于 2001 年和 2016 年河北省统计年鉴、山西省统计年鉴、河南省统计年鉴、北京市统计年鉴。

（5）时间可达性，包括行政点可达性和栅格可达性，来源于百度应用程序接口（API）实时时间。

（6）水资源数据，包括 2015 年太行山区县域水资源量和 2015 年 1km 分辨率的生活、农业、工业用水数据集，来源于国家重点基础研究发展计划项目课题"多尺度山地水文过程与水资源效应（2015CB452701）"。

（7）交通道路网和农村居民点数据，来源于全国地理信息资源目录服务系统（http://www.webmap.cn/）提供的 1：25 万的全国基础地理数据库。

（8）农户调研数据，为研究植被变化及人类活动的影响，调研农户基本信息、家庭能源消费、人口流动对植被变化的感知度，设计了太行山植被变化及其原因农户问卷调研表（2018 年），共发放问卷 400 份，回收 391 份，回收率为 97.75%。该问卷内容来源于国家重点基础研究发展计划项目（2015CB452700）课题 5"太行山区水土耦合格局变化及其生态效应（2015CB452705）"。

4）研究方法

（1）空间关联分析。

全局 Moran's I 用于探索某一属性数据在区域中的整体分布状况，判断该现象在空间是否存在集聚，但仅对同质的空间过程有效，而对异质性无法探测，需要引入局部空间关联性（LISA）来分析空间对象属性取值在某些局部位置的空间相关性。

全局 Moran's I 计算公式如下[7]：

$$I = \frac{n}{S_0} \frac{\sum\limits_{i=1}^{n}\sum\limits_{j=1}^{n} w_{i,j}(x_i - \overline{x})(x_j - \overline{x})}{\sum\limits_{i=1}^{n}(x_i - \overline{x})^2} \tag{8.1}$$

式中，x_i 为 i 地某一要素属性；n 为研究单元个数；$w_{i,j}$ 为空间权重，按邻近性取 0 或 1，$S_0 = \sum\limits_{i=1}^{n}\sum\limits_{j=1}^{n} w_{i,j}$，全局 Moran's I 统计量取值范围为[-1, 1]，大于 0 表示正相关，等于 0 表示不相关，小于 0 表示负相关。

Moran's I 统计量的结果通常用标准化 Z 值来检验显著性，Z 值的计算方法为

$$Z_I = \frac{I - E(I)}{\sqrt{\text{VAR}(I)}} \tag{8.2}$$

式中，$E(I)$ 和 $\text{VAR}(I)$ 分别为理论期望和方差值，当 $|Z| > 1.96$ 时认为相关性是显著的。

局部自相关反映每一空间单元与邻近单元的相关程度，其计算公式如下：

$$I_i(d) = \frac{n(x_i - \overline{x})\sum\limits_{j=1}^{n} w_{ij}(x_j - \overline{x})}{\sum\limits_{i=1}^{n}(x_i - \overline{x})^2} \tag{8.3}$$

式中，$\overline{x} = \frac{1}{n}\sum\limits_{i=1}^{n} x_i$，$x_i$ 为 i 地的属性值；w_{ij} 为空间权重矩阵元素，当空间自相关表示"空间接近"时，区域相邻 w_{ij} 值为 1，不相邻为 0。

（2）地理探测器。

地理探测器是一种探测空间分异性，以及解释其背后驱动因子的新的统计方法[8]。地

理探测器擅长自变量为类型量,因变量为数值量,采用决定力的值 q 来解释自变量对因变量的空间分异,取值范围为 0~1,其值越大表明解释力越强。

$$q = 1 - \frac{\sum_{h=1}^{L} N_h \sigma_h^2}{N \sigma^2} = 1 - \frac{\text{SSW}}{\text{SST}} \tag{8.4}$$

$$\text{SSW} = \sum_{h=1}^{L} N_h \sigma_h^2, \text{SST} = N \sigma^2 \tag{8.5}$$

式中,$h = 1, \cdots, L$,为因子 X 的分类;N_h 和 N 分别为层 h 和全区的单元数;SSW 和 SST 分别为层内方差之和和全区总方差。q 的取值范围为[0, 1],值越大表明因素影响越大。

（3）未来土地利用变化情景模拟模型。

未来土地利用变化情景模拟（future land use simulation model,FLUS）模型用于人类活动与自然因素驱动下的土地利用变化以及土地利用未来情景的模拟[9]。FLUS 模型虽然源于元胞自动机（cellular automata,CA）,但做了较大的改进。首先,采用人工神经网络（artificial neural ntework,ANN）算法输入初始年份和验证年份的土地利用数据以及多种驱动因子,以此获取到土地利用类型的适宜性概率。其次,基于自适应惯性机制的元胞自动机输入土地利用类型变化数量的目标,设置土地类型间相互转化成本和相互转化的限制矩阵。最后,采用 Kappa 系数验证模拟数据与真实数据。值得注意的是,FLUS 模型输入的土地利用分类栅格数据,需要设置为类型编码且从 1 开始,同时输入的土地利用数据和驱动因子行列号要一致。

（4）资源环境承载能力和国土空间开发适宜性评价。

资源环境承载能力和国土空间开发适宜性评价（简称"双评价"）是国土空间规划开展的重要基础和前提,在提升国土空间开发保护决策和规划科学性方面发挥着重要的作用[10]。本书参照《资源环境承载能力和国土空间开发适宜性评价方法指南》[11]对太行山区城镇空间、农业空间、生态空间进行承载能力和适宜性评价,由于农业空间包括农业生产空间和农村生活空间,农村生活空间是农村人地关系的核心,所以根据研究区实际情况,结合已有研究,构建了乡村生活空间的"双评价",为国土空间格局优化提供重要依据。

5）生态空间生态保护等级评价

生态保护等级主要是识别区域生态服务功能相对重要和敏感或者脆弱程度相对较高的生态地区,通过生态重要性和生态敏感性来反映。其中,生态重要性根据太行山区实际情况包括水源涵养、水土保持、生物多样性维护 3 方面的重要性程度;生态敏感性仅包括水土流失敏感性。

（1）水源涵养功能重要性:

$$[水源涵养功能重要性] = \text{NPP}_{\text{mean}} \times F_{\text{sic}} \times F_{\text{pre}} \times (1 - F_{\text{slp}}) \times 地表覆盖因子 \times 海拔因子$$

$$\tag{8.6}$$

式中,NPP_{mean} 为 2000~2010 年植被净初级生产力平均值;F_{sic}、F_{pre}、F_{slp} 分别为土壤渗流因子、多年平均降水量、坡度因子,降水量和坡度均按照极值标准化,阈值为（0, 1）;地表覆盖因子系数参照第一次全国地理国情普查数据,对 2015 年现状地表覆盖类型赋值。

海拔因子是对具有水源地保护功能的山地区域有凸显作用的因子，计算方法如下：

$$[海拔因子] = \frac{H_i}{H_{max}} (H_i < H_{针叶林}) \tag{8.7}$$

式中，H_i 为像元 i 高程值；H_{max} 为评价区域高程的最大值；$H_{针叶林}$ 为评价区域针叶林分布面积最大的高程值（1290m），高程＞1290m 的保持不变，高程＜1290m 按照 1290m 取值。

根据太行山区实际情况，将累计水源涵养量最高的前 30%、50%分别划分为极重要区、重要区，剩余 50%划分为一般重要区。

（2）水土保持功能重要性：

$$[水土保持功能重要性] = NPP_{mean} \times (1 - K) \times (1 - F_{slp}) \tag{8.8}$$

式中，NPP_{mean} 为 2000～2010 年植被净初级生产力平均值；K、F_{slp} 分别为土壤可蚀性因子、坡度因子，坡度均按照极值标准化，阈值为（0，1）。

土壤可蚀性因子（K）指土壤颗粒被水力分离和搬运的难易程度，主要与土壤质地、有机质含量、土体结构、渗透性等土壤理化性质有关，计算公式如下：

$$K = [-0.01383 + 0.51575 Kepic] \times 0.1317 \tag{8.9}$$

$$Kepic = \{0.20 + 0.3\exp[-0.0256 m_s(1 - m_{silt}/100)]\} \times [m_{silt}/(m_c + m_{silt})]^{0.3} \times \{1 - 0.25 orgC/[orgC + \exp(3.7 - 2.95 orgC)]\} \times \{1 - 0.7(1 - m_s/100)/\{(1 - m_s/100) + \exp[-5.51 + 22.9(1 - m_s/100)]\}\} \tag{8.10}$$

式中，m_c、m_{silt}、m_s、orgC 分别为黏粒、粉粒、砂粒、有机碳的百分比含量。

为了使评价结果更加符合区域情况，将坡度（＜15°、15°～25°、＞25°）和植被覆盖度（＜60%、60%～80%、＞80%）进行叠加，对评价结果进行修正，将水土保持功能重要性划分为极重要、重要、一般重要。

（3）生物多样性维护功能重要性：

$$[生物多样性维护功能重要性] = NPP_{mean} \times F_{pre} \times F_{temp} \times (1 - F_{alt}) \times 物种生境因子 \tag{8.11}$$

式中，NPP_{mean} 为 2000～2010 年植被净初级生产力平均值；F_{pre}、F_{temp}、F_{alt} 分别为多年平均降水量、多年平均气温、高程因子，降水和高程均按照极值标准化，高程因子按最大最小法进行标准化，各因子标准化后的值为（0，1）。物种生境因子系数参照第一次全国地理国情普查数据，对 2015 年现状地表覆盖类型赋值（表 8-14）。根据数据聚类特征，将生物多样性维护功能重要性划分为极重要、重要、一般重要。

表 8-14 物种生境因子和地表覆盖因子系数赋值

赋值	1.0	0.8	0.6	0.4	0.2	0.01
物种生境因子	乔木林	灌木林、水域	草地、湿地	水田、园地	旱地、裸地	建设用地
赋值	0.9	0.7	0.5	0.3	0.1	
地表覆盖因子	乔木林、水域	灌木林	草地、湿地	耕地、园地、裸地	建设用地	

（4）水土流失敏感性：

$$[水土流失敏感性] = \sqrt[4]{R \times K \times LS \times C} \tag{8.12}$$

式中，R、K、LS 和 C 分别为降水侵蚀力因子、土壤可蚀性因子、地形起伏度因子和植被覆盖度因子的敏感性分级值，各因子的赋值方法见表 8-15。

表 8-15　水土流失敏感性评价因子分级赋值

指标	降水侵蚀力	土壤可蚀性	地形起伏度	植被覆盖度	分级赋值
一般敏感	<100	石砾、砂、粗砂土、细砂土、黏土	0～50	≥0.6	1
敏感	100～600	面砂土、壤土、砂壤土、粉黏土、壤黏土	50～300	0.2～0.6	3
极敏感	>600	砂粉土、粉土	>300	≤0.2	5

将最终的敏感性分值划为 3 级，极敏感（3.5～5.0）、敏感（2.0～3.5）和一般敏感（0.1～2.0）。

（5）生态保护等级集成评价：

$$[生态保护等级] = \max([生态重要性],[生态敏感性]) \tag{8.13}$$

根据生态重要性和生态敏感性评价结果，集成获得生态保护重要性等级评价结果。按照短板效应原理，取生态系统服务功能重要性和生态敏感性评价结果的较高等级，作为生态保护重要性等级的初判结果，划分为极重要、重要、一般重要 3 个等级（表 8-16）。

表 8-16　生态保护重要性等级判别矩阵

生态敏感性	生态重要性		
	极重要	重要	一般重要
极敏感	极重要	极重要	极重要
敏感	极重要	重要	重要
一般敏感	极重要	重要	一般重要

6）农业生产空间承载能力和适宜性评价

（1）农业生产空间适宜性评价：

$$[适宜性] = [农业承载力,耕地便利度] \tag{8.14}$$

$$[承载能力等级] = [水土资源基础,气候条件] \tag{8.15}$$

$$[水土资源基础] = f([农业耕作条件],[农业水土资源丰度]) \tag{8.16}$$

首先，基于[农业耕作条件]和[农业水土资源丰度]两项指标，形成农业生产的水土资源基础判别矩阵（表 8-17）。其次，根据[光热资源]和[气候生产潜力]形成农业生产的气候条件判别矩阵（表 8-18）。然后，根据[水土资源基础]和[气候条件]形成农业生产承载能力判别矩阵（表 8-19）。最后，根据农业生产承载力等级与耕作便利度判别矩阵，初步确定生产适宜性等级（表 8-20）。

表 8-17　农业生产的水土资源基础判别矩阵

农业耕作条件	农业水土资源丰度				
	高	较高	中等	较低	低
好	好	好	较好	一般	差
较好	好	好	较好	较差	差
一般	好	较好	一般	较差	差
较差	较好	一般	较差	差	差
差	差	差	差	差	差

表 8-18　农业生产的气候条件判别矩阵

气候生产潜力	光热资源				
	好	较好	一般	较差	差
高	高	高	较高	中等	低
较高	高	高	较高	一般	低
中等	高	较高	中等	一般	低
一般	较高	中等	一般	低	低
低	低	低	低	低	低

表 8-19　农业生产承载能力判别矩阵

气候条件	水土资源基础				
	好	较好	一般	较差	差
高	高	高	高	较高	较高
较高	高	高	较高	较高	中等
中等	高	较高	较高	中等	一般
一般	较高	较高	中等	中等	低
低	较高	中等	一般	一般	低

表 8-20　农业生产适宜性分区判别矩阵

农业生产承载力	耕作便利度				
	好	较好	一般	较差	差
高	适宜	适宜	一般适宜	一般适宜	不适宜
较高	适宜	一般适宜	一般适宜	一般适宜	不适宜
中等	适宜	一般适宜	一般适宜	一般适宜	不适宜
较低	适宜	一般适宜	一般适宜	不适宜	不适宜
低	一般适宜	不适宜	不适宜	不适宜	不适宜

（2）农业耕作条件：

$$[农业耕作条件] = f([坡度],[土壤肥力综合质量]) \tag{8.17}$$

$$\text{土壤肥力综合质量} = \text{SOM} \times 0.15 + \text{N} \times 0.15 + \text{P} \times 0.3 + \text{K} \times 0.4 \tag{8.18}$$

农业耕作条件是指农业生产的土地资源可利用程度,需具备一定的坡度和土壤养分条件。采用 100m×100m 分辨率的 DEM 数据,计算其地形坡度,分别按≤2°、2°~6°、6°~15°、15°~25°、>25°将其划分为平地、平坡地、缓坡地、缓陡坡地、陡坡地 5 个等级,生成坡度分级图。

土壤肥力计算参照《全国 1:400 万土壤肥力质量评价方法与标准》,按拟定的土壤肥力单因子质量评判标准,对太行山区土壤 N、P、K、SOM 肥力质量进行评价,分别形成土壤 N、P、K、SOM 肥力质量空间分布。然后,将各单因子肥力质量分为 5 个等级,最后将各单因子肥力质量等级图叠加形成综合评价单元图,对各单元综合计分。

(3)农业水资源丰度评价。

对于降水量多的地区,降水量按照≥1200mm、800~1200mm、400~800mm、200~400mm、<200mm 分为很湿润、湿润、半湿润、半干旱、干旱 5 个等级。

(4)光热资源评价。

统计各气象台站多年日平均气温≥0℃活动积温,进行空间插值,按≥7600℃、5800~7600℃、4000~5800℃、1500~4000℃、<1500℃划分为好、较好、一般、较差、差 5 级,生成活动积温分级图。

(5)气候生产潜力模型。

采用 Thornthwaie Memorial 模型计算气候生产力,计算如下[12]:

$$P_v = 30000[1 - e^{-0.000956(v-20)}] \tag{8.19}$$

$$v = 1.05R / [1 + (1.05R / L)^2]^{1/2} \tag{8.20}$$

$$L = 300 + 25t + 0.05t^3 \tag{8.21}$$

式中,P_v 为作物的气候生产力,kg/(hm²·a);v 为年平均蒸散量,mm;R 为年降水量,mm;L 为年平均蒸发量,mm;t 为年平均气温,℃。

(6)耕作便利度。

耕作便利度是指田块在农业耕作中的便利程度,不仅包括田间生产的便利程度,还包括到达田块的便利程度[13],计算公式如下:

$$[\text{耕作便利度}] = f([\text{村庄聚落距离}],[\text{田间道路距离}]) \tag{8.22}$$

利用 GIS 软件空间分析工具,将地形起伏度作为成本,计算村庄聚落和田间道路的成本距离。同时,分别对其进行无量纲处理,然后各以 0.5 的权重进行加权求和作为耕作便利度评价值。最后,按照其评价值的大小,依次划分为高、较高、中等、较低和低 5 个等级(表 8-20)。

7)城镇建设空间承载能力和适宜性评价

$$[\text{城镇适宜性评价}] = f([\text{城镇承载力}],[\text{地形破碎度}]) \tag{8.23}$$

$$[\text{城镇建设承载力}] = f([\text{开发条件}],[\text{交通可达性}]) \tag{8.24}$$

$$[\text{城镇开发条件}] = f([\text{城镇建设土地资源}],[\text{地质灾害风险度}]) \tag{8.25}$$

首先,基于[城镇建设土地资源]和[地质灾害风险度]两项指标,形成地质灾害危险性与易损性权重和城镇建设开发条件判别矩阵(表 8-21 和表 8-22),然后根据[开发条件]和

[交通可达性]形成城镇建设承载力判别矩阵（表 8-23）。最后，根据[城镇承载力]与[地形破碎度]，初步确定城镇建设适宜性分区判别矩阵（表 8-24）。

表 8-21　地质灾害危险性与易损性权重

	危险性评价		易损性评价	
	单因子	权重	因子	权重
因子组	坡度	0.25	居民点	0.3
	高程	0.15	土地利用	0.4
孕育因子	地震峰值加速度	0.12	交通	0.3
	与河流距离	0.08		
	年降水量	0.13		
	灾害点密度	0.27		

表 8-22　城镇建设开发条件判别矩阵

地质灾害风险度	建设土地资源				
	高	较高	中等	较低	低
高	中等	中等	较低	低	低
较高	较高	中等	中等	低	低
中等	较高	较高	中等	较低	低
较低	高	较高	较高	中等	低
低	高	高	较高	中等	低

表 8-23　城镇建设承载力判别矩阵

开发条件	交通可达性				
	好	较好	一般	较差	差
高	高	高	较高	中等	低
较高	高	较高	较高	较差	低
中等	较高	较高	中等	较低	低
较低	较高	中等	中等	低	低
低	中等	中等	较低	低	低

表 8-24　城镇建设适宜性分区判别矩阵

城镇承载力	地形破碎度				
	高	较高	中等	较低	低
高	不适宜	一般适宜	适宜	适宜	适宜
较高	不适宜	一般适宜	一般适宜	适宜	适宜
中等	不适宜	不适宜	一般适宜	一般适宜	一般适宜
较低	不适宜	不适宜	一般适宜	一般适宜	一般适宜
低	不适宜	不适宜	不适宜	不适宜	不适宜

（1）城镇开发功能指向的土地资源评价：

$$[城镇建设条件] = f([坡度],[地形起伏度]) \tag{8.26}$$

利用全域 DEM 计算地形坡度，一般按≤3°、3°～8°、8°～15°、15°～25°、>25°生成坡度分级图，将城镇建设土地资源划分为高、较高、中等、较低、低 5 级。

计算地形起伏度。邻域范围 100m×100m 栅格建议采用 3×3 邻域，其评价结果分别降 2 级、1 级作为城镇土地资源等级。

（2）城镇开发功能指向的地质灾害风险度评价。

地质灾害风险度是通过对风险区遭受地质灾害的可能性和后果进行定量分析与评价，采取相应措施来降低风险可能性，具有自然与社会两重属性[14]。地质灾害的风险构成包括危险度分析和易损度分析两部分，计算公式如下：

$$[地质灾害风险度R] = (危险度H) \times (易损度V) \tag{8.27}$$

地质灾害点包括崩塌、滑坡、泥石流、地面坍塌、地面沉降等，为不同方面不同因子之间的计算，采用极值标准化对所有因子进行归一化处理，同时借鉴相关学者研究成果[15]，运用层次分析法来确定各因子的权重。

（3）城镇开发指向的交通可达性评价。

交通可达性在很大程度上可以反映出区位优势，由于山区地形复杂多样，采用传统的路网可达性，导致工作量大，主观性强，本书采用基于百度导航服务 API 二次开发，其路网更加完整，时间更加精确。首先将太行山区划分为 1km×1km 格网，提取每个栅格中心点到达每个乡镇（街道）点的地理距离，并且对前三个最近距离进行排序。其次，计算每个栅格中心点到达附近 3 个乡镇点的时间，选择最短时间赋值为该栅格的可达性。最后，获取所有栅格到达最近乡镇点的可达性值。

（4）地形破碎度指数计算。

地形破碎度含有地形坡面起伏程度和起伏的连续性，计算公式如下[16]：

$$DF = f(D\text{-}value_{slope}, D\text{-}undulation) \tag{8.28}$$

式中，$D\text{-}value_{slope}$ 为 3×3 窗口邻域范围内坡度最大值与最小值之差；$D\text{-}undulation$ 为所设窗口内单个像元大于 15°的有效起伏数，将坡度差值在栅格计算器中逐一除以最大值进行标准化，然后乘以有效起伏数，得到地形破碎度空间数据。采用标准差分类法，将其从低到高划分为 5 级，依次为低、较低、中等、较高、高。

8）农村生活空间建设适宜性评价

农村居民点的空间分布是自然条件和社会经济长期共同作用的结果，区位条件是一个重要的因素[17]。所以，农村居民点用地适宜性评价是通过综合评定区域土地利用类型与结构特征对农村居民点用地的匹配程度，并确认其适宜性高低的[18]。

$$[农村适宜性评价] = ([建设条件],[区位条件]) \tag{8.29}$$

首先，根据[高程]和[坡度]形成农村生活建设条件判别矩阵（表 8-25）。其次，根据[建设条件]和[区位条件]形成农村生活承载能力判别矩阵（表 8-26）。最后，根据农村生活承载力与地形破碎度，初步确定农村生活适宜性分区判别矩阵（表 8-27）。

表 8-25　农村生活建设条件判别矩阵

坡度	高程				
	高	较高	中等	较低	低
高	中等	中等	较低	低	低
较高	较高	中等	中等	低	低
中等	较高	较高	中等	较低	低
较低	高	较高	较高	中等	低
低	高	高	较高	中等	低

表 8-26　农村生活承载能力判别矩阵

区位条件	建设条件				
	好	较好	一般	较差	差
高	高	高	高	较高	较高
较高	高	高	较高	较高	中等
中等	高	较高	较高	中等	一般
一般	较高	较高	中等	中等	低
低	较高	中等	一般	一般	低

表 8-27　农村生活适宜性分区判别矩阵

农村生活承载力	地形破碎度				
	高	较高	中等	较低	低
高	适宜	适宜	适宜	适宜	适宜
较高	不适宜	一般适宜	适	适宜	适宜
中等	不适宜	一般适宜	一般适宜	一般适宜	一般适宜
较低	不适宜	一般适宜	一般适宜	一般适宜	一般适宜
低	不适宜	不适宜	不适宜	不适宜	不适宜

（1）建设条件：
$$[建设条件]=f([坡度],[高程],[坡向],[地质灾害风险度]) \quad (8.30)$$
高程因素，太行山区最低海拔 3m，最高海拔 3059m，根据研究区特别地形，将海拔按照≤500m、500～800m、800～1200m、1200～1500m、>1500m 分为 5 个等级。坡向是决定地表局部地面接收阳光和重新分配太阳辐射量的重要地形因子之一，直接造成局部地区气候特征的差异，按照居民采光要求将坡向分为 5 级，即无坡向（−1）、阳坡（157.5°，247.5°）、半阳坡（247.5°，292.5°）或（112.5°，157.5°）、半阴坡（67.5°，112.5°）或（292.5°，337.5°）、阴坡（0°，67.5°）或（337.5°，360°）。

（2）区位条件：
$$[区位条件]=f([到水源距离],[到道路距离], \\ [到生活服务设施距离],[到乡镇中心距离]) \quad (8.31)$$
生活服务设施包括手机通信营业厅、照相馆、摄影馆、美容美发、电动车维修部、家电维修，根据到道路距离分为 500m、1000m、1500m、2000m、>2000m 5 级。

9）SBM 超效率模型

数据包络分析（data envelopment analysis，DEA）是美国著名运筹学家 Charnes 等提

出的一种基于线性规划的非参数效率分析方法[19]。由于传统 DEA 模型不能解决投入与产出的松弛问题，所以 Tone[20]在 2001 年提出了基于松弛变量的 SBM 模型，但该模型不能区分有效决策单元的大小。为此，Tone[21]在 SBM 模型基础上又提出了 SBM 超效率模型，该模型不仅解决了松弛变量的问题，同时还能区分出所有效率值大于 1 的有效决策单元。由于国土空间利用效率既要考虑投入最小化，又要考虑产出最大化，所以本书中使用无导向（non-orient）模型。其在 VRS 条件下的 SBM 超效率模型为[22]

$$
\begin{cases}
\min \rho = \dfrac{\dfrac{1}{M}\displaystyle\sum_{m=1}^{M}\dfrac{\overline{x_m}}{x_{mk}}}{\dfrac{1}{N}\displaystyle\sum_{n=1}^{N}\dfrac{\overline{y_n}}{y_{nk}}} \\[4ex]
\text{s.t.}\ \overline{x} \geqslant \displaystyle\sum_{j=1, j\neq k}^{J} x_{mj}\cdot\lambda_j \\[3ex]
\overline{y} \leqslant \displaystyle\sum_{j=1, j\neq k}^{J} y_{nj}\cdot\lambda_j \\[3ex]
\overline{x_m} \geqslant x_{mk},\ \overline{y_n} \leqslant y_{nk} \\[2ex]
\overline{y} \geqslant 0,\ \lambda_j \geqslant 0 \\[2ex]
\displaystyle\sum_{j=1, j\neq k}^{J}\lambda_j = 1
\end{cases}
\tag{8.32}
$$

式中，x_{mk} 为第 k 个决策单元的第 m 个投入变量；y_{nk} 为第 k 个决策单元的第 n 个产出变量；λ_j 为参照集中各要素的权重。

10）Anusplin 气象插值

Anusplin 软件是使用薄盘平滑样条函数对自变量和协变量进行空间插值，特别适用于山区地形复杂、气象台站稀少且分布不均的情况[23]。模型公式如下：

$$z_i = f(x_i) + b^{\mathrm{T}} y_i + e_i \quad (i = 1, \cdots, N) \tag{8.33}$$

式中，z_i 为位于 i 点的因变量；$f(x_i)$ 为要估算关于 x_i 的未知光滑函数；x_i 为 d 维独立变量；b^{T} 为关于 y_i 的 p 维系数；y_i 为 p 维独立协变量；e_i 为随机误差；N 为观测值的个数。

式（8.33）中，函数 f 和系数 b 通过最小二乘估计来确定：

$$\sum_{i=1}^{N}\left[\frac{z_i - f(x_i) - b^{\mathrm{T}} y_i}{w_i}\right]^2 + \rho J_m(f) \tag{8.34}$$

式中，$J_m(f)$ 为函数 $f(x_i)$ 的粗糙度测度函数，定义为函数 f 的 m 阶偏导；ρ 为正的光滑参数，通常用广义交叉验证（generalized cross-validation，GCV）的最小化以及最大似然法（GML）的最小化来确定。

2. 国土空间格局水平变化特征

1980～2015 年太行山区城镇空间扩张显著（2.72%），农业空间（–1.65%）和生态空间大量缩小（–1.07%）（图 8-9）。从国土空间分布来看，太行山区以生态空间为主（57%），

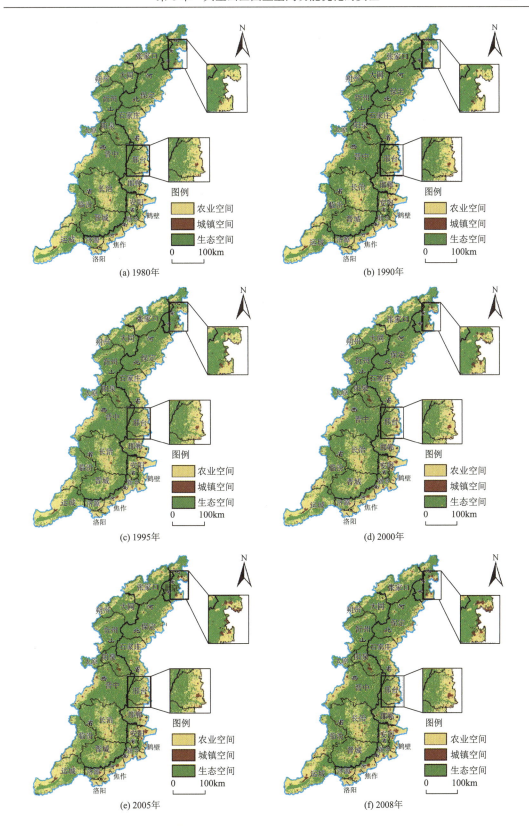

(a) 1980年

(b) 1990年

(c) 1995年

(d) 2000年

(e) 2005年

(f) 2008年

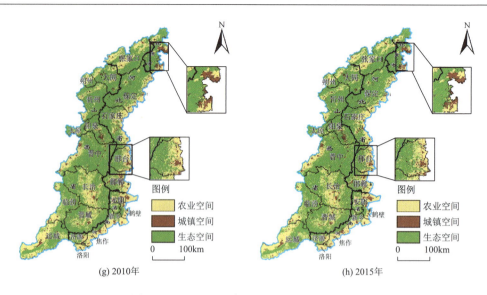

(g) 2010年　　　　　　　　　　　　　　　(h) 2015年

图 8-9　1980～2015 年太行山区国土空间格局

其次是农业空间（40%），城镇空间最小（3%）。其中，农业空间主要分布在太行山区边缘的山地向平原过渡带、山地向盆地过渡带，以及南部的晋城盆地和长治盆地，城镇空间零散分布在各市行政中心，生态空间主要分布在太行山区高海拔山区。整体上，北京、阳泉、邢台、安阳、长治、晋城等地区城镇扩张最显著，而阳泉的农业空间和长治的生态空间扩张也非常显著。

从县域国土空间变化来看，35 年大部分县域城镇空间增加，农业空间和生态空间面积减少。城镇空间中有 114 个县域面积增加，仅 1 个县域城镇空间面积减少。其中，北京市房山区和昌平区城镇空间面积增加最大，分别为 217.93km² 和 346.22km²，由于石家庄市井陉矿区属于资源衰退型城市，也是人口收缩型城市，所以城镇空间面积减少最大，达 3.12km²；农业生产空间中有 95 个县域面积缩小，20 个县域面积增加，其中武乡县面积增加最大，达 109.52km²，而北京市昌平区、房山区、晋中市榆社县面积减少最大，分别为 279.79km²、154.26km²、136.03km²；生态空间中有 34 个县域面积增加，81 个县域面积缩小，其中榆社县面积增加最大，为 126.36km²，孟州市、武乡县面积减少最大，分别为 130.39km²、118.06km²。总之，各县域城镇空间、农业空间和生态空间面积存在相互转化现象，主要表现为农业空间和生态空间向城镇空间转变，反映出国土空间是个动态变化的过程。

从主体功能区国土空间类型变化来看（图 8-10），重点开发区、农产品主产区和重点生态功能区城镇空间增加明显，农业空间和生态空间明显减少。具体来看，城镇空间增加面积表现为重点生态功能区＞重点开发区＞农产品主产区；农业空间减少面积表现为重点生态功能区＞重点开发区＞农产品主产区；生态空间减少面积表现为重点生态功能区＞农产品主产区＞重点开发区。由此可见，太行山区国土空间变化同主体功能区定位密切相关，不同空间面积变化受其主体功能区定位的约束，也反映出主体功能区在国土空间开发利用中的指导作用。

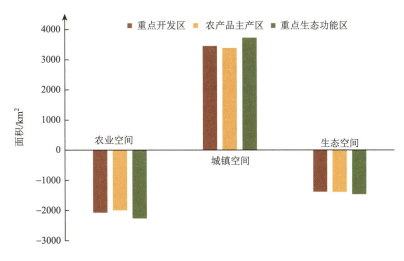

图 8-10　1980～2015 年太行山区主体功能区国土空间类型变化

从 1980～2015 年太行山区国土空间类型占比变化来看（表 8-28），城镇空间占比明显增加，由 1980 年的 0.68%升至 2015 年的 3.40%，增长了 4 倍，特别是 2010 年城镇空间占比大幅度提升，反映出该期间太行山区土地城镇化扩张迅速，国土空间开发强度剧烈。与此同时，农业空间和生态空间分别下降了 1.65 个百分点和 1.07 个百分点，但生态空间依旧占据主导，城镇空间占比最小。

表 8-28　1980～2015 年太行山区国土空间类型占比（%）

空间类型	1980 年	1990 年	1995 年	2000 年	2005 年	2008 年	2010 年	2015 年
农业空间	41.54	41.52	37.80	41.36	40.97	40.82	40.07	39.89
城镇空间	0.68	0.79	1.02	1.16	1.47	1.69	3.12	3.40
生态空间	57.78	57.69	61.19	57.48	57.56	57.49	56.81	56.71

3. 国土空间格局垂直变化特征

从 2015 年太行山区国土空间类型垂直分布来看（图 8-11），其以海拔 1500m 和坡度 25°为界。1500m 以下和 25°以下三种空间均显著分布，且城镇空间和农业空间随海拔和坡度上升而减少，1500m 以上和 25°以上基本为生态空间。从 1980～2015 年太行山区国土空间类型垂直变化来看（图 8-12），海拔 1000m 以下农业空间大量减少（减幅 936.95km²），全部转为城镇空间，海拔 1000～1500m 三种空间均小幅度增加，海拔 1500m 以上生态空间的增幅最显著。从坡度来看，城镇空间随坡度上升逐渐减少，农业空间和生态空间在 15°以下随坡度的上升而逐渐增加，特别是在 3°以下区域，两种空间均为负增长，15°以上两种空间均逐渐减少。从 1980～2015 年不同地貌国土空间类型变化来看，所有地貌类型中城镇空间面积均增加（64.36～1755.66km²），除黄土台塬生态空间面积增加外（13.27km²），其余地貌类型的农业空间和生态空间面积均减少（图 8-13）。城镇空间在地貌类型的增幅由大到小依次为平原＞台地＞大起伏山地＞中起伏山地＞黄土墚峁＞低河漫滩＞丘陵＞小起伏山地＞黄土台塬，农业空间面积的减少在地貌类型上依次为平原＞台地＞中起伏山地＞丘陵＞低河漫滩＞小起伏山地＞黄土台塬＞大起伏山地＞黄土墚峁，生态空间面积的减少在地貌类型上依次为平原＞大起伏山地＞黄土墚峁＞台地＞低河漫滩＞小起伏山地＞丘陵＞中起伏山地＞黄土台塬。整体上，城镇空间、农业空间、生态空间的变化在地貌类型上存在较高的分异性，均在台地、平原、中起伏山地、大起伏山地面积变幅最大。

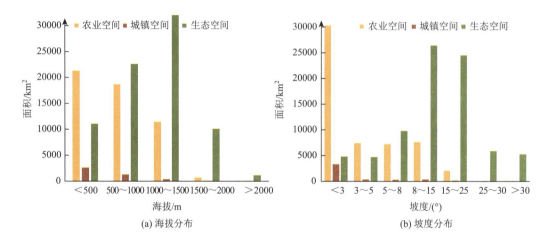

图 8-11　2015 年太行山区国土空间类型垂直分布

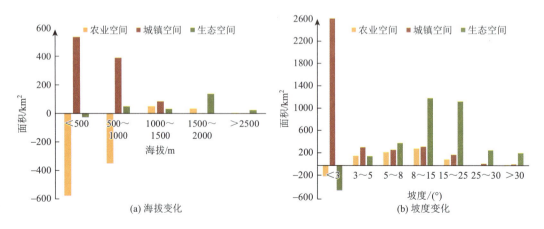

图 8-12　1980～2015 年太行山区国土空间类型垂直变化

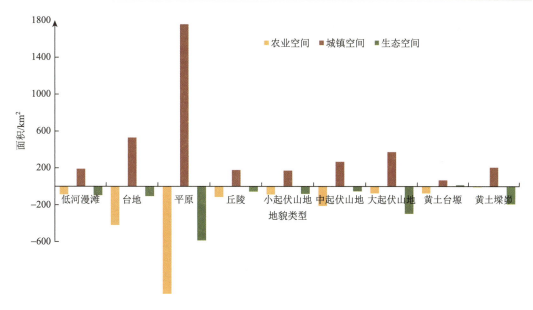

图 8-13　1980~2015 年太行山区不同地貌国土空间类型变化

4. 国土空间类型转换特征

2010~2015 年太行山区国土空间类型面积增减率变化较小（表 8-29 和表 8-30），农业生产空间、绿被生态空间、其他生态空间呈下降趋势，水域生态空间、建设空间（城镇生活空间、乡村生活空间、工矿业生产空间）呈增加趋势。农业生产空间的减少主要受绿被生态空间扩张的影响，其贡献率为 62.70%，其余国土空间类型的增减主要受农业生产空间影响，贡献率高于 56%。

表 8-29　2010~2015 年太行山区国土空间类型变化转移矩阵　　　（单位：km²）

2010 年国土空间类型	2015 年国土空间类型							
	农业	绿被	水域	城镇	乡村	工矿业	其他	总计
农业	46410.73	1902.21	117.91	177.03	597.04	229.92	9.59	49444.43
绿被	1912.81	73800.28	72.89	11.93	101.60	162.95	5.96	76068.42
水域	113.78	62.93	1502.27	1.99	7.69	3.65	0.37	1692.68
城镇	54.90	9.40	1.37	11.70	4796.23	5.51	0.44	4879.55
乡村	484.07	77.51	3.88	0.99	4.16	1530.47	0.47	2101.55
工矿业	87.39	69.94	2.60	0.46	0.41	1.45	212.07	374.32
其他	12.31	9.35	0.27	2532.57	1.68	0.88	0.10	2557.16
总计	49075.99	75931.62	1701.19	2736.67	5508.81	1934.83	229.00	137118.11

表 8-30　2010～2015 年太行山区国土空间类型内部转换（%）

国土空间类型	期内增减率	转换类型贡献率						
		农业	绿被	水域	城镇	乡村	工矿业	其他
农业	−0.75	—	62.70	3.89	5.84	19.68	7.58	0.32
绿被	−0.18	84.33	—	3.21	0.53	4.48	7.18	0.26
水域	0.50	59.28	36.64	—	0.69	1.95	1.30	0.14
城镇	5.22	86.74	5.85	0.98	—	5.73	0.48	0.23
乡村	7.63	83.79	14.26	1.08	0.24	—	0.58	0.06
工矿业	14.08	56.86	40.30	0.90	0.22	1.36	—	0.36
其他	−3.09	56.63	35.17	2.21	0.61	2.62	2.76	—

从 1980～2015 年太行山区国土空间转型分析结果来看，主要特点是：农业生产空间、绿被生态空间、水域生态空间的面积减少伴随其他生态空间、城镇生活空间、乡村生产空间、工矿业生产空间面积增加，具体表现为农业生产空间被生态空间、城乡生活空间、工矿业生产空间大量占用。

从国土空间变化转移矩阵及类型内部转换分析看（表 8-31 和表 8-32），35 年间，农业生产空间、绿被生态空间、水域生态空间分别减少了 7.94%、1.42%、17.23%，而其他生态空间、城镇生活空间、乡村生活空间、工矿业生产空间分别增长了 18.77%、323.58%、54.30%、509.03%。城镇生活空间、乡村生活空间、工矿业生产空间规模的扩张，主要缘于农业生产空间的转型，分别占其他地类向三者用地转换总面积的 74.40%、82.64%、53.16%。由于太行山区村庄、农田、道路均分布在河流两侧，受耕地资源有限的影响，导致绿被生态空间和水域生态空间被挤占为耕地，农业生产空间对其贡献率分别为66.24%和60.45%。

表 8-31　1980～2015 年太行山区国土空间变化转移矩阵　　　　　（单位：km²）

1980 年国土空间类型	2015 年国土空间类型							
	农业	绿被	水域	城镇	乡村	工矿业	其他	总计
农业	44805.45	3175.46	314.56	1573.06	2459.65	942.77	32.90	53303.85
绿被	2986.07	72518.87	166.47	137.42	422.74	704.68	90.73	77026.98
水域	516.22	129.28	1199.85	29.33	34.48	77.62	67.02	2053.80
城镇	11.88	2.62	0.44	621.70	8.83	0.44	0.00	645.91
乡村	616.42	53.05	6.17	321.46	2532.15	40.11	0.59	3569.95
工矿业	39.29	19.00	0.68	51.50	45.54	161.17	0.47	317.65
其他	97.14	32.30	11.75	1.49	5.05	7.80	37.24	192.77
总计	49072.47	75930.59	1699.91	2735.97	5508.44	1934.59	228.95	137110.91

表 8-32　1980～2015 年太行山区国土空间类型内部转换（%）

国土空间类型	期内增减率	转换类型贡献率						
		农业	绿被	水域	城镇	乡村	工矿业	其他
农业	−7.94	—	37.37	3.70	18.51	28.94	11.09	0.39
绿被	−1.42	66.24	—	3.69	3.05	9.38	15.63	2.01
水域	−17.23	60.45	15.14	—	3.43	4.04	9.09	7.85
城镇	323.58	74.40	6.50	1.39	—	2.44	2.44	0.07
乡村	54.30	82.64	14.2	1.16	0.3	—	1.53	0.17
工矿业	509.03	53.16	39.74	4.38	0.03	9.09	—	0.44
其他	18.77	17.16	47.33	34.96	0.00	0.31	0.25	—

整体上，太行山区国土空间类型的变化具有阶段性，1980～1990 年农业生产空间面积增加，1990～2010 年农业生产空间面积快速减少，2010～2015 年农业生产空间减少速度趋缓。其在 2000～2010 年变化速度最快，主要受工业化和城镇化进程的影响，加剧了国土空间开发强度。2010 年以后国土空间开发强度呈现减弱趋势。

5. 基于地理探测器的空间分异探测

依据数据的可获得性和代表性，从自然条件、交通区位、社会经济、国家政策 4 个方面选取了 20 个指标，将 2015 年和 2000 年国土空间类型的变化量、社会经济指标之差，以及自然条件、交通区位作为国土空间格局演变的驱动因子（表 8-33）。同时，采用地理探测器从整体上探测驱动因子的决定力，运用地理加权回归揭示驱动因子的局部空间异质性。

表 8-33　太行山区国土空间格局演变的驱动因子

属性	名称	描述
自然条件	DEM/m	县域平均海拔
	地形起伏度/m	县域平均地形起伏度
	地貌复杂度/%	县域山地面积占比
	年降水量/mm	2000 年和 2015 年县域降水量
	年太阳辐射/（MJ/m²）	2000 年和 2015 年县域太阳辐射
交通区位	到公路距离/m	所有栅格到公路的成本距离
	到河流距离/m	所有栅格到河流的成本距离
	行政可达性/h	县政府驻地到最近市政府驻地交通可达性
	栅格可达性/h	所有栅格到最近乡镇政府驻地交通可达性
社会经济	总人口/人	来源于 2001 年和 2016 年各省（区、市）统计年鉴
	城镇化率/%	
	乡村劳动力/人	
	地区生产总值/万元	

续表

属性	名称	描述
社会经济	第一产业产值/万元 第二产业产值/万元 第三产业产值/万元 人均 GDP/元 农民人均纯收入/元 农业机械总动力/kW	来源于 2001 年和 2016 年各省（区、市）统计年鉴
国家政策	森林面积/km^2	2000 年和 2015 年郁闭度＞30%的天然林和人工林

从探测结果来看（表 8-34），生态空间转农业空间的驱动因子决定力整体较小，表现为农业机械总动力（0.10）＞第一产业产值（0.07）；生态空间转城镇空间的驱动因子也比较小且均未通过显著性检验；农业空间转生态空间驱动因子依次为平均海拔（0.37）＞地貌复杂度（0.35）＞到公路的距离（0.29）＞栅格可达性（0.25）＞地形起伏度（0.22）＞行政可达性（0.16）＞城镇化率（0.15）＞森林面积（0.11）＝年降水量（0.11）＞常住人口（0.04）；农业空间转城镇空间的驱动因子依次为第二产业产值（0.34）＞地区生产总值（0.21）＝第三产业产值（0.21）＞常住人口（0.19）＞农业机械总动力（0.13）＝森林面积（0.13）。

表 8-34　太行山区国土空间类型转型驱动因子探测结果

驱动因子	生态空间转农业空间		生态空间转城镇空间		农业空间转生态空间		农业空间转城镇空间	
	q	p	q	p	q	p	q	p
地区生产总值	0.00	0.82	0.00	0.91	0.01	0.50	**0.21**	**0.00**[***]
第一产业产值	**0.07**	**0.04**[**]	0.04	0.12	0.00	0.97	0.01	0.69
第二产业产值	0.02	0.67	0.03	0.40	0.02	0.56	**0.34**	**0.00**[***]
第三产业产值	0.00	0.83	0.02	0.43	005	0.09[*]	**0.21**	**0.00**[***]
人均 GDP	0.04	0.43	0.03	0.60	0.02	0.75	0.02	0.62
常住人口	0.01	0.39	0.01	0.28	**0.04**	**0.05**[**]	**0.19**	**0.00**[***]
城镇化率	0.00	0.84	0.00	0.90	**0.15**	**0.00**[***]	0.02	0.40
农业机械总动力	**0.10**	**0.02**[**]	0.03	0.28	0.00	0.92	**0.13**	**0.02**[**]
农村人均纯收入	0.01	0.83	0.01	0.82	0.07	0.12	0.09	0.06[*]
乡村劳动力	0.00	0.71	0.00	0.74	0.00	0.74	0.01	0.44
行政可达性	0.01	0.68	0.00	0.80	**0.16**	**0.00**[***]	0.00	0.85
地形起伏度	0.02	0.65	0.02	0.77	**0.22**	**0.00**[***]	0.01	0.89
太阳辐射	0.02	0.66	0.01	0.77	0.06	0.08[*]	0.07	0.06[*]
到公路的距离	0.03	0.53	0.01	0.92	**0.29**	**0.00**[***]	0.07	0.12
平均海拔	0.03	0.79	0.16	0.63	**0.37**	**0.00**[***]	0.06	0.27
到河流的距离	0.01	0.76	0.01	0.47	0.00	0.90	0.05	0.09[*]

续表

驱动因子	生态空间转农业空间		生态空间转城镇空间		农业空间转生态空间		农业空间转城镇空间	
	q	p	q	p	q	p	q	p
年降水量	0.01	0.90	0.01	0.90	**0.11**	**0.02****	0.02	0.77
栅格可达性	0.01	0.95	0.04	0.48	**0.25**	**0.00*****	0.08	0.13
地貌复杂度	0.01	0.86	0.02	0.67	**0.35**	**0.00*****	0.06	0.14
森林面积	0.00	0.93	0.01	0.71	**0.11**	**0.05****	**0.13**	**0.02****

注：q 表示决定力大小，p 表示显著性水平，***、**、*分别表示变量在 1%、5%、10%水平下显著。

就驱动因子解析看，自然因素是国土空间格局演变的基础性决定条件，往往地形地貌越复杂对农业空间的胁迫性越强。由于太行山区县域平均海拔为 66～1500m，高差悬殊，可开发利用土地资源极其有限，加之年降水量较少，难以满足农作物生长需求，而地形复杂生态脆弱区又是封山育林和退耕还林的重点区，人类活动强度小，所以农业空间容易变为生态空间。

交通区位是国土空间格局演变的重要驱动因子。由于交通区位的 4 个要素（到河流的距离、到公路的距离、行政可达性和栅格可达性）均为负向指标，其值越大表明距离越远、耗时越长。交通区位差不利于人流、物流、信息流、能源流等要素间的交换，减弱了人类开发活动，反而有助于农业空间转为生态空间。

社会经济是国土空间格局演变的主导驱动因子。通常情况下，第一产业产值的增加和农业机械化水平的提升，会提高农业生产效率和增加农业生产投入要素，进而增加对耕地的需求量，间接推动生态空间转变为农业空间。随着城镇化和工业的发展，大量农村人口流出，导致不适宜耕地容易撂荒或者退耕还林，促使农业空间转为生态空间。同时，得益于城镇地区第二、三产业产值增加，以及流入人口的增加，城镇空间规模快速扩大，促使农业空间转变为城镇空间。

国家政策是国土空间格局演变的外在驱动因子。由于太行山区历史上开发早，受战争破坏、人类毁林拓田的影响，区域旱涝频繁，水土流失严重，生态极度脆弱。为了修复太行山区生态屏障作用和重要的水源涵养地，1994 年国家实施了太行山绿化工程，在"退耕还林"和"封山育林"的带动作用下，项目区森林覆盖率由 11.0%（1994 年）提高到 22.4%（2018 年），局部深山区森林覆盖率达 75%以上。其中，仅 2000～2015 年太行山绿化工程完成造林面积 129.04 万 hm²，年均造林面积 8.6 万 hm²，所以国家政策扶持可以使生态空间持续地增加。

6. 基于地理加权回归的空间异质性

根据国土空间类型面积转换强烈程度，分别选取了农业生产空间转绿被生态空间、农业生产空间转城镇空间、水域生态空间转农业生产空间。首先，对表 8-34 中 20 个自变量进行多重共线性检验，剔除方差膨胀因子（VIF）>7.5 的变量。其次，根据自变量与因变量相关性系数的高低，确定最终自变量。农业生产空间转绿被生态空间的驱动因子有常住人口、城镇化率、行政可达性、地貌复杂度；农业生产空间转城镇空间的驱动因子有第一产业产值、城镇化率、乡村劳动力；水域生态空间转农业生产空间的驱动因子有第一产业产值、城镇化率、行政可达性。最后，对所有因变量和自变量进行标准化处理，在 ArcGIS 中采用最小二乘法（OLS）模型分别对农业生产空间转绿被生态空间、农业生产空间转城镇空间、水域生态空间转农业生产空间进行全局回归，得到 OLS 模型决定系数的 R^2 分别为 0.65、0.42、0.55，AICc 分别为 311.18、86.74、370.63；而利用 GWR 模型的 R^2 分别为 0.68、0.69、0.65，AICc 分别为 308.39、46.47、366.58，其值远高于同 OLS 模型中 AICc 之差大于 3，且所有变量在 GWR 模型回归中条件数均 <30，不存在局部多重共线性，表明 GWR 模型拟合优于 OLS 模型。

从三种空间类型转化拟合系数 R^2 来看，整体上呈"核心-外围"结构。其中，农业生产空间转绿被生态空间核心区主要为石家庄市和邢台市，Local R^2 高于 0.670；农业生产空间转城镇空间的核心区主要为石家庄市、邢台市、晋中市、阳泉市、忻州市，Local R^2 高于 0.663；水域生态空间转农业生产空间的核心区主要为石家庄市、阳泉市、忻州市，Local R^2 高于 0.747。整体上太行山区东北部的北京市、张家口市以及西南部的运城市拟合效果较差，而中部解释效果较好。

从农业生产空间转绿被生态空间回归系数来看，人口回归系数对农业生产空间转绿被生态空间具有负向作用。人口是社会经济发展的基础，人口规模越大则对土地的需求越强，而耕地是人类开发活动最重要的载体，是城乡建设用地的主要来源。太行山区西南部的邢台市、邯郸市、安阳市等毗邻华北平原，地势平坦、土壤肥沃、农业生产规模大、土地供需不平衡，导致常住人口规模的影响力自北向南递减，从而不利于农业生产空间转为绿被生态空间。城镇化率变量对农业生产空间转绿被生态空间的影响为正向关系，其影响程度自北向南依次降低，高值区位于北京市、张家口市、大同市、保定市，低值区集中分布在运城市和晋城市南部。缘于太行山区地势北高南低，北部毗邻京津地区，城镇化对人口吸引力大，而南部地势低平，农业产值占比较大，城镇化进程较为缓慢，所以城镇化率对农业生产空间转绿被生态空间的影响力低于北部。从行政可达性回归系数来看，可达性高有利于促进农业生产空间转绿被生态空间，不过这种促进作用呈现出自西南部向东北部递减的趋势。高值区分布在邯郸市、安阳市，原因在于南部地势相对平缓，各行政中心间距离较近，交通路网发达，其对农业生产空间转绿被生态空间的作用力略大于北部区域。地貌复杂度的回归系数对农业生产空间转绿被生态空间同样具有积极作用，其影响力自北向南逐步递减。原因在于，太行山区北部海拔高，山地面积占比高于南部，且主要为大起伏山地，加之适宜耕地面积小于南部，导致地形复杂度回归系数自北向南逐步降低。

从农业生产空间转城镇空间回归系数来看，第一产业产值具有正向作用，高值区有两个核心区，分别为保定—大同—朔州和邢台—晋中，低值区分布在南部的运城市。但其Local R^2 低于 0.255，解释力较弱。从城镇化率回归系数来看，其对农业生产空间转城镇空间影响为正向作用，影响程度自中部向南北部逐渐递减，高值区分布在阳泉市、石家庄市、忻州市，低值区主要是运城市，回归系数低于 0.17。主要由于高值区正加速推进城镇化，大量耕地转变为城镇建设用地。乡村劳动力回归系数对农业生产空间转城镇空间主要为正向影响，自南向北方向逐渐降低。原因在于，南部高值区城镇化率较低，处于快速上升期，大量乡村劳动力输出，而北部和东部区域城镇化发展较快，但城镇建设用地规模即将达到饱和，所以乡村劳动力对农业生产空间转城镇建设空间影响力较低。

从水域生态空间转农业生产空间的回归系数来看，第一产业产值以正向促进作用为

主。由于该区域年降水量少,气候干旱,大部分县域为重点生态功能区,受地形限制,可
开发利用耕地极其有限,存在河岸泥沙淤积和水库缩小现象,甚至局部被开垦为耕地。城
镇化率回归系数对水域生态空间转农业生产空间的促进作用自西南向东北递减,高值区分
布在运城市,主要为重点开发区和农业产品主产区,地势低平,大量湖泊、水库,以及黄
河和汾河等河流流经,但人口密度高,地下水开采严重,导致水域生态空间容易被挤占为
农业生产空间。从可达性回归系数空间分布来看,可达性整体上具有正向促进作用,但在
东北部和西南部为负向影响,其解释力较差,基本上以中东部的新乡—鹤壁—安阳—邯郸
—邢台为核心向外围逐渐递减。核心区位于平原和河流下游,城市分布密集,交通便捷,
社会经济发展速度快,为促进农业发展导致水域被挤占。

　　7. 太行山区国土空间格局模拟与优化

　　国土空间格局优化是满足区域生态保护、粮食安全、经济增长等多目标协同下的空间
结构与布局。国土空间规划包含刚性约束的管理和弹性动态的引导。为实现太行山区国土
空间结构与布局优化,构建了耦合国土空间多情景模拟和叠加"双评价"的国土空间格局
优化框架(图 8-14)。

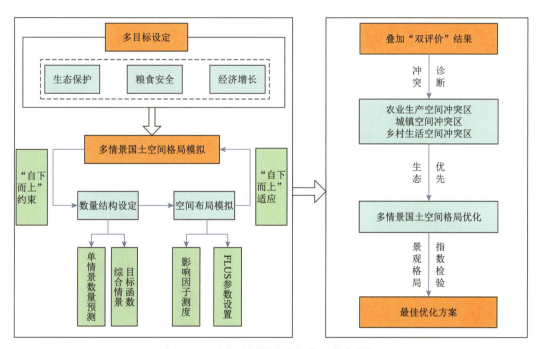

图 8-14　太行山区国土空间格局优化框架

　　根据自然增长、城镇化发展、综合发展等多种发展情景假设,进行国土空间布局模拟
(方法略述),模拟结果见图 8-15。

　　自然增长情景:2030 年太行山区国土空间格局变化将延续现有变化趋势,农业空间和生
态空间明显减少,城镇空间大幅度增加。具体为城镇空间增加了 1626.52km²,农业空间和生
态空间分别减少 1161.56km² 和 464.97km²,其对城镇空间的贡献率分为 71.41%和 28.59%。

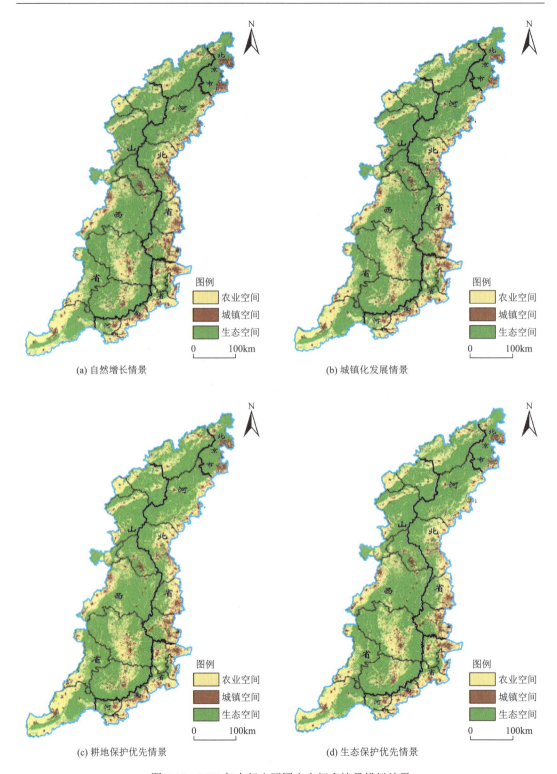

(a) 自然增长情景

(b) 城镇化发展情景

(c) 耕地保护优先情景

(d) 生态保护优先情景

图 8-15　2030 年太行山区国土空间多情景模拟结果

城镇化发展情景：2030 年太行山区城镇空间扩张 779.18km²，农业空间减少面积最大（873.73km²），生态空间仅微量增加。其中，农业空间转入城镇空间的面积为 779.18km²，占转入总面积的 89.18%；转入生态空间的面积为 94.54km²，占转化总面积的 12.13%。

将太行山区资源环境承载力和适宜性评价作为刚性约束，叠加到 4 种情景下的国土空间格局，分别得到城镇空间、农业生产空间、乡村生活空间的冲突区面积与占比（表 8-35）。

表 8-35　太行山区多情景模拟下国土空间冲突区面积与占比

情景类型	冲突区面积/km²			冲突区面积占总面积比重/%		
	农业生产空间	城镇空间	乡村生活空间	农业生产空间	城镇空间	乡村生活空间
自然增长情景	4905.1	398.54	448.47	9.75	5.50	12.12
城镇化发展情景	4885.65	361.31	465.24	9.70	5.65	11.89
耕地保护优先情景	5039.32	359.39	464.88	9.87	5.62	11.95
生态保护优先情景	5049.47	362.45	465.61	9.89	5.67	11.97

由于太行山区国土空间冲突区主要表现为城镇空间、乡村生活空间同农业生产空间、生态空间之间的重叠，以及农业生产空间与生态空间之间的重叠，冲突区斑块非常破碎且分散，加之各类型空间适宜性依次为生态空间＞农业生产空间＞乡村生活空间＞城镇空间。因此，为保证生态空间生态功能的系统性和完整性，根据生态保护优先的原则，将冲突区斑块全部调整为生态空间，最终得到优化后的国土空间格局。

从优化后 4 种情景下的国土空间分布来看（图 8-16），农业空间和城镇空间高度复合，主要分布在平原、台地、丘陵和盆地，生态空间主要分布在山地和黄土墚峁，且生态空间占主导。

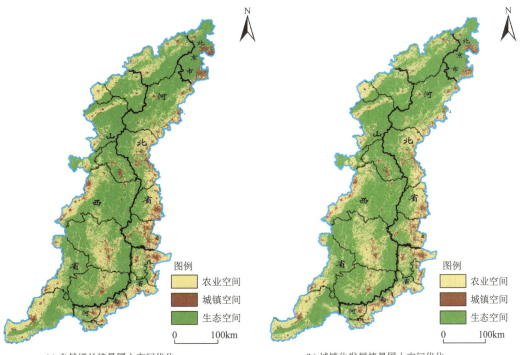

(a) 自然增长情景国土空间优化　　　　　　(b) 城镇化发展情景国土空间优化

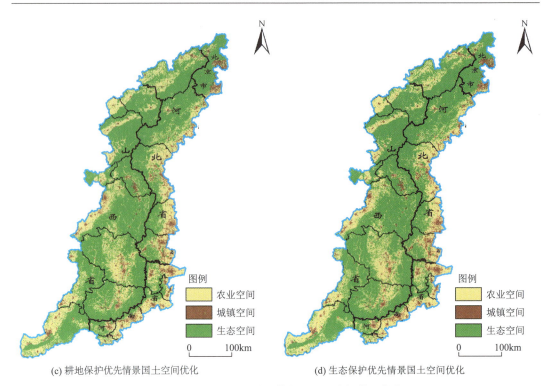

(c) 耕地保护优先情景国土空间优化　　　　　　　　(d) 生态保护优先情景国土空间优化

图 8-16　太行山区多情景模拟下国土空间格局优化

对比优化后 4 种情景下的国土空间格局，显然自然增长情景下农业空间和生态空间在 4 种情景中最小，城镇空间最大；城镇化发展情景下农业空间减少不大，且城镇空间和生态空间均有所增加，三种空间占比为 35.71∶4.41∶59.88；耕地保护优先情景和生态保护优先情景下农业空间最大，城镇空间和生态空间最小。对比 2030 年多情景模拟下优化后国土空间类型面积（表 8-36），发现优化后的城镇化发展情景国土空间更加符合实际，能够协调好经济发展与生态保护，而优化后的自然增长情景城镇扩张过快，优化后的耕地保护优先情景和生态保护优先情景侧重于耕地增加，大幅度降低了城镇建设和生态保护用地的需求，不符合山区发展趋势。

表 8-36　太行山区多情景模拟下优化后国土空间类型面积　　　　（单位：km²）

空间类型	2015 年现状	自然增长情景	城镇化发展情景	耕地保护优先情景	生态保护优先情景
农业空间	55187.18	48595.16	48885.55	49378.28	49371.72
城镇空间	5621.04	6843.37	6033.56	6032.40	6019.97
生态空间	76225.50	81444.10	81963.52	81471.95	81490.94

8. 国土空间功能提升路径

国土空间功能的提升必须以人为本，满足人口的发展需求，坚持效率优先，兼顾公平，还要有政策保障。其中，效率优先主要通过水土资源利用效率的提升、人口流出区农村建设用地整治实现，公平性主要通过优势功能区的引导，常住人口规模同建设用地指标、基本公共服务相匹配实现，政策保障主要通过乡村发展的人才保障、财政支撑、教育医疗水平、社会事业管理实现。整体上，太行山区国土空间功能的提升需要坚持问题导向和目标导向相结合，根据国土空间目标定位和发展面临的问题，围绕"人-水-地"核心要素结合提升原则，分别从优势功能区引导、加强重点城镇建设、提升水土资源利用效率、协调城乡国土空间利用水平、推进农村建设用地整治 5 个方面来解决城镇人口收缩、水土资源不平衡、国土空间利用粗放、生态脆弱且存在人为破坏等问题，实现太行山区国土空间功能提升（图 8-17）。

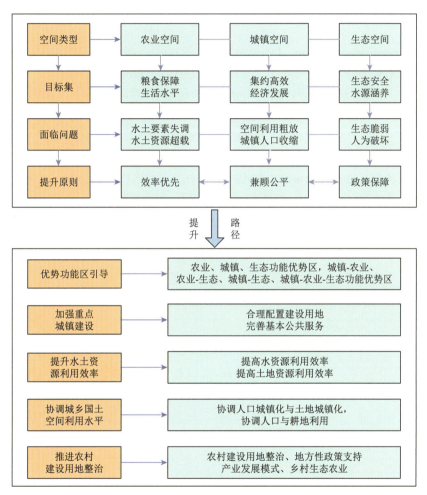

图 8-17　太行山区国土空间功能提升路径框架

8.3.3　平山县水土资源利用冲突与权衡的调控

三大山区中平山县旅游资源、矿产资源、农业资源较为丰富，是河北省和石家庄市重要的煤化工和钢铁工业基地、红色旅游基地和绿色农产品生产基地，县域水土资源利用冲突剧烈。因此，以平山县为例，综合运用 GeoSOS-FLUS 模型模拟其未来不同情景下的土地利用格局变化，从而探讨平山县土地利用的优化调控及其土地利用冲突缓解措施。

1. 模型选择

当前，随着土地利用优化配置研究理论和技术的发展，土地利用优化配置模拟研究方法已从定性分析转向定量与定性分析相结合，从静态分析发展到动态模拟，由固定条件下寻找最优方案，发展到可变条件下的趋势分析和预测，由数量配置为主发展到空间定位，配置结果则由定量结果发展为空间和定量相结合的共同结果，定量、可变和动态的土地优化空间模拟成为土地优化配置研究的主要方式[24]。

土地利用优化配置的研究中包括空间分配和空间需求两大模块，空间需求模块是指对研究区域未来不同发展情景下各土地利用类型的需求数量进行计算的独立数学模型，包括线性规划方法（linear programming，LP）、系统动力学方法（system dynamics，SD）、多目标规划方法（multi-objective programming，MOP）、灰色模型（grey model，GM）、马尔可夫方法（Markov）等多种数量优化模型，而空间分配模块是指根据数量优化模块计算出各土地利用类型的需求数量，并通过空间配置模型进行空间重分配，使其得以可视化和空间分析，空间分配则包括了元胞自动机（cellular automaton，CA）模型、土地利用变化及其效应模型（conversion of land use and its effects model，CLUE）、多主体模型（agent based model，ABM）、多智能主体系统（multi-agent system，MAS）模型、未来土地利用变化情景模拟模型（FLUS）等多种空间配置模型[25-27]。同时，完整的土地利用优化配置模拟需要根据研究区的尺度效应、自然环境因素及其数据集成情况进行数量优化模型和空间配置模型组合，如CA-Markov组合模型、SD-MOP组合模型、CLUE-Markov组合模型等，各主要土地利用优化配置模型结构见图8-18，各主要空间配置模型及其主要数量优化模型介绍见表8-37和表8-38。

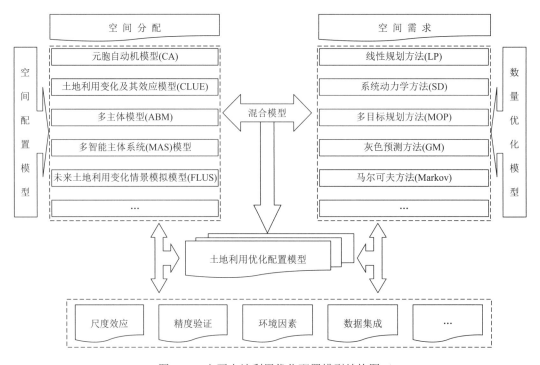

图 8-18　主要土地利用优化配置模型结构图

表 8-37　主要空间配置模型

模型名称	说明	应用范围
空间配置模型		
元胞自动机模型（CA）	基于"自下而上"的建模思路，充分体现局部规则对宏观格局变化过程的推动作用，具有模拟复杂动态系统的能力，常用于自组织系统演变过程研究。 优势：通过简单局部转换规则可模拟复杂土地利用系统变化；具有较强的土地利用格局变化过程分析能力；能很好地与 GIS、RS 数据集成，便于建模。 劣势：侧重自然环境因素对土地利用格局变化的影响，对土地利用变化过程中政策、经济等人文因素考虑显不足	适用于大多尺度，且可根据研究尺度大小进行模型扩展
土地利用变化及效应模型（CLUE）	以区域适宜性经验分析为基础，属于动态多尺度的模拟模型，结合土地利用系统驱动因素间的竞争及相互作用，进行土地利用变化空间模拟，由空间需求模块和非空间需求模块组成。 优势：具备多尺度土地利用变化模拟能力，且能模拟各土地利用类型间的相互竞争。 劣势：对土地利用变化自组织过程欠缺考虑，在自组织过程明显的土地利用变化模拟中显得不足，在 CLUE-S 模型中给予了改进	CLUE 模型适用于国家和大陆等大的区域，其扩展模型 CLUE-S 适用于中小尺度土地利用变化模拟
多主体模型（ABM）多智能主体系统（MAS）模型	基于 CA 发展而来，由多个相互交互的智能体组成，具有动态行为和异质性特征，在模型中可与周围环境进行相互作用，通过不断调整自身行为和决策来适应环境，进行动态模拟。 优势：可通过微观智能体与地理空间环境相互作用模拟土地利用变化过程中的复杂空间决策行为与人文因素。 劣势：目前暂无统一的模型精度验证方法，使得模型在应用中有所限制	多以区域尺度研究为主，缺乏对国家尺度和大洲尺度的应用研究，且研究区域多集中在城市和平原地区
未来土地利用变化情景模拟模型（FLUS）	源自 CA 模型且做了较大改进，采用神经网络算法（ANN）获取土地利用数据和自然、人文驱动因子在研究范围内的适宜性概率，基于轮盘赌选择的自适应惯性竞争机制，在模拟过程中能有效处理多种土地利用类型在自然与人类活动共同影响下发生相互转换时的不确定性与复杂性。相比 CA 模型，提高了模拟精度，具有很好反映土地利用变化规律的能力，且能获得与现实土地利用分布相似的结果	适用于城市发展及 UGB 划定；城市土地利用变化模拟；大尺度土地利用变化模拟及其效应分析；土地利用分布格局变化及热点分析方面

表 8-38　主要数量优化模型

模型名称	说明	应用范围
数量优化模型		
线性规划方法（LP）	线性规划法是解决多变量最优决策的方法，是在各种相互关联的多变量约束条件下，解决一个线性目标函数的最优解问题，是土地利用优化配置中常用的一种方法，可通过设定不同的模拟情景得出不同的优化配置方案	应用于单一用地类型、土地资源数量结构的优化与决策
系统动力学方法（SD）	土地利用系统动力学模型基于系统动力学理论建立，模型构建基本思路是先分析土地系统变化的复杂过程，然后确定系统变量与因变量之间的关系，并转换成流图，在软件中多次调试相关变量进行模型验证，直至验证精度达到模拟要求。该方法能够模拟土地利用变化的模型，能从宏观上反映土地利用系统的复杂行为，从而为决策者提供决策支持	适用于解决复杂的土地利用系统及其长期系统动态发展问题
多目标规划方法（MOP）	多目标规划是一种定量与定性相结合的多目标决策分析方法，能根据决策者所设定的多个目标而建立多种决策方案，并可以进行多种方案效应分析和比较，从而选择最优方案，对于目标结构复杂且缺乏必要数据的情况较为适用，充分体现了决策者的意愿	适用于研究土地-社会-社会系统的结构、功能和行为及其相互关系和远期目标优化
灰色模型（GM）	灰色系统介于白色系统和黑色系统之间，指已知但不确切的参数，可用于参数预测。灰色预测方法以时间序列资料为基础，通过对无规律的数据进行转换，建立有规律的生成数列的回归方程，并应用该方程对事物的动态发展趋势进行预测。主要有灰色 GM（1，1）模型、灰色马尔可夫模型、灰色聚类分析、灰色无偏等方法，其中灰色 GM（1，1）模型是灰色预测方法的核心模型	适用于研究基于时间序列无规律数据的回归模型构建，并进行发展态势预测

续表

模型名称	说明	应用范围
数量 优化 模型　马尔可夫方法 （Markov）	马尔可夫方法是一个随机过程,可通过转移概率对土地利用变化过程中未来某个时刻的变动状况进行预测。该方法是基于统计学中概率统计论的一种定量预测方法	适用于以近期预测为基础,以近期土地类型面积构建模型,并用来预测远期状况

2. 模拟步骤

根据上述对各土地利用优化配置模型的梳理,研究选取 FLUS 模型进行平山县土地利用优化配置模拟。FLUS 模型原理源自元胞自动机（CA）,并在其基础上进行了较大的改进。FLUS 模型运行的基本思路是首先采用神经网络算法（BP-ANN）计算某一期土地利用数据在研究区域内的空间分布概率,其次基于轮盘赌选择的自适应惯性竞争机制,以确定元胞是否发生用地类型转换,从而实现区域土地利用的动态模拟[26]。BP-ANN 计算分为 3 层,第 1 层是输入层,第 2 层是隐藏层,第 3 层是输出层,一般包括训练和预测两个阶段。其表达公式为[6]

$$sp(p,k,t) = \sum_j w_{j,k} \times sigmoid(net_j(p,t)) = \sum_j w_{j,k} \times \frac{1}{1+e^{-net_j(p,t)}} \tag{8.35}$$

式中,$sp(p,k,t)$ 为第 k 种用地类型在栅格 p、时间 t 上的适宜性概率;$w_{j,k}$ 为隐藏层与输出层之间的权重值;$sigmoid(net_j(p,t))$ 为隐藏层到输出层的激励函数;$net_j(p,t)$ 为第 j 个隐藏层栅格 p 在时间 t 上所接收到的信号。对于 BP-ANN 输出的适宜性概率 $sp(p,k,t)$,在迭代时间 t 栅格 p 上,各类用地的适宜性概率之和为 1,即

$$\sum_k sp(p,k,t) = 1 \tag{8.36}$$

对于自适应惯性竞争机制,其核心是自适应惯性系数,每种地类的惯性系数由现有土地需求与土地数量的差异决定,并在迭代中自适应调整,从而使各类用地的数量向目标发展。第 k 种地类在 t 时刻的自适应惯性系数 $Intertia_k^t$ 为

$$Intertia_k^t = \begin{cases} Intertia_k^{t-1} & |D_k^{t-2}| \leqslant |D_k^{t-1}| \\ Intertia_k^{t-1} \times \dfrac{D_k^{t-2}}{D_k^{t-1}} & 0 > D_k^{t-2} > D_k^{t-1} \\ Intertia_k^{t-1} \times \dfrac{D_k^{t-1}}{D_k^{t-2}} & D_k^{t-1} > D_k^{t-2} > 0 \end{cases} \tag{8.37}$$

式中,D_k^{t-1}、D_k^{t-2} 分别为 t-1、t-2 时刻第 k 种用地类型的栅格数与需求数量之差。

根据以上步骤,分别计算每个栅格的总概率,通过 CA 迭代,将各用地类型分配到栅格单元中。栅格 p 在 t 时刻转换为用地类型 k 的总概率 $TProb_{p,k}^t$ 的数学表达式为

$$\text{TProb}^t_{p,k} = \text{sp}(p,k,t) \times \Omega^t_{p,k} \times \text{Intertia}^t_k \times (1 - \text{sc}_{c \to k}) \qquad (8.38)$$

式中，$\text{sc}_{c \to k}$ 为土地利用类型 c 转为类型 k 的成本；$1 - \text{sc}_{c \to k}$ 为发生转换的难易程度；$\Omega^t_{p,k}$ 为邻域作用，其数学公式为

$$\Omega^t_{p,k} = \frac{\sum_{N \times N} \text{con}(c^t_p = k)}{N \times N - 1} \qquad (8.39)$$

式中，$\sum_{N \times N} \text{con}(c^t_p = k)$ 为在 $N \times N$ 的 Moore 邻域窗口，上一次迭代结束后第 k 种地类的栅格总数，研究中取 $N = 3$。

最后，在计算区域总概率分布的基础上，FLUS 模型采用具有随机特点的轮盘赌选择模型以实现各土地利用类型间的相互转换，从而反映实际土地利用变化情况的不确定性与土地利用类型间的相互变化，以更好地体现各土地利用类型间的相互竞争关系。

综上，研究以平山县 2010 年的土地利用数据为模拟初年数据，选取驱动土地利用变化相关的内在因子与外在因子作为驱动力数据进行参数配置，利用 FLUS 模型软件模拟平山县 2015 年的土地利用数据，从而验证 FLUS 模型的可行性，综合考虑 Kappa 系数及 FoM 系数验证其模拟精度。其中，Kappa 系数值域范围为 0～1，值越接近 1，模拟精度越好，相反则越差。一般来说，当 $0.6 \leqslant \text{Kappa} \leqslant 0.8$ 时，模型模拟精度显著；当 $0.8 \leqslant \text{Kappa} \leqslant 1$ 时，模型模拟精度最佳。FLUS 模型架构如图 8-19 所示，FLUS 模型精度验证技术路线如图 8-20 所示。

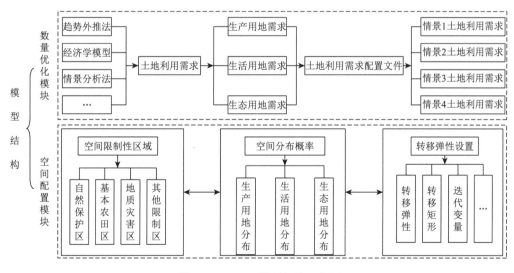

图 8-19　FLUS 模型架构示意图

3. 空间分析

1）空间数据准备

依据 FLUS 模型架构及其运行原理，模拟初期需进行相关基础数据配置，准备了研究区域 2010 年和 2015 年两期土地利用数据，分别作为研究初期和研究末期的土地利用数据，通过利用 2010 年的土地利用数据模拟 2015 年的土地利用状况，再将模拟的 2015 年

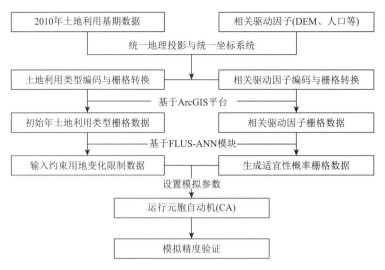

图 8-20　FLUS 模型精度验证技术路线图

土地利用数据与实际解译的 2015 年土地利用数据进行空间分析和 Kappa 系数计算,对 FLUS 模型的模拟精度进行检验。同时,根据 FLUS 模型的需要,还需准备相关内在驱动因子与外在驱动因子的栅格数据,以便进行各土地利用类型空间分布适宜性概率的计算。

　　参考太行山区土地利用分类系统,同时考虑研究区域中有些地类面积较小,分布较为凌乱,为使模拟得到较好效果,将原有的二级地类合并为五个一级地类。其中,水田和旱地合并为耕地,有林地、灌木林地、疏林地、其他林地合并为林地,高覆盖度草地、中覆盖度草地、低覆盖度草地合并为草地,河渠、湖泊、水库与坑塘、滩地合并为水域,城镇用地、农村居民点、工矿用地合并为建设用地。通过 ArcGIS 软件对 2010 年、2015 年各土地利用类型进行相应编码(表 8-39),并采用 GRID 模块下的 Convert to GRID 工具将其转换为像元为 50m×50m 大小的栅格图像,并分别命名为"PS2010door.tif"、"PS2015true.tif"文件,栅格列数为 1346,栅格行数为 1353(图 8-21)。

表 8-39　FLUS 模型中各土地利用类型代码

一级分类		二级分类		FLUS 模型代码	参数文件名称
代码	名称	代码	名称		
1	耕地	11	水田	1	
		12	旱地		
2	林地	21	有林地	2	PS2010door.tif PS2015true.tif
		22	灌木林地		
		23	疏林地		
		24	其他林地		
3	草地	31	高覆盖度草地	3	
		32	中覆盖度草地		
		33	低覆盖度草地		

续表

一级分类		二级分类		FLUS 模型代码	参数文件名称
代码	名称	代码	名称		
4	水域	41	河渠	4	PS2010door.tif PS2015true.tif
		42	湖泊		
		43	水库、坑塘		
		44	滩地		
5	建设用地	51	城镇用地	5	
		52	农村居民点		
		53	工矿用地		

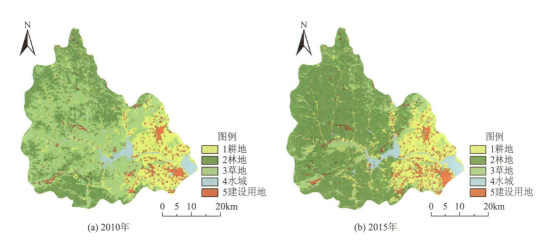

(a) 2010年　　　　　　　　　　　　　　　(b) 2015年

图 8-21　平山县 2010 年、2015 年不同土地利用类型分布图

　　同时，根据 FLUS 模型需要，从影响土地利用变化的主要因素考虑，对内在驱动因子（距县城中心距离、距乡镇中心距离、距主要公路距离、距主要河流距离、距主要湖泊距离、高程、坡度、坡向）和外在驱动因子（农业生产总值、人口密度、固定资产投资、乡村劳动力）共计 12 个驱动因子依次制作栅格数据和栅格图。内在驱动因子利用 ArcGIS 软件中的 Find Distance 工具中的欧氏距离将其空间化为 GRID 文件。土地利用变化各驱动因子分级标准及其 FLUS 模型代码、文件名称见表 8-40。同样将各驱动因子的栅格数据转换为像元为 50m×50m 大小的栅格图像，并保持栅格行列数一致，栅格列数为 1346，栅格行数为 1353。

表 8-40　土地利用变化各驱动因子分级标准及其 FLUS 模型代码、文件名称

驱动因子		说明	FLUS 模型代码	参数文件名称
内在驱动因子	距县城中心距离	到县政府距离栅格图形文件	Dist City	Input1.tif
	距乡镇中心距离	距乡镇政府距离栅格图形文件	Dist Town	Input2.tif
	距主要道路距离	到主要道路距离栅格图形文件	Dist Road	Input3.tif
	距主要河流距离	到主要河流距离栅格图形文件	Dist River	Input4.tif

	驱动因子	说明	FLUS 模型代码	参数文件名称
内在驱动因子	距主要湖泊距离	到主要湖泊距离栅格图形文件	Dist Lake	Input5.tif
	高程	高程栅格图形文件	Elevation	Input6.tif
	坡度	坡度栅格图形文件	Slope	Input7.tif
	坡向	坡向栅格图形文件	Aspect	Input8.tif
外在驱动因子	农业生产总值	农业生产总值栅格图形文件	NYSCZZ	Input9.tif
	人口密度	乡镇人口密度栅格图形文件	RKMD	Input10.tif
	固定资产投资	固定资产投资栅格图形文件	GDZCTZ	Input11.tif
	乡村劳动力	乡村劳动力栅格图形文件	XCLDL	Input12.tif

2）适宜性概率计算

通过对 2010 年、2015 年的土地利用数据和相关驱动因子进行文件配置，应用 FLUS 模型软件加载 2010 年的土地利用栅格数据，利用模型基于神经网络的适宜性概率计算模块（ANN-based Probability-of-occurrence Estimation）设置神经网络以获取训练样本的采样模式，在采样过程中，选择用均匀采样模式（Uniform Sampling）对各土地利用类型进行均匀采样，并将采样参数设定为 30（即采样点数占研究区域有效总像元数的 3%），神经网络的隐藏层数量按经验一般设定为 12。在 Save path 中选择即将输出的适宜性概率数据类型为单精度（Single Accuracy）。同时，加载 12 个驱动因子栅格文件，并默认选择进行标准化处理（Normalization），将驱动因子归一化至 0~1。完成上述设置后，即运行神经网络训练模型和进行适宜性概率计算，并将其计算结果保存为 "Probability-of- occurrence.tif" 文件，通过均方根误差（RMSE）、平均误差（average error）、平均相对误差（average relative error）和不同土地利用类型对应波段衡量适宜性概率计算精度。研究区 FLUS 模型软件适宜性概率参数设置如图 8-22 所示，研究区各土地利用类型适宜性分布概率如图 8-23 所示。

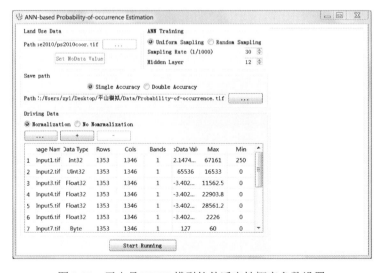

图 8-22　平山县 FLUS 模型软件适宜性概率参数设置

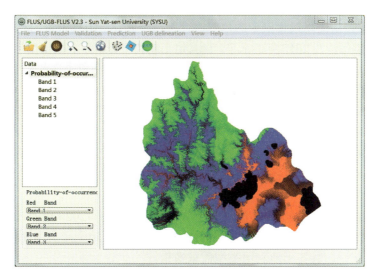

图 8-23　平山县各土地利用类型适宜性分布概率图

根据 BP-ANN 的适宜性概率计算结果可知,其 RMSE 为 0.293,表明其计算结果良好,能满足下一步进行模拟的需求。同时,在"Probability-of-occurrence.tif"文件中,共有 5 个波段,每个波段均对应唯一土地利用类型的空间适宜性分布概率,Band1 为耕地适宜性分布概率,Band2 为林地适宜性分布概率,Band3 为草地适宜性分布概率,Band4 为水域适宜性分布概率,Band5 为建设用地适宜性分布概率,通过各波段可初步判断各土地利用类型在每个空间像元上的分布概率。

4. 情景方案设计

从目前平山县的地理区位、政策环境、发展战略和未来土地需求情况来看,平山县在未来一段时间内的土地利用变化大致可分为生态安全、耕地保护、自然发展和土地规划 4 种情景。考虑研究进行土地利用情景模拟的主要目的是分析区域土地利用空间格局的变化,因此在模拟时间的设置上不宜与现研究时间点相隔太近,也不宜太长,以便于研究结果能具有实际参考价值,研究以 5 年为模拟时间节点,选定 2025 年为未来情景土地利用模拟目标年,从而分析不同情景下土地利用格局变化的时空特征。

1)生态安全情景

平山县地处燕山—太行山生态廊道和华北平原的生态与水源涵养区,区域生态优势明显,生态安全战略位置显著且重要性突出。因此,在未来区域的发展过程中,更应该注重生态保护与经济建设的协调发展,根据平山县 2010~2015 年各土地利用类型的变化情况,假设至 2025 年县域内林地和水域面积保持在 2015 年水平而不发生变化,而其他土地利用类型依然按照 2010~2015 年的水平发生变化,由此求得生态安全情景下 2025 年各土地利用类型的需求数量。

2)耕地保护情景

随着城镇化与工业化的快速发展,人口集聚的加速,城乡过渡带尤其是城市边缘区的耕地已大多被城市扩张逐渐占用,从而威胁区域粮食供给的持续稳定,加剧了当地人地关系的矛盾。因此,从保障粮食安全的角度进行考虑,假设平山县未来的耕地数量不减少,至 2025 年时依然保持在 2015 年的水平,而其他土地利用类型需求数量按照 2010~2015 年的水平发生变化,由此求得耕地保护情景下 2025 年各土地利用类型的需求数量。

3) 自然发展情景

自然发展情景是指平山县各土地利用类型数量不受较大政策改变和环境变化的影响,以 2010~2015 年平山县的土地利用变化数量为基础,并考虑经济社会的发展趋势,同时满足经济建设中各类用地的需求,按照一定的稳定速率发生变化的情景。研究采用 Markov 模型预测得到 2025 年平山县各土地利用类型需求数量。

4) 土地规划情景

土地规划情景是参考《平山县土地利用总体规划(2010~2020 年)》调整完善方案文本中 2020 年各土地利用规划数量,并结合 2015 年实际各土地利用类型面积,采用线性外推法得到 2025 年平山县各土地利用类型需求数量。

根据上述 4 种情景方案,分别计算出各土地利用类型的需求数量(表 8-41)。

表 8-41　2025 年平山县不同情景下各土地利用类型像元数

情景设计	耕地	林地	草地	水域	建设用地
生态安全情景	229925	613952	90702	45865	66637
耕地保护情景	210297	675897	47286	45207	68394
自然发展情景	197971	707546	25957	46493	69114
土地规划情景	168671	694063	64046	47583	72718

根据生态安全和耕地保护情景设计方案,分别对林地和水域、耕地制作二值栅格图件,并将其赋值为 0,其他区域赋值为 1(图 8-24)。其中,数值 0 表示该区域不允许土地利用类型发生转换,数值 1 表示允许发生转换。

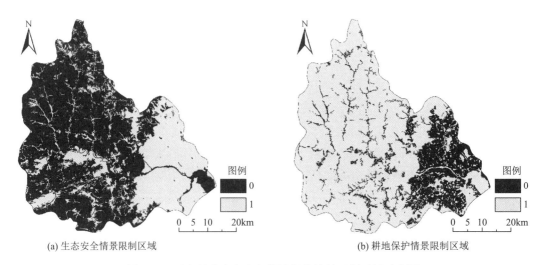

(a) 生态安全情景限制区域　　　　　　　　(b) 耕地保护情景限制区域

图 8-24　平山县生态安全与耕地保护情景限制区域示意图

同时，根据不同土地利用情景方案制定各土地利用类型间相互转换的难易程度，分别设置稳定性参数（表 8-42）。

表 8-42　平山县不同情景方案下各土地利用类型稳定性参数

土地利用类型	耕地	林地	草地	水域	建设用地
生态安全情景	0.8	1.0	0.7	0.9	0.9
耕地保护情景	1.0	0.9	0.9	0.9	0.9
自然发展情景	0.8	0.8	0.9	0.9	0.9
土地规划情景	0.7	0.8	0.8	0.9	0.9

5. 不同情景模拟结果

基于平山县 2015 年土地利用数据，考虑研究区的内在驱动因子与外在驱动因子，并运用 FLUS 模型模拟平山县 2025 年不同情景方案下的土地利用空间格局。

1）生态安全情景模拟结果

从 2025 年生态安全情景模拟结果来看（图 8-25），该情景下耕地面积比 2015 年增加了 49.07km²，达到 574.81km²，占平山县土地总面积的 21.96%，主要增加区域位于滹沱河河谷及其支流沿岸；林地和水域空间变化较为稳定，其面积分别占平山县总面积的 58.63% 和 4.38%，主要分布在山原区；草地面积比 2015 年减少了 78.93km²，减至 226.76km²，占平山县总面积的 8.66%，其空间分布较为离散，以河流沿岸及山原区部分区域为主；建设用地面积较 2015 年增加 29.91km²，达到 166.59km²，占平山县总面积的 6.13%，其空间变化呈现低山丘陵区为面状、山原区为点状扩张的趋势。生态安全情景下林地和水域空间变化较为稳定，耕地和建设用地增长较快，但草地减少显著，尤其是在局部地区靠占用草地扩展耕地，仍会在一定程度上造成生态风险和生态脆弱，加剧区域生态用地冲突。

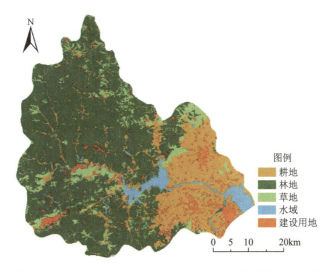

图 8-25　平山县生态安全情景下 2025 年土地利用格局模拟图

2）耕地保护情景模拟结果

从 2025 年耕地保护情景模拟结果来看（图 8-26），该情景下耕地较为稳定，面积为 525.74km²，主要分布于低山丘陵区和河谷低洼地带；林地面积为 1689.74km²，占平山县总面积的 64.55%，比 2015 年增加 154.86km²，其来源为山原区草地的转移；草地面积相比 2015 年大幅度减少至 118.22km²，占平山县面积的 4.52%，减少区域主要位于滹沱河上游沿岸坝地；水域面积为 113.02km²，占平山县面积的 4.32%，变化幅度较小；建设用地面积为 170.99km²，占平山县面积的 6.29%，相比 2015 年面积增加 34.30km²，主要由县城扩展和下口镇、小觉镇扩张得来。耕地资源在数量和空间上得到了一定保障，但建设用地的持续增加，造成部分林草地减少，在一定程度上对区域的生态环境造成了威胁。

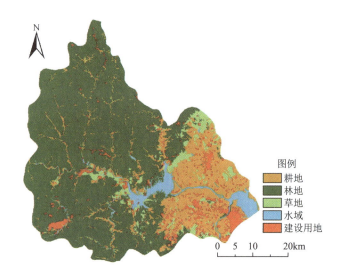

图 8-26　平山县耕地保护情景下 2025 年土地利用格局模拟图

3）自然发展情景模拟结果

从 2025 年自然发展情景模拟结果来看（图 8-27），该情景下耕地面积相比 2015 年减少 30.82km²，减少区域主要为山原区的地势低洼地带；林地面积相比 2015 年增加 233.99km²，达到 1768.87km²，增加区域主要位于山原区；草地大面积减少至 64.89km²，共减少 240.79km²，主要位于下口镇、小觉镇和岗南水库周边；水域面积为 116.23km²，相比 2015 年增加 1.57km²，变化幅度较小；建设用地增加显著，相比 2015 年增加 36.10km²，增加区域较为零散，总体呈现出无序扩张的特征，以农村居民点扩张最为显著。自然发展情景下不设约束条件，林地的增加以牺牲耕地为代价，区域粮食安全可能会受到较大的威胁。

4）土地规划情景模拟结果

从 2025 年土地规划情景模拟结果来看（图 8-28），该情景下的耕地面积相比 2015 年减少 104.07km²，降至 421.68km²，占平山县总面积的 16.11%，是耕地面积减少最大的一

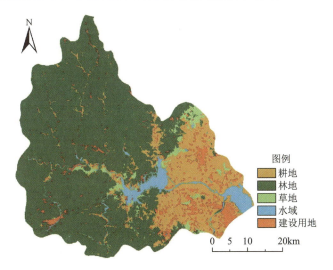

图 8-27　平山县自然发展情景下 2025 年土地利用格局模拟图

种情景模拟方案；林地面积相比 2015 年增加 200.28km², 达 1735.16km², 占平山县总面积的 66.29%, 其增加来源于耕地和草地的转移；草地面积为 160.12km², 相比 2015 年减少了 145.57km², 主要转换为林地和建设用地；水域面积为 118.96km², 相比 2015 年属于小幅增长态势；建设用地面积相比 2015 年增加 45.11km², 达到 181.80km², 县城建成区和乡镇中心扩张较为显著, 土地规划方案是建设用地面积增加最多的一种情景模拟方案。从长远来看, 建设用地扩张占用耕地和草地与县域经济社会发展之间的矛盾可能会逐步加剧。

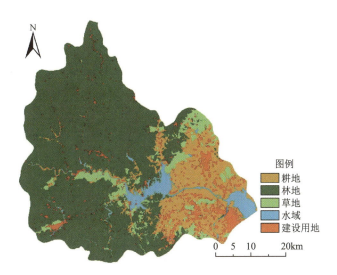

图 8-28　平山县土地规划情景下 2025 年土地利用格局模拟图

总之, 平山县不同情景下 2025 年的土地利用空间格局变化具有较大差异。生态安全情景下林地和水域空间变化稳定, 耕地和建设用地增长较快, 草地减少显著, 耕地和建设用地扩张可能加剧区域用地冲突；耕地保护情景下耕地资源数量得到有效保持，但建设用地的持续增加，在一定程度上可能对区域的生态环境造成威胁；自然发展情景下林地快速增加且以牺牲耕地为代价，区域粮食安全可能会受到较大的威胁；土地规划情景下建设用地扩张占用耕地和草地，与县域经济社会发展的矛盾可能会逐步加剧。

8.3.4 普格县"三生空间"优化多情景模拟

普格县位于四川省西南部，凉山彝族自治州东部，27°13′N～27°30′N、102°26′E～102°46′E，面积 1918km²。其包括 3 个镇、31 个乡，东面与布拖县接壤，南与宁南县相邻，西接德昌县，西北和北面分别与西昌市、昭觉县接壤。普格县位于四川省低纬度地区，受西南季风和印度北部干燥大陆性气团交替控制，干雨季分明，具有冬无严寒春高温，夏无酷暑秋凉早的气候特点。境内河流主要有则木河和西洛河，河流发育完整，水力资源丰富。同时，普格县是四川省典型的少数民族县，是彝族文化的腹心，也是火把节之乡，旅游资源丰富多彩。

2016 年 9 月，国家发改办规划〔2017〕201 号文件中明确指出，批复同意普格县新增纳入国家重点生态功能区，并确定其重点生态功能区的类型为水土保持。实际上，水土保持型国家重点生态功能区是我国水土流失发生的重灾区，生态环境极其脆弱。一旦受到不合理的冲击，就会给区域或者更大范围的自然生态环境造成极大威胁和损失。因此，为实现普格县外部生态功能的定位就必须尽量减少开发，限制进行大规模高强度的工业化城镇化开发，对水土流失敏感区和脆弱区加强保护，以保持并提高生态产品的供给能力。同时，普格县在 1989 年被认定为省级贫困县，1992 年被认定为国家级贫困县，2009 年被定为四川省连片开发扶贫试点县，并且《中国农村扶贫开发纲要（2011～2020 年）》指出，将乌蒙山连片特困地区作为扶贫攻坚的主战场，普格县作为乌蒙山重点扶持区很重要的一个任务就是发展经济，摆脱贫困。而普格县经济的发展很大程度上在于项目建设和资源开发，这样会加剧生产空间对其他空间的侵占，同时给区域生态环境带来威胁。因此，外部功能定位和内部发展之间如何进行权衡，如何在保障经济增长的条件下，实现生态效益的最大化是普格县迫切需要解决的问题。

1. 普格县"三生空间"功能问题诊断

1）"三生空间"功能合理性分析

在不同海拔上，对生产空间而言，除了大部分分布于 1500～2000m 海拔带之外，在＞3000m 海拔带，还有一定面积的生产空间，尤其是农业生产空间，面积为 1864.60hm²（表 8-43）。山区，由于山路崎岖，农业生产方式主要靠人力，在海拔 3000m 的地方几乎很难开展生产劳动。同时，根据普格县 2016 年的耕地质量调查报告可知，2016 年普格县耕地的国家自然等级范围为 7～9 级，并且 9 级占有绝对优势，也就是说，普格县农业生产空间的质量等级不高，而高海拔的农业生产空间质量更是低下。高海拔、质量等级不高的农业生产空间在遇到骤雨、大雪等极端天气时，很容易发生滑坡、泥石流等自然灾害。因此，出于可达性、自然生态系统和人身安全考虑，需要对这 1864.60hm² 的农业生产空间进行改造。对生活空间而言，虽然<1500m 是最适宜人类居住的海拔带，但从表 8-43 中可以明显看到普格县在<1500m 海拔带上的乡村生活面积较小，而在>3000m 的海拔带上仍有部分乡村生活空间。可见，普格县生活空间分布海拔相对较高。对生态空间而言，在<2000m 的海拔上还有 117.34hm² 的容纳生态空间，应充分利用这类低海拔容纳空间缓解城镇建设所带来的生态环境压力。

表 8-43 普格县不同海拔带上七类具体空间面积 （单位：hm²）

海拔/m	农业生产空间	工矿业生产空间	城镇生活空间	乡村生活空间	绿被生态空间	水被生态空间	容纳生态空间
<1500	3383.90	202.49	111.42	336.14	4193.66	687.42	38.41
1500~2000	10900.59	321.40	59.39	859.02	17280.70	1157.25	78.93
2000~2500	10559.25	463.55	26.77	758.15	40662.16	938.19	182.12
2500~3000	6138.06	230.14	0.19	300.93	45489.56	600.01	195.33
>3000	1864.60	182.44	0.00	138.99	41510.61	200.73	463.80

不同坡度上，对于生产空间而言，主要集中于 15°~25° 的急坡和 >25° 的陡坡上（表 8-44），特别是农业生产空间，在 >25° 的陡坡上面积最大。对生活空间而言，6°~15° 的缓坡上分布面积最广，15°~25° 的斜坡上面积分布减少。总体来看，生活空间的分布也主要集中于坡度较高区域。对生态空间而言，绝大部分生态空间分布于 >25° 的坡度上。对于其中的容纳生态空间而言，近一半的容纳生态空间在 >25° 坡度上均有分布，这部分用地多为自然灾害造成的地表裸露，需要加强保护。

表 8-44 普格县不同坡度上"三生空间"面积 （单位：hm²）

坡度/(°)	农业生产空间	工矿业生产空间	城镇生活空间	乡村生活空间	绿被生态空间	水被生态空间	容纳生态空间
0~2	89.32	21.79	11.56	31.71	495.04	50.11	10.54
2~6	799.43	116.29	47.85	210.77	3945.98	336.98	38.78
6~15	7188.99	443.54	111.78	879.68	26308.68	1173.95	195.70
15~25	12300.75	469.57	42.12	876.07	48056.82	1115.37	339.46
>25	12375.92	380.45	17.07	426.51	70265.48	936.86	405.90

在不同地形起伏度上，对于生产空间而言，主要在地形起伏度为 100~150m 的区域上（表 8-45）。特别是工矿业生产空间，主要也分布于地势起伏较大的区域（>100m）。这给对地势和地质环境有较高要求的工矿业生产带来了很大隐患，对这类生产空间要进行严格的生产管理和保护。对于生活空间而言，绝大部分生活空间分布在<150m 地形起伏度的区域内。对生态空间而言，主要分布在地形起伏度>150m 的范围内，符合区域生态保护的要求。

表 8-45　普格县不同地形起伏度上"三生空间"面积　　　　（单位：hm²）

地形起伏度/m	农业生产空间	工矿业生产空间	城镇生活空间	乡村生活空间	绿被生态空间	水被生态空间	容纳生态空间
<30	318.49	10.54	2.65	23.64	33.87	33.05	0.01
30～50	1021.1	80.76	45.05	117.13	786.62	195.04	5.17
50～100	9004.82	386.62	124.13	825.02	19403.43	1116.7	172.3
100～150	14200.95	506.09	22.08	969.77	46017.19	1297.34	340.62
>150	8287.42	415.2	3.75	456.39	82908.9	943.11	441.38

　　2）"三生空间"分布的合理性分析

　　由表 8-46 可知，对于三大类空间而言，毗邻 1 种空间类型的栅格数比例达总栅格数的 76.1%，而毗邻 3 种空间类型的栅格数仅占总栅格数的 2.3%。对于六小类空间而言，毗邻 1～2 种空间类型的栅格数比例达总栅格数的 94.1%，而毗邻 5～6 种空间类型的栅格数占比为 0。这说明，普格县"三生空间"的整体毗邻性较差，空间功能的互补性和融合性较差。

表 8-46　不同空间的邻近空间类型分类

毗邻的空间类型数（大类）	栅格数	比例/%	毗邻的空间类型数（小类）	栅格数	比例/%
1	1618773	76.1	1	1504045	70.7
2	459326	21.6	2	498211	23.4
3	49486	2.30	3	111501	5.2
			4	13125	0.6
			5	692	0.0
			6	11	0.0

　　由图（图 8-29）可知，三大类空间和六小类空间的冷热区分布较相似，除了在区域的左上角，也就是螺髻山镇有一个小范围的高值区外，其他地方并没有出现明显的集聚。也就是说，普格县"三生空间"的集聚性不强。

　　3）生态系统敏感性分析

　　随着经济社会的快速发展，生态环境问题日益突出，进行区域生态敏感性分析，进而制定相应的生态环境保护规划、制度，对区域可持续发展至关重要。普格县作为国家级贫困县、乌蒙山连片特困扶贫区，很重要的一个任务就是发展经济、摆脱贫困。但随着经济的发展，生产空间、生活空间占用生态空间的现象频繁发生，区域"三生空间"的矛盾愈演愈烈。综合评估生态敏感性能准确把握普格县目前的生态环境状况，对区域环境保护规划、城镇发展规划、产业布局等具有重大的参考价值。

　　该部分主要从单因素分析与多个要素综合评价两方面进行普格县"三生空间"生态敏

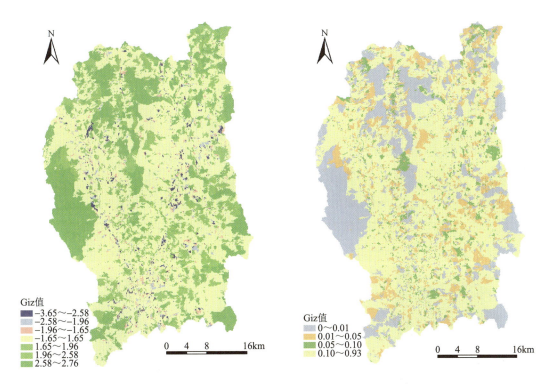

图 8-29　普格县"三生空间"集聚图

感性分析评价。首先进行单一生态环境要素的分析评价，具体操作为在 ArcGIS 软件平台中，建立坡度、高程、"三生空间"类型、河流、地质灾害易发性、土壤侵蚀 6 个因子的图形库和属性库，将数据矢量化后转换成一系列栅格数据，并按照不同因子的分级标准进行单因子生态敏感性评价，得出 6 张单因子生态敏感性等级分区图。单因子分析得出的土地利用生态环境敏感性，只能体现该因子的情况，而影响"三生空间"生态敏感性的因子数量较多，且存在相互关联性。所以为了综合分析区域"三生空间"生态敏感性，利用 ArcGIS 空间分析（Spatial Analysis）功能，在 ArcGIS10.2 中运用栅格计算器（Grid Calculator）进行栅格计算，相当于运用一个多因子综合加权求和模型对普格县"三生空间"生态敏感性进行总体量化评价。

根据栅格计算器加权求和得出普格县"三生空间"生态敏感性综合评价值，再对其进行重分类（Reclassify）处理，最终得到普格县"三生空间"综合生态敏感性的等级和分布情况。与单因子生态敏感性等级分区图类似，同样将普格县多因子综合评价图层划分为 4 个等级区域：高度敏感区、中度敏感区、低度敏感区和不敏感区，得出普格县综合生态脆弱性分布图（图 8-30）。

由图 8-30 可知，除了河流外，其他单因子的生态敏感性均较高。同时，在自然条件和人为活动作用下，普格县综合生态敏感性也较高，生态环境十分敏感和脆弱。

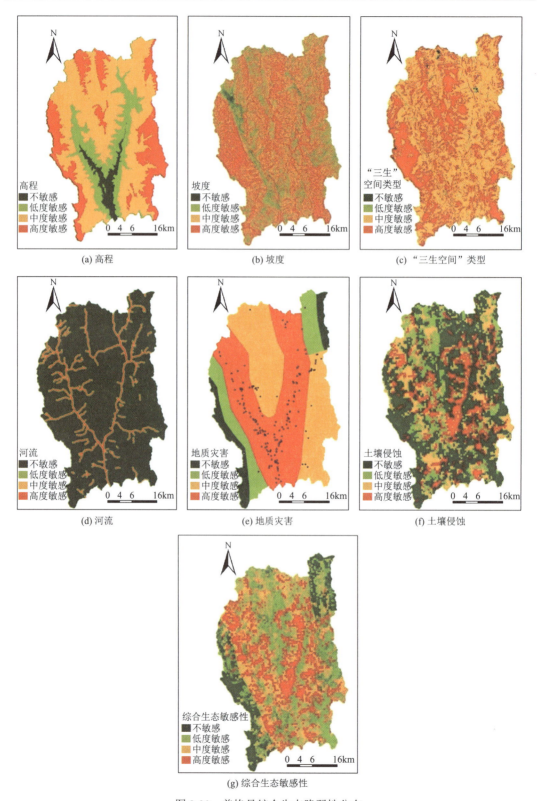

(a) 高程　　　　　　　　　(b) 坡度　　　　　　　　　(c) "三生空间"类型

(d) 河流　　　　　　　　　(e) 地质灾害　　　　　　　(f) 土壤侵蚀

(g) 综合生态敏感性

图 8-30　普格县综合生态脆弱性分布

2. 普格县"三生空间"功能优化的技术框架

由上述分析可知，普格县"三生空间"分布不尽合理，空间相互关系较弱，并且生态敏感性较高。当受到不合理冲击时，极易发生各类自然灾害，破坏现有的生态平衡，甚至对其外部地区的生态健康也会产生威胁。因此，在国家重点生态功能区的定位下，普格县应该进行"三生空间"的优化，增强区域生态系统服务的同时，提高"三生空间"系统的稳定性，降低区域生态脆弱性和敏感性，以更好的生态环境服务外部地区。

普格县作为国家重点生态功能区，生态价值意义重大。本书在保证普格县经济发展、粮食需求、规划要求、社会现实的前提下，以生态效益最大化为目标构建了"三生空间"优化模型，以下简称优化情景。同时，将自然发展情景下的普格县"三生空间"变化作为对比情景，用以表示不采用任何替代方案下未来普格县"三生空间"的发展趋势。"三生空间"优化主要从数量结构和空间配置两个方面着手，"数量结构"是指数量上的各类空间比例调整，"空间配置"是指数量上的优化方案在空间上的体现。其中，采用线性相关和 GM（1，1）模型对自然发展情景下 2030 年普格县"三生空间"数量结构进行预测，采用灰色线性规划模型对优化情景下 2030 年普格县"三生空间"数量结构进行预测。在确定了不同情景下普格县 2030 年"三生空间"数量结构后运用神经网络模型和元胞自动机模型对 2030 年不同情景下的"三生空间"结构进行配置。通过普格县"三生空间"模拟与优化研究以期在为山区土地生态研究提供一种较为精确的途径的基础上，为促进普格县生态保护、粮食安全、土地空间布局等提供较有力的科学依据。技术框架如图 8-31所示。

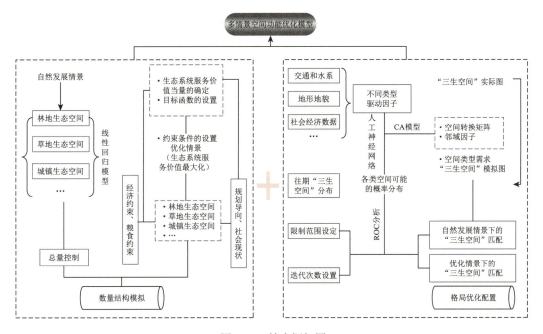

图 8-31　技术框架图

3. 不同情景下的普格县"三生空间"结构模拟

1) 自然发展情景下的"三生空间"结构模拟

采用线性回归和 GM（1，1）模型，对不同空间类型 2030 年的面积进行预测，各类空间的预测函数和判定系数如表 8-47 所示。

表 8-47 各类空间的预测函数和判定系数

空间类型	函数关系	判定系数（R^2）
林地生态空间	$Y = -4.836X + 82159$	0.896
草地生态空间	$Y = -24.82X + 67187$	0.778
水被生态空间	$\hat{x}(t+1) = 218.544208\exp(0.052813t) - 205.988941$	$|a| < 0.3$
城镇生活空间	$Y = 5.75X + 141$	0.882
乡村生活空间	$Y = 17.05X + 2232$	0.833
工矿业生产空间	$Y = 7.004X + 1336$	0.819
容纳生态空间	$Y = -0.076X + 959.7$	0.89
农业生产空间	总量控制	

2) 基于生态系统服务价值最大化的"三生空间"结构模拟

考虑研究区实际情况和当前研究进展，本书将普格县土地生态系统服务功能分为食物生产功能、原材料生产功能、水资源供给功能、气体调节功能、气候调节功能、净化环境功能、水文调节功能、保持土壤功能、维持养分循环功能、维持生物多样性功能和提高美学景观功能。利用 Costanza 的 ESV 计算公式，参照谢高地等的中国陆地生态系统服务单位面积价值表，并借鉴相关研究[5, 28-30]，计算普格县生态系统服务价值。计算公式为

$$ESV = \sum_{k=1}^{n}(A_k \cdot VC_k) \quad (8.40)$$

式中，ESV 为生态服务价值，亿元；A_k 为第 k 类空间的面积，hm^2；VC_k 为第 k 类空间的生态服务系数，元/(hm^2·a)；n 为空间类型数。

根据中国陆地生态系统单位面积生态服务价值当量表，结合区域实际情况，把每种空间类型与其最接近的生态系统类型连接起来。依据普格县粮食生产及市场价值情况，对各空间类型的生态服务价值系数进行调整。以 1995～2010 年普格县主要粮食作物来计算其农业生产空间单位面积食物生产功能服务价值。根据粮食产量和平均出售价格可得普格县粮食经济价值生态系统服务价值为 7768 元/hm^2，进而得到研究区的食物生产生态经济价值为 1109.7 元/hm^2；其他空间的各种生态系统服务价值计算则根据各空间生态服务价值当量的比例得出（表 8-48）。

表 8-48　普格县单位面积生态系统服务价值表　　　（单位：元/hm²）

功能类型	农业生产空间	林地生态空间	草地生态空间	水被生态空间	城镇生活空间、乡村生活空间、工矿业生产空间	容纳生态空间
食物生产	1109.70	255.23	299.62	798.98	0.00	0.00
原材料生产	244.13	577.04	443.88	233.04	0.00	0.00
水资源供给	−1309.45	299.62	244.13	8322.75	0.00	0.00
气体调节	898.86	1919.78	1564.68	776.79	0.00	22.19
气候调节	466.07	5737.15	4128.08	2297.08	0.00	0.00
净化环境	133.16	1675.65	1364.93	5570.69	−2930.00	99.87
水文调节	1498.10	3750.79	3029.48	102669.44	−6677.90	33.29
保持土壤	521.56	2330.37	1897.59	932.15	0.00	22.19
维持养分循环	155.36	177.55	144.26	66.58	0.00	0.00
维持生物多样性	166.46	2119.53	1731.13	2563.41	0.00	22.19
提高美学景观	77.68	932.15	765.69	1897.59	0.00	11.10
合计	3961.63	19774.86	15613.47	126128.50	−9607.90	210.83

从生态系统服务价值最大化的角度出发，在综合考虑土地利用经济利益、社会利益、生态效益的基础上，设置各类空间的限制条件，进行普格县"三生空间"结构优化配置（以下简称"优化情景"）。共设置了 8 个变量，空间分类如下：农业生产空间为 x_1，林地生态空间为 x_2，草地生态空间为 x_3，水被生态空间为 x_4，城镇生活空间为 x_5，乡村生活空间为 x_6，工矿业生产空间为 x_7，容纳生态空间为 x_8。由表 8-48 可知，各类空间的生态服务价值系数为 C =（3961.63，19774.86，15613.47，126128.50，−9607.90，−9607.90，−9607.90，210.83）。因此，目标函数可以表示为 $F(x)$ = max = 3961.63 × x_1 + 19774.86 × x_2 + 15613.47 × x_3 + 126128.50 × x_4 − 9607.90 × x_5 − 9607.90 × x_6 − 9607.90 × x_7 + 210.83 × x_8。

各类空间的约束条件和面积范围如表 8-49 所示。

表 8-49　各类空间的约束条件和面积范围　　　　　（单位：hm²）

空间类型	约束条件	面积范围
总面积	$x_1 + x_2 + x_3 + x_4 + x_5 + x_6 + x_7 + x_8 = 190516$	
x_1	种植业产值、人口粮食需求、普格县规划	$25954 < x_1 < 28666.63$
x_2	林业总产值、全国平均人均林地需求、普格县规划	$x_2 > 82025.96$
x_3	牲畜饲养产值、普格县规划与政策导向	$x_3 \geqslant 67074.58$
x_4	发展趋势、山区水被空间特点	$3538.13 < x_4 < 3585.23$
x_5	城镇人口、空间的集约化利用	$245.11 < x_5 < 443.55$
x_6	农村人口、农村空心化问题	$2065.9 < x_6 < 2994.32$
x_7	二、三产业生产总值，普格县规划	$1471.66 < x_7 < 2158.3$
x_8	发展趋势、科学进步因素、坡度因素等	$911.44 < x_8 < 956.82$

3）两种情景的结果分析

依照现有的发展速度可得 2030 年普格县各空间面积。同时，将评价函数和约束条件通过在 LINGO10.0 中编写优化模型求解代码后,对普格县优化情景下"三生空间"的面积进行求解。将自然发展情景、优化情景以及基期年的各空间面积进行对比,结果如表 8-50 所示。

表 8-50　普格县 2017 年自然发展情境和优化情景下"三生空间"面积

空间类型	基期年（2017 年）			2030 年自然发展情景			2030 年优化情景		
	面积/hm²	比例/%	生态系统服务价值/亿元	面积/hm²	比例/%	生态系统服务价值/亿元	面积/hm²	比例/%	生态系统服务价值/亿元
x_1	32832.70	17.23	1.30	32961.13	17.30	1.31	25954.00	13.62	0.96
x_2	82115.78	43.10	16.24	82057.56	43.07	16.23	89196.40	46.82	17.64
x_3	67034.01	35.19	10.47	66665.73	34.99	10.41	67074.58	35.21	10.47
x_4	3585.23	1.88	4.52	3538.13	1.86	4.46	3585.23	1.88	4.52
x_5	197.67	0.10	−0.02	261.80	0.14	−0.03	245.11	0.13	−0.02
x_6	2391.93	1.26	−0.23	2590.15	1.36	−0.25	2065.90	1.08	−0.20
x_7	1399.21	0.73	−0.13	1483.34	0.78	−0.14	1483.34	0.78	−0.14
x_8	959.47	0.50	0.00	958.16	0.50	0.00	911.44	0.48	0.00
总价值			32.15			31.99			33.23

由表 8-50 可知,与基期年（2017 年）相比,优化情景下生产空间和生活空间面积减少,生态空间面积增加;自然发展情景下生产空间和生活空间面积增加,生态空间面积减少。可见,优化情景更符合实际发展和普格县规划。同时,优化情景下的生态系统服务价值为 33.23 亿元,高于基期年的 32.15 亿元,又高于自然发展情景下的 31.99 亿元。这表明优化情景下的"三生空间"结构在保障经济、粮食等需求的同时,确实能提高土地系统的生态效益,这对于缓解普格县生态敏感性、强化生态环境建设目标有着积极作用。

4. 普格县"三生空间"格局模拟优化

1）2000～2017 年"三生空间"模型模拟与精度验证

根据模型运行的数据需要,以及上述的影响因素研究成果,在 2010 年选择了高程、坡度、地形起伏度、到河流的距离、到道路的距离、人口密度、GDP 7 个自然因素和社会经济因素作为影响普格县"三生空间"布局的驱动力因素（图 8-32）。各因素的处理此处不再赘述。

通过 SPSS 软件进行 ROC 计算即可得到 2010 年各空间类型与驱动因子之间的 ROC 检验值和 AUC 值。结果显示,除草地生态空间＞0.5 外,其他各个空间类型的 AUC 值都＞0.7,表明所选驱动因子对各个空间类型都具有良好的解释能力。

将经过神经网络训练计算得到的 2010 年普格县各空间可能发生的概率图输入到模型中的基于自适应惯性机制的元胞自动机模块,并设定好迭代参数、邻域因子、土地需求等参数。当所有的参数设置完成后,运行模型,即可得到 2017 年的"三生空间"模拟图。

模拟结束后,计算 Kappa 指数,分别对模拟精度进行检验,发现模拟结果的 Kappa 指数＞0.85,模拟效果比较理想,符合检验标准。说明 GeoSOS-FLUS 模型能较好地模拟普格县"三生空间"分布,可以将其应用于普格县不同情景模式下的"三生空间"模拟。

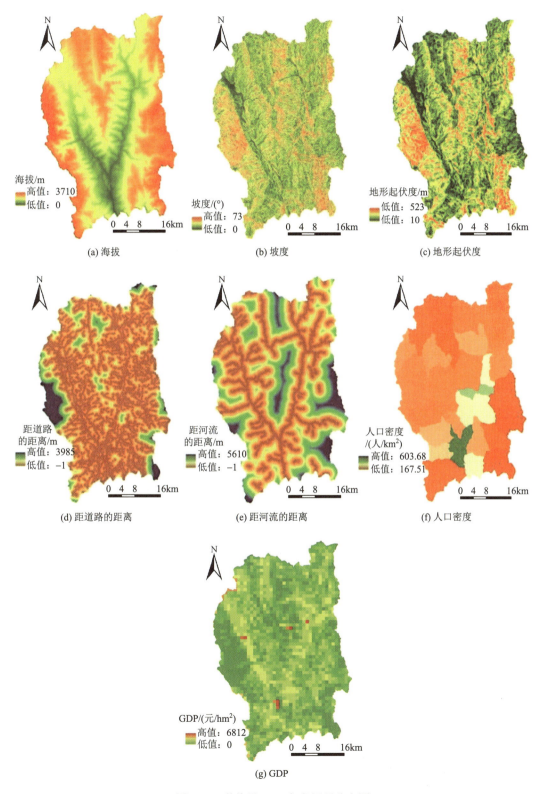

图 8-32　普格县 2010 年各因子分布图

2）2017～2030 年"三生空间"模拟与分析

按照上述步骤完成对普格县 2030 年自然发展情景和优化情景下的"三生空间"分布格局模拟，并借助 ArcGIS 平台对 2017～2030 年两种情景下"三生空间"的转移特征进行分析（图 8-33），进而剖析出普格县"三生空间"在自然发展情景和优化情景下的异同。

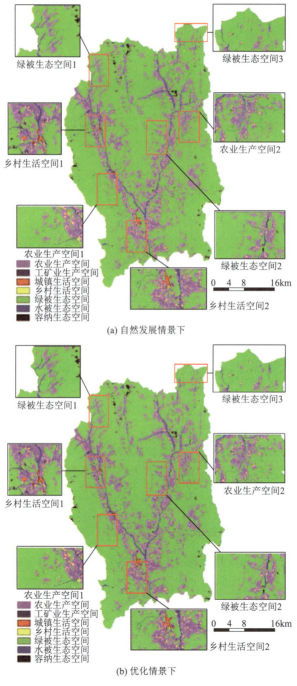

图 8-33　普格县自然发展情景和优化情景下的"三生空间"分布

　　整体上看，自然发展情景和优化情景下的绿被生态空间、农业生产空间和乡村生活空间等均存在明显变化。其中，绿被生态空间的变化主要在"Y"形河流外侧、海拔相对较高区域；农业生产空间的转移主要在"Y"形河流之间的盆地；乡村居民点的变化主要围绕着城镇中心。

　　由图 8-34 可知，2017 年至自然发展情景下"三生空间"的转移比较稀疏，斑块的破碎化现象比较突出，而 2017 年至优化情景下"三生空间"的转移表现得更加密集和广泛，呈现出成片生长的态势。

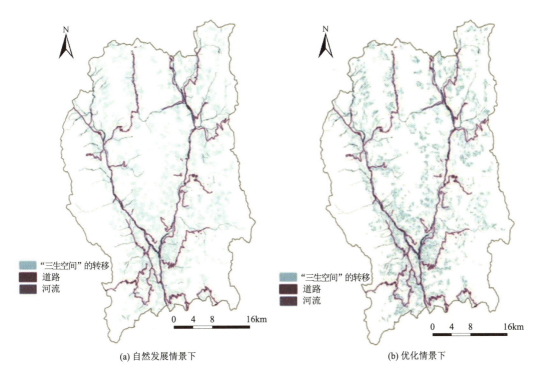

(a) 自然发展情景下　　　　　　　　　　　　　(b) 优化情景下

图 8-34　普格县 2017～2030 年自然发展和优化情景下的"三生空间"转移

3）普格县"三生空间"优化的效果评价

　　在景观尺度上，优化情景下的"三生空间"布局更加有利于不同斑块的集聚和蔓延（表 8-51）。通过集聚强化斑块的联系，蔓延提升区域的整体生态效应。

表 8-51　普格县 2017～2030 年景观水平上的指数（%）

项目	CONTAG	CONNECT	COHESION	AI	SHDI
2017 年	72.8515	0.0507	99.8401	90.2482	0.6943
2030 年自然发展情景	72.4964	0.051	99.8359	90.1038	1.1047
2030 年生态系统服务（优化）情景	74.6756	0.0526	99.8671	90.2655	1.0568

　　在空间分布上（图 8-35），优化情景下的高海拔农业生产空间和乡村生活空间面积是

最小的，低海拔生态空间面积也最小，这更符合普格县未来的发展规划。同时，优化情景下陡坡农业生产空间面积最小，减少了水土流失的威胁。陡坡绿被生态空间面积最大，保障了生态环境的稳定性。

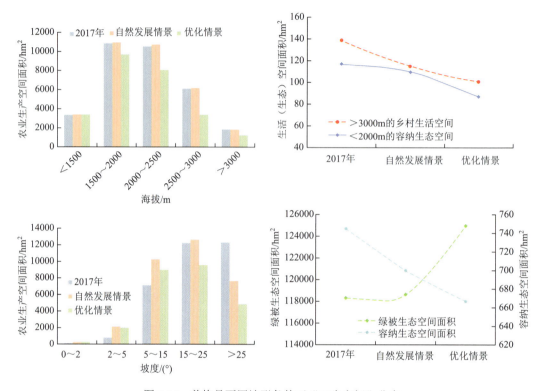

图 8-35　普格县不同地形条件下"三生空间"分布

整体而言，以生态系统服务价值最大为目标的优化情景，不仅可以最大限度保证普格县国家主体功能区定位的落地，保障区域粮食安全和生态红线，满足区域和国家的相关政策要求和规定，同时能更好地强化"三生空间"关系，实现最大效益的输出。

实现 2030 年普格县"三生空间"优化发展需求，除了在数量结构上进行控制外，对各空间的布局也应进行适当优化。对生产空间而言，应实施高标准农田和退耕建设，确保粮食和生态安全，挖掘特色农产品的潜力，推进农产品加工及服务型产业集群，加快和推进工业园区建设，同时加强矿区安全和环境保护建设；对生活空间而言，应对闲置、废弃的乡村生活空间进行改造，构建"庭院经济"模式，推进城镇化的非均衡协同发展；对生态空间而言，应加强区域水土流失治理，保障区域生态环境安全，强化外部生态功能定位，对地质灾害易发区进行重点管控，减少地质灾害对区域的损害，充分挖掘区域的自然资源、人文资源和地理优势，大力发展生态旅游业；对"三生空间"的相互关系而言，应统筹"三生空间"整体性，构建生态安全格局，提升生态景观服务功能。其中，生产空间和生活空间应相对集聚分布，通过集聚提升整体凝聚力和便捷性；生活空间和生态空间应适度包裹和镶嵌分布，形成生态包裹体，以提升生活空间的适宜性；生产空

间和生态空间应适当分散分布，构建生产-生态均衡的特色，保证生态空间的相对完整
性和稳定性。

8.3.5　宝兴县国土"三生空间"格局优化

1. 国土空间格局与特征

利用宝兴县 2015 年 1∶5 万土地利用数据和土地类型与国土空间类型衔接表自下而上
识别其"三生空间"，并结合 30m 分辨率 DEM，分析其国土空间格局与特征。2015 年宝
兴县生产空间、生活空间和生态空间比例分别为 2.73%、0.36%和 96.92%，生态空间为绝
对主体。农业生产空间多分布在灵关镇、陇东镇和硗碛藏族乡；工矿生产空间集中在陇东
镇和硗碛藏族乡；生活空间特别是城镇居住空间集中分布在南部海拔低的乡镇（穆坪镇、
灵关镇），见表 8-52。

表 8-52　宝兴县 2015 年乡镇国土"三生空间"面积　（单位：hm²）

乡镇	农业生产空间	工矿生产空间	城镇居住空间	乡村居住空间	绿被生态空间	水域生态空间	其他生态空间
穆坪镇	511.56	38.88	101.43	59.94	15404.67	159.03	137.07
灵关镇	1302.84	75.15	215.10	162.45	21576.60	216.09	23.40
陇东镇	1135.53	259.83	15.93	93.60	45361.80	163.98	2283.93
蜂桶寨乡	592.92	168.57	1.71	93.78	35265.42	310.32	97.29
硗碛藏族乡	1895.31	413.01	9.99	149.40	90092.43	924.03	1309.77
永富乡	211.77	75.15	0.00	35.55	62435.88	362.25	3181.86
明礼乡	344.34	38.07	0.09	37.44	11315.07	115.47	13.68
五龙乡	979.74	30.06	0.54	94.59	6129.18	47.88	88.47
大溪乡	391.95	10.17	0.00	40.95	4697.10	52.38	2.43
总计	7365.96	1108.89	344.79	767.70	292278.15	2351.43	7137.90

宝兴县海拔在 2500～3000m 内总面积最大，其次是海拔 3000～3500m，再次是海拔
2000～2500m（图 8-36）。宝兴县整体国土空间海拔较高，生态系统较为脆弱。宝兴县农
业生产空间随海拔升高先上升后迅速减少（图 8-37），海拔 1400～1600m 面积最大，达到
1098.9hm²，海拔＞1800m 后，农业生产空间显著减小。因为宝兴县最低海拔 710m，整体
海拔较高，农业生产空间大多分布在海拔 1800m 以下的河谷区和平坝区。

宝兴县农业生产空间整体坡度较高，坡度 15°以上农业生产空间占整体的 81.82%。各
坡度段中，坡度 22°段农业生产空间面积最大，达到 316.71hm²（图 8-38）。坡度 25°以上
农业生产空间面积占整体的 59.66%，宝兴县仍然需要确保坡改梯工程和退耕还林还草工
程的顺利实施。

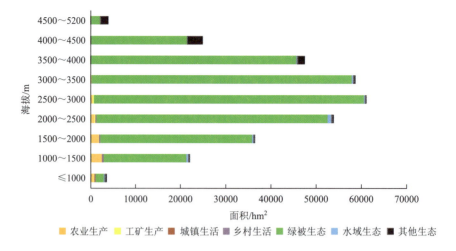

图 8-36 宝兴县 2015 年不同海拔"三生空间"面积

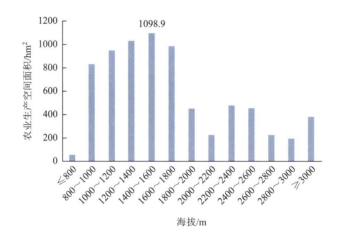

图 8-37 宝兴县 2015 年农业生产空间随海拔变化

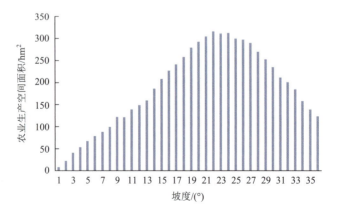

图 8-38 宝兴县 2015 年农业生产空间随坡度变化

宝兴县生活空间面积随海拔变化有明显的差异。城镇空间多集中在低海拔的河谷地区，城镇空间面积随海拔上升明显减少，海拔＞1200m 后，城镇空间面积趋近于零；而乡村生活空间面积随海拔先上升后减小，数量峰值在海拔 1200～1400m（图 8-39）。宝兴县生活空间存在着低海拔河谷城镇空间集聚，中低山区乡村聚落分布的格局。

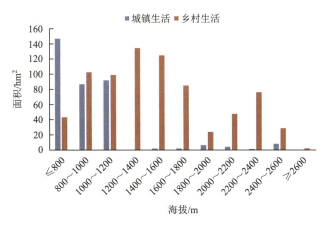

图 8-39　宝兴县 2015 年生活空间随海拔变化

2. 国土空间变化分析

利用宝兴县 1990 年、2000 年、2010 年、2015 年四期 1∶5 万土地利用数据（30m 分辨率，基于 Google 高分影像）和宝兴县 30m 分辨率 DEM，分析宝兴县 25 年来国土空间的数量结构变化、功能评价、空间优化。

1）数量结构变化

1990～2015 年这 25 年间宝兴县"三生空间"均波动变化，最终生产空间增加，生活空间和生态空间减少（表 8-53）。宝兴县其他生态空间显著减少，面积达到 1592.66hm^2，表明宝兴县国土空间利用率明显提升，绿被生态空间和水域生态空间均显著增加，面积分别为 1080.93hm^2 和 337.94hm^2。农业生产空间面积略微减少，减少了 5.59hm^2；工矿生产空间面积增加 190.63hm^2；城镇生活空间减少，而乡村生活空间增加，面积分别为 –13.18hm^2 和 1.94hm^2。宝兴县生产空间动态度明显增大（表 8-54），生产空间变化加快，农业生产空间加速减少，而工矿生产空间显著增加；2000～2010 年随着退耕还林工程的实施，三类生态空间动态度最大，宝兴县绿被生态空间和水域生态空间明显增加。

表 8-53　宝兴县 1990～2015 年"三生空间"比例（%）

空间	1990 年	2000 年	2010 年	2015 年
生产空间	2.6675	2.6671	2.6773	2.7269
生活空间	0.3604	0.3604	0.3562	0.3568
生态空间	96.9721	96.9725	96.9665	96.9163

表 8-54　宝兴县不同时期各类"三生空间"动态度（%）

空间	1990～2000 年	2000～2010 年	2010～2015 年
农业生产空间	−0.0015	−0.0018	−0.0086
工矿生产空间	0.0000	0.3575	3.3058
城镇生活空间	0.0000	−0.3675	0.0000
乡村生活空间	0.0000	0.0000	0.0507
绿被生态空间	0.0040	0.0387	−0.0112
水域生态空间	0.0000	1.5097	0.2969
其他生态空间	−0.1324	−1.6815	−0.0772

　　宝兴县 1990～2015 年农业生产空间面积略微减少，但是不同坡度上的变化有明显的差异，出现了较低坡度段和最高坡度段内减少，中等坡度段内集中增加的现象（图 8-40）。坡度 7°以下农业生产空间面积明显减少，坡度 2°内减少面积最多，达到 2.79hm²；坡度 9°～32°均表现出面积增加。25 年间宝兴县农业生产空间整体坡度明显上升。

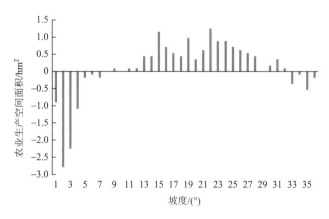

图 8-40　宝兴县 1990～2015 年不同坡度农业生产空间面积变化

　　2）乡镇国土空间功能评价

　　宝兴县各乡镇国土空间功能评价结果如表 8-55 所示，将标准化结果按照 0～0.2、0.2～0.4、0.4～0.6、0.6～0.8、0.8～1 划分为高、较高、中、较低、低五个等级。

表 8-55　宝兴县各乡镇国土空间功能评价结果

乡镇名称	生产功能				生活功能	生态功能
	种植业	畜牧业	工业	服务业		
穆坪镇	0.40	0.50	0.37	0.46	1.00	0.16
灵关镇	0.00	0.00	1.00	1.00	0.88	0.25
陇东镇	0.65	0.57	0.19	0.20	0.10	0.47
蜂桶寨乡	0.35	0.34	0.09	0.19	0.22	0.46

续表

乡镇名称	生产功能				生活功能	生态功能
	种植业	畜牧业	工业	服务业		
硗碛藏族乡	1.00	1.00	0.00	0.13	0.12	1.00
永富乡	0.94	0.51	0.02	0.00	0.00	0.75
明礼乡	0.94	0.36	0.11	0.08	0.09	0.11
五龙乡	0.36	0.38	0.34	0.74	0.43	0.02
大溪乡	0.74	0.34	0.40	0.59	0.57	0.00

　　宝兴县各乡镇国土空间功能的强弱具有明显的区域差异。西北部和南部乡镇（硗碛藏族乡、永富乡、陇东镇、明礼乡、大溪乡）种植业功能较高（图 8-41），硗碛藏族乡畜牧

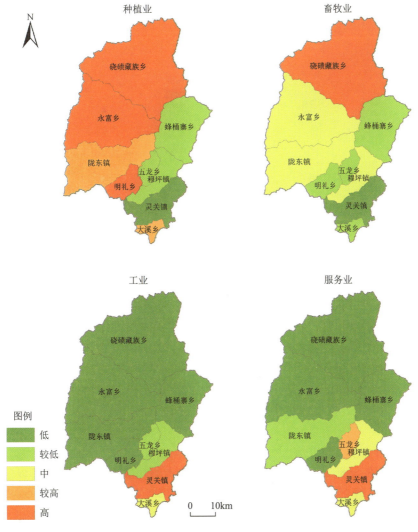

图 8-41　宝兴县生产功能评价结果

业功能最高，位于南部河谷地区的灵关镇工业生产功能最高，灵关镇和五龙乡服务业功能较高。南部乡镇特别是穆坪镇和灵关镇生活功能最高，北部乡镇生态功能较高（图 8-42）。宝兴县生活功能集中在南部河谷地区，生态功能集中在西北部，种植业功能集中在西北部和南部大溪乡，畜牧业功能集中在最北的硗碛藏族乡，工业功能主要集中在灵关镇，服务业功能主要集中在灵关镇和五龙乡。

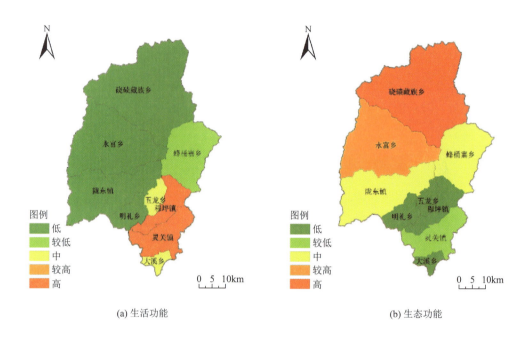

(a) 生活功能　　　　　　　　　　　　　　(b) 生态功能

图 8-42　宝兴县生活功能和生态功能评价结果

3. 宝兴县国土空间优化

1）优化方法与技术路线

在宝兴县国土空间格局现状和变化趋势分析的基础上，寻找国土空间开发存在的问题，然后分析宝兴县县域及乡镇自上而下的国土功能定位，并结合宝兴县国土空间变化趋势、地形地貌数据、自然保护区边界、风景名胜区以及自然灾害情况，自下而上对宝兴县国土空间现状进行约束。采用"反规划"思路，以"绿心"生态保护为原则，以提升国土空间功能综合效应为目的，利用 GIS 空间叠加分析的方法，"自上而下归纳"与"自下而上约束"互为补充，提出针对性的国土空间管控对策，明确区域发展导向。技术路线见图 8-43。

2）自上而下功能定位归纳

综合宝兴县在全国、横断山区、四川省和雅安市的功能定位，宝兴县可以定位为重要的生态功能区，区域交通物流重要节点，区域生态旅游、红色旅游目的地，区域石材基地。

根据各乡镇国土功能评价分级结果，将宝兴县 9 个乡镇功能定位分为生活贸易型、工业贸易型、农业生产型、生态旅游型和生态旅游畜牧型共五类（表 8-56）。

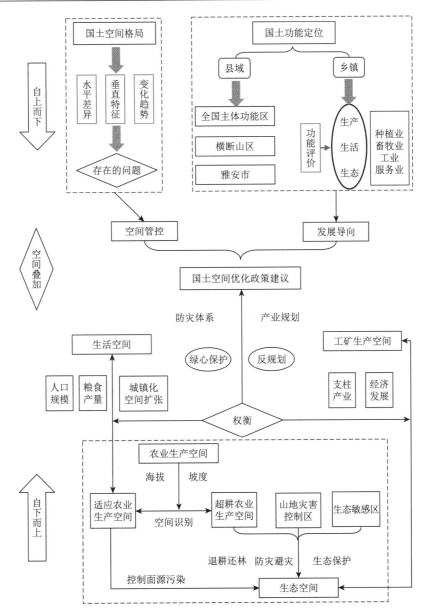

图 8-43　宝兴县国土空间优化技术路线图

表 8-56　宝兴县各乡镇国土空间功能评价分级与功能定位

乡镇名称	生产功能				生活功能	生态功能	功能定位
	种植业	畜牧业	工业	服务业			
穆坪镇	较低	中	较低	中	高	低	生活贸易型
灵关镇	低	低	高	高	高	较低	工业贸易型
陇东镇	较高	中	低	较低	低	中	生态旅游型
蜂桶寨乡	较低	较低	低	低	较低	中	生态旅游型

乡镇名称	生产功能				生活功能	生态功能	功能定位
	种植业	畜牧业	工业	服务业			
硗碛藏族乡	高	高	低	低	低	高	生态旅游畜牧型
永富乡	高	中	低	低	低	较高	生态旅游型
明礼乡	高	较低	低	低	低	低	农业生产型
五龙乡	较低	较低	较低	较高	中	低	生活贸易型
大溪乡	较高	较低	中	中	中	低	农业生产型

3）自下而上自然人文约束

利用宝兴县地质地貌、水源保护、自然保护区、风景名胜区、重点文物保护单位、基本农田等数据，建立负面清单（表8-57），识别主要地质灾害风险区、海拔坡度地形地貌约束区、生态敏感区、文化保护区和基本农田保护区。

表8-57　宝兴县自下而上约束负面清单

准则	类型	具体区域
地质地貌约束	活动断裂带	
	不良地质体	地震带、滑坡、崩塌、泥石流等灾害危险区
	地质灾害危险区	
	高海拔高坡度地形	海拔3000m以上、坡度25°以上区域
生态敏感	水源保护区	水源保护规划划定范围、河流两侧
	自然水体	宝兴河、东河、西河
	自然保护区	蜂桶寨国家级自然保护区、夹金山省级自然保护区
	风景名胜区	夹金山风景名胜区
文化保护	重点文物保护单位	古塞堡遗址、杨天柱墓及石刻、邓池沟天主教堂、红军栈道等
基本农田保护	基本农田	《雅安市宝兴县土地利用总体规划（2006～2020年）》划定的范围

根据负面清单空间识别的结果，利用空间叠加分析的方法，自下而上对宝兴县国土空间格局进行约束，识别出禁止进行国土空间开发、只能作为生态空间或者原样保护的区域，最终约束结果如图8-44所示。

4）乡镇国土空间管控对策

根据宝兴县自下而上对国土空间进行约束的结果，硗碛藏族乡、永富乡、蜂桶寨乡、陇东镇、穆坪镇大部分国土空间，五龙乡北部、明礼乡西部和灵关镇西部的国土空间均被划定为禁止国土空间开发的区域，需要对上述区域进行严格的国土空间管控。

一是严格保护硗碛藏族乡、永富乡、蜂桶寨乡、陇东镇的生态空间，禁止蜂桶寨乡国家级自然保护区、硗碛藏族乡夹金山省级自然保护区、永富乡和陇东镇西部国有林场的国土空间开发。

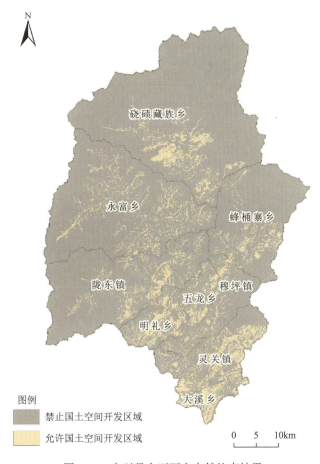

图 8-44　宝兴县自下而上自然约束结果

二是穆坪镇被宝兴河贯穿，地势起伏大，允许进行国土空间开发的区域面积较小，但其作为宝兴县县政府所在地，宝兴河沿线河谷地区聚集了大量生产生活空间。因此，必须严格控制穆坪镇的国土空间开发强度，加强河谷两侧山体生态空间保护，同时着重完善对村镇、道路和重要基础设施的防灾减灾工作。

三是五龙乡北部、明礼乡东北部和灵关镇中部有大量基本农田分布，同时明礼乡西部和大溪乡西部均有大面积的国有林场，因此必须加强保护基本农田和国有林场，防止其被生活空间侵占。

5）乡镇国土空间发展导向

根据宝兴县自下而上对国土空间进行约束结果中划定的允许国土空间开发的区域，结合宝兴县 2015 年国土空间格局，识别各乡镇国土空间未来可发展区域，并按照各乡镇国土功能定位，制定国土空间发展导向。

穆坪镇内允许进行国土空间开发的区域面积较小，现有生产生活空间沿宝兴河河谷分布，人地关系紧张，允许国土空间开发的区域中只有乡镇北部新民村南部约 1.76km² 尚未开发，因此建议未来在新南村南部适度扩展生活空间和贸易服务业生产空间。五龙乡国土空间面积较小，北部有大量基本农田分布，建议在乡镇南部胜利村南部和战斗村东部适度新建生活空间和贸易服务业生产空间。灵关镇内允许进行国土空间开发的区域面积则相对较大，并且存在少量集中连片区域，建议在相应区域进行工业生产和贸易服务（表8-58）。宝兴县只有穆坪镇和灵关镇生活功能较高，但由于穆坪镇无法拓展大量生活空间，因此，只有在灵关镇新建适量生活空间，才能承载增长的人口。未来适合在明礼乡和大溪乡内允许国土空间开发的区域新增建设农业生产空间。蜂桶寨乡、陇东镇、永富乡和硗碛藏族乡内允许进行国土空间开发的区域非常少，建议在合适区域建设旅游配套设施，发展生态旅游，另外尊重少数民族文化和习俗，建议在硗碛藏族乡内嘎日村南部、勒乐村北部、咎落村西南部扩张畜牧业生产空间。

表 8-58　宝兴县各乡镇国土空间发展导向

乡镇名称	发展区域	发展导向
穆坪镇	新民村南部	生活保障、贸易服务
五龙乡	胜利村南部、战斗村东部	生活保障、贸易服务
灵关镇	后山村、大渔村东部、新场村西部、紫云村南部、建联村东部、大沟村东南部、烟溪口村、罗家坝村西南部	工业生产、贸易服务、生活保障
明礼乡	百里村南部、联合村中部	农业生产
大溪乡	曹家村中部，大溪垴村东北部	农业生产
蜂桶寨乡	新康村中部、新华村南部	生态保护、生态旅游
陇东镇	崇兴村东部、青江村西部	生态保护、生态旅游
永富乡	永合村中部和若笔村西南部的零星分布区域	生态保护、生态旅游
硗碛藏族乡	嘎日村南部、勒乐村北部、咎落村西南部	生态保护、生态旅游、畜牧业生产

8.4　小尺度单元国土空间优化的框架结构模式

上层规划注重自上而下的国土空间功能优化，但资源环境条件禀赋差异、发展的不平衡决定了小尺度上国土空间功能优化的复杂性[31]，尤其是涉及不同利益主体在空间内的竞争和博弈，这种复杂性更为突出。要解决此问题，必须同时注重自下而上的空间功能优化——既要重视全盘考虑带动不同主体功能区的优化，又要重视局部优化对整体优化的倒逼机制作用发挥。因此，有必要创新国土空间功能优化的认识视角，构建自下而上的国土空间功能优化模式。

8.4.1　模式提出假设及形象表达

1. 模式提出的假设

模式的提出基于以下几点假设：

（1）国土空间开发由于负面清单的存在，在不同尺度范围内和一定开发利用目标的指引下，总存在着类似框架结构的约束，这既是国土空间开发利用的"红"线，又是国土空间功能区单元优化可不"碰触"的"框架"。

（2）在降尺度的过程中，总能找到一定的尺度范围，在这个尺度范围内，基于个体（包括小群体）自主能动性的优化往往比自上而下硬性约束下的优化能够更好地达到尺度范围内的整体最优；空间功能的客观性、绝对性减弱，而主观性、相对性增强，而且功能的体现和表达具有一定的可替代性和非严格约束性。

（3）理论上，国土空间的整体优化可以通过建立若干个尺度不一的基础单元，在框架结构约束下实现单元内的自主优化，当然自主优化要以国家国土空间利用的总体战略目标和指导细则指导为前提。

（4）在空间利用水平、目标不断变化的前提下，严格意义上不可能存在空间功能配置的最优解，空间基础单元功能优化需要经历不同利益主体间的博弈，通过博弈使得功能区的基本属性（边界、体量、内容等）和各功能区之间的关系向着趋善、优化的方向靠近。

2. 模式的现象表达

图 8-45 形象表达了框架结构模式的灵感来源和核心内涵。其灵感来自中国城市常见的现代商品房结构，它是典型的框架结构，在图纸上明确规定了哪些属于承重墙，哪些为非承重墙；哪些地方是梁柱，哪些为公共空间；哪些地方住户装修可以改动，哪些地方不可以改动。这就类似一个乡镇有了明确的功能标定后，若不考虑功能溢出效应，则可以在遵循功能支撑限制条件（空间管制法规、条文；规划等）的框架内对空间要素进行自由配置与灵活选择发展活动模式和时序，在实现外部功能的基础上达到功能内部效应最大化。

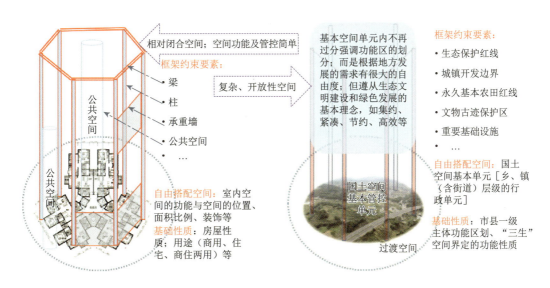

图 8-45　框架结构模式内涵的形象解读

国土空间基本管控单元"框架约束"比较复杂，有硬性直接的（如生态保护红线、永久基本农田红线、城镇开发边界等），也有非确切指标约束的（如国土空间的绿色、集约和高质量发展等）。

8.4.2　模式提出的依据

1. 现实依据

（1）小尺度国土空间管控的困境。当前，我国主体功能区划和"三生空间"划分提供的只是国土空间开发利用的基础约束依据，旨在实现宏观尺度上科学引导、控制盲目发展、协调全面发展。例如，现有的研究虽然划定了全国层面和省市一级的主体功能区划，各省市也出台了"三生空间"用地的空间分布图，宏观尺度上确定了三类空间用地的面积与占比。但由于国土空间开发的多目标性和功能的多变性、呈现的复杂性，在小尺度及微观尺度上其理论的实践指导性与操作性存在具体化问题，导致主体功能区划的微域实施具体化不够精准，空间开发利用缺乏村域实践针对性目标明确、和具体开发活动的引导与管控。

（2）国土空间基本管控单元的确定。关于国土空间管控边界，现有研究和规划多采用30m×30m、100m×100m、1000m×1000m 等的空间格网作为评价、优化配置的基础空间单元。根据需要再把格网评价、优化的结果通过空间提取到行政范围，得出具有指导性的国土空间优化思路。图 8-46（a）表示一定地域范围内的 A、B、C、D、E、F 6 个乡镇；图 8-46（b）是经过格网划分的空间，D_{i1-in} 是格网的代码，其中，第 D_{ix} 空间覆盖 A、B、C 3 个乡镇，一般来说，功能归属取决于某一乡镇占格网面积的比重。但在功能实现和功能效应发挥过程中由于行政上的监管分割很难落实，这就需要确定空间管控的基本单元，空间格网可以作为空间要素条件和功能评价的基础，但空间管控的基础单元在乡镇层面确定。

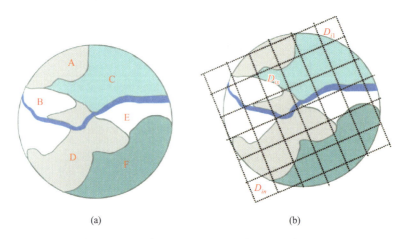

(a)　　　　　　　　　　　　　　　(b)

图 8-46　小尺度国土空间的两种基础空间单元示意

2. 理论依据

（1）土地空间功能的相对性。空间功能差异性的显著程度与地域尺度范围密切相关。一般来说，地域范围越大，地域功能之间的差异性就越大；反之，地域功能之间的差异就越小。故而，现有的空间功能分区多集中在国家、省级、地市级层面。在县、乡镇层面，一般多是具体的用途分区，事实上，小尺度地域范围内，功能往往具有相对性（也可理解为兼容性）：时代发展需求、利益的博弈往往使空间（土地）功能不可能完全预先列明和用法律规范下来。空间中性干预政策得到一定认可与实践[32]。并且某一区域功能的界定方法由于区域发展水平、发展战略的不同，虽然基础自然环境相似，但并不能完全适应另一个区域，这是由其发展阶段、水平现状及在更高一级区域范围内的功能定位所决定的。

（2）行为经济学自由家长制。2017 年诺贝尔经济学获得者、行为经济学家理查德·塞勒认为人的理性为有限理性，其对传统经济学的理性人假设提出了挑战；在经济决策时，人们往往受社会偏好的影响，进一步加剧了决策本身的非传统理性。在空间开发过程中，国家层面基于科学和理性对国土空间开发行为进行指导和规制，但涉及管理和开发的行为主体——人，受非理性和社会偏见的影响，导致开发行为和规制有所冲突，这就需要对其非理性行为和认知偏好进行尊重并给予一定的认可，通过针对性的制度设计，让其非理性朝理性、偏好朝客观方向转移。这种思路也被形象地描述为"自由家长制"——重点不在于强制规定目标，而是通过引导，让行为主体（空间开发者）在自由的氛围下做出符合规划目标的空间开发行为选择[33]。

（3）表性规划的启发。其实框架结构模式和西方城市规划的"表性规划"内涵相似，表性规划即在小尺度上地域上不再使用功能划分地块，而是根据各种空间活动对外界的影响作用来进行划分[34]，其核心内涵可以理解为在"边界约束"条件范围内功能区的配置具有灵活性，但不能超出"边界"或产生负外部效应。"表性规划"的提出是为了替代或补充功能分区，特别是在城市地区，其认为土地利用、空间控制的最佳办法不是按功能（类别）分区，而是按在具体区域（地块）上的生活、生产、生态活动所带来的或引发的实际情况和影响，来决定这些活动的合理性、合法性及允许的规模。

8.4.3　模式内涵与构建

1. 模式内涵

框架结构模式是基于既能有效对国土空间进行管控，又能通过弹性、空间利用自由度的提升，从而提高空间利用的效率与活力而提出的[35]。其基本内涵是在空间上寻找一定的尺度范围，在此范围内不再强调具体功能（除特别或专属生态功能区外）和弱化上级政府的空间干预，而是以上位规划确定的功能划分作为基础，以国土空间开发与利用相关控制性指标自上而下（国家—省—市—县）的分解作为基本约束，在不突破此约束的前提下，这一尺度范围的空间利用不再受功能分区的僵化制约，而是具有充分的灵活性和自由度，其开发利用的积极性、创新性由其发展的需求性带动（图 8-47）。相比大尺度上的泛约束，它更侧重于刚性总量在小尺度范围的分解，并具有外围的约束性。在中国当前的行政区划体系下，考虑乡镇一级是中国基层治理的最末端、地方政府行使完整职能的最小行政单元，具有明晰的边界和空间异质性，其是理想的国土空间基本管控单元选择。

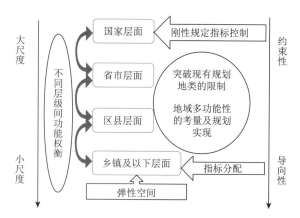

图 8-47　降尺度思维下的国土空间基本管控单元确定

2. 模式构建

根据当前国土空间管控的研究和相关法规，整理框架结构模式的约束指标体系，如表 8-59 所示。框架结构模式的核心在于在注重基本功能界定的前提下，提出在国土空间基本管控单元范围内的弱化功能分区，在国土空间开发管控指标层分解的基础上，设定其基本的框架结构，打破单一主体功能执行的约束和管控依据的区、线延伸带来的发展活力受限，鼓励在限定条件下进行空间要素的自由搭配及空间发展战略的自由选择（图 8-48）。其虽然是一种认识上的创新，但如同表性规划，关键在于指标的定量和实践管控的约束可行。

表 8-59　框架结构模式下国土空间基本管控单元的约束指标体系

指标性质	具体指标	参照来源	指标分解	备注
范化指标	主体功能区划-空间管控	自上而下：县级主体功能划分	确定主体功能定位	一般划分为重点开发、优化开发、适度开发和控制开发
	生产、生活、生态"三生空间"功能	自上而下：市级、县级	确定"三生空间"功能定位	生产、生活、生态功能的单一或复合表达
	城镇、农业、生态三种类型区	自下而上：斑块（50m×50m；30m×30m）	确定三区归属	划分为生态空间、农业空间、城镇空间
硬性指标	永久基本农田红线	斑块（50m×50m；30m×30m）	确定基本管控单元基本农田面积	无条件遵循；但应随着空间基本管控单元人口集聚、经济要素等的水平有所调整；其具体的范围、用量划定应考虑和单元发展的动态协调
	生态保护红线	斑块（50m×50m；30m×30m）	确定单元内生态保护区范围边界	
	城镇开发边界	斑块（50m×50m；30m×30m）	确定单元内城镇开发范围边界	
	国土空间开发强度	市域国土空间开发强度	按最适宜开发强度结合镇域实情而定	
	水资源三条红线	市域 2020 年、2030 年三条红线阶段性目标	分解到各区县；区县进一步分解到乡镇	
引领理念	绿色	省、市绿色发展相关指标	属于不断提升指标	不属分解指标；按省市标准，对应区县标准
	集约	相关开发集约度评价		
	高效	相关空间投入和产出比		

表 8-59 中的范化指标主要是指国家层面空间规划的引导性、规范性、强制性政策，如主体功能区划、"三生空间"功能和三区划定等，随着多规合一的正式展开，这一范化指标层面内涵将更为清晰，实践的指导性将进一步增强，有利于乡镇空间尺度开发指导、规制的系统性与操作参考性的提升。对于硬性指标来讲，乡镇尺度的"永久基本农田红线、生态保护红线、城镇开发边界"将不可避免在区县、市域划定的基础上，根据各乡镇的实际情况进行一定的微调；而国土空间开发强度和水资源红线等应根据乡镇实际在区县内部体现一定的差异性。引领理念主要体现在开发战略、重点领域、关键项目等的选择和推进方面，这取决于乡镇空间管治主体和开发利用主体认识上的统一和开发理念的不断提升。

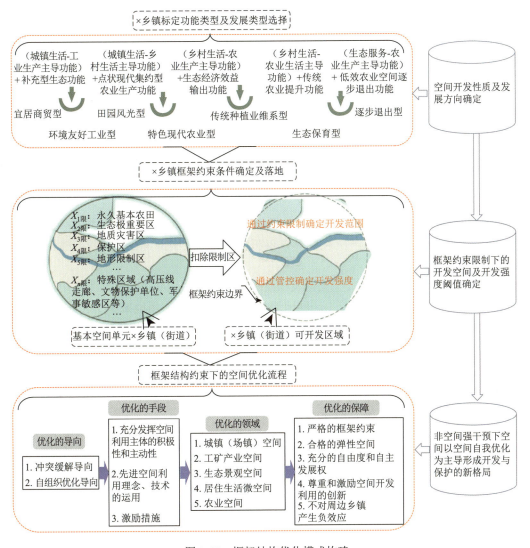

图 8-48　框架结构优化模式构建

8.4.4　基于僰王山镇的实证分析

僰王山镇总面积 149.8km²，位于宜宾市东南部兴文县，是四川盆地南部山丘向云贵高原过渡的地带。地貌上属于典型的低山丘陵区，丘陵槽坝相间分布。海拔范围 300～1500m，喀斯特石灰岩地貌发育良好。气候为亚热带湿润型，年平均气温 17.2℃，年均降水量 1333.3mm，有成片竹林 106.7km²，森林覆盖率为 62%。辖 24 个行政村和 2 个社区，2017 年末总人口 55390 人（农业人口占 88%），12802 农户，纯农户（8261 户）占 65%；农业兼业户（3113 户）占 24%；非农兼业户（937 户）和非农户（491 户）合计占总户数的 11%，常年外出务工劳动力占总人口的 26%，但接近 90%的农户依然以农业（种植、养殖、林业收入）为主要生计来源，土地的强依赖性明显。2018 年农民人均收入 13671 元。农业种植近年来重点发展产富硒水稻、翠冠梨、猕猴桃、高粱等作物；养殖以生猪、乌骨鸡等为主。僰王山镇在 1985 年之前为兴文县县政府驻地，1985 年之后兴文县县政府迁往现驻地古宋镇。宜叙高速在僰王山镇设有出入口，整个镇域位于宜宾市"宜（宾）长（宁）兴（文）"乡村振兴战略示范带上，故而发展基础及区位条件较好。从规划来看，依托特色人文景观（僰苗文化）、地质奇观（喀斯特地貌）、特色种植养殖等发展全域旅游是僰王山镇未来发展的重点。

1. 僰王山国土空间开发利用格局

从空间分布格局上看，1990～2018 年僰王山镇的"三生空间"变化除了城镇建设用地在今场镇所在位置蔓延增扩外，在其他区域并不明显。以林、草地为主的绿被空间主要分布在镇域南部；农业生产空间集中分布在市域北部及中部，在镇域南部槽坝间分布较广（图 8-49）。

1990～2018 年僰王山镇的空间开发演变以农业生产用地减少，林地生态用地、草地生态用地、城镇生活用地和工业生产用地增加为主。农业生产用地减少 138.96hm²，林地生态用地增加 58.60hm²，草地生态用地增加 15.70hm²；城镇生活用地增加了 66.23hm²，工业生产用地增加了 8.24hm²（表 8-60）。

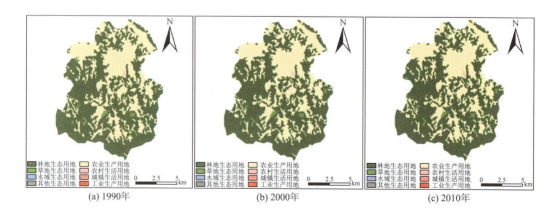

(a) 1990年　　　　　(b) 2000年　　　　　(c) 2010年

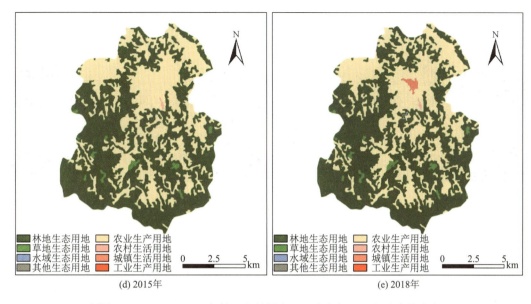

(d) 2015年　　　　　　　　　　　(e) 2018年

图 8-49　1990～2018 年樊王山镇国土"三生空间"二级分类的演变

表 8-60　樊王山镇 1990～2018 年国土"三生空间"二级分类面积变化　（单位：hm²）

年份	农业生产用地	林地生态用地	草地生态用地	水域生态用地	城镇生活用地	农村生活用地	工业生产用地
1990	5977.97	8505.45	140.72	8.23	10	14.85	2.03
2000	5962.12	8524.62	128.07	7.56	20	14.85	2.18
2010	5945.66	8510.94	151.68	6.09	27.55	15.3	3.08
2015	5915.96	8519.67	153.8	5.32	47.44	15.03	5.89
2018	5839.01	8564.05	156.42	7.92	76.23	15.03	10.27

由原博望山镇改名为樊王山镇，就是其特有的樊人文化，加之其喀斯特地貌和成片竹林构成的特有景区，兼具特色的自然资源和人文资源，具有发展的空间优势条件。樊王山镇为低山丘陵地貌，占镇域 3/4 的面积为低山中谷、中山窄谷区，群峰耸立，河流深切，地形起伏较大，海拔在 300～1800m，相对高差大。

受 20 世纪 90 年代开始退耕还林的影响，农户大量种植竹林、其他杂树林等，导致樊王山镇现森林覆盖面积率高达 59%，生态环境良好（图 8-50）。虽然城镇生活用地和工业生产用地有所增加，但主要集中在镇域北部靠中地势起伏度小、适宜建设程度高的丘陵槽坝区，故而国土空间利用冲突不明显。而由于大量远离场镇中心的村落劳动力外出打工现象普遍，耕地弃耕、撂荒、疏于精耕细作现象严重，耕地质量下降严重。

当前北部浅丘地带开始尝试进行土地整理，并集中发展"酿酒专用粮基地"、"富硒水稻"等现代农业园区［图 8-51（a）］，但整个南部山区土地依然以粗放式种植为主，农业发展基础设施滞后［图 8-51（b）］。从事农业种植、养殖者的减少，也导致部分村落宅基地的废弃和败落［图 8-51（c）］，传统的乡村风貌的优美感降低，新发展理念下美丽乡村风貌和高质量的乡村人居环境建设还处于探索之中［图 8-51（d）］。

图 8-50　樊王山镇的良好生态环境（孟宝拍摄）

(a)樊王山镇水泸坝村的酿酒粮种植基地　　　　　(b) 樊王山镇凌霄城村坡耕地

(c)樊王山镇楠星村农户院落　　　　　(d) 樊王山镇太安村的移民新村

图 8-51　樊王山镇农业生产和农村居住环境（孟宝拍摄）

2. 框架约束的樊王山镇适宜开发区

依据框架结构模式，把地形限制区（起伏度＞150m，坡度＞15°）、永久基本农田、无灌木林地、保护区、地质灾害隐患点密度分级＞3 等扣除，得到樊王山镇最适宜性可开发强度对应的适宜性开发用地（图 8-52）。

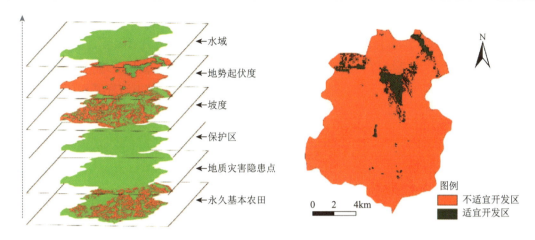

图 8-52　樊王山镇理论性适宜开发区获得及分布

根据计算，樊王山镇最小可开发强度为 1.8%，最大可开发强度为 9.73%，最适宜性可开发强度为 5.15%，而现状开发强度为 4.4%，适宜性剩余可开发强度为 0.75%。

从空间功能评价看，樊王山镇属于"乡村生活 + 农业生产 + 生态产品供给优势区"；从冲突测度综合分类来看，樊王山镇的空间利用冲突属于"农业粗放发展、无序发展造成的冲突"。功能标定为"乡村生活 + 农业生产主导功能 + 生态经济效益产出功能"。按框架结构约束模式，樊王山镇实际开发强度的上限应是其最大可开发强度（9.73%）的 50%，故樊王山镇的开发强度上限应该为 4.87%，故剩余可开发强度为 0.47%。结合其空间功能定位和冲突类型，樊王山镇应该充分利用二八定律：通过 20%的场镇和重点村的发展，充分利用剩余的开发空间；通过进一步对 80%的生态空间加强生态功能保育，通过保育农村居民点和耕地整治，在进一步增强生态功能的同时释放新的发展空间。针对空间开发利用的主导冲突，其空间开发优化的重点在于：如何通过土地整治、农村宅基地整治等突破低山丘陵的限制，增加并连片农业生产空间，发展现代农业；如何在发挥生态效益的同时提升生态产品的供给能力；如何通过产业发展、人居环境空间质量提升等，践行乡村振兴战略和美丽乡村建设。

3. 樊王山镇农业农村空间优化分析

不同于沙坪街道，樊王山镇空间利用以农业用地、农村用地和生态用地为主，而且镇域层面在产业、项目、基础设施方面有一定的规划权。其用地类型也相对复杂多样，冲突点及冲突类型相对较多，如以农业为主的产业发展与生态保护、农村居民点分散和用地集约要求、耕地利用低效和高质量产出需求矛盾等。根据调研认知和掌握的资料，针对樊王山镇的具体情况，其空间优化从实施土地整理工程、增强生态空间的经济效益产出及农村院落人居环境优化等方面来探讨。

1）提升耕地、林地等空间的利用效率

对樊王山来讲耕地利用效率的提升主要在于土地整治工程的实施；而林地利用效率的提升主要在于发挥生态效益的同时增加生态效益产出。土地整理工程是国家弥补耕地不

足、增加粮食产出、优化农业生产空间的重要举措。当前樊王山镇农业生产空间面临着两个较为突出的问题：一是现有耕地撂荒、疏于耕作管理导致的地力下降等问题严重；二是存留坡耕地低效产出及破碎化经营问题。为此，未来樊王山镇应该从土地整治工程入手，加大土地整治的力度和科学性。而林地生态效益产出主要在于在不破坏基础生态调节功能的前提下通过林副产品的产出，让林地成为后退耕还林及林补时代农民收入增加的重要来源。

樊王山镇水泸坝富硒稻米（川粮油）现代农业园区建设案例：水泸坝村是一个典型的喀斯特溶蚀盆地，原来水田地地块小且分散，由于各家种植管理情况不同，地块的产出和维护水平也不相同，耕作、收割以人力和畜力为主，土地功能单一、收益低下，严重制约了农民耕作生产积极性和村域经济发展［图 8-53（a）］。该园区从 2017 年起规划建设，规划总投入 1.04 亿元，截至 2020 年底，园区已累计投入资金 8500 余万元，连片规模化发展富硒水稻和中草药泽泻 5000 余亩，配套发展五粮液酿酒专用粮、杨梅、竹笋等小而优的特色产业 2000 亩，主要农作物耕种收综合机械水平达 90%［图 8-53（b）］。黑化入园道路 7.4 公里，园区内设有自行车骑游道、田园漫游道 4 公里，共发展专业合作社 5 家，农家乐 12 家，民宿 2 家。建设有现代农业观光体验基地、大米博物馆、粮食品种对比试验基地等。2020 年被评为"四川第二批省级农业主题公园"。通过农旅融合发展，农民人均可支配收入高出全县平均 20%以上，成为土地整理、现代农业综合发展、带领农民致富的成功典范。

(a) 建设前　　　　　　　　　　　　(b) 建设后

图 8-53　水泸坝村现代农业公园建设前后对比（水泸坝村提供）

但水泸坝村的土地整理工程存在一定的问题，如部分村民反映原来的水田虽然分散、地块小，但排水蓄水能力强；在土地整理中，为了实现大规模的机械化耕种和收割，过分强调大片和平整，没有考虑长久以来形成的自然水系的连通性，导致排水不畅，一定程度上影响了水稻的产量和田间作业成本。

樊王山镇教场村充分利用优势生态资源发展竹荪产业案例：教场村位于樊王山镇南部山区，山大沟深，交通不便，长期以来是樊王山镇最贫困的行政村之一。全村有耕地86.7hm²，其中水田约 6.7hm²。教场村地势起伏大，交通不便，耕地从谷底到半山腰到山顶都有分布，且大多纳入基本农田保护范畴，平地、平坝资源非常稀缺。20 世纪 90 年代到 2000 年初，响应国家天然林保护工程和退耕还林政策，教场村大量坡耕地退耕还林，森林覆盖率达到 70%以上,林补在 2016 年之前为 2325 元/hm²,2016 年后就终止了,但林地的后续经济效益没有被挖掘出来。在驻村书记和村民共同努力下,2018 年由教场村集体资产经营管理有限责任公司牵头,共流转土地 2hm²,利用良好的生态环境,与兴文县野山珍专业合作社合作种植竹荪。双方各委派一名负责人到现场负责监督种植,记录种植情况。竹荪收获季节,由村资公司委派专人现场负责记录收竹荪情况。2018 年全年共投入资金 30 万元,共烘烤出干竹荪 1300kg,干竹荪蛋 1050kg,总价值 41 万元。由村资公司负责组织销售,扣除销售投入成本 2.84 万元,实现纯收入 8.16 万元(图 8-54)。教场村通过增加土地流转、成片竹林发展竹荪种植等,同时开展林间苦笋培育和采摘等,部分达到了利用林地生态空间经济效益产出增收的目的,但由于林间产业道、对外交通的不完善,大量的竹林资源还是得不到有效持续的开发利用。

图 8-54　教场村发展竹荪产业(教场村提供)

　　土地整理工程、林地生态空间的经济效益产出等都是优化利用乡村生产、生态空间的重要途径。目前来看,樊王山镇土地整治、发展特色农业产业的探索才刚起步,今后要注意提升土地整治工程的科学性。樊王山镇应考虑山地丘陵特色,尊重自然性、科学性和地势的自然起伏度。在考虑运用机械化时,也要考虑投入产出比,不能因形象工程而不顾客观实际追求"平坦""规模"效果。

　　图 8-55 和图 8-56 为樊王山进行的土地整治工程,以坡改梯和蓄水池建设为主,虽然在一定程度上提升了土地经营条件和可预期的产区,但普遍存在的问题是用材生硬,而且调研中发现土地整治的工程设计很少让村民参与进来。

(a) 施工前　　　　　　　　　(b) 施工中　　　　　　　　　(c) 施工后

图 8-55　樊王山镇土地整治工程(坡改梯)(樊王山镇提供)

　　　(a) 施工前　　　　　　　　　(b) 施工中　　　　　　　　　(c) 施工后

图 8-56　樊王山镇土地整治工程（蓄水池建设）（樊王山镇提供）

　　要进一步做好林地生态用地的产业道建设。樊王山镇林地生态用地的产业道主要指直接为竹林及其他经济林抚育和林材、林副产品（竹笋、竹荪、果实等）采集运输服务的道路，包括穿越、连接和围绕林地新（改）建的水泥（沥青）混凝土道路和泥结碎石道路，以及成片林地中的便道（图 8-57）。做好林地生态用地，有益于对退耕还林后形成的杂木林、低效林等进行改良和复壮等，提高产出和效益，并进行规模化经营和利用，如大量原竹砍伐后机械化运输等。而风景优美区域的产业道还兼具景观道的功能，为发展乡村旅游业服务。

　　　(a) 施工开始　　　　　　　　(b) 施工中　　　　　　　　　(c) 施工后

图 8-57　樊王山镇林间产业道建设（樊王山镇政府提供）

　　要充分调动当地农民的积极性和创新性。当地农民是乡村生产和生态空间演变的参与者和推动者，也是对空间特点和最优利用方式最知情的群体。故而在生产空间和生态空间利用优化过程中要尊重他们的意见，把他们的诉求和创新纳入到空间利用规划中来。通过补贴、奖励、宣传等激励措施，激发他们巧妙、高效利用低质耕地、低效林地空间的积极性和创新性。

　　2）农村院落人居环境的优化

　　当前关于农村居民点的空间优化多集中在聚落空间分异、演化与重构、特征与优化重构等方面，缺乏对以聚落为核心的农户"内"生活空间的优化[36]。狭义的院落空间是指农户围墙以内（包括院坝、各种房屋建筑在内）的空间功能区；广义的院落空间除狭义的院落空间外，还包括院落空间向邻舍、公共空间等过渡的区域（包括院坝周边的空地、菜地、道路、竹林等）。可以看出，樊王山镇的农村居民点整体分布较为零散（图 8-58），其特征和重组布局开始受到政府的重视。

　　图 8-59 是樊王山镇不同时期（1960s、1980s、2000s、2010 年之后）的院落及平面结构功能，可以看出，院落内部不同功能区的空间布局从水平层面向垂直层面延伸，从分散向集中演变，新增洗浴专用空间及车库等空间；院落建材由传统的土石木为主向钢筋混凝土为主转变，房屋层数增高到 2～3 层；院落周边由薪材林、田地为主转向小块菜地、荒地为主。受乡村聚落格局优化影响，布局趋向集中。

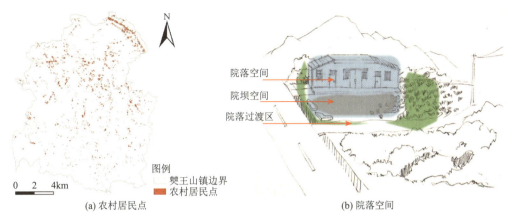

(a) 农村居民点　　　　　　　　　　　(b) 院落空间

图 8-58　樊王山镇农村居民点的分布及院落空间范围示意

(a) 1960s

(b) 1980s

(c) 2000s

(d) 2010年以后

图 8-59　樊王山镇不同时期的院落及平面结构功能

从功能特征上看，随着时间演变，居住空间的重要性凸显，但农户卧室大部分时间都处于闲置状态；厨房、厕所、牲畜养殖场所的布局趋向分离，整体人居环境的卫生、整洁、现代程度有一定的提升（图8-60）。

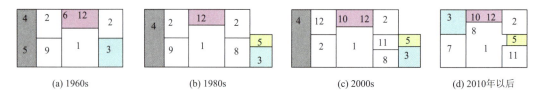

图8-60 樊王山镇不同时期院落厨房、厕所及猪舍空间位置的变化

1. 堂屋；2. 卧室；3. 厨房；4. 猪舍；5. 厕所；6. 神龛；7. 停车区；8. 餐厅；9. 客厅；10. 楼梯间；11. 娱乐室（棋牌）；12. 储物间

建材经历了土石木（楠竹，1960s）-砖木（青砖、红砖，1980s）、砖混（水泥砖、红砖、混凝土，2000s）、钢筋混凝土（2010年以后），建筑形制更加紧凑，新建院落的建筑风格基本上放弃了以传统土木为主的营造方式，相比传统伦理、习俗等，安全性、现代性成为考虑的首要因素（图8-61）。从院坝功能的演变可以看出，以农业为主的生计模式正在改变，院落经济的重要性明显下降；传统朴素的院落景观正在消失，城市文明和乡村营建碰撞还在持续，具有地域性的现代乡村景观模式处于探索之中。虽然其院落空间功能分割趋向简单、经济实用，现代性进一步增强，但还有一些不合理、不完善（与现代人居理念相冲突之处）的地方，如院落外部和内部的脏乱、凌乱现象较为普遍，若不加引导和规划，将不利于乡村生活环境品质的提升。

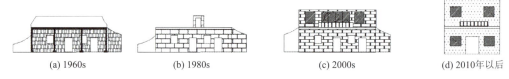

图8-61 调查院落房屋正立面外观的演变

对樊王山镇乡村院落空间存在的问题归纳如下：一是自上而下由政府主导的乡村聚落空间重构主要侧重于公共空间，如道路、功能基础设施等；而对农户院落仅体现在宅基地核准审批、面积监管等方面，未能根据村域特色和农户实际需求提供高质量空间利用的理想院落范本供农户营建参考。二是从院落功能区来看，在安全性（裸露的电线等）、清洁性（屋内杂物、废弃物混杂等）、合理有序性（厨房、养殖场所、厕所的邻近布局等）等方面存在一定问题，整体来看与现代人居环境理念有诸多相冲突之处。三是农户缺乏足够的资金和知识进行院落营建，如院落文化景观的打造陷于区域性的被动传播和复制，从而缺乏美的创造性；新建院落风格雷同、丧失了特色，呈现出城市钢筋混凝土建筑的粗糙堆砌。故未来以院落为中心的乡村人居空间质量提升应该注重以下几个方面：①坚持"传统文化＋自然环境"的营造理念；②体现人本主义营建准则；③根据地域特色并结合居民意愿为农户提供高质量空间利用的理想院落范本；④注重激发农户院落建设的积极性和院落美化的创造性。

樊王山镇作为典型的以农业为主的乡镇,其空间利用的重点为农业空间、生态空间和农村空间。在精准扶贫和乡村振兴战略的带动下,出现了诸如永寿村乌骨鸡养殖(乌骨鸡文化节)、翠冠梨种植;楠星村、博望村、太安村竹石林旅游;水泸坝村现代农业公园等不同的乡村发展模式,发展模式的初步成效在集体、个人收益方面和空间景观变化方面都非常显著。但是不是可持续的以及是不是科学性的,还有待在发展中去检验。通过行政自上而下发展传导下的发展规划,要和镇、村、生产小组、村民等的发展现状和发展诉求结合起来,充分尊重空间最直接相关者的意见,给他们发展的自由度,激发他们在框架条件约束范围内开发利用空间的积极性、创造性,和上位规划一起助推小尺度空间功能趋向最优化。

8.5　山区国土空间功能优化与调控对策框架

在我国生态文明建设战略的指导下,国家将通过国土空间规划体系的建构,极大地促进山区国土空间功能的调整与重构,确保建设美丽中国和乡村振兴的空间走向,进而实现国家现代化空间治理体系的整体目标。

山区国土空间功能优化牵扯诸多方面,还有尺度上的关联问题,即存在国家层级的主导、省域层面的协同衔接、县域空间功能的结构聚向、村镇单元空间功能的精准定位的总体关系。

山区国土空间功能优化要与国家国土空间规划基本框架相一致,其目的要充分体现国家现代发展精神,体现国家可持续站位,体现国家空间管制制度。要把握山区国土空间演变特征与规律,深刻理解空间重构与品质提升、生态底线与存量关系、资源匹配与要素协同、区域协调与重点恢复、功能优化与空间管制等关键内涵。

山区国土空间功能优化要遵循城乡统筹一体化、"三生空间"协调化、空间功能组分有机化、历史传统与现代要素融合化、人地关系和谐化的逻辑建构;正确处理国土空间功能确立与资源环境承载力匹配关系、人口分布与区位和经济总量及环境的协调关系、城镇规模和产业布局与流域的空间合理关系、发展速度与质量和可持续性关系、支持政策的差别化关系;空间治理及其管控要坚持科学统领,规划先行,科技支撑,制度保障,努力做到全方位监管山区国土空间发展的格局与过程。

山区国土空间开发要牢牢把握山区地理特性、空间差异性与适宜性,山区的水热条件、地貌条件是山区空间发展选择的自然基础。山地的水文循环与水资源效应既有自然过程驱动,又有人文过程驱动;土地的多功能性既有自然选定性,又有人文改变性;空间发展越接近自然灾害影响区,保障空间安全抵御灾害风险的压力越大。其间可能会出现一些冲突,影响区域协调发展。因此,要通过多目标权衡,确立正确的空间发展格局与空间功能目标,这样才会有自下而上的多层级国土空间发展的协调性、效率性和公平性。

习近平总书记提出的"绿水青山就是金山银山"深刻道明了自然的珍贵性、财富性与发展性,是人与自然和谐的可持续发展的朴素哲学思想,言明意深,隐喻丰富的内涵,是引导山区走大生态产业发展的可持续召唤,是山区国土空间开发格局优化的根本遵循。

为此,山区国土空间发展必须依据中国特色社会主义思想道路探索新导向、新路径、多模式，从整体性、区域性、地方性全面系统构建山区国土"三生空间"格局、结构与功能，解耦水、土、气、生、人的复杂关系，为城乡一体化空间发展破解制约因素，补短板，强特色，促优势，全面提升空间发展质量，系统增强地域系统综合功能与活力。

加强山区国土空间功能实时监测与评价，特别是利用大数据进行研判与分析，发现问题及时解决与调整，并在公共政策层面不断改进，提供切合山区实际的、有效的政策工具，给予山区国土空间发展应有的公平性与权益性保障，为当地人民的发展给予公正的福祉，逐步缩小收入差距，提高生活质量，实现城乡空间一体的现代化发展新格局（图8-62）。

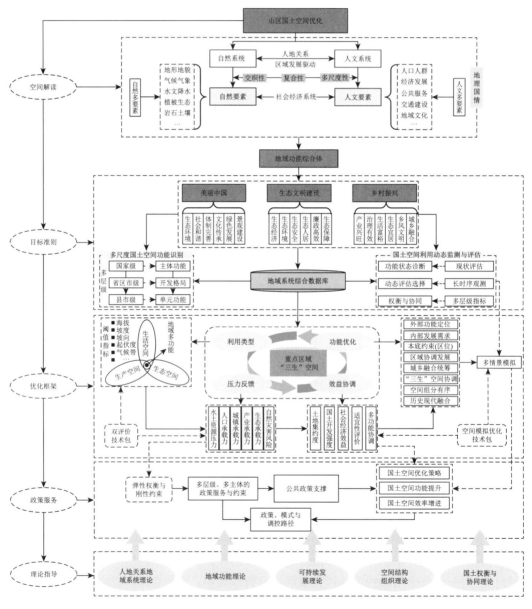

图 8-62 山区国土空间功能优化与调控对策框架

8.6 关于中低山-丘陵区国土空间重点发展的建议

8.6.1 我国中低山-丘陵区国土空间概况

我国中低山-丘陵区（海拔<2500m）面积超 373 万 km^2，分布在 1700 多个县，拥有 6684 万 hm^2 耕地，人口约 5.5 亿（2010 年）。其中，丘陵区（海拔<500m）面积约 124 万 km^2，含 499 个县，耕地面积达 3409 万 hm^2，人口 3.05 亿多，GDP 总量为 11.8 万多亿元（2017 年）；海拔 500~1000m 的低山区面积约 91 万 km^2，含 332 个县，耕地面积达 1312 万 hm^2，人口 1.13 亿多，GDP 总量为 4.72 多万亿元（2017 年）。而位于亚热带、热带的中低山-丘陵区面积达 186 万 km^2，其是国土空间生态性、生产性、生活性功能高度复合的区域，是农林牧副渔体系全面发展的重要领地，国土空间功能多样化特征十分显著。

特别强调的是南方中低山-丘陵区，其不仅是我国乡村人口集中分布的区域，还是大量中小城镇建设的重点区域。该区域水热条件优势不可替代，适宜生态性（森林）和生产性（作物、经济林果）的空间利用潜力巨大，是两年三熟、一年两熟或一年三熟的主要农业种植区，也是特色农业、特色林果业发展的重要基地，为国家战略层面的生态产业布局提供了得天独厚的自然基础。

我国已经进入高速公路、高速铁路和支线机场布局日益网络化的时代，空间联系加强，加之互联网支撑下发达的现代物流业体系，区位限制不断破除，促使中低山-丘陵区的国土空间发展进入新的机遇期。在全面建成小康社会和实现生态文明与美丽中国建设进程中的关键时期，该区域是最为牵扯全局的重要国土空间和关键区域，是实践"绿水青山就是金山银山"发展理念的国家巨大舞台，是大有作为的国土空间要地。

8.6.2 我国中低山-丘陵区国土空间开发存在的问题

中低山-丘陵区作为大都市重要的、不可或缺的农产品供给、乡村旅游、休闲度假区域，是重要的城市后花园和康养胜地，是多种业态并举发展的重要区域。但同时，人们也应该清醒地认识到，我国的中低山-丘陵区在国土空间开发利用和优化方面还存在一些突出性的问题：一是受气候变化影响比较明显，生态敏感性、脆弱性比较突出；二是发展的短板性问题多（内生动力不足、维持脱贫成果难度大、因灾返贫时有发生、农业产业链短等），"三农"问题高度集中，发展的不平衡不充分矛盾最为尖锐；三是生态屏障建设与保护的任务艰巨，优势性与制约性并存，是国土空间多功能目标权衡的重点区域（"三生空间"优化问题）；四是公共服务体系不够发达，高等教育和技能教育资源短缺，智力资源与现代社会发展不匹配；五是区域统筹发展的协调关系亟须改善（产业分工与合理布局、环境污染传输与影响等），空间治理体系与能力亟待全面加强；六是村镇地质灾害防治体系建设薄弱，也是生态风险防控的难点区域（三区三线管控）。

总之，中低山-丘陵区作为平原与高山区的过渡性地理空间，人地关系特殊，空间功能独特，远没有达到其功能格局优化与高质量、高效率发展，亟待基于国家现代化发展的总体要求对其重新审视和科学规划未来。

8.6.3　对策与建议

（1）建议把中低山-丘陵区作为新一轮国土空间规划中具有空间高质量、高效率发展潜力的重点区域，制定相关战略及指导意见。

在国家级国土空间规划编制中，高度重视中低山-丘陵区的空间发展特殊性及其对国家现代化建设高质量发展全局的重要支撑性，科学挖掘中低山-丘陵区的空间发展优势与特色，引导其国土空间高品质发展，全面提高国土空间利用效率，助力乡村振兴，着力构建"山水林田湖草"生命共同体，促进美丽城乡一体化协调可持续发展。因此，针对中低山-丘陵区的空间发展要给予整体性、战略性安排和规划，给出特定空间发展的纲要性指导。

（2）开展优化完善中低山-丘陵区种养区划工作，重新定位其功能及空间重构，为科学构建大生态产业体系与合理布局提供理论指导和决策依据。

一是充分考虑乡村农户生计提升和全面小康，为使农业产业体系做到有序布局与高质高效发展，全面开展中低山-丘陵区种养区划工作、科学构建大农业及生态产业格局，从根本上促进全链条产业融合与区域协调协同发展，根除同质化、低效益、短生命周期发展等一系列困扰问题；二是以根本性解决"三农"问题、彻底破解民生瓶颈为核心和要务，以实现"绿水青山就是金山银山"为实质目标，重新定位其功能并进行空间重构；三是通过科学的种养区划深度挖掘特色空间价值，化特色优势为经济强势，推动形成高效、均衡、充分、美丽的国土新空间。

（3）全面加强中低山-丘陵区的功能城镇体系建设，为多业态融合发展创造条件，培育内生发展动力。

一是坚持"生态优先、功能从优"的原则，科学统筹城-镇（乡）-村发展，加快功能独特的中小城镇建设，强化以国家农产品深加工业为主导的空间产业定向，确立其是国家绿色生态大产业优先布局发展的区域；二是加大国家政策倾斜力度，加快建设国家农产品生产、深加工、销售服务现代体系，并在市场开拓方面提供保障性支持，从而全面带动中低山-丘陵区农业现代化和农村现代化快速发展；三是全面构建适宜性强的组团化与网络化"城-镇-乡-村"空间发展体系，优化整合集镇节点功能的定位与区域发展，促进产业链体系带动人口集聚，从多维度、多层级、多业态的融合中培育绿色转型发展的新动力。

（4）建立和完善科技、金融、政策等服务与支撑体系，为中低山-丘陵区的现代化发展提供基础性、战略性的保障。

一是制定国家重大科技研发计划，加强自然、人文和社会科学的学科交叉与综合研究，系统提出中低山-丘陵区国土空间可持续发展的科学方案与路径；二是广泛汇集和深度转移转化科技研发新成果，不断提高科技支撑对该区域经济社会发展的贡献率；三是强化金融、政策等方面的扶持力度，引导多元化资本的投入，探索实施差异化的税收政策；四是加强高等教育和医疗服务体系的建设布局，提升中低山-丘陵区的发展能力，促进其逐步

融入国家城市群发展格局中,真正建立起美丽城乡一体化协调可持续发展的现代化总体格
局与治理体系。

参 考 文 献

[1]　方创琳,贾克敬,李广东,等. 市县土地生态-生产-生活承载力测度指标体系及核算模型解析[J]. 生态学报,2017,
　　　37 (15): 5198-5209.

[2]　刘文平,汤怀志,桑玲玲,等. 京津冀国土空间服务分布特征研究[J]. 生态科学,2016,35 (5): 136-142.

[3]　谢高地,甄霖,鲁春霞,等. 一个基于专家知识的生态系统服务价值化方法[J]. 自然资源学报,2008,(5): 911-919.

[4]　谢高地,张彩霞,张昌顺,等. 中国生态系统服务的价值[J]. 资源科学,2015,(9): 1740-1746.

[5]　谢高地,张彩霞,张雷明,等. 基于单位面积价值当量因子的生态系统服务价值化方法改进[J]. 自然资源学报,2015,
　　　(8): 1243-1254.

[6]　欧阳志云,王桥,郑华,等. 全国生态环境十年变化(2000—2010 年)遥感调查评估[J]. 中国科学院院刊,2014,(4):
　　　462-466.

[7]　Anselin L,Rey S. Properties of tests for spatial dependence in linear regression models[J]. Geographical Analysis,2010,
　　　23 (2): 112-131.

[8]　王劲峰,徐成东. 地理探测器:原理与展望[J]. 地理学报,2017,72 (1): 116-134.

[9]　Li X,Chen G,Liu X,et al. A new global land-ese and land-cover change product at a 1-km resolution for 2010 to 2100 based
　　　on human-environment interactions[J]. Annals of the American Association of Geographers,2017,107 (5): 1-20.

[10]　周道静,徐勇,王亚飞,等. 国土空间格局优化中的"双评价"方法与作用[J]. 中国科学院院刊,2020,35 (7): 814-824.

[11]　樊杰. 资源环境承载能力和国土空间开发适宜性评价方法指南[M]. 北京:科学出版社,2019.

[12]　姚玉璧,王毅荣,张存杰. 黄土高原作物气候生产力对气候变化的响应[J]. 大气科学学报,2006,29 (1): 101-106.

[13]　任艳敏,刘玉,潘瑜春,等. 华北平原农田耕作便利度评价研究[J]. 农业机械学报,2018,49 (12): 165-171.

[14]　齐信,唐川,陈州丰,等. 地质灾害风险评价研究[J]. 自然灾害学报,2012,21 (5): 33-40.

[15]　闫水玉,刘鸣. 基于地质灾害风险评价的山地城市规划应对策略——以石棉县总体规划为例[J]. 西部人居环境学刊,
　　　2013,(6): 57-63.

[16]　杨波. 中国人地关系演进的资源环境基础——水土两大要素的分析[D]. 北京:中国科学院研究生院,2012.

[17]　罗丹,王涛,常庆瑞. 县域农村居民点适宜性评价——以陕西省陇县为例[J]. 中国农学通报,2019,35 (14): 157-164.

[18]　孔雪松,刘耀林,邓宣凯,等. 村镇农村居民点用地适宜性评价与整治分区规划[J]. 农业工程学报,2012,28 (18):
　　　215-222.

[19]　马占新. 数据包络分析模型与方法[M]. 北京:科学出版社,2010.

[20]　Tone K. A slacks-based measure of efficiency in data envelopment analysis[J]. European Journal of Operational Research,
　　　2001,130 (3): 498-509.

[21]　Tone K. A slacks-based measure of super-efficiency in data envelopment analysis[J]. European Journal of Operational
　　　Research,2002,143 (1): 32-41.

[22]　储节旺,储伊力. 我国省域公共图书馆效率测评及影响因素分析——基于 Super-SBM 与 Tobit 模型的实证研究[J]. 图书
　　　情报工作,2015,59 (22): 33-38.

[23]　陆福志,鹿化煜. 秦岭—大巴山高分辨率气温和降水格点数据集的建立及其对区域气候的指示[J]. 地理学报,2019,
　　　74 (5): 875-888.

[24]　汪雪格. 吉林西部生态景观格局变化与空间优化研究[D]. 长春:吉林大学,2008.

[25]　吴欣昕,刘小平,梁迅,等. FLUS-UGB 多情景模拟的珠江三角洲城市增长边界划定[J]. 地球信息科学学报,2018,
　　　20 (4): 532-542.

[26]　朱寿红,舒帮荣,马晓冬,等. 基于"反规划"理念及 FLUS 模型的城镇用地增长边界划定研究——以徐州市贾汪区
　　　为例[J]. 地理与地理信息科学,2017,33 (5): 80-86.

[27]　张子明，刘平辉，朱寿红. 基于 FLUS 模型的城镇用地增长边界划定研究——以临川区为例[J]. 江西农业学报，2018，30（5）：121-127.

[28]　Costanza R. The value of ecosystem services[J]. Ecological Economics，1998，25（1）：1-2.

[29]　谢高地，鲁春霞，成升魁. 全球生态系统服务价值评估研究进展[J]. 资源科学，2001，23（6）：2-9.

[30]　谢高地，鲁春霞，肖玉，等. 青藏高原高寒草地生态系统服务价值评估[J]. 山地学报，2003，21（1）：50-55.

[31]　黄金川，林浩曦，漆潇潇. 空间管治视角下京津冀协同发展类型区划[J]. 地理科学进展，2017，36（1）：46-57.

[32]　Crane R，Manville，Michael. People or place? Revisiting the who versus the where of urban development[J]. Lincoln Institute of Land Policy Land Lines，2008，20：2-6.

[33]　夏方舟，杨雨濛，陈昊. 基于自由家长制的国土空间用途管制改革探讨[J]. 中国土地科学，2018，32（8）：23-29.

[34]　罗天骐. 国土资源空间异质性与空间优化模型构建——以示范乡镇天津市太平镇为例[D]. 武汉：华中农业大学，2016.

[35]　Bristow G. Resilient regions：re-‘place’ing regional competitiveness[J]. Cambridge Journal of Regions Economy & Society，2010，3（1）：153-167.

[36]　孟令冉，吴军，董霁红. 山丘生态保护区乡村聚落空间分异及格局优化[J]. 农业工程学报，2017，33（10）：278-286.

第 9 章　山区国土空间功能重构与治理

9.1　我国山区国土空间功能提升的新要求

9.1.1　生态文明与美丽中国建设

中国共产党第十八次全国代表大会报告深刻阐述了推动美丽中国与生态文明建设,把生态文明建设放在突出地位,使其与经济建设、政治建设、文化建设、社会建设形成"五位一体"总布局,实现经济社会建设全方位的可持续发展[1]。

建设美丽中国是一个整体和动态的概念,是绿色环境、和谐社会、健康生活、智慧时代、幸福人民的总和,是全球可持续发展、绿色发展和低碳发展的中国实践。生态文明建设是实现美丽中国的基础和保障,是以人与自然协调发展为准则、强调人类与地理环境之间的相互作用机制所达到的科学的、合理的建设程度[1]。建设美丽中国,优良的自然生态环境是基础和前提,只有加强生态文明建设,公民才能在一个良好的生态环境中健康生活,才能从根本上理解美丽中国建设的意义,才能从行动上努力推动美丽中国建设。

中国是一个以山地居多并且呈现复杂空间格局的国家,山地空间的地域分异作用,使得国土空间各要素(自然、经济、人文)呈现地域差异现象[2]。国土是生态文明建设的载体,现阶段在我国经济社会发展的国土资源开发利用过程中,频现资源缺口、环境压力、地质灾害等问题,国土资源对我国可持续发展的刚性制约越发明显[3]。生态环境的保护与改善需要依靠优化土地利用方式和提升国土空间功能来管控,国土资源的有限性和日益增加的人口数量及快速发展的工业化与城镇化建设矛盾剧增。

国土开发利用与保护是在遵循人口资源环境相均衡、经济社会生态效益相统一原则基础上进行的实践活动。优化国土空间开发格局自作为十八大报告明确提出的生态文明建设的首要任务,经过几年的努力实践已获得显著成效。中国特色社会主义进入新时代,中华民族迎来经济社会发展的新时期,生态环境保护任重道远,生态文明与美丽中国建设是一场艰巨长远的持久战。

在生态文明建设战略的背景下,提出生态国土的概念,是生态文明建设任务的具体体现,是生态文明建设的必然趋势和客观要求[4],旨在实现优化国土空间格局、保护土地资源、国土空间资源高效集约利用、人与自然生态环境和谐共处等目标。

生态国土概念的提出深化了社会经济资源、自然生态资源的内涵,是对国土空间合理开发利用、优化空间布局、土地资源集约节约利用、社会经济环境与自然环境协调发展的深刻诠释。生态国土建设的基本框架主要从总目标、理念、目标、路径、保障措施五个方面来构建(图 9-1):①生态国土建设的总目标是实现美丽中国、人民福祉永续发展;②理念是以习近平新时代中国特色社会主义思想和创新、协调、绿色、开放、共享新发展为指导,以承载力理论、生态系统服务理论、可持续发展理论、区域发展空间均衡理论为理念支撑；③把尽职尽责保护国土资源、节约集约利用国土资源、尽心尽力维护群众权益、完善国土资源保护利用和管理的基本制度、着力改变重开发轻保护的惯性思维作为目标；④路径主要从优化国土空间开发和生态保护格局、全面推进资源节约集约利用促进绿色发展、切实加强自然资源和生态保护、统筹陆海开发和海洋生态保护、深化自然资源管理制度改革五个方向进行；⑤从加强生态国土法制和政策保障、加强生态国土基础能力建设、加强生态国土建设规划和引导、提高生态国土科技创新支撑能力四个方面来为生态国土建设提供保障措施。

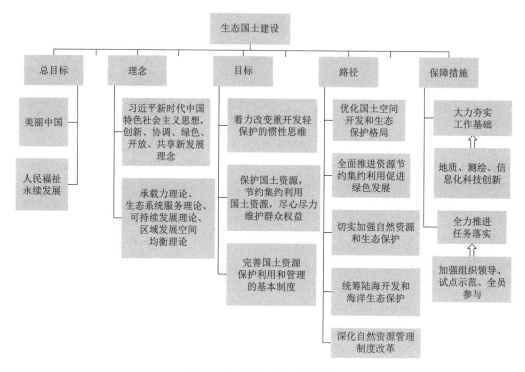

图 9-1　生态国土建设基本框架

山区国土空间比重大是我国基本的国土情势，这给国家基本建设和发展以及生态保护带来了诸多挑战[5]。在迈入生态文明建设新时代之际，秉承人口资源环境相均衡、经济社会生态效益相统一的原则，在山区国土空间格局优化的基础上，探索合理的山区国土空间功能提升的途径，形成合理的生产功能、生活功能、生态功能（三生空间）三大功能高效集约的空间功能布局，努力营造科学合理的国土空间开发建设格局（表 9-1）。

表 9-1　"三生空间"的国土空间功能分类表

功能形式	功能类型	表征指标
生态功能	环境净化功能 承载功能 调节功能	水体、废物以及大气污染物 地形地貌、生物多样性、土壤保持 气候、地表水

功能形式	功能类型	表征指标
生活功能	空间承载功能 物质生活保障功能 精神生活保障功能	住宅及附属用地、交通线路及设施用地 基本收入、征地补偿、最低生活保障、提供就业机会 教育、休闲娱乐场所、文化和艺术、景观、历史文化
生产功能	农业生产功能 非农业生产功能 能源供给功能	食物供给 商品和服务产品生产 能源和矿产的供需状况

生态功能、生活功能、生产功能是组成国土空间功能的主要体现，土地利用从功能角度可以分为生产用地、生活用地、生态用地三大类[6]。国土生态功能是其他功能的基础，生活功能是人类经济社会发展的主要功能，生产功能是国土空间的主导功能。为推动美丽中国建设，在生态文明建设的指导下，山区国土空间功能提升应遵循三大原则：

（1）以维护生态功能可持续利用为前提。

生态功能是指自然生态系统在生态过程进行过程中所形成的能够支撑维持人类生存发展的自然生态条件及其效用，包含了环境净化功能、承载功能、调节功能等[7]。环境净化功能的表征有水体和废物以及大气污染物的净化；承载功能主要表现在地貌地形特征、土壤保持、生物多样性特征等方面；调节功能包含对气候的调节、地表水的调节等。山区国土空间功能提升必须遵循以维护生态功能可持续利用为前提这个根本原则，保证国土空间生态功能的安全，使其能够持续维持人类社会生活、生产活动的进行。生态功能是其他功能的基础，也是国土空间功能提升实现的基础，对生产功能、生活功能起着重要的支撑作用。

（2）以综合整治优化生活功能为基础。

生活功能是指土地在人类生存和发展过程中所提供的各种空间承载功能、物质生活保障功能、精神生活保障功能[7]。空间承载功能体现在住宅及附属用地空间的承载、交通线路及设施用地承载、公共服务设施用地、避难空间的承载等；物质生活保障功能有基本收入、征地补偿、最低生活保障、提供就业机会等；精神生活保障功能体现在教育、休闲娱乐场所、文化和艺术、景观、历史文化等方面。生活功能是人类实现自我生存和发展的主要功能，是经济社会进步的必要条件。在进行山区国土空间功能提升上要遵循以综合整治优化生活功能为基础这个原则，使山区国土能合理提供的生活功能在高效利用下能够匹配协调公民对基础社会文化环境条件的需求。

（3）以聚集开发提升生产功能效益为主导。

生产功能是指以土地作为劳作对象直接从土地获取资源或者将土地作为载体进行各种社会生产活动所产出的产品和服务的功能[7]。生产功能包含农业生产功能、非农业生产功能、能源供给功能三大类。农业生产功能主要是食物供给；非农业生产功能主要是商品和服务产品的生产；能源供给功能体现在能源和矿产的供需状况上。生产功能提供人类生存生活需要的基础物质，是维持人类社会生存与发展进步的基础性功能。以聚集开发提升生产功能效益为主导是山区国土空间功能提升的重点，主要从开发和提升生产功能效益来体现优化国土空间功能。从这个主导出发，以生产功能为中心进行山区国土资源利用是达到国土空间功能提升的核心战略，也是实现土地资源节约集约高效利用目标的重要保障。

9.1.2　乡村振兴战略

党的十九大报告提出实施乡村振兴战略，农业农村农民问题是关系国计民生的根本性问题，必须始终把解决好"三农"问题作为全党工作的重中之重。2018 年中央一号文件在继十九大报告后对实施乡村振兴战略进行再次强调，"实施乡村振兴战略，是党的十九大做出的重大决策部署，是决胜全面建成小康社会、全面建设社会主义现代化国家的重大历史任务，是新时代'三农'工作的总抓手"[8]。

乡村振兴战略的实施是乡村居民对生存条件、生产生活需求的提升，是城市居民生产、生活和生态的提升，是国家发展空间和前景真正复兴的重要道路[9]。实施乡村振兴战略应坚持农业农村优先发展，坚持以产业兴旺为重点，坚持以生态宜居为关键，坚持以乡风文明为保障，坚持以治理有效为基础，坚持以生活富裕为根本。要实现产业振兴、人才振兴、文化振兴、生态振兴、组织振兴，推动改善"三农"问题工作建设，实现农业全面升级、农村全面进步、农民全面发展的目标，实现城乡融合发展，农业农村现代化建设[10]。

乡村是人类以农业作为主要经济活动内容的相对原生态的由经济、社会、环境组成的复杂社会经济地域空间生态系统。乡村是人类进行生产、生活、生存的重要场所和环境空间，人类对乡村空间的占据和利用不同于工业城市的另一种社会经济形态[11]。

乡村振兴的本质在于保持乡村活力，针对不同人群的需求优化乡村空间布局，是提升乡村吸引力与活力的前提与基础。农民是农村主要需求人群，农民生活方式的逐渐转变使得农民对公共服务类型的需求更丰富，对基础设施建设和居住环境改善的要求更高，对村庄建设和发展的意愿强烈；城市人回归乡村主要在于体验乡村特色传统文化、感受乡村生态气息，乡村旅游成为城市人回归乡村的主要途径；乡村旅游产业的发展带动了农村新产业新业态的发展，农村产业加速向三产融合发展，农村经营主体与对象逐渐趋于多元化[12]。因此，乡村振兴战略下的人地关系是乡村空间资源配置的重要推动力，在乡村振兴战略下，山区国土空间功能提升要遵循以人为本的基本要求，将以人为本作为统筹乡村空间资源配置的重要政策工具的着眼点。

新时代村庄发展中的村民、经营者、城市人三类不同人群的需求变化主要体现在四个方面：①公共基础设施和产业发展的建设用地供给；②空间利用方式由单一功能转向复合功能；③用地布局随产业、建设、生态三大空间的显著变化而改变；④对生态环境、文化等空间的保护与利用更为关注（图 9-2）。

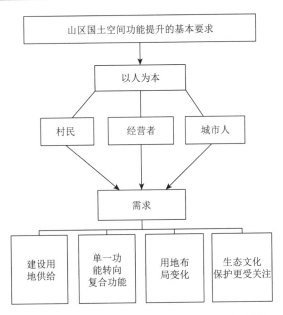

图 9-2　山区国土空间功能提升基本要求的内容框架

在我国工业化城镇化的快速推进、乡村新产业新业态的兴起、城乡人口流动以及乡村经济结构调整等各种要素的相互影响下，乡村地区的社会经济结构不断重塑，助推了乡村空间重构与转型发展的升级，引发土地利用剧烈转型[13]。土地利用转型给我国农村的生产、生活、生态空间带来巨大变化："空心村"状况加剧，导致大量农村建设用地闲置浪费；耕地被弃耕；城乡建设用地扩张占用大量耕地，导致耕地破碎化，有效耕地面积及耕地质量受到影响；乡镇工矿用地的管理不善导致农村生态环境受到严重污染，土地损毁严重等[14]。因此，亟须通过土地整治来对农村土地空间进行综合治理，对乡村生活空间、生态空间、生产空间进行重构，使乡村生活空间、生态空间、生产空间功能得到优化，推动城乡一体化融合发展。在乡村振兴战略背景下，山区国土空间功能提升的主要路径是通过土地整治来进行乡村空间重构，进一步提升乡村生活功能、生态功能、生产功能。

（1）乡村空间的土地整治主要在于"空心村"整治、农用地整治和工矿用地整治。①"空心村"整治主要是指对农村废弃、闲置、分布散乱的农民宅基地进行整治，改善农村公共服务设施和基础设施，改善农村生产生活条件，使农村建设用地集约节约利用。②农用地整治是指以耕地为主实施各种建设保护工程来加强耕地农田的基础设施建设，增加耕地面积，提高耕地质量，改善农村农业生产社会设施条件和生态环境，防止耕地破碎化，有效引导耕地集中连片。③工矿用地整治是指对乡镇工业用地以及采矿用地进行整治，提升农村土地利用价值，提高农村工业及采矿用地的利用效率，使土地得到高效利用，加强农村受到污染和损毁土地的整治，改善农村生产环境、生活环境和生态环境[14]。

（2）乡村空间重构主要从乡村生产空间、乡村生活空间、乡村生态空间进行。①乡村生产空间的重构应实现农业产业生产现代化、规模化以及工业园区化，将分散的乡镇工厂向工业园区集中，形成集聚规模生产。把对农产品依赖性强、劳动力密集型的产业集中布局在农村地区，把技术、资金密集型的高端产业布局于城镇地区，形成城乡一体化空间布局。农用地和工矿用地的整治将为实施农业产业规模化生产经营、建立农业生产基地创造基础。②乡村生活空间重构通过合理规划农村聚落，改善农村居民点"散、乱、空"的现状，重点在于"空心村"的整治，引导居民集中居住，提高村民居住环境质量，形成有利于城乡协调互动的乡村生活空间。③乡村生态空间重构与生活空间和生产空间重构是紧密相连的，在进行"空心村"整治、农用地整治、工矿用地整治时都必须注重生态空间的整治。在遵循自然生态规律、保护生物多样性、景观多样性以及农村本身生态系统特点的前提下对农村生态环境进行建设和保护，提高乡村生态功能，建立良好的乡村生态空间格局。

（3）乡村空间功能的提升主要从生活功能、生产功能、生态功能中体现。①"空心村"整治是乡村生活空间重构的着重点，对被弃住的宅基地进行整治，提升闲置房屋建设用地功能，进行节约集约利用，产生社会经济价值，这是乡村生活功能提升的重要突破点。②开展实施乡村的工矿业集中布局整治，实现农业园区工业化、集中化，推动创新不同生产要素优化配置，加强农业生产能力，提高农业生产功能。③农业生产绿色化、建设用地优化配置集约利用、生活基础设施建设等在生态建设的前提下实施，保护生态环境，建设绿色环境，也是对生态功能的维持和提升。

乡村振兴战略背景下的山区国土空间功能提升重点围绕乡村土地整治这个主要途径并紧密依托"三生空间"视角进行乡村空间重构（图9-3）。

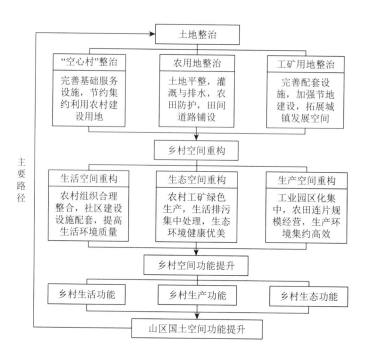

图9-3　山区国土空间功能提升的主要路径框架

9.1.3　山水林田湖草生命共同体理念

习近平总书记在党的十八届三中全会上作《关于〈中共中央关于全面深化改革若干重大问题的决定〉的说明》时指出："我们要认识到，山水林田湖是一个生命共同体，人的命脉在田，田的命脉在水，水的命脉在山，山的命脉在土，土的命脉在树。"这是党和国家领导人首次提出山水林田湖是一个生命共同体的理念[15]。

"山水林田湖草生命共同体"从本质上深刻揭示了人类社会与自然生态系统是一个整体，人与自然和谐共生，共同组成生命共同体。山、水、林、田、湖、草是自然生态系统的重要组成部分，它们之间相互影响、相互作用、相互制约，形成了不可分割的有机整体，是人类生存、生物多样性丰富的生命有机体。在认识山水林田湖草是一个生命共同体时，首先要深刻理解"山水林田湖草生命共同体"的整体性、系统性两个基本特征。一是整体性，山水林田湖草的保护和修复涉及生态环境的各个要素，必须将山水林田湖草作为一个整体来开展整体保护和修复，应用各门学科知识，整合多方资源和力量，进行保护和修复工作的总体设计，整体推进。二是系统性，我国独特的自然地理环境形成了差异化的、不同的生态系统格局，各个生态系统有着各自的系统特征。因此开展保护和修复要着眼于整个生态系统，对于生态系统破坏严重的区域，要将山水林田湖草作为一个生态系统，采用自然修复和人工治理相结合、生物措施和工程措施相结合等方法，开展系统性修复[16]。

土地整治是一项利用一定工程和技术对土地进行调整和治理来改变土地利用结构和类型的管理工作，在对山水林田湖草进行综合整治的过程中会对治理区域以及周边环境的水资源、土壤、生物、植被等诸多要素产生间接或直接的影响，进而对生态系统的生态过程及功能产生影响[17]。因此，土地整治作为土地管理一项重要的工作内容是开展保护和修复山水林田湖草的要点[18]。"生命共同体"理念要求土地整治要尊重自然、顺应自然、保护自然，以山水林田湖草的整体性和系统性为出发点，围绕以生态系统为核心来思考问题[19]。提升山区国土空间功能应以土地整治遵循的要求为指引（图9-4）。

（1）注重生态型土地整治是对深化山水林田湖草的深刻认识，坚持土地生态设计规划，建设绿色健康的国土生态环境，修复土地生态系统，提升土地生态空间服务、调节与涵养功能，促进国土空间资源的可持续利用[20]。

（2）加强土地整治区域景观建设，结合区域的地貌、地质、土壤、水文、生物、气候等因素进行规划设计，推动山区国土空间景观建设。重视整治区域的乡土文化景观和特色建筑的保护是山区土地利用结构和布局优化不可忽视的重点。

（3）提升土地整治信息化建设，借助土地整治调查评价工作了解土地利用情况，掌握土地资源现状的相关信息，按照土地整治规划设计要求进行土地生态建设。随时对土地整治动态工作进行监管监察，及时发现土地整治实施中存在的问题，保证整治工作规范有序进行。

（4）提高土地整治工程质量，对土地整治工程的质量标准和技术要求做出明确规定，加强工程各个环节的质量管理，制定建设质量责任追究终身制，确保有关责任部门重视土地整治工程的质量，严格按照规定要求实施。

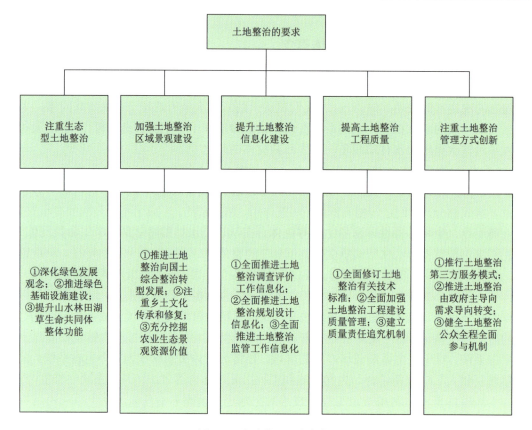

图 9-4　土地整治要求框架

（5）注重土地整治管理方式创新，将土地整治工程建设的相关服务工作承包给社会机构，由第三方承担，政府则主要负责工程制度建设设计以及监管监察工作。调动地方经营主体的积极性，由地方自主申报实施，自主利用管理，政府予以资金支持。土地整治必须健全公众参与机制，了解民意，吸收智慧，优化设计方案，确保土地整治工作的顺利实施[20]。

9.2　我国山区国土空间功能重构的基本思想和整体框架

9.2.1　指导思想与理念

　　国土空间是集生产功能、生态功能和生活功能的统一体，是一个复杂的、立体的功能空间。其复杂性表现在它包含了土地、矿产、水、生态环境、社会经济等多种自然和社会要素，并表现为农业、生态、城市和其他多样化的空间类型。这些空间既相互对立，又有重叠关系和冲突，从而形成了有机的国土空间，表现出一定的功能。当前国土空间的研究正由关注结构变化向关注功能变化转变，从功能角度寻求国土空间的管理策略成为研究的关注热点。国土空间功能通常是指某一阶段内国土单元在更大的国土范围内，在自然资源和生态环境系统中，以及人类生产和生活活动中所履行的职能与发挥的能力，具有多样性、时间变异性、空间差异性、竞合性的特征。从本质上来看，它是自然生态系统提供的自然本底功能与人类因生活生产活动需要而赋予的开发利用功能的复合体。国土空间功能通常包括经济子系统、社会子系统、生态子系统，并表现为生产功能、生活功能和生态功能。与国土空间功能类似的概念还有地域功能、区域功能、多功能和具体功能等概念。近年来，国内外学者的研究围绕过程—格局—驱动—优化的逻辑脉络，采用各类模型对国土空间进行时空优化模拟。目前国土空间功能优化的基础理论主要包括地域功能理论、资源环境承载力理论、地域多功能理论、国土功能权衡与协同理论、拓展的空间结构组织理论和可持续发展理论。

9.2.2　山区国土空间功能优化概念模型

地域功能的合理确定被认为是实现区域有序发展的重要途径。基于地域功能基本特性，科学识别功能区，特别是合理组织功能区并进行功能建设，就是要在科学的发展观和价值观的指导下，协调好每个功能区人文系统和自然系统内部的关系以及人与自然的关系、同一层级功能区之间的关系、功能区局部同整个区域整体的关系、不同层级区域的同一地域功能之间的关系、功能建设的长期效益和短期效益的关系（图9-5）。

图 9-5　地域功能协调模型

地貌格局奠定了山区空间在形态上、气候上的强烈分异，山地的形态以及流域空间的组合，包括海拔梯度的影响，造就了山区极其复杂的国土空间关系。

山区地貌结构的多类型、多层级、多尺度的空间组合，导致其国土空间多种功能交织并存，不同功能在空间分布上表现为交错状的镶嵌关系，并存在多尺度表征关联。从国土开发视角来看，山区国土空间功能的交织性极大限制了大规模、均质性开发利用国土空间的可能性。而从因地制宜的角度来看，山区国土不同功能空间的组合形式可使国土开发和区域发展的多元化程度得到增强。

山区国土空间的要素、结构及其地理过程共同决定了同一地域空间可以同时具备多种国土功能，即国土空间的多功能性。国土空间不同功能的作用和效应呈现差异。某种功能起着主导作用，它不仅表征着地域空间功能属性，还在一定空间上起着主导作用，即主导功能；其他功能处于从属次要地位，起着辅助作用，即从属功能。如何科学识别和认定国土空间的主导及从属功能，即国土空间功能权衡也是山区国土空间优化面临的挑战之一。

山区国土空间功能具有在不同尺度下变化的动态属性，在不同尺度上表现出不同特征，同时大、中、小尺度之间存在关联性、转换性和制约性。探索不同层次、不同尺度国土空间功能的组合关系及其优化与调控，是山区国土空间功能优化的重要内容。山区国土空间功能的完整实现，须依靠内部不同层级国土空间功能的综合作用；次级国土空间功能的差异及其空间分布，对上级区域国土空间主导功能的确定起到一定的决定作用；反之，一个区域国土空间所具有的主导功能，又会在特定社会、经济和政治背景下对次级区域国土空间功能产生控制和引导。这种国土空间功能自下而上的决定作用和自上而下的控制作用，形成多尺度国土空间功能之间相互关联的互馈机制。

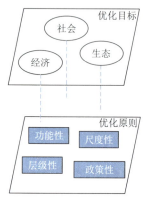

图 9-6　国土空间功能优化概念模型

山区国土空间的功能优化需要同时顾及科学理论与现实政策背景。在政策层面主体功能区划分的依据重点考虑了国土空间的分异规律，初步解决了以地域功能为导向的集成自然和人文要素的综合地理区划原则。但主体功能区规划仅从宏观地域空间层面刻画了其功能的总体性质，其内部在降尺度层面的差异性仍需进一步的理论分析。

基于上述分析，将地域多功能性、国土空间功能权衡与协同、尺度效应、地域功能划分理论相融合，构建了山区国土空间功能优化的概念模型（图 9-6）。

9.2.3　我国山区国土空间功能优化整体框架

实现区域发展空间均衡是实现国土空间功能优化的基础内容，而影响区域发展状态的各种要素在区域间可以最大限度地自由流动和合理配置是其必备条件。区域发展空间均衡模型可以较好地阐释推进国土空间功能优化的关键问题。

（1）推动功能区的形成，是实现区域发展空间均衡的正向过程。地域的功能定位应当有利于不同地域综合发展水平差距趋于缩小。如果无法满足这个条件，那么功能定位的合理性无法保证。

（2）不同地域综合发展水平提高的具体来源需因地制宜。经济发展类、社会发展类、生态环境类等分项发展水平与地域的功能定位有着密切的关系。经济开发类的功能区通常应使经济发展类指标达到高值，而生态保护类功能区通常需使生态环境类指标达到相对的高值。

（3）实现不同区域发展空间均衡，各种资源要素必须能够在区域间合理流动。基于区域发展空间均衡模型，通过人口转移可在增加经济发达地区人口的同时减少经济欠发达地区人口，再通过经济发达地区向经济欠发达地区的经济援助和合理补偿，以及国家和省区市等上级政府的财政转移支付，减小经济发达地区的经济发展类指标数值，同时增加经济欠发达地区的经济发展类和社会发展类数值，提高经济欠发达地区的社会发展水平，以此促使区域间发展综合水平差距的缩小。当然，对于有条件发展的经济欠发达地区，国家通过多种途径为区域营造发展的环境，促进合理的经济发展，这也是达到空间均衡的重要方式。

（4）多样化的发展模式、多样化的文化风格、满足不同生活价值取向的多样化的区域特征，是导致区域功能复杂性的主要因素，也是促使区域发展在复杂系统中实现空间均衡的重要考虑因素。

（5）不同地域在功能选择上扬长避短、选择合理的发展路径，对实现区域发展的空间均衡有着至关重要的作用。在生态环境价值突出、而经济发展相对弱势的区域，因盲目发展经济而破坏了生态环境，必然造成区域发展更加不均衡。

同时需要强调的是，地域功能具有随时间演变的属性，地域功能是变化的，从而导致区域发展的空间均衡也是相对的。地域功能发生变化，可能打破均衡状态或改变差距缩小的演变进程，出现新的不均衡和差距扩大的过程。在驱动区域经济发展的新因素和新机制的作用下，经济发展重心可能会发生迁移，经济发展的区域格局也可能变化。这就要进行地域功能的科学识别，特别是通过功能区划进行人类生产与生活活动空间组织时，要力求有动态的观念，要有前瞻性，顾及长远利益。

一般来说，地域功能越综合，影响因素便越复杂，地域功能的识别和区划难度就越大。因此，清晰地界定地域功能的基本范畴、明确功能区划的目标导向，是进行地域功能科学识别和表达的基本前提。地域功能的取向可分为"开发"和"保护"两种，"开发"即按照工业建设和城市化为主要内容的开发程度进行功能识别，一个地域的地位和作用由其在全国尺度上工业化、城市化程度及其集聚状态决定，换言之，地域功能取决于开发活动能否引起大规模的人口、工业和城镇的集聚，是否发生土地从非城市和非工业建设用地大规模转换为城市建设用地和工业建设用地的过程。反之，"开发"则是按照生态保护的重要程度进行地域功能识别。

功能的确定还必须基于科学的指标体系。指标体系应当由资源环境承载能力、现有开发强度和未来的发展潜力等类指标构成。这种多维、多指标项的功能识别对技术路线提出了更高的要求，要求人文和自然类指标的复合，要求定性与定量指标的复合，要求静态与动态指标的复合。科学的指标体系需承载对未来发展的指引功能，评价特别是定量评价区域发展的潜力，理论阐释上和方法应用上都亟须进一步创新发展与完善。

区域发展理论表明，区域发展均衡战略注重区域公平，在工业化中期阶段政府是实现区域公平的主体力量，但往往影响国家整体实力的快速提高及效率；而市场力量作用的主要方向是非均衡化，往往导致区域差异扩大，但有利于优势区域率先发展。矛盾的是，国家整体实力增强了，实现公平的能力就增强了，达到公平的可能性也就提高了；而如果"公平"出了问题，也会导致整体发展效率的下滑甚至崩溃。因此，从功能优化的角度来说，"公平"和"效率"需要对立统一地看待。

将地域多功能性、国土空间功能权衡与协同及"三生空间"面状要素等多元化视角引入既有地域功能划分过程（地域功能理论和资源环境承载能力理论），尝试构建山区国土空间功能优化的概念矩阵模型，并初步提出其理论研究的逻辑遵循，试图从地理综合性、国土经济性、发展可持续性视角对山区地域空间功能区划及国土空间优化进行集成研究，并从山区国土空间功能优化关注的四大问题（矩阵列）、山区国土空间功能优化研究的四大层次出发（矩阵行），尝试性构建了山区国土空间功能优化的概念矩阵模型（图 9-7）[21]。

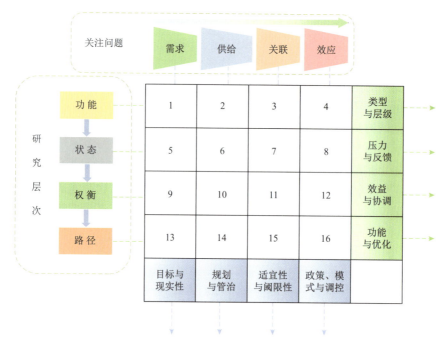

图 9-7　国土空间功能优化的概念矩阵模型

山区国土空间功能优化所关注的四大科学问题主要包括：经济社会活动及自然生态保护对国土功能的需求（"需求"）、国土空间对各种功能的供给（"供给"）、国土空间与内外因素的关联（"关联"）、国土空间关联后的效应（"效应"）。与"需求"、"供给"、"关联"和"效应"四个关注对象分别对应的是"目标与现实性"、"规划与管治"、"适宜性与阈限性"和"政策、模式与调控"四个方面的内在逻辑。

山区国土空间功能优化研究的四大层次分别是国土空间的多功能（"功能"）、国土空间的承载状态（"状态"）、国土空间功能的权衡/协同（"权衡"）、国土空间功能优化的模式（"路径"）。与四个研究层次"功能"、"状态"、"权衡"和"路径"分别对应的是"类型与层级"、"压力与反馈"、"效益与协调"和"功能与优化"四个方面的研究内容。

山区国土空间功能优化框架的四行、四列相交形成 16 处交汇，交汇处所对应的行列性质及内容，代表 16 个交汇形成的山区国土空间功能优化研究内容（图 9-8）[21]。

我国山区国土空间开发的合理性及其开发格局的优化，必须以其"三生空间"的多重关联性认识为基础，综合水土要素空间耦合关系与垂直分异，多尺度解析"三生空间"的功能与效应，阐明山区国土空间的主导功能（经济主导还是生态主导）、附属功能（生态经济）、复合功能（农牧、农林）的空间结构与地域特征，进而整体性考量具体尺度下的发展度、协调度和持续度。

图 9-8　国土空间功能优化研究内容

9.3　我国山区振兴路径分析

9.3.1　山区产业振兴与经济发展

一要发展特色优势产业。山区自然生态条件差异大,孕育了各具优势的作物和产品。发展特色优势产业,要充分考虑山区的自然地理条件,因地制宜,选择特色、绿色、高质量的农产品,以特色化带动产业化。同时,在区域内选取一批具有独特人文自然风景优势的小镇,依托特色小镇建设,形成产业集聚优势,发展以农家乐为主的规模化民宿。通过民宿经济加快区农村地区发展、提高农民收入、延伸乡村旅游产业链。二要转变经济增长方式,消除山区产业粗放利用模式。对于农业而言,应稳步推进土地流转工作,优化土地资源配置,解决耕地零散分割、经营规模过小问题,以提高土地经营效益。促进农业结构战略性调整和连片开发,实现农业规模化、集约化经营和专业化生产。改变传统农业生产方式,提高农业效益和市场竞争力。加快土地、资金、技术、劳动力等生产要素的合理配置,推动农村劳动力转移,促进城乡一体化建设,加快城乡建设的统筹发展。对于第二产业要积极引进新技术,发展知识经济,鼓励高新技术产业在欠发达地区落户。三要走绿色发展的路子。严格控制高能耗、重污染的工业企业发展,促进其节能减排,通过清洁生产、废弃物无害化处理等绿色循环经济手段降低其对环境资源的损耗与污染。对于第三产业,就地取材、取景,在不改变乡村原貌和生态的情况下,依托山区特有的自然和人文风光,大力发展休闲度假、观赏采摘、科普教育、运动休闲、康养健身等多种新型生态产业。用旅游总体规划和旅游业态规划衔接各乡镇和农业、林业、文物、文化、体育、工业等相关部门编制的产业发展规划、城乡风貌规划、镇村建设规划及交通体系建设规划等,形成全域旅游、复合旅游模式的建立和可持续发展。

9.3.2　山区生态保护与功能提升

一是要大力加强乡村人居环境治理，实现生态宜居。推进农村产业结构和生产方式的调整和改变，完善农村污水、垃圾处理等环境保护基础设施，认真做好饮用水源地保护、畜禽养殖、农业面源污染防治工作，加快推进农村生活污水、垃圾、畜禽养殖污染无害化处理进程，建立健全农村环境保护长效机制。同时，大力推行清洁生产、先进适用技术和"绿色技术"，用高新技术改造传统产业，从源头上减少生产过程中的废物排放，节约和合理利用资源。发展循环经济，推行清洁生产：在资源开采环节，要大力提高资源综合开发和回收利用率；在资源消耗环节，要大力提高资源利用效率；在废弃物产生环节，要大力开展资源综合利用；在再生资源产生环节，要大力回收和循环利用各种废旧资源；在社会消费环节，要大力提倡绿色消费。二是要开展小流域综合治理。小流域综合治理的关键就是树立山水林田湖草是一个生命共同体的理念，在一定尺度空间内将各要素修复工程串联成一个相互独立、彼此联系、互为依托的整体，在对物种进行保护和恢复的基础上，对生态系统结构进行重建或修复，结合社会、经济、环境等因素，从大气、水、土壤、生物等维度出发，促进生态系统服务功能的逐步恢复，实现点、线、面修复的叠加效应，实现多维度、立体式推进，最终实现人与自然的和谐。三是要加强对地质灾害的防治工作。建立群测群防体系，落实点上防灾预案，每处灾害点必须逐级落实具体责任人及监测人，按规定要求做好监测预报工作。在存在险情的地质灾害隐患点要发放防灾避险牌，组织开展地质灾害抢险救灾演练，提高对地质灾害的实战、协调、配合应急反应能力；同时，要密切关注天气预报和地质灾害气象预警预报信息，认真分析矿区地质灾害的发生发展趋势，对地质灾害隐患点加强监测预报，制定有针对性的防范措施。

9.3.3　山区聚落优化及乡村振兴

大量农村人口的外出务工造成山区乡村聚落的闲置和废弃，出现了乡村空心化问题（图 9-9）。为缓解空心化问题，首先，要加强村庄规划，尽力避免村庄建设无序扩张，对空置废弃的土地进行综合整治，建立健全引导闲置废弃宅基地的退回机制，以及农民闲置房产置换收入的机制。其次，深入推进农业供给侧结构性改革，以及依靠科技进步大力促进农业现代化，增加乡村农民务农收入，扎实推进农村特色产业，包括旅游业、生态农业的发展以支撑农村社区的建设与发展，并发展村庄周边一些具有特色的小城镇为村庄居民提供就业机会，扩大农民生计来源，吸引外出人口"回流"。最后，对农村人居环境进行综合整治并争取以长效机制作保障来改善村庄环境，加大农村基础设施建设并提高农村的公共服务水平以改善农村居民的生活状况，切实改善农村地区民生问题，逐步实现城乡均等化，让农民留得下来。同时，立足于区域特色文化或产业基础，加强本土资源挖掘，聚集产业要素，以互联网＋的思维，运作出小城镇发展的特色性和内生性。加强区域特色小镇的集群建设，走产业融合、兴镇带乡之路，建设和做强一批资源主导型、交通枢纽型、专业市场型、旅游休闲型、文化创意型、边贸口岸型、异地养老型等特色小城镇，形成星罗棋布的特色小城镇布局。

通过小城镇的经济、社会、生态功能的发展，增强其对地方乡村的吸纳力和辐射力，以点带面，使乡村地区能够更全面地接收城市能量辐射，走上依附小城镇的共生发展之路，实现乡村振兴。要注意突破原有的城市与乡村相互分离脱节的两套政策框架，以城乡一体化的政策融合为基本指向，在对现有相关政策进行针对性分析评估基础上，从政策优化、政策整合、政策创新三个维度一并发力，提升政策效力、强化政策合力、消除政策空白，形成能够有效满足乡村振兴需求的体系化的政策方案，借助政府力量强化乡村振兴之路。

图 9-9　农村空心化问题

9.4　政策导向与保障体系建议

9.4.1　坚持政府引导、设立专门机构、规划先行的发展体系

山区资源具有正的外部效应，单纯通过市场作用，很难维持良性、可持续发展状况。因此政府作用不容忽视，政府在政策制定、资金投放、固定资产投资方面起决定作用，并建立专项资金、成立专门机构。政府在主导山区发展过程中，需要站在一定的高度，目标清晰、明确，制定政策时确保政策的贯彻性、前瞻性和科学性。在行政体制上从上而下依次设立区域山区发展委员会—县域综合发展委员会—县域经济、社会、环境发展专门研究机构，对山区理论、环境承载力、环境容量、地质灾害等进行研究，对山区资源利用开发、旅游业发展、都市农业、生态旅游业、观光产业等产业发展进行规划，形成生态环境保护规划及区域经济发展规划报告。同时，提前规划招投标，结合区域经济发展规划引入适合生态保护和建设、促进区域社会和谐的企业，需要严格审核入驻企业的性质、资质、实力、是否造成污染等，而不能一味追求眼前利益，只以投资力度为唯一参考。

9.4.2　加大资金支持力度和使用效率

加大地方政府债券对山区振兴等领域公益性项目建设的支持力度，对示范县、乡、村的相关项目优先支持。支持示范县探索发行项目融资和收益自求平衡的专项债券。加快推进涉农资金统筹整合，设立乡村振兴重大专项资金，按照"统一集中、统一决策、统一分配、统一考核"的原则，聚焦支持区域振兴战略规划确定的目标任务，集中打造乡村振兴样板区。改进耕地占补平衡管理，建立高标准农田建设等新增耕地指标和城乡建设用地增减挂钩节余指标跨区域调剂机制，将所得收益全部用于支持实施乡村振兴战略。同时，基于国家主体功能区定位，加大转移支付，并对项目资金的使用范围和形式进行创新，在部分地区试点探索构建空间化/流域化的生态补偿机制，提高生态项目的民生获得感。建立以乡村振兴效果为导向的财政资金分配激励机制，以构建绩效考核为前提，全面完善资金的分配与使用方式，提升兴农、兴村和惠农资金的使用效率。

9.4.3　完善环境立法机制，建立山区环境监测体系

根据山区自然环境的生态发展规律，不断完善环境法，明确生态环境类型，把不同生态环境问题的治理落实到不同类型的区域环境建设中。通过完善环境立法机制，对山区环境保护行为进行有效控制，为山区发展提供坚实的法律保障。在山区发展过程中，应当逐步建立起较完整的法律制度框架。要抓紧有关生态环境保护与建设法律法规的制定和修改工作，制定生态功能保护区生态环境保护管理条例，健全、完善地方生态环境保护法规和监管制度，建立科学、合理、有效的执法机制。同时，加大执法力度，提高执法效果，实行重大环境事故责任追究制度，坚决改变有法不依、执法不严、违法不究的现象。加强山区人民的法律意识以及文化素养，强化民主监督以及公共参与，对山区的资源开发进行有效利用，有助于保护环境，实现人与自然的和谐发展。

9.4.4　完善城乡一体化规划体制，实现城乡统筹发展

一是统一思想。按照统筹城乡发展的战略思想，牢固确立并坚持统筹发展的思路，推进城乡经济、政治、文化、社会建设的快速、全面、协调和可持续发展，切实打破城乡体制壁垒，实现城乡生产要素的双向自由流动，促进城乡两大系统的沟通融合，提高工业化、城市化发展水平。政府上下以统筹城乡发展作为未来一段时间的主要任务，充分发挥政府的规划、引导、协调作用，找准切入点，尽快拿出系统的一揽子工作方案，构建政策体制框架，形成强势推进的工作局面。二是创新方法，努力形成推进合力。探索建立适应统筹城乡发展的工作体系，按照中央大部门体系的思路，调整、充实、完善统筹城乡发展的体制和机制，建立高层次的统筹城乡发展领导机构和强有力的有效工作机制，保证工作的积极开展和顺利进行。整合涉农资金，将现有涉农资金、基金捆绑使用，同时按照国家需求，新增投资向农村倾斜，逐年提高资金的投入力度，推进公共财政向"三农"倾斜、公共设施向"三农"延伸、公共服务向"三农"覆盖。三是厘清思路，力求取得发展实效。在空间布局方面，要完善县域村镇建设规划和镇、乡、村庄规划，促进城镇合理布局。重视小城镇和农村社区的规划建设，科学规划、合理布局、完善功能、聚集人口，不断提高小城镇和农村社区的承载能力和发展潜力。在土地规划方面，应在乡镇土地利用总体规划的控制下，科学划定城乡建设用地、住宅用地、生态用地，提高土地资源节约集约利用水平。在建设规划方面，做好城乡基础设施建设的统筹规划，强化城乡基础设施的衔接互补，实现基础设施城乡共建、城乡联网、城乡共享，统筹推进城乡的水务、交通、能源、社会事

业、生态环境等基础设施建设。对于农村特别是村庄规划，要因地制宜，体现独特的地域和村落特色，并着眼于解决自身存在的突出问题，使每个村庄成为"独一个"。

9.4.5　加强农村基础设施建设

加强农田水利工程、农业土地质量、农村生态环境建设，实现农村生产性基础设施的优化；推进农村人居环境整治、农村饮用水安全工程建设、农村能源建设、村庄安全建设、广播电视电话网络建设和教育文化卫生体育设施建设，通过农村生活性基础设施建设改善农民生活现状和人居环境，美化村庄风貌，提高农民生活质量，提升农民物质文明进步水平，改善农民精神文明建设的物质条件；督促农村交通建设、农村信息化建设、农产品标准化建设、农村电力电网建设、农产品质量的安全检测体系建设，通过农村服务性基础设施的建设改善农民生存和发展条件、扩大农业和农村经济的社会覆盖面、提升农业和农村经济的品质和综合实力、改善农业和农村经济持续发展的服务性物质基础和技术支撑保障条件。

9.4.6　加强人才资源支持和引进

推动人才资源向山区流动，支持山区做好公费医科生和公费农科生招录、医疗机构"业务院长"选派等工作；协调有关部门做好向符合条件的山区选派科技、教育、文化、医务人才工作，支持符合条件的山区选派青年业务骨干到有关单位挂职研修，支持符合条件的山区申报引进急需紧缺人才项目，建立一支数量充足、结构合理、配置科学的人才队伍。同时，围绕山区绿色资源优势和特色产业，打造一个适应产业结构的"永久牌""落地式"队伍，培养一批各地各领域的"田秀才""土专家"，通过他们的示范效应，以点带面，逐步形成乡村振兴发展的格局，努力培养一批能人，搞活一方经济，带动乡村发展，不断增加乡村发展的内生动力。

参 考 文 献

[1]　王金南，蒋洪强，张惠远，等. 迈向美丽中国的生态文明建设战略框架设计[J]. 环境保护，2012，（23）：13-18.

[2]　邓伟，戴尔阜，贾仰文，等. 山地水土要素时空耦合特征、效应及其调控[J]. 山地学报，2015，33（5）：513-520.

[3]　胡存智. 生态文明建设的国土空间开发战略选择[J]. 中国国土资源经济，2014，27（3）：4-7.

[4]　陈从喜，马永欢，王楠，等. 生态国土建设的科学内涵和基本框架[J]. 资源科学，2018，40（6）：1130-1137.

[5]　张杨，严金明，石义. 新型城镇化背景下的国土生态文明战略框架设计研究[J]. 中国土地科学，2013，27（11）：11-17.

[6]　张红旗，许尔琪，朱会义. 中国"三生用地"分类及其空间格局[J]. 资源科学，2015，37（7）：1332-1338.

[7]　李广东，方创琳. 城市生态—生产—生活空间功能定量识别与分析[J]. 地理学报，2016，71（1）：49-65.

[8]　程雪阳. 加强土地法律制度供给 助力实施乡村振兴战略[N]. 中国社会科学报，2018-05-30（4）.

[9]　王艳阳，林冬娜，赖雪梅. 乡村振兴，我们在行动[EB/OL]. 2018. https://mp.weixin.qq.com/s/PwAXx3C5FAyJonCOiFCWjQ.

[10]　林冬娜，邓小云. 习近平：坚持乡村全面振兴，遵循乡村发展规律，规划先行[EB/OL]. 2018. https://mp.weixin.qq.com/s/cQ4KHvkZlmzWc7w2bl_ktA.

[11]　洪惠坤，谢德体，郭莉滨，等. 多功能视角下的山区乡村空间功能分异特征及类型划分[J]. 生态学报，2017，37（7）：2415-2427.

[12] 罗伟玲, 洪良. 乡村振兴战略下以人为本的村规划应对[EB/OL]. 2018. https://mp. weixin. qq.com/s/8AvjdR1uXCY6eAldVbM2qQ.

[13] 洪惠坤. "三生"功能协调下的重庆市乡村空间优化研究[D]. 重庆: 西南大学, 2016.

[14] 龙花楼. 论土地整治与乡村空间重构[J]. 地理学报, 2013, 68 (8): 1019-1028.

[15] 张进德. 科学实施山水林田湖草生态保护与修复工程[J]. 水文地质工程地质, 2018, 45 (3): 前插 1.

[16] 王波, 王夏晖, 张笑千. "山水林田湖草生命共同体"的内涵、特征与实践路径: 以承德市为例[J]. 环境保护, 2018, 46 (7): 60-63.

[17] 罗明, 张惠远. 土地整理及其生态环境影响综述[J]. 资源科学, 2002, 24 (2): 60-63.

[18] 张修玉, 施晨逸, 范中亚. 加快修复山水林田湖草生态系统[N]. 中国环境报, 2018-04-30 (3).

[19] 王军, 钟莉娜. 土地整治工作中生态建设问题及发展建议[J]. 农业工程学报, 2017, 33 (5): 308-314.

[20] 罗明, 高世昌, 任君杰. 土地整治转型升级中的绿色发展理念: 基于芬兰、德国低碳土地整治的调查研究[J]. 中国土地, 2016, (8): 37-40.

[21] 邓伟, 张继飞, 时振钦, 等. 山区国土空间解析及其优化概念模型与理论框架[J]. 山地学报, 2017, 35 (2): 121-128.

第 10 章　中国山区研究的展望

10.1　中国山区研究的重要性与机遇

山区是陆地表层系统中结构最复杂、生态功能丰富、生态过程多样且效应和影响强烈的区域。我国山区面积大，山区县 1651 个，约占全国的 57.93%，居住的人口达 4 亿多，人地关系演化过程复杂，是国家现代化发展进程中短板集中区域。因此，山区研究的重要性在于以下几个方面。

（1）自然方面。

山地是多圈层复合区，是水、土、气、生多要素相互作用活跃而复杂的区域，自然生态系统演化过程与多样的服务功能，都与人类社会生存与发展密切相关，成为人类的福祉地。山区生物多样性占陆地生物多样性的 1/4 左右，特别是一些特有种大多分布在山区，而且世界生物多样性热点中有近一半集中在山区，全球有 32% 的保护区位于山地；山地也是一座座"水塔"，全球近半数的人口依靠山地提供水源，所以山地植被生态与水源涵养对水安全至关重要，特别是青藏高原作为亚洲水塔，其不仅对中国至关重要，还是南亚和东南亚非常重要的水安全保障要地；山地的土地利用（耕地与农业）、生物资源供给（木材、药材等）都与山地的自然可持续性密切相关。在全球气候变化影响下，山地的脆弱性增加，山地的生态风险也随之增大，山地土壤的贫瘠性增强，山地生态系统一旦受到破坏，其恢复过程将会很慢，有些甚至不可能再恢复，将直接影响人类社会的可持续发展。

（2）人文方面。

山地居民已经发展出高度的文化多样性，包括民族、语言、传统农业知识和习俗，而山地土地利用压力使许多地方山地生态系统的完整性都面临着威胁。工业用地、森林破坏、过度放牧以及不当的耕作方式都造成了不可恢复的土壤流失以及生态系统功能的丧失，使山地及其周边低地地区都面临不断增加的环境风险。生活在海拔 2500m 以上的山地居民，交通出行条件差，因此，山区是乡村振兴及可持续发展的攻坚和瓶颈区。限于山地区位（远离中心地）、环境（高海拔）与气候条件、土地资源（坡地）等，农户生计可持续性保障问题仍然突出，包括基本公共服务的均衡性和保障性都与民生问题的解决密切相关联。

（3）社会方面。

我国正在进入转型发展的新阶段，以生态文明建设统领的国家现代化建设与可持续发展，重点体现在国家新型城镇化布局、强化城市群体系建设、促进乡村振兴和美丽中国建设之中。新的国土空间规划进一步把国家主体功能区划与空间发展密切联系起来，朝着可持续发展方向构建起现代和谐的人地关系。山区既是国家发展短板的集中区域，又是生态保护、提升生态系统服务的重点区域，更是缩小发展差距与全面建成小康社会的关键区域，而山区人文自然复合演化过程又折射出一种特有的人地关系变化。发展中的问题与挑战，使得许多问题亟待研究而加以破解，这需要全面加强山地科学研究。当前，恰逢面向国家山区保护与发展的重大需求旺盛期，山地科学的创新与发展呈现多重机遇，是山地科学大有作为的时代，山地研究的丰硕成果必将有力地支撑国家山区经济社会的协调与可持续发展。

10.2　中国山区研究的若干核心科学问题

10.2.1　国内外山区研究现状

山区资源、环境和人口面临着众多的挑战。全球约一半的人口面临粮食短缺的威胁，深山区的农户生计单一，贫困问题长期困扰。山区人口比其他地区的人口更易遭受资产分配不均和冲突。全球变化、自然灾害（如洪水、滑坡、泥石流、雪崩和地震）以及经济、文化和政治的全球化都在威胁着山区所支撑的复杂生命网络。此外，受全球气候变暖影响，冰川的快速融化和集水区的退化正在降低水的可利用性，并增加了因其供给减少带来的内外冲突。在此背景下，全球山地研究也是围绕这些问题而展开的，主要关注点包括山地资源、全球变化、风险评估、区域可持续发展、环境与文化的衰退、保存与保护战略、贫穷、连通性、能力建设、管治以及冲突管理[1]。

为了解决上述问题，推动山地研究的发展，国际社会开展了一系列行动。一方面，成立国际性山地研究网络，如国际山地综合发展中心（ICIMOD）、国际山地学会（IMS）、山地研究中心（CMS）等；另一方面，实施山地研究计划。例如，1997 年发起的"全球山地计划"（GMP）、1999 年发起的"全球高山生态环境观测研究计划"（GLORIA）、联合国大学 2000 年提出的"全球山地伙伴计划"（GMPP）等[2]。另外，通过召开国际会议来促进全球的山地研究等。尽管全球的山地研究已通过研究网络的方式开展，但是这些研究成果并未得到政治家和经济学家的充分利用，并且山地可持续发展战略的制定中，山地居民的参与能力不足，这是目前全球山地研究存在的主要问题[1]。尽管很多国家都在推动山地的发展，但从全球范围来看，真正开展山地研究的国家与机构很少。欧洲因阿尔卑斯山而成为开展山地研究的重点地区，它也是最早推动跨国山区保护与发展的区域。早在 1952 年，欧洲就成立了国际阿尔卑斯山保护委员会（CIPRA），以支持阿尔卑斯山的可持续发展。1999 年，成立了阿尔卑斯山国际科学研究委员会（ISCAR），2000 年，欧盟制定了《阿尔卑斯山空间计划》，其总目标是通过支持跨国项目，促进领土开发，培育凝聚力，增强阿尔卑斯山区的竞争力和吸引力。2001 年，瑞士国家科学基金会（Swiss National Science Foundation，SNSF）资助创立了《山地研究倡议》（Mountain Research Initiative），并得到了国际地圈生物圈计划（International Geosphere-Biosphere Programme，IGBP）、国际全球环境变化人文因素（International Human Dimensions Programme on Global Environmental Change，IHDP）计划和联合国教科文组织人与生物圈（UNESCO MAB）计划等的认可。现今，阿尔卑斯地区所有国家都成立了国家级或跨区域级的机构（理事会、委员会，甚至是研究所）来开展阿尔卑斯山研究或山地研究。从国家层面来看，瑞士科学家是山地研究的主要领导者。瑞士在山地研究方面的突出地位在于其长期的研究传统，其山地科学得到了持续发展。

由于山地系统是一个复杂的自然、社会、经济、文化系统，因此，山地研究的内容也是多方面的。根据文献分析，山地和高山的研究主要集中在地理科学（包括地质学、地球化学、矿物学、自然地理学、水文学、气象学和大气科学）和生物学（植物/动物科学以及生态学）两大学科领域，其研究的主要驱动力是政治地理与地缘关系、科学传统以及经济和福祉[3]。通过对国际上重要的山地研究综合计划、专题计划以及正在开展的相关研究项目、研究报告等的分析，山地研究的主要领域包括山地生物多样性、山地灾害、山区与全球变化、山区发展、山区管理。

我国的山地研究伴随着国家经济社会的发展而不断展开和深入，但以国家建设需求为导向的驱动十分明显，多是从山地资源利用、山区发展、山地灾害防治和生态与生物多样性保护等方面推动山地的研究。随着改革开放和国际交流，国内山地研究也不断拓展研究领域，特别是生物多样性与生态系统服务的研究、生态脆弱区生态恢复与修复研究、山区重大基础设施和城镇安全保障与山地灾害风险防控研究、山地旅游与山区发展及减贫研究等，近年来气候变化与冰冻圈演变的研究、山地/高原生态屏障建设工程与实施效应评估研究、山地跨境地理与资源环境研究等，不断促进山地科学研究的学科发展，并与国际同领域研究接轨，在理论和实践方面成绩比较显著，有力地支撑了国家山区经济建设与社会发展。

专栏 10-1　阿尔卑斯山国际科学研究委员会（ISCAR）研究议程

关键问题之一：流动、可达性、交通、运输

（1）流动方式随时间的变化；

（2）在可到达的背景下，区域和城市的发展；

（3）交通及相关基础设施的影响：评价与监测；

（4）交通指导：工具及其影响。

关键问题之二：社会、文化、同一性

（1）个人福祉；

（2）社会凝聚力-社会动力学-文化同一性；

（3）管理与改变领土的规章制度；

（4）参与者网络的多层次能力。

关键问题之三：旅游、休闲、运动

（1）评估全球化背景下，现有和新的旅游模式的竞争力；

（2）旅游区文化与旅游的相互关系；

（3）城市化与高山旅游的相互作用；

（4）冬季旅游地的可持续管理；

（5）高山旅游的管理与合作：开发基于政策和工具的方法；

（6）阿尔卑斯地区自然风光旅游与运动产业可持续发展的潜力与战略；

（7）高山地区的旅游交通基础设施。

关键问题之四（A）：土地利用、空间规划、保护

（1）管理战略与耕作方法对景观功能和生态系统服务的影响；

（2）土地利用变化对生物多样性（基因、物种、生境、景观）影响；

（3）社会生活方式、土地利用变化和景观结构之间的相互作用；

（4）确定、发展和监测生态连通性区域的新方法。

关键问题之四（B）：全球变化、自然风险、资源管理

（5）阿尔卑斯地区的气候变化：预测与情景；

（6）全球变化对阿尔卑斯地区的脆弱性和自然风险的影响；

（7）变化水循环中水资源的配置与管理。

尽管我国的山地研究取得了长足的进展，但明显缺失以山地为主题的重大科学研究计划。与国际对比而言，一些重要的山地国家（区域）都十分重视山地科学发展的战略研究，通过制定科学计划来促进山区的发展。例如，在欧洲，由于主要的山脉都是跨国界的，因此，他们通过制定跨区域的科学计划（如阿尔卑斯山空间计划、喀尔巴阡山科学战略）来开展山地研究。目前，我国还未在国家层面制定山地科学战略计划，仅在区域上开展山地科学考察，如国家进行的第二次青藏高原科学考察。但是国家在山地科学的中长期发展计划方面还缺乏前瞻性的战略部署，这与山地大国的国情不相适应。我国应当从国家角度出发，以各大山脉为核心，制定国家层面的山地科学战略计划，强化科技创新投入，推行一系列山地研究项目，为我国山地科学的发展和山区的可持续发展创造条件。

10.2.2　山区研究的若干核心问题

山地形态、构成和演化的基础是贯穿自然和人类过程的许多认知问题。根据国内外山地研究的热点与趋势，整合所有以山地研究主题代表的地表过程研究的广度和深度，凝练出以下若干核心问题：

（1）如何基于环境变化认识山地的现在与未来？

（2）山地格局与地表过程的联系与作用机理。

（3）山地生物多样性及对气候变化的响应与适应。

（4）山地生物地球化学反应、循环的多尺度特征与景观。

（5）控制山地演化的物质输送规律是什么？

（6）山地生态系统和景观是如何协同演化的？

（7）山地景观的恢复力是由什么控制的？

（8）在人类活动影响下，山地地表如何演化？

（9）提升山地地表过程可持续性的科学基础是什么？

（10）山区空间治理政策工具的科学遵循与逻辑框架。

10.3　未来山区研究的导向

10.3.1　基础性研究

我国山地成因复杂，经历了漫长的地质过程与地理过程，演绎着陆地表层系统自然变化的特征与规律，在叠加了人类活动影响后，人文自然耦合空间演化过程也是重要的研究内容。

基础性研究是山地科学理论体系发展的重要基石，需要针对山地的特殊性、重要性而开展深入的研究，破解核心科学问题，促进学科发展，不断提高基础性研究的科学支撑性。山地的基础性研究要重点关注水、土、气、生要素的时空变化，这也是自然地理学认识陆地表层系统过程的基本研究点，既有单一要素的变化过程研究，又有多要素耦合演化的综合研究，也就是可以针对地貌、水文、气候、生物、土壤等某一环境要素，也可以针对景观、土地等自然综合体[4]。除了依据学科发展的内涵要求，如水文学、土壤学等外，也可以面向问题的主题，如水资源利用、土地利用、自然灾害风险防控等，还可以有区域或地理单元的研究，如青藏高原、长江上游、某某典型山区等，以及技术方法方面的创新，如遥感、模型模拟等。

由于山地处于岩石圈表层、冰冻圈、水圈、生物圈、大气圈相互作用的交汇区，地表过程复杂且多要素关联密切，其有关研究必须要不断拓展思路和创新思路，并与环境变化紧密联系，多角度、多尺度开展系统性、综合性研究，从地质地貌的演化、山地水文水循环与水资源、山地生态系统与生物多样性、气候变化与冰冻圈响应、气候变化与山地灾害等方面研究山地表层过程，揭示其复杂的作用机理，阐明山地表层过程、格局和变化规律。

在方法上要加强遥感建模与参数反演[5]，充分利用多源信息，高精度识别和描述地表参数，特别是要在山地定量遥感、山地植被冠层遥感模型、碳循环生态参数建模、能量平衡遥感模型、水分循环主要参数模型等上取得技术性突破，全面支撑山地的基础性研究和学科创新。

10.3.2　应用性研究

山区是与自然人文交互作用的敏感区域，人地（山）关系具有独特的地域性，山区的生态保护、地方发展都涉及资源、环境、生态、人口和产业及其空间治理与政策工具等方面，必须走多学科交叉融合的综合性研究路子。山区发展本身就是一个非常综合的研究命题，其地域性、区域性、地方性的发展研究存在尺度和学科角度的区别与交叉。比较而言，中国山区发展的特殊性之一就是山区人口居多，少数民族居多，基本公共服务均衡性差，经济严重滞后，社会差距偏大，是解决国家需求短板的瓶颈集中地区，凸显了研究的应用价值。

快速城市化对山区的发展起到了重要的拉动作用，特别是大城市周边的山区（如成都市带动了近郊和远郊山区的发展与繁荣）非常得益于城市的高质量发展。因此，研究山区不能就山区言山区，而是要与城市化进程关联考虑山区的整体性问题，如山区劳动力的转移与乡村振兴、山区的撂荒地与国土功能转型、山区产业区划与区域协同发展等。山区的发展研究必须站在国家整体发展战略层面，根据国家需求因地制宜地具体化求解地方发展瓶颈问题，不能教条和僵化地研究山区发展问题。其应用性研究的总体导向是以改善山区人地关系、促进区域可持续发展为准则，以提升山区国土空间功能、促进乡村振兴为目标，统筹山区城、镇、乡、村的多层级发展的协调与紧密联系，极大地促进空间效率提升，充分体现以人为本的发展和空间公平正义。

10.3.3　审美文化观与空间建构研究

美丽中国建设是一个富有体系的认知理念，明确彰显了发展的内涵与实质，是可持续发展的最高境界，具有强烈的时代感。美丽中国建设很重要的任务就是依据中国的山川水脉，建设美丽的山村与山地城镇。由于较长时期乡村建设照搬城市模式，丢弃了传统民居特色，缺失制宜性，与自然景观很不融合，人文与自然协调性差，造成了千村一面的僵化而呆板的村貌，极大失去了山村地方建筑的特质与魅力。山村风貌的美学丢失，也让乡村振兴陷入困境，特别是全域旅游其人文景观支撑能力明显不足。

能够反映山区地方文化特质的一个很重要的标志，就是山区居民的建筑风格与外观，以及村落建筑群的系统布局及其空间美学/美感建构。这再次印证了发展必须有文化的发展，而有文化的发展不能表面化、片段化，要有地方建筑美学的文化根脉传承，凸显地域性或地方性，并与现代性融合，促使山村风貌的传统性与现代性完美结合，全面提升山村的生命力与活力，真正做到天时（顺应时代）、地利（顺应自然）、人和（人地和谐），使国土空间全面呈现可持续发展态势与空间格局，充分展现现代发展的人地和谐的生动的现代之美。

如何实现这样的发展？必须要进行空间审美，彻底审视人们建设的美学总体框架和地方空间风貌建构的基调，充分考虑山区空间的差异性和山区的复杂性，由粗放式建设向具有文化底蕴和具有科学逻辑关系的建设转化，强化山村人文景观的美学/美感意境建构，提升发展空间的景观质量，不断提高和提升山乡空间品质，逐步走向高水平的空间发展。这方面的研究要遵循未来地球计划的科学思想，系统运用自然、人文和社会科学的知识，打破学科藩篱，开展综合性研究，避免学科认知的片面性。空间建构必须从整体层面考虑局部问题，从整体的系统性管控局部的盲动性，真正做到空间整体有序、有机和协调，形成具有中国特色的山区空间发展的美学范式。

10.3.4　推动多尺度耦合与动态研究

尺度是地理学研究的核心问题之一，始终贯穿于山区研究之中。由于山区空间的特性与复杂性，升尺度和降尺度观察与观测山区人文自然耦合过程及其演变过程，对深入认知山区人地关系地域系统特征、变化规律，以及深刻阐释其演变格局与机理具有重要的科学意义。

中低山和丘陵是山区人类生产、生活的重要空间，无论是流域尺度的多层级空间还是行政区的多层级空间，其人口分布、城镇与乡村聚落格局、空间开发方式和强度差别都很大，尺度特征和差异性非常明显。因此，山区国土空间发展研究必须重视区域、地域、地方、乡镇、村落等自然和人文空间的多层级、多尺度问题，从耦合的视角解析不同空间尺度人地相互作用的关系：过程、格局与机理，进而为山区国土空间开发决策提供科学依据。

伴随国家现代化进程，山区发展也呈高度动态化，必须及时了解、掌握及监测山区国土空间开发动态，加强国土空间变化及其效应的研究，尤其是国家实施乡村振兴、新型城镇化建设、美丽中国建设等，必然会促使山区国土空间功能的调整和部分空间的重构，人地关系也会相应发生变化，并产生正负反馈作用，对此过程需要进行综合性、预见性的系统研究，以期科学衡量山区国土空间发展，为实现山区协调可持续发展提供系统方案和政策工具。

10.3.5　关注山地，支撑未来

山地的重要性体现在：山地是人类社会发展的基石。来自山地的矿产资源、森林资源、水资源、生物资源、土地资源以及水能资源等，极大地支撑了人类社会发展的各个阶段。在现代发展阶段，山地已经成为人类社会美好生活的后花园，是田园生活空间的理想地，凸显生态调节与休闲体验功能，这一点在欧洲的阿尔卑斯山区得到了最好的印证（图 10-1）。

图 10-1　欧洲阿尔卑斯山区林牧农交错带风光（邓伟摄）

在人类实现可持续发展的进程中，山地从自然到人文的支撑作用是不可替代的，特别是基于生态安全的资源环境保障更是离不开山地的支撑。在我国全面建成小康社会、实现建设美丽中国的生态文明战略目标下，必须要统筹好山地国土空间的开发与保护，在国家层面高度关注山地，加强山地科学的建设与发展，系统提升认识山地的科技能力和水平，更好地面向山地未来的发展，为保障国家山区重大基础设施建设安全、山区城镇安全、山地生态屏障功能保育和美丽山乡建设，不断丰富山地科学的理论、方法和实践。

1. 进一步树立山地国情观

习近平主席说"绿水青山就是金山银山"，这是山地国情观的核心价值所在，也蕴藏着山地价值的辩证关系。人们曾一度盲目开发利用山地，导致山川广遭破坏，生态功能急剧下降，至今其生态功能尚不能达到最优状态。包括其空间发展格局的合理性，人口、城镇、产业、土地利用的矛盾，人地关系地域特殊性问题仍待深入破解，这就需要对山地国情有充分了解和把握，真正树立起山地国情观，真正建立起山区国土空间开发的科学逻辑关系，这是正确把握国土空间特性的基础，也是统筹和优化国土空间开发格局的需要。

要建立"山地国家"的概念，深知山地是生命共同体的源头，铭记山地是中华民族伟大复兴的自然基础。确立"山地国家"概念非常必要，不仅有利于国家统筹协调发展，还有利于解决区域发展不平衡、不充分问题而制定差别化政策，从而真正做到与山共舞兴邦国。

2. 借鉴国际山地国家的发展经验

国际上许多山地国家都从不同的需求角度制定了有关山区发展的法规体系，包括税赋体系，从山区国土开发和政策保障方面促进山区的振兴与繁荣。例如，《欧洲宪章》山区部分就明确了山区保护的内容、发展的重点、优先的支持；还有日本的《山村振兴法》，从立法层面明确了山区的功能和国家地位及发展选择与优先领域。综合瑞士、奥地利、意大利、德国、法国、日本等山地国家的发展经验，只有重视山区开发和山区发展配套法规体系研究，科学合理、因地制宜进行山区开发，山区经济才能够迅速与稳定地发展。

在建设美丽中国的进程中，美丽山地是基础，美丽山乡是重点内容与表征，这方面可以欧洲和日本的山区建设与发展为参照系，无论从景观到经济内涵，还是地方文化的弘扬，都十分值得学习和借鉴。国际一些国家山区发展很重要的一点就是根据山地特点，因地制宜地选择山区经济社会发展路径和模式，构建符合其地域自然特征与规律的可持续发展体系，并与后工业化时代相对接，真正实现城乡融合发展。

3. 加强顶层设计，前瞻规划与布局，强化科技对山区发展的支撑力

山地是多圈层复合作用的陆地表层系统，人地关系地域系统性复杂，山区国土"三生

空间"功能权衡性问题突出,牵扯国家协调与可持续发展的全局。发展山地科学,深化山地认知,服务山区发展,是山地科学研究的重要使命。以往的研究虽然也包含了山地及山区发展,但主题、角度都明显不够突出山地,直接性、针对性有待加强。

加强山地科学研究,针对中国山区对未来国家经济社会发展和生态安全保障与支撑的重要性,从气候变化和人类活动影响方面,充分考虑山地科学研究的长期性,加强顶层设计,系统推动山地科学研究规划与计划的制定,要有连续性,而不是时做时停。中国山地在全球具有典型性和代表性,其中以喜马拉雅山脉为标志的地球第三极,也从另一个方面说明中国是一个极地国家,具有重大的全球地理和生态意义。发展山地科学也是对世界山地研究的重大科学贡献。从这个意义上看,制定中国山地科学研究长期规划和发展计划,具有鲜明的重要性、必要性与支持性。只有明确设立山地科学研究专项费用支持,启动一系列山地研究计划,推动山地科学系统性、长期性的基础和应用基础研究,包括对人才队伍的建设,才能全面促进山地科学创新发展,极大地提高解决山区发展中的重大科学问题的能力,才能为中国复杂的山区国土空间保护、开发和治理提供强有力的科技支撑,才能保证中国山区资源、环境和生态的可持续性,才能为建设美丽中国和世界的生态文明建设做出重大贡献。

4. 加强山区公共服务体系建设,强化职业教育和技能培训

国家现代化离不开完善的公共服务体系,而山区的发展必须要有合理的公共服务能力做支撑,特别是乡村振兴目标的全面实现,良好的公共服务体系至关重要。从山区可持续发展的根基看,智慧的人力资源非常关键,发展和完善山区教育体系,让乡村人们受到良好的教育,是培育山区内生活力重要的智力基础,要多渠道、多种方式加强职业教育,培育众多的技能型人才,为山区现代产业集聚发展提供人力资源保障。

这方面可以借鉴一些发达国家针对山区发展而设立的多样化的技能培训,特别是适宜地方发展的技术、知识与经验的传播及分享。要通过建立长效机制不断为山区的发展注入知识动力,培养专用人才,积极有效地服务地方经济建设与社会发展,这也是山区现代化发展的必然[6]。

5. 提供强有力的政策工具,保障山区可持续发展

由于山区的发展短板集中,在全面脱贫进入小康社会和乡村振兴的进程中,还会存在和不断出现新的问题,在国家大的政策环境中,还应针对山区问题根本破解的艰巨性、反复性和长期性,经常分区域进行调研和专题研究,把握矛盾和问题的实质,在精准施策方面发力,通过提供具有针对性的政策工具,为山区因地制宜、又好又稳地可持续发展提供保障。既要加强整体性问题的把握,又要分区域深入探究,提高国家和地方政策工具的效力和效率,实事求是,不搞一刀切。要在山区长远发展的基础和内生动力培育与不断加强、不断提升方面,构建起完善的、保障性强的山区发展政策与法规保障体系。

希望不久的将来,国家层面也会制定和颁布具有中国特色的山区建设与发展法。

参 考 文 献

[1]　Borsdorf A，Braun V. The European and Global dimension of mountain research[EB/OL]. 2009. http:/ /rga. revues. org/index630. html.

[2]　邓伟，熊永兰，赵纪东，等. 国际山地研究计划的启示[J]. 山地学报，2013，31（3）：377-384.

[3]　Körner C. Global statistics of "Mountain" and "Alpine" research[J]. Mountain Research and Development，2009，29（1）：97-102.

[4]　冷疏影，宋长青. 陆地表层系统地理过程研究回顾与展望[J]. 地球科学进展，2005，20（6）：600-606.

[5]　宋长青，冷疏影. 地理科学三十年：从经典到前沿[M]. 北京：商务印书馆，2016.

[6]　宋雪茜，邓伟. 山区公共服务：空间差异与效率增进策略[M]. 北京：科学出版社，2019.